신흥기술·사이버 안보의 국가전략

국제정치학적 어젠다의 발굴

신흥기술·사이버 안보의 국가전략

국제정치학적 어젠다의 발굴

2023년 8월 17일 초판 1쇄 인쇄
2023년 8월 29일 초판 1쇄 발행

엮은이 김상배
지은이 김상배·윤민우·박보라·김보미·송태은·손한별·오일석·김소정·성기은·임경한
　　　　조관행·박용한·윤정현·윤대엽·이중구·조은정·차정미·정태진·박재적·유인태
　　　　유준구·홍석훈·나용우

편집 김천희
디자인 김진운
마케팅 김현주

펴낸이 권현준
펴낸곳 (주)사회평론아카데미
등록번호 2013-000247(2013년 8월 23일)
전화 02-326-1545
팩스 02-326-1626
주소 03993 서울특별시 마포구 월드컵북로6길 56
ISBN 979-11-6707-122-4 93340

이 저서는 2022년 서울대학교 국제문제연구소의 지원을 받아 수행된 연구임.

신흥기술·사이버 안보의 국가전략

국제정치학적 어젠다의 발굴

김상배 엮음

김상배·윤민우·박보라·김보미·송태은·손한별·오일석·김소정
성기은·임경한·조관행·박용한·윤정현·윤대엽·이중구·조은정·차정미
정태진·박재적·유인태·유준구·홍석훈·나용우 지음

사회평론아카데미

차례

3부   첨단 군사혁신의 동학과 전략: 군의 시각

4부　신흥기술 안보와 사이버-핵 넥서스

5부 신흥기술 안보의 외교와 동맹

6부 신흥기술 안보규범과 사이버 평화

서론

신흥기술·사이버 안보의 국가전략
— 국제정치학적 어젠다의 발굴

김상배 서울대학교 정치외교학부

I. 머리말

신흥기술을 둘러싼 주요국들의 경쟁이 치열해지고 있다. 특히 미래 글로벌 패권을 놓고 벌이는 미국과 중국의 기술패권 경쟁이 볼수록 가관이다. 민간 분야의 기술 경쟁에 국가안보의 프레임이 덧씌워지면서 그 양상이 과열되고 있다. 이러한 기술과 안보의 결합은 광범위한 이슈연계의 도미노 현상을 일으키면서 큰 파장을 낳고 있다. 그 대표적 사례 중의 하나가 사이버 안보 분야가 아닌가 싶다. 사이버 공격의 대상과 주체가 다양화되고 그 공격의 양상도 다변화되고 있다. 사정이 이렇다 보니 사이버 공격에 대한 대응 전략도 점점 더 적극적으로 변해가고 있다. 단순 방어 차원을 넘어서 공세적 사이버 작전이 출현하고 있다. 기술과 안보의 만남은 반도체, 배터리, 인공지능 등을 비롯한 신흥기술 분야 전반에까지 번지고 있다.

양적으로 늘어난 신흥기술·사이버 안보 이슈들은 여타 이슈들과 활발히 연계된다는 점에서 시선을 끈다. 사이버 안보의 이슈는 공급망 안보나 데이터 안보 등의 이슈와 만난다. 특히 사이버 안보 이슈는 허위조작정보 등을 활용한 정보심리전 이슈와 결합하면서 안보위협의 새로운 지평을 열어가고 있다. 소셜 미디어를 매개로 한 사이버 공간의 정보심리전은 미래전의 새로운 양식으로까지 이해되고 있다. 아울러 정보와 데이터, 커뮤니케이션을 매개로 한 군사 정보작전의 변환도 심상치 않다. 이러한 변화는 군사안보 분야뿐만 아니라 국가정보 활동의 분야에서도 패러다임의 변환을 거론하게 했다. 2022년 초 발생한 우크라이나 전쟁은 이러한 변화가 지정학적 임계점을 넘어섰음을 극명하게 보여주었다.

4차 산업혁명 분야 신흥기술의 군사적 적용은 최근 군사혁신의 핵심이다. 신흥기술의 도입은 미래전의 양상을 변화시킬 뿐만 아니라 그러한 노력의 성패가 전쟁의 승부마저도 가를 것으로 예견되기 때문이다. 특히 인공지능(AI)을 장착한 자율무기체계의 도입을 둘러싼 관심이 지대하다. 이러한 과정에서 주요국들의 첨단무기 개발 경쟁이 가속화되고 있다. 이러한 경쟁은 기존 육·해·공의 공간뿐만 아니라 우주 및 사이버 공간까지도 결합한 복합공간에서의 다영역 작전의 수행을 전제로 한다. 그 과정에서 기존의 물리전은 사이버전, 전자전, 우주전, AI로봇전, 인지전 등과 결합할 것으로 전망된다. 게다가 이러한 미래전의 복합적 진화 과정에 핵전략의 발상도 다시 소환되는 모습이 나타나고 있다.

신흥기술·사이버 안보 분야의 국가전략에서 최근 눈에 띄는 또 하나의 쟁점은 외교와 동맹 변수의 부상이다. 개별 국가별로 진행되는 기술 경쟁과 과학기술 외교의 범위를 넘어서, 신흥기술·사이버 안보 분야의 특정 쟁점을 둘러싸고 기존의 우방국들을 중심으로 연대하는 경향이 출현하고 있다. 이러한 현상의 이면에는 미국과 중국이 벌이는 동맹과 연대, 그리고 가치와 규범의 경쟁이 있다. 이른바 '5G 동맹', '반도체 동맹', '배터리 동맹' 등의 용어가 사용되고 있다. 국제기구의 장에서 신흥기술·사이버 안보 분야의 국제규범을 모색하려는 논의도 한창이다. 더 나아가 전통안보와는 그 안보위협의 성격이 다른 신흥기술·사이버 안보 분야의 특성을 반영한 새로운 평화의 발상이 필요하다는 목소리도 높아지고 있다.

이 책은 이렇게 양적으로 확장되고 질적으로 변화하고 있는 신흥기술·사이버 안보의 국가전략 어젠다를 국제정치학의 시각에서 발굴하기 위한 목적으로 기획·편집되었다. 특히 이 책에서는 본문의 22개 챕터에 걸쳐서, 최근 국제정치학의 하위영역으로 자리매김해 가고 있는 '정보세계정치학'의 관점에서 신흥기술·사이버 안보의 국가전략과 관련된 다양한 주제들을 분석하였다. 이러한 분석을 바탕으로 해서 미래 세계정치의 새로운 구조변동을 야기하고 있는 신흥기술·사이버 안보 분야에 대한 중견국 한국의 미래 국가전략의 방향을 가늠해 보려는 것이 궁극적인 관심사임은 물론이다.

II. 사이버 안보의 진화와 대응 전략의 강화

1. 사이버 공격의 증가와 다변화

최근 국가사회 주요 인프라에 대한 사이버 공격의 빈도와 강도가 점점 더 늘어나고 있다. 사이버 안보의 위협은 디도스 공격이나 악성 프로그램 유포, 첨단기술 절취 등과 같은 기술적 유형 이외에도 랜섬웨어 공격이나 암호화폐 해킹 등과 같이 금전적 이득을 노린 유형이 늘어나고 있다. 최근에는 디지털 미디어를 이용한 가짜뉴스의 생성이나 허위조작정보의 유포 등도 사이버 안보위협의 한 유형으로 주목받고 있다. 또한 최근의 사이버 공격은 드론과 로봇 등과 같은 AI 기반의 각종 무인 디바이스에 대한 위협에까지 확장되면서 그 영역을 넓혀가고 있다(제1장 참조).

이러한 과정에서 주목할 것은, 개인 해커나 해커 집단, 국제테러 조직 등과 같은 비국가 행위자들이 감행하는 범죄와 테러의 경계를 넘어서, 국가 행위자들이 직접 사이버 공격의 주체가 되거나, 또는 비국가 행위자들의 배후에서 간접적으로 활동하면서 그 활동 영역을 넓혀가고 있다는 사실이다. 이 때문에 기존의 비국가 행위자들에 의해 자행되던 사이버 공격 행위를 사이버 범죄·테러로 이해하던 틀에서 벗어나 국가 행위자들에 의해 자행되는 사이버 전쟁이라는 개념에까지 확장해서 다루게 되었다. 사이버 범죄와 테러 및 전쟁의 경계가 붕괴하면서 사이버 공격을 광의의 통합 방위적 관점에서 대응해야 한다는 논의도 진행되고 있다(제2장 참조).

북한의 사이버 공격도 이상에서 언급한 사이버 안보의 진화라는 맥락에서 이해할 수 있다. 북한의 사이버 공격은 주요 시설 및 인프라 공격, 첨단기술과 정보 절취, 금전적 탈취, 암호화폐 해킹 등의 형태로 이루어졌는데, 최근에는 핵전략과도 연계해서 감행되고 있다. 특히 북한은 경제제재를 회피하여 외화를 수급하고 핵무기 개발을 위해 암호화폐 탈취를 비롯한 악의적 사이버 활동을 전개하고 있다. 다시 말해, 김정은 시대 북한의 사이버 역량은 외화벌이 수단으로서 대북 제재를 무력화시킬 뿐만 아니라, 핵·미사일 전력에 소요되는 비용을 충당하는 창구로도 이용되고 있다. 북한은 암호화폐 등에 대한 금전탈취 해킹으로 조달한 자금을 핵무기와 대량살상무기 개발에 사용하고 있는 것으로 알려져 있다(제15장 참조).

또 하나 주목할 것은, 김정은 시대 사이버 공격이 북한의 국가발전 및 안보전략 일반의 변화와 연계되어 시기별로 차별화되어 나타난다는 점이다. 2013년 3차 핵실험 이후 2017년 핵무력 완성 선언 발표의 사이인, 이른바 '경제핵무력병진노선' 시기에는 핵실험과 연계된 사이버 공격이 한국의 기반시설 마비를 통한 사회 교란, 국방 신기술 탈취, 미국에 대한 시위, 핵실험 재원 마련 등을 목적으로 다양하게 감행되었다. 그런데 2017-19년의 '사회주의 경제건설 총력집중 노선' 시기에 이르러서는 한국에 대한 직접적인 사이버 공격은 다소 소강상태에 접어드는 양상을 보였고, 그 대신 해외로 눈을 돌려 외화벌이를 위한 해킹에 주력하는 모습이 나타났다. 그러나 2021년 1월 개최된 제8차 노동당 대회에서 김정은 정권은 북미 간의 대화보다 대결에 방점을 두면서 군사력 강화 방침을 천명하게 되면서, 사이버 공격 역시 민생경제 지원, 한국 정부의 외교 전략 탐색, 국방 분야의 신흥기술 탈취 등을 목적으로 수행되는 양상을 다시 드러내고 있다(제3장 참조).

2. 공세적 사이버 대응 전략의 도입

사이버 공격이 양적으로 증가하고 질적으로 다변화되는 만큼, 이에 대한 대응도 강화되고 있다. 전반적으로 볼 때, 급증하는 해킹 위협에 선제적으로 대응하기 위해서는 사이버 안보 패러다임의 공세적 전환이 필요하다는 논의가 활발하다. 사이버 공간에서 시시각각 발생하는 위협 상황에 수세적인 방어로 일관하기에는 한계가 있다는 문제 제기는 이전에도 사이버 안보 선진국들을 중심으로 지속되어 왔다. 미국의 경우 바이든 정부는 경제제재만으로는 날로 심각해지는 러시아와 중국, 북한의 사이버 공격에 제대로 대응할 수 없다고 판단하고, 한층 공세적인 정책을 집행하고 있다. 트럼프 정부 시절에도 미 국방부는 대규모 사이버 공격이 발생하기 전에 미군이 먼저 적의 사이버 능력에 대한 공격을 개시할 수 있게 하는 '선제적 방어(defend forward)'의 사이버 전략 개념을 제시한 바 있다.

바이든 정부는 여기서 더 나아가 사이버 공격 행위 자체가 자위권 발동을 가능케 하는 무력행사 행위의 일환이므로 이에 대해 물리적 공격으로 대응하는 것이 가능하다는 이론적 기반하에 공세적 사이버 안보 전략을 추진하고 있다. 바이든 정부가 사이버 공격에 대해 사이버 수단뿐만 아니라 물리적 수단까지 동원하여 비례적으로 대응하겠다는 결의를 내보이는 것을 볼 때, 적대적 사이버 공격에 대해서 실제로 좀 더 강력한 물리적 수단을 활용할 가능성을 배제하기 어렵다. 예를 들어, 2021년 7월 바이든 대통령은 16개 정보기관을 총괄하는 국가정보국(DNI)을 방문한 자리에서 러시아에 대해 "사이버 공격이 실제 전쟁을 초래할 수 있다"라고 경고한 바 있다. 이에 앞선 7월 초 미국은 이라크 철군 이후 중국과 사이버전에 치중하겠다고 발표하며 사이버 갈등이 미국 외교정책의 핵심 사안임을 밝히기도 했다.

한편, 미국의 사이버사령부 사령관이자 국가안보국(NSA)의 수장인 폴 나카소네는 2022년 6월 영국 언론과의 단독 인터뷰를 통해 미군이 우크라이나 전쟁에서 '공세적 사이버 작전'을 효과적으로 수행하고 있음을 공식적으로 인정했다. 나카소네 사령관에 의하면 미국은 공격적이면서도 방어적인, 그리고 정보작전까지도 포함한 사이버전의 전 영역에 걸친 일련의 작전을 수행하였다는 것이다. 그의 발언은, '거짓'에 기초한 정보전을 수행하는 러시아와 달리, 미국이 전략적으로 '진실'에 기초한 사이버전을 수행한다는 것으로 해석된다. 이러한 전략 변화는, 2018년 미국이 천명한 '선제적 방어' 전략이 2022년 우크라이나 전쟁을 거치면서 '선제적 공격(hunt forward)' 전략으로 이행하고 있다는 사실을 엿보게 한다.

군사작전 차원에서 공세적인 사이버 작전의 옵션이 고려되는 것과 함께,

국가정보기관 차원에서도 사이버 안보위협에 대한 선제적 대응의 필요성이 거론되고 있는 것에 주목할 필요가 있다. 사실 군사적 차원에서 사이버 공격의 원점에 대한 타격은 물리적 분쟁으로 확산될 우려가 있다는 점에서 조심스러울 수밖에 없는 옵션이다. 그렇다고 외교력을 통해서 선제적 대응의 실행력을 담보한다는 것도 쉽지 않다. 따라서 국가정보 활동을 통해 공격 원점에 대해 공작을 수행하여 타격을 가함으로써 위험을 사전에 예방하는 옵션이 거론된다. 이는 정보기관만이 수행할 수 있는 대응 옵션이기도 하다. 다만 정보활동을 통한 위험의 선제적 대응이 무력분쟁으로 확산되지 않도록 극도의 기밀성이 유지되어야 한다는 지적이 제기된다(제6장 참조).

III. 정보전의 진화와 국가정보 활동의 변환

1. 정보심리전의 변환과 데이터 안보

최근 사이버 공격의 변화 양상 중에서도 디지털 미디어를 활용한 허위조작정보의 유포나 여론조작, 선거 개입 등의 형태로 나타나는 정보심리전의 부상에 주목해야 한다. 정보심리전은 정보전과 심리전의 합성어라고 할 수 있다. '정보전'은 정보 우위를 달성하기 위한 공격·방어, 또는 이를 위한 정보의 이용과 관리를 의미하는데, 그 핵심은 정보의 유통과 연결성을 공격함으로써 결심 과정 자체에 영향을 미치는 것이다. 그 하위 개념인 '정보작전'은 적의 정보와 정보체계에 직간접적으로 영향을 주는 작전의 형태로서 전통적인 정보작전은 상황 인식의 교란과 마비의 효과를 추구한다. 한편 '심리작전'은 적의 사기나 의지를 꺾고, 아군의 사기와 의지 강화를 도모한다. 이러한 심리작전은 보통 정보작전과 연계되어 나타나는데, 이를 보통 정보심리전이라고 한다(제4장 참조).

4차 산업혁명 시대의 정보심리전은 전통적인 개념의 범주를 넘어서는 변화를 보이고 있다. 전쟁 수행의 수단이라는 점에서, 주로 디지털 미디어를 통해서 자국에 유리한 정보를 유포하여 국내외적으로 정치적·외교적·군사적 지지를 확보하려는 양상을 보인다. 특히 소셜 미디어 또는 SNS(Social Network Service) 활용이 중요하다. 전쟁 수행의 주체라는 점에서 국가 행위자뿐만 아니라 빅테크 기업, 초국적 해커, 일반시민 등이 중요한 역할을 한다. '전쟁의 객체'였던 민간 행위자가 '전쟁의 주체'로 부상하는 현상이 발생한다. 전쟁 수행의 목표라는 점에서는 정보심리전 그 자체가 전쟁 수행의 목표가 된다. 설득력 있고 감동적인 내러티브를 전파하는 측은 '전쟁'에서는 져도 '역사'에서는 이길 수 있다는 것이다. 최근의 우크라이나 전쟁은 이와 같은 내러티브 전쟁의 양상을 잘 보여주었다(제1장 참조).

최근 들어 부쩍 사이버 공간을 배경으로 한 허위조작정보와 가짜뉴스 등이 새로운 안보위협으로 등장하였다. 기존의 선전전이나 심리전 등과는 달리 사이버 공간의 소셜 미디어를 타고서 유통되는 특징 때문에 '루머 정치'나 '괴담 정치' 등과 같은 '안보화'의 과정이 중요한 변수가 된다. 소셜 미디어의 전략적 효과를 노리고 빈번히 역정보 또는 허위정보가 유포되는데, 이러한 행위는 하이브리드전의 일환으로 이해되고 있다. 오늘날과 같은 초연결사회에서 정보와 내러티브는 '커뮤니케이션 무기'가 되고, 이러한 과정에서 온라인 공간은 정치적 우위를 획득하려는 심리전 전술이 전방위적으로 전개되는 전장 공간으로 전화되고 있다. 전쟁의 수행 과정에서 전략적 커뮤니케이션을 효과적으로 전개하여 상대방뿐만 아니라 국제사회 청중의 마음과 생각을 획득하는 것이 승부의 중요한 요소로 인식되고 있다(제4장 참조).

이처럼 정보전의 영역이 네트워크로 초연결된 사이버 공간으로 확장된 것도 큰 변화이지만, 그 안에서 유통되는 데이터의 획득과 활용이 정보전의 핵심적인 위치를 점하게 되었다는 사실도 중요한 변화다. 아울러 상대의 인식에 대한 간접적인 영향에 그쳤던 정보작전이, 데이터를 직접 활용하고 조작하여 상대의 인지 과정과 구조에 직접 영향을 미칠 수 있게 되었다는 점에도 주목해야 한다. 이른바 '인지전'의 부상에 대한 논의가 떠오르는 대목이다. 우크라이나 전쟁에서 보는 바와 같이, 데이터 안보 또는 데이터전은 단순히 정보작전의 수준에 머무르지 않는다. 유사시 무기체계나 지휘통제를 무력화할 수 있으며, 치밀한 데이터의 제공과 메시지 개발을 통해 상대의 인식 자체에 영향을 준다. 기존에는 군사정보로 다루어지지 않던 데이터의 군사적 활용도 쟁점이다. 미래전의 과정에서 정보전은 더욱 활성화될 것이며 사이버 공간에서의 '인지적 폭력 수단'의 사용도 더욱 활발해질 것으로 예견된다(제5장 참조).

2. 정보활동 패러다임 전환의 필요성

디지털 기술의 발달과 데이터 홍수의 시대를 맞이하여 국가정보기관이 신흥기술·사이버 안보에 제대로 대처하기 위해서는 정보활동 패러다임의 전환이 요구된다. 바이든 대통령은 2021년 7월 DNI에서 미 정보기관 구성원들에 대한 연설을 통해 정보공동체의 근본적인 변화를 강조하였다. 바이든 대통령은 정보공동체가 지난 20여 년 동안 테러 대응에 정보활동 역량을 집중해 왔는데, 이제는 커뮤니케이션 방식의 급격한 변화와 이에 따른 세계정세의 변화를 고려하여 새로운 위협들에 대해 좀 더 적극적으로 대응하는 방향으로 변화해야 한다고 주문하였다. 특히 정보기관은 사이버 안보위협, 허위조작정보, 신흥기술 경쟁 등과 같은 새로운 안보 도전에 강력하게 대응해야 한다는 것이었다(제6장 참조).

정보기관들이 사이버 안보 업무에 밀접하게 연관되는 상황이 전개되며 관련 업무의 역할이 커지고 있다. 특히 사이버 안보 분야에서 해킹 공격으로부터 사이버 공간의 보호를 목적으로 하여 첨단기술과 기밀 탈취 방지, 사이버 수단을 통한 기술유출 방지 등이 주요한 업무가 되었다. 최근 경제안보 논의에서 드러났듯이 공급망 안보 위협에 대처하는 것도 중요하다. 글로벌 공급망을 통해 공급되는 각종 제품과 소프트웨어에 대해 보안성을 강화하고, 자국의 첨단기술이 해외에 유출되지 않도록 관련 정보활동을 강화하고 있다. 정보기관 내 사이버 안보 담당 부서들은 실제 핵심기술의 수출입 시 허가 및 통제권을 갖거나, 산업기밀의 보호를 위한 방첩체계를 구축하는 등 해당 부서의 위상 강화를 위주로 하는 조직 개편과 업무 영역 확장도 진행되고 있다(제7장 참조).

사이버 안보의 경우 보안 활동의 일환으로 민관협력을 통해 컴퓨터 네트워크 시스템에 대한 취약성 분석과 평가 및 관리의 체계를 구축하고 일정 시점마다 평가하도록 지원하는 것이 필요하다. 또한 정보기관은 위기 발생의 방지나 최소화와 관련하여 필요한 정보를 제공함으로써 신속한 복구 및 회복력의 확보를 지원해야 한다. 제로데이 취약점을 분석 및 취득하는 주요 기능도 정보기관의 업무로 인식되고 있다. 이는 정보기관이 전통적인 정보 수집 방법과 함께 사이버 공간에서 취득·모니터링한 결과를 통합함으로써 상대적 우위를 갖게 되는 근거가 되고 있다. 전략무기로서 사이버 기술에 대한 이해도와 공격력 확보를 위해서도 노력해야 한다. 이 과정에서 정보기관이 갖는 전문성과 은밀성이, 오히려 안보 차원의 억지력과 전략적 자율성을 위한 역량 확보에 긍정적으로 기여할 수 있을 것이다(제7장 참조).

디지털 시대의 국가정보활동을 전개함에 있어서 신흥기술·사이버 안보위협뿐만 아니라 역정보와 허위조작정보 등의 유포와 같은 인지전적 위협에도 적극적으로 대응해야 할 필요가 있다. 오프라인에서의 정보기관의 활동이 온라인으로 확장하면서 정보의 수집 및 분석뿐만 아니라 사이버 공간에서 악의적 행위자를 식별 및 응징하거나 사전에 악의적 행위를 방지하는 활동도 크게 중요해졌다. 따라서 정보활동 패러다임의 전환은 기존의 정보 수집, 분석, 해석 및 제공은 물론 공작 등과 같은 정보활동을 인공지능과 빅데이터를 기반으로 하여 새롭게 구성 및 발전시키는 데서 시작되어야 한다. 이를 통해 사이버 안보위협과 신흥기술이 야기하는 위협을 사전에 예측하고 예방하는 역량도 강화할 수 있을 것이다(제7장 참조).

IV. 첨단 군사혁신과 억지 개념의 적용

1. 신흥기술 혁신과 첨단무기 경쟁

다양한 기술 발달의 성과를 적용한 군사혁신의 추진은 미래전의 수행이라는 관점에서 큰 관심사가 아닐 수 없다. 4차 산업혁명의 전개 과정에서 다양한 신흥기술들이 출현하고 있고, 국방 분야에서도 미래전에 대비하는 차원에서 이들 기술을 적용한 첨단 무기체계 개발에 노력을 기울이고 있다. 이러한 과정에서 인공지능, 빅데이터, 사물인터넷(IoT), 블록체인, 3D 프린팅 등과 같은 기술들이 기존의 육·해·공 공간 이외에도 우주 및 사이버 공간까지 포함하는 다영역 작전의 공간에서 사용될 무기체계 개발을 가능케 하는 핵심 요인들이다. 이렇게 개발된 무기체계는 기존의 탱크와 자주포, 보병, 전투함정과 잠수함, 공군기, 미사일 이외에도 새로 등장하고 있는 무인 무기체계인 드론과 로봇, 무인전투차량, 무인잠수정, 위성 등에도 적용되고 있다(제8장 참조).

오늘날 이들 신흥기술은 첨단무기 개발에 활용되기도 하지만, 민간 영역에서의 광범위한 적용 가능성을 가진, 이른바 민군 겸용 기술의 성격을 지닌 것이 많다. 이 중에서도 최근 가장 큰 관심을 끌고 있는 기술은 인공지능(AI)이다. 인공지능은 디지털 전환의 대표적인 신흥기술로서 민간과 국방 분야에 적용될 폭넓은 활용 잠재력을 지니고 있다. 이 밖에도 최근 들어 '게임 체인저'의 역할을 할 첨단 무기체계의 확보가 주요국들의 핵심적인 국방 과제로 제기되고 있다. 게임 체인저라는 말의 사전적 의미에서 엿볼 수 있는 것처럼, 전쟁의 판도를 뒤집을 수 있는 첨단무기를 확보하여 상대적인 전력의 우위를 선점하려는 첨단무기 개발 경쟁이 본격적으로 펼쳐지고 있다. 이러한 맥락에서 주목받는 신흥기술 기반 첨단무기로는 극초음속 미사일에서부터 AI 기반 우주감시 시스템, 통합에너지 시스템과 고출력 레이더, AI 및 빅데이터 기반 자율주행 무인 플랫폼 등이 있다(제12장 참조).

이러한 군사혁신의 행보에 가장 적극적으로 나서는 주체는 육군이지만, 해군도 공격적인 해양무인체계 확보를 추진하여 해양 전력의 질적·양적 증강을 이루려는 노력을 진행하고 있다. 해군은 해양무인체계의 적극적인 도입을 통해서 항만 경계를 위한 무인수상정 운용에서부터 레이저·전자기파 등 신개념 무기를 탑재하여 직접 전투를 수행할 수 있는 무인체계의 확보에까지 질적·양적 전력 증강을 위한 목표를 내세우고 있다(제9장 참조). 공군도 '공중우세'를 '우주우세'로 확대하려는 군사혁신에 매진하고 있다. 현재의 많은 무기체계가 우주를 기반으로 운용 및 건설되고 있는 상황에서 우주우세의 확보는 전쟁 승리의 전제조건이 된다는 인식이다(제10장 참조). 한편, 이렇게 육·

해·공이 추구하고 있는 첨단 무기체계 기반 미래전에서 사이버전은 매우 중요한 지위를 차지한다. 육·해·공 및 우주의 주도권을 얻더라도 사이버 공간의 통제권을 상실하면 모든 걸 빼앗기게 될 것이기 때문이다(제11장 참조).

한편, 최근 사이버 안보와 핵무기의 연계에 대한 논의가 전개되고 있음에도 주목해야 한다. 사이버-핵 담론은 핵무기의 개발 및 이에 대한 대응 과정에서 사이버 무기가 어떠한 영향을 미칠 수 있는가에 주목한다. 실제로 핵무기의 조기경보체계, 통신채널, 지휘통제체계, 핵무기 안전장치 등에 대한 사이버 공격의 가능성이 제기되고 있다. 이러한 논의는 핵무기에 대한 사이버 공격을 억지하기 위해서 비대칭적 대응의 필요성뿐만 아니라, 핵무기에 대한 사이버 공격을 제한하는 다자적인 국제 합의를 도출하자는 구상으로도 연결된다. 미중 패권 경쟁이라는 맥락에서 이러한 '사이버-핵 넥서스'는 중요한 전략적 사안이 아닐 수 없다. 한편 한반도의 사이버-핵 담론은 북한의 핵개발 또는 핵능력 고도화에 대응하여 이를 저지하려는 노력의 일환으로서 거론되기도 한다(제14장 참조).

2. 사이버 억지와 자율무기 기반 억지

최근 늘어나고 있는 사이버 안보위협을 막아내기 위해서는 기술적·인적 역량의 고도화뿐만 아니라 해킹 세력을 추적·감시하는 역량을 확충하는 것이 중요하다. 특히 사이버 공격의 배후를 규명하고, 이에 대한 대응 태세를 대내외적으로 알리며, 국제적 제재에도 적극적으로 동참하는 등 악의적 사이버 행위는 상응하는 대가를 치르게 된다는 메시지를 전달하는 것이 중요하다. 이러한 과정에서 핵억지에서 유래한 사이버 억지의 개념에 대한 관심이 커지고 있다. 이와 관련하여 국내외 학계의 논의는 '보복(punishment)에 의한 억지'와 '거부(denial)에 의한 억지'를 중심으로 전개되고 있다. '보복에 의한 억지'는 예상되는 적의 공격에 대하여 이익보다는 비용이 더 클 것이라는 부담을 줌으로써 공격을 사전에 차단한다는 개념이다. '거부에 의한 억지'는 예상되는 공격에 대한 '방어'를 강화함으로써 적의 공격 자체가 성공하지 못할 것이라는 확신을 주는 데 주안점을 두는 개념이다.

우선 '보복에 의한 사이버 억지'를 살펴보면, 최근 이러한 개념에 기반을 둔 사이버 안보의 대응 방안들이 제기되고 있다. 즉 사이버 공격을 하려고 해도 상대방의 보복이 두려워 공격하지 못하는 억지책을 마련하자는 것이다. 또한 상대가 공격할 것인지 미리 살피고 공격 행위 이전에 '방어'하는 차원에서 선제적 공격을 하자는 구상도 제기된다. 이른바 '사이버 킬체인'의 구상이 그 사례인데, 이는 공격자가 시스템에 침투하기에 앞서 사전 작업을 할 때 이를 면밀히 감시하여 선제적 대응을 하자는 것이다. '보복에 의한 억지'는 바로 이러한 선제적 공격과 보복 공격의 가능성이 상존하기 때문에 섣불리 먼저 사이버 공격을 감행하지 못하게 한다는 전략 발상이다. 그러나 '비대칭 전쟁'의 환경에서 사이버 공격을 사전 탐지하거나 사후 확인한다는 것이 쉬운 일은 아니라는 점에서 이러한 억지 개념의 한계가 지적되기도 한다.

이에 비해 사이버 안보에서 '거부에 의한 억지'는 '공격해 봤자 헛수고'라는 인상을 심어주어 상대방의 공격 의지를 무력화시키는 시스템의 구비에 중점을 둔다. 사이버 공격을 근본적으로 단념시키는 것은 불가능하더라도 방어와 보복, 회복의 역량을 보여줌으로써 공격의 이익을 거부하자는 것이다. 특히 사이버 억지가 제기하는 '시그널 효과'에 주목한다. 예를 들어, 하드웨어, 소프트웨어, 펌웨어 등에서 발견되는 견실한 자체 역량, 개별 또는 다자적 사이버 방어훈련의 역량 축적, 공세적 방어 또는 선제적 공격과 지속적인 개입의 가능성, 위협정보의 공유체계 구비, 사이버 공격에 대한 귀속의 정확성, 오류나 버그 탐지의 속도, 주의보 발령이나 패치 릴리스 등의 신속성, 실전 수준의 전술·전략 기술 시연, 강력한 선언적 정책, 표준·법·규정 정비 등과 같은 '역량 및 의도의 시그널링'이 억지의 효과를 낳는다는 것이다. 그러나 기술적인 측면에서 볼 때, 공격이 방어에 비해 압도적으로 유리하다는 점이 여전히 '거부에 의한 억지' 개념을 원용하는 데 있어 제약 요인으로 작용한다. 이런 점에서 보면 사이버 억지의 개념은 기술 변수에만 전적으로 의존할 문제가 아니라 정치외교적 해법과 병행해서 검토해야 하는 문제라는 지적이 힘을 얻는다.

한편 핵전략에 기반을 둔 억지론을 사이버 안보 분야 외에도, 신흥기술을 활용하여 개발된 무기체계에 기반한 억지 개념에 적용하려는 시도도 있다. AI 기반 자율무기체계의 도입과 확산은 억지 개념에 어떤 영향을 미칠까? 일단 자율무기체계를 바탕으로 한 공격 우위의 확보는 억지 개념의 유용성을 잠식할 것이라는 비관론이 우세하다. 특히 AI 기반 자율무기체계의 선도적 개발은 방어력을 무력화하는 공격력의 확보를 의미하고, 그 확보 여부에 따라 선제공격의 문턱이 낮아질 수 있다. 자율무기체계 분야의 '기술적 비대칭성'은 억지 개념을 무색케 하고 따라서 선제공격을 유발할 수 있다는 것이다. 게다가 민군 겸용 기술의 성격을 갖는 4차 산업혁명 분야 신흥기술에 대한 접근성이 좋다는 점도 억지 개념의 원용을 어렵게 하는 요인이다. 그럼에도 지속적인 기술혁신을 통해 '기술적 억지'를 확보할 수 있다는 낙관론도 없지 않다. 이른바 '기술적 상호확증파괴(techno-MAD)'를 확보하는 차원에서 '억지 기술'의 개발도 진행되고 있다(제13장 참조).

V. 신흥기술·사이버 외교와 동맹, 규범, 평화

1. 신흥기술 외교와 사이버·정보 동맹

신흥기술의 부상이 가속화되는 가운데 국력의 우위를 목표로 한 강대국들의 과학기술 외교, 또는 신흥기술 외교는 핵심적인 국가전략의 아이템이 되었다. 기존의 과학기술 외교 담론은 초국적 협력이나 국가관계 개선, 공공외교 등에 집중했지만, 최근에는 국가 간 경쟁의 차원에서 새롭게 제기되고 있다. 강대국 경쟁의 구도에서 과학기술 외교는 자국의 기술 우위를 확보하거나 경쟁국의 우위를 견제하는 주요 수단으로 활용되고 있으며, 이러한 양상은 최근 미중 글로벌 패권 경쟁의 과정에서 극명하게 나타나고 있다. 이러한 과학기술 외교의 양면성은 오늘날 신흥기술의 부상과 세계질서의 변화 속에서 더욱 가속화되고 있다. 미중 기술 패권 경쟁 속에서 과학기술 외교는 중요한 전략적 수단으로 활용되면서 동맹국 간의 과학기술 협력과 연대가 확대되고 경쟁국에 대한 과학기술 교류를 제약하는 경쟁적 양상이 확대되고 있다 (제16장 참조).

미국이 추구하는 신흥기술 외교는, 최근 '화웨이 사태'에서 보듯이, 신흥기술 분야에서 추격하고 있는 중국을 견제하고 미국의 기술 경쟁력 제고를 목표로 한다. 이러한 경쟁의 양상은 5G 이동통신 장비나 반도체 등과 같은 기술과 산업 분야의 경쟁으로 나타나기도 하지만, 최근에는 경제 전반과 가치 및 규범 분야의 경쟁으로도 표출되었다. 미국은 중국의 첨단기술을 '권위주의 기술'로 규정하고 민주주의 국가들의 기술협력을 강조하고 있다. 최근 다양한 소다자 협의체를 활용하여 중국의 기술 굴기에 대응하는 프레임워크를 확대해 가는 미국의 기술동맹 전략이 전개되고 있다. 이러한 미국의 신흥기술 동맹외교에 대응하여 중국도 자국 주도의 과학기술 네트워크를 확대하고, 해외의 과학기술 인재들을 흡수하기 위한 글로벌 과학기술 외교를 강화하면서 기술 경쟁력의 확보와 글로벌 영향력 확대를 모색하고 있다. 최근 이러한 다차원적 동맹외교의 경쟁 양상이 극명하게 드러나고 있는 분야는 반도체나 사이버 안보, 환경·보건, 그리고 다양한 민군 겸용 기술 등이 관련된 신흥기술 분야이다(제17장 참조).

이러한 동맹과 연대의 양상은 미국이 추구하는 인도·태평양 지역의 정보 네트워크 구축 전략에서도 나타나고 있다. 미국은 신흥기술 패권 경쟁의 맥락에서 자국이 주도하는 안보네트워크를 관통하는 운영 기제로 미사일 방어 체제 구축, 해양 상황 인지를 위한 '정보·감시·정찰' 자산 제공, 첨단 민군 겸용 기술과 관련된 정보 공유 등을 매개로 자국이 주도하는 정보네트워크의 구축을 강화하고 있다. 특히 미·일·호주·인도 안보협의체인 쿼드(Quad)는 그 협력 어젠다를 확장하여, 사이버 안보나 신흥기술뿐만 아니라 이와 직간접으로 연결된 인프라 투자, 해양 안보, 공급망 다각화 등에 대해서도 협의하고 있다. 미국이 쿼드나 오커스(AUKUS)와 같은 프레임워크를 활용하여 주요 동맹국과 추진하려는 협력의 핵심 키워드는 '자유와 개방의 원칙에 입각한 해양 안보'와 '원활한 공급망 유지를 위한 과학기술 협력'이다(제18장 참조).

이러한 맥락에서 최근 한국에서도 활발히 거론되고 있는 신흥기술·사이버 안보 분야의 동맹 참여와 연대 형성의 문제를 이해할 수 있다. 최근 국내에서는 주요국과 사이버 안보 동맹 체결을 검토 중인데, 사이버 상호 방어 개념을 명문화하여 국제연대를 강화하고 이를 근거로 한국을 겨냥하는 사이버 안보위협에 동맹국과 공동 대응하는 방어체계를 마련하려고 한다. 이러한 과정에서 미국·나토(NATO) 등과의 사이버 합동훈련 수행이나 우방국과의 긴밀한 위협 정보 공유, 또는 국내외 민간 보안업체들과의 협력 등은 매우 중요한 안보외교의 아이템이다. 아울러 개도국 지원에도 적극 참여하거나 안전한 사이버 공간의 구축을 위한 국제규범 모색의 논의에 참여하는 것도 글로벌 중견국 외교의 과제로 인식되고 있다.

2. 신흥기술 안보규범과 사이버 평화

신흥기술의 안보적 프레임이 확대되는 상황에서 신흥기술·사이버 안보위협을 제어하기 위한 국제규범의 마련에 대한 논의가 한창 진행되고 있다. 다만 신흥기술·사이버 안보위협에 대한 국가 간·진영 간 대립도 첨예하여, 개별 분야에 따라 복합적인 대립의 양상이 나타나고 있다. 국가 간·진영 간에 안보위협 및 이에 적용할 국제법에 대한 인식의 괴리가 커서 관련 국제규범을 마련하는 것이 쉽지 않아 보인다. 예를 들어, 사이버 안보나 우주 분야의 경우에는 미·서방과 중·러·비서방 진영 간 대립이 첨예한 반면, AI의 군사적 활용에 있어서는 선진국과 개도국 진영 간의 대립이 기본적 구도를 형성하고 있다. 이러한 과정에서 제기되는 주요 쟁점은, 적용 가능한 구체적인 국제법 및 규범, 법적 구속력 있는 국제법의 마련 여부, 군사적 활용의 규제를 위한 수출 및 공급망 통제, 새로운 형태의 협의체 신설 등인데, 이들 쟁점을 둘러싼 복합적인 이해관계의 구도가 표출되고 있다(제20장 참조).

유엔은 테러 집단에 의한 디지털 기술의 오용에 대해 큰 우려를 표명해 왔다. 특히 주요 기반시설 등에 대한 사이버 공격을 방지하기 위한 회원국 간 공동 훈련, 위기 경보 네트워크 구축 등을 강조하였다. 이러한 맥락에서 유엔은 사이버 안보의 국제규범을 논의하기 위한 틀로서 정부전문가그룹(Governmental Group of Experts, GGE)을 택하고 1998년 이래로 여섯 차례에 걸쳐서 회의를 운영했으며, 최근에는 OEWG(Open-Ended Working Group)를 한 차례 운영했다. 유엔 GGE와 OEWG에서는 현존 및 잠재적 위협, 책임 있는 국가행동에 관한 규칙과 규범 및 원칙, 국제법 적용, 신뢰구축조치 시행, 역량강화의 공통 주제와 정례적 협의 제도 등에 대해 논의하였다. 그러나 향후 사이버 안보 관련 국제규범에 대한 논의가, 유엔 GGE나 OEWG와 같은 공개된 국제기구의 장에서뿐만 아니라, 사이버 공격의 피해를 받는 선진국 그룹이나 이들 국가의 이해관계를 반영해서 구성될 여타 지역 및 소자다 협의체에서 진행될 가능성이 크다는 사실에 주목할 필요가 있다(제7장 참조).

안전하고 평화로운 사이버 공간을 확보하기 위해서는 신흥기술·사이버 안보의 국제규범을 논의하는 차원을 넘어서, 좀 더 근본적인 차원에서 새로운 평화의 개념을 모색할 필요성도 제기된다. 신흥안보로서 사이버 안보 분야의 평화 논의는 전통적인 평화연구의 시각에서만 다룰 수는 없기 때문이다. 그런데 여태까지 안보연구의 경우에는 새로운 시각을 활발히 도입한다고 하면서도, 평화연구는 여전히 전통적 시각에 머물러 있는 감이 없지 않았던 것이 사실이다. 새로운 안보연구의 지평을 열어간다고 하면서 평화를 보는 시각을 '전통평화론'의 테두리 안에만 가둬 둘 수는 없다. 신흥안보 연구와 짝을 맞추어 신흥평화(emerging peace)에 대한 이론적·경험적·실천적 연구의 필요성이 제기되는 것은 바로 이 대목이다. 이러한 맥락에서 본 '신흥기술·사이버 평화'는 전통적으로 인용되는 '평화'의 사전적 정의, 즉 "평온하고 화목함, 전쟁이나 분쟁 따위가 없이 평온함, 또는 그런 상태"를 넘어서 이해되어야 한다(제21장 참조).

한국도 사이버 공간의 평화에 대한 적극적 인식을 마련하고, 사이버 공간에서의 글로벌 공공재의 창출을 위한 보편적 가치의 발산을 위해 노력해야 한다. 인권과 민주, 자유 등의 보편적 가치를 바탕으로 하여 글로벌 차원에서 협력하고 또 이를 보장하는 규범 창출에 기여하여 사이버 공간에서 포괄적이고 적극적인 평화체제 마련에 힘써야 할 것이다. 이러한 맥락에서 기존의 '한반도 평화 프로세스'와 병행하여 이른바 '한반도 사이버 평화 프로세스'도 추구할 필요가 있다. 전통안보의 권력구조가 사이버 공간에까지 확장되고 있는 한반도의 상황을 염두에 둘 때, 남북한 사이버 협력, 더 나아가 일종의 '사이버 데탕트'나 '사이버 평화'를 이룩하기 위한 발상의 전환과 이를 뒷받침하는 조건에 대한 구체적인 고민이 필요하다(제22장 참조).

VI. 맺음말

한국은 2019년 4월 사이버 안보 분야의 전략 지침서로 '국가사이버안보 전략'을 발간한 바 있다. 4년여의 세월이 지난 지금, 주변의 신흥안보 환경은 급속히 변해서 새로운 전략서의 마련을 요구하고 있다. 이제 사이버 안보는 좁은 의미의 해킹과 사이버 공격을 넘어서 데이터 안보와 국가 간 통상마찰의 쟁점이 되었으며, 정보심리전 수행과 무인 무기체계 개발과도 연계되는 넓은 의미의 신흥기술 안보 문제로 확장되고 있다. 이러한 신흥기술 안보 문제는 최근 21세기 글로벌 패권을 놓고 벌이는 미중 경쟁의 외교안보 이슈로 자리매김하면서 더욱 주목을 끌고 있다. 신흥기술·사이버 안보의 문제는 단순한 기술과 산업, 경제의 문제가 아니라 동맹과 연대, 그리고 가치와 규범의 문제까지도 포괄하는 미래 국가전략의 아이템이 되었다.

새로운 전략에는 추진체계 정비와 법제도 마련에 대한 고민이 담겨야 한다. 오늘날 사이버 공격은 어느 한 기관만의 힘으로는 막아내기 힘들다. 지금까지 한국은 공공·민간·국방 분야별로 사이버 위기에 대응하는 '분산 대응체계'를 유지해 왔는데, 그 결과 분야별 장벽이 고착화되었으며, 국가적 위기상황에 통합적으로 대응하는 데에 한계가 있었다. 이와 같은 노력을 좀 더 구체화하기 위해, 분절된 대응체계를 통합하는 '메타 거버넌스'의 메커니즘에 대한 고민이 필요하다. 더 나아가 날로 급증하는 사이버 안보위협에 대한 국가차원의 효과적인 대응책을 지원하는 체계적인 법제의 마련도 필요하다. 현재 한국은 사이버 안보에 관한 통합된 법을 마련하지 못하고 있는데, 2006년부터 지난 16년간 이른바 '사이버안보기본법'은 국회의 문턱을 넘지 못하고 있다. 제정 과정에서 제기되는 다양한 의견을 적극적으로 수렴하고 철저히 검토하여 국민적 공감을 얻을 수 있는 법안을 마련해야 할 것이다.

현재 신흥기술의 등장과 이에 수반되는 새로운 안보위협의 확산으로 인해 국가적으로 수많은 난제에 봉착해 있다. 이러한 난제들의 도전은 기존의 사회 집단들의 이익갈등을 부각시키고 기존 가치와 새로운 가치 간의 충돌을 야기하기도 한다. 이러한 이익갈등과 가치충돌의 조정 문제는 향후 디지털 시대를 헤쳐 나갈 국가전략의 중요한 현안이 아닐 수 없다. 아울러 급변하는 국제정세 속에서 중견국으로서 한국이 직면한 전략적 과제에 대한 치열한 고민도 필요하다. 이 책에서 다룬 신흥기술·사이버 안보 분야는 이러한 중견국 외교전략의 역량을 시험받는 테스트베드인 동시에, 향후 한국이 미래를 개척해 나갈 밑받침이기도 하다는 사실을 명심해야 할 것이다(제19장 참조).

1부

미래전의 부상과 사이버 안보의 진화

1

사이버 안보와 미래전 추이, 그리고 국가안보전략

윤민우 가천대학교 경찰행정학과

I. 머리말

최근 사이버 안보의 진화는 단순한 범죄나 테러를 넘어 미래전의 추이와도 긴밀히 관련되어 있다. 미래전은 공간적으로도 기존의 지상, 바다, 하늘 이외에 우주와 사이버, 그리고 인간의 의식(perception) 영역까지 포함한 다영역에서의 전쟁으로 진화하고 있다. 또한 수단의 측면에서도, 기존의 키네틱(kinetic) 폭력을 이용한 전쟁의 범위를 넘어 정보심리전, 여론조작, 선거 개입, 경제적·외교적 압박 등의 비키네틱(non-kinetic) 힘의 투사를 이용한 전쟁으로까지 확장되고 있다. 이와 같은 미래전과 관련된 여러 이슈들에서 사이버 안보는 핵심적 위치를 점한다. 이는 사이버 공간이 다른 전쟁 공간들(domains)을 이어주는 연결 통로로서의 성격을 가지기 때문이다(윤민우 2017, 273). 최근의 우크라이나 전쟁은 이와 같은 미래전의 초기 양상을 보여주는 사례이다(송태은 2019, 174). 첨단무기체계를 기반으로 한 미래전에서 사이버전은 매우 중요한 지위를 차지하는데 이는 이들 첨단무기체계가 인공지능(Artificial Intelligence, AI) 기반의 알고리듬과 실전 환경에서의 딥러닝을 통해 자동 구현되고 이와 같은 각각의 첨단무기들과 기존의 유인 전투원과 무기체계들이 모두 사이버 공간을 통해 AI와 묶일 것이기 때문이다(남두현 외 2020, 157-160).

이 글의 목적은 사이버 안보와 관련된 여러 현상들과 개념들의 빠른 진화와 이와 관련된 미래전 발전 추이를 살펴보고 이와 같은 상황 변화에 대응한 적절한 국가안보전략을 모색하는 데 있다. 사이버 이슈를 둘러싼 안보 환경의 혁명적 변화에 발맞춰 미래전 준비의 차원에서 국가안보전략의 새로운 모색이 점점 더 필요해지고 있다. 이 글은 이와 같은 필요에 부응하고자 하는 시도의 일환이다. 이 글은 사이버 안보의 현안들이 미래전 발전 추이에서 어떤 위치와 역할을 수행하게 될 것인지를 예측하고 추정한다. 그리고 이와 같은 사이버 안보와 미래전 추이를 반영하여 국가전략을 어떻게 새롭게 혁신하고 구축해야 할 것인지에 대해 논의한다.

II. 사이버 안보의 의미와 전략적 중요성

미래 안보 환경에서 사이버 안보의 개념적 의미 역시 빠르게 진화하고 있다. 사이버 안보 의미의 진화로 인해 여러 관련 안보 영역들과의 중첩과 통합이 나타나고 있다. 사이버 공간에서의 정보콘텐츠와 관련된 프로파간다와 여론조작, 가스라이팅 등은 심리전과 정보전, 선전전, 그리고 인지전 등과 중첩된다(Bernal et al. 2020, 6-10). 인터넷상에서 무선으로 서로 연결된 디바이스들에 대한 침해와 탈취, 무단 통제는 전자전(electronic warfare)과 통합된다 (김소연 외 2021). 예를 들면, 드론을 이용하여 와이파이(WiFi)로 연결된 스마트폰과 태블릿 등을 해킹할 수 있으며, 역시 와이파이로 연결된 프린트의 출력물을 드론을 통해 해킹하여 외부로 전송할 수도 있다(윤민우 2019b, 245-246).

따라서 이와 같은 추이를 반영하여 사이버 안보를 보다 더 확장된 개념으로 이해할 필요가 있다. 이런 맥락에서 보면 사이버 안보는 다음의 것들을 포함한다. 그것들은 ① 인터넷 기반시설과 관련 장비·부품들, ② 인터넷에 연결된 유·무인 디바이스들, ③ 디바이스들을 운영하는 운영체계(OS)와 온라인 플랫폼, 그리고 AI 등의 프로그램, ④ 가상의 네트워크 체계와 규칙들, ⑤ 인터넷 공간에서 유통되는 정보콘텐츠들, ⑥ 인터넷 공간의 정보와 인터페이스하는 인간의 의식, ⑦ 정보콘텐츠 또는 디바이스들을 연결하는 무선통신 등으로 구성되어 있다. 여기서 ①과 ②는 하드웨어로, ③과 ④, 그리고 ⑤는 소프트웨어로 정의할 수 있다. ⑥은 인간의 뇌 인지, 심리, 정서의 영역이다. ⑦은 대기를 통해 연결되는 무형의 전파 또는 정보패킷(Packet), 그리고 혼합현실(Mixed Reality)의 구현 등이다. 각각의 개별 부문을 보다 자세히 살펴보면 다음과 같다.

먼저, ①에는 인터넷데이터센터(IDC), 통신기지국, 서버, 라우터 등의 통신장비, 정보통신망, 해저 광케이블을 포함한 케이블, 위성, 반도체 등 물리적인 시설, 설비, 장비, 부품 등이 해당된다. 이들 물리적 실체와 관련된 사이버 전쟁은 해킹과 악성 바이러스 유포, 랜섬웨어 공격 등의 기술적 사이버 공격-방어, 시설·설비·정보통신망에 대한 지상-지하-해저-우주 등 물리적 공간에서의 시설·설비·장비 등에 대한 키네틱 공격-방어, 그리고 중국산 화웨이 장비 논란과 반도체 공급망 논쟁 등에서 나타나는 것과 같은 장비·부품 등에 대한 경제·산업 안보 등으로 이루어져 있다.

②에는 인터넷 기반시설과 결합되어 실제로 다양한 목적으로 사용되는 여러 디바이스들이 해당된다. PC와 랩탑(laptop) 등이 대표적이며, 스마트폰과 모바일워치 등도 해당된다. 여기에 구글 글라스, IoT, 무인자동차, 드론, 무인전투차량, 지능형 CCTV, 무인전투함, 무인잠수정, 인공위성 등 디바이스의 수와 종류는 폭발적으로 증대하고 있다. 이와 같은 디바이스들은 모두 사이버 공간에 결합되어 있다. 이들 디바이스들은 대체로 인간 행위자의 작동과 개입 여부에 따라 유인 디바이스와 무인 디바이스로 구분할 수 있다. 이 부문에서 사이버전은 사이버-기술 전쟁과 사이버-심리 전쟁이 함께 나타난다. 사이버-기술전은 해킹, 디도스, 악성바이러스, 랜섬웨어 공격을 통한 디바이스 오작동, 탈취, 파괴 등으로 구현된다. 이 사이버-기술전은 다시 전자전과 연계된다. 전자파 송출 또는 차단·방해를 통한 디바이스의 탈취, 파괴, 오작동은 사이버전이 전자전과 만나는 영역이다(윤민우·김은영 2017, 138). 한편 사이버-심리전은 각종 디바이스들이 좀비PC의 형태로 가짜뉴스, 가스라이팅, 여론조작, 선전·선동·프로파간다, 극단주의 추종자 리크루팅 등에 동원됨으로써 이루어진다. 이처럼 기계적인 방식으로 여론조작에 이용되는 좀비PC들은 트롤봇(trollbot)로 불린다.

③은 무형의 소프트웨어 또는 프로그램을 모두 포함한다. 여기에는 컴퓨터와 데이터베이스시스템, 스마트폰 등을 운영하는 소프트웨어가 포함된다. MS 프로그램과 MacOS, 오라클(Oracle), 안드로이드, iOS 등이 해당된다. 러시아는 사이버 안보상의 이유로 이와 같은 운영체제를 자국산 소프트웨어로 교체를 발표하고, 오라클 데이터베이스시스템을 오픈소스 소프트웨어인 PostgreSQL로 교체한 바 있다(신범식 외 2021, 50). 온라인 플랫폼은 온라인상의 정보의 흐름을 유통, 통제, 필터링, 분류하는 포털 사이트들이 해당된

다. 구글, 유튜브, 페이스북, 트위트, 애플 앱스토어, 아마존, 네이버, 카카오 등이 해당된다. 다양한 SNS 서비스들이 여기에 해당한다. 이와 같은 무형의 소프트웨어, 프로그램은 사이버-기술전쟁의 핵심 전장이자 공격-방어의 대상이다.

④는 인터넷을 구성하는 여러 기반설비와 디바이스들, 그리고 무형의 프로그램들을 연결해서 인터넷이라는 가상현실을 구축하는 가상의 네트워크 체계와 규칙들을 모두 포함한다. DNS(Domain Name System)와 IP 등과 관련된 각종 규칙과 체계들, VPN(Virtual Private Network)과 클라우드 서비스와 관련된 가상의 인프라들, 네트워크상 트랜잭션을 기록하고 가치를 지닌 모든 것들을 추적, 거래할 수 있는 블록체인 등이 이에 해당한다. 이와 같은 가상의 네트워크 체계와 규칙들은 사이버-기술전의 무대이자 공격-방어의 대상이 된다. 또한 인터넷 환경과 규칙을 구축하는 것은 사이버 국제규범 질서 구축과 관련된 외교전의 대상이자 공격-방어의 대상이다(윤민우 2019a, 316-317).

⑤는 인터넷 공간에서 생산, 소비, 유통되는 정보콘텐츠들을 모두 포함한다. 여기에는 영상과 텍스트, 그래픽 정보가 모두 포함된다. 또한 미디어 보도나 논문, 보고서, 웹사이트의 정보들뿐만 아니라, 댓글, 해시태그, SNS상에서의 텍스트와 그래픽 등 다양한 유형이 모두 포함된다. 온라인 비디오게임 역시 정보콘텐츠의 일종이다(Carroll 2020). 정보콘텐츠와 관련된 위협은 사이버-심리전에 해당한다. 하지만 최근 들어 데이터마이닝과 AI 알고리듬, 머신러닝-딥러닝 등이 중요해지면서 사이버-기술전이 정보콘텐츠의 부문에서도 중요해졌다. 이 부문에서의 사이버전은 정보전쟁과 중첩된다.

⑥은 인터넷 공간에 위치한 정보콘텐츠가 인터페이스 하는 인간의 의식의 영역으로 들어가 인간의 뇌에 의해 해석되어지는 결과물과 이후의 인간 행동까지를 포함한다. 사이버-심리전과 인지전이 중첩되는 지점이면서 사

실상 많은 부분이 인지전의 영역에 해당한다. 여기서는 정보콘텐츠뿐만 아니라 해당 콘텐츠를 소비하는 인간의 심리적, 성격적 특성들, 그리고 정보콘텐츠를 관찰하고 판단-결심-행동으로 이어지게 하는 뇌의 정보처리작용, 인간 행위자의 인지대본(script) 또는 습관까지가 모두 전쟁의 무대 또는 공격-방어의 대상이 된다(Thomas 2004). 최근 들어 뇌과학과 심리-설득지식의 급격한 발전으로 뇌파·기억·인지 조작 등에 대한 기술적 개입의 개연성이 커지고 있다(전승민 2018). 문제는 이 뇌와 컴퓨터 간의 뇌-컴퓨터 인터페이스(Brain Machine Interface, BMI) 기술이 발전하면서 인간 행동과 뇌, 그리고 컴퓨터 소프트웨어 프로그램과 기계적 디바이스들이 하나의 통합된 네트워크로 결박될 수 있게 된 것이다(전황수 2011, 124-126).

마지막으로 ⑦은 기반시설, 디바이스들, 정보콘텐츠들을 연결하는 무형의 무선통신과 전파 등과 관련이 있다. 이는 대기 중에 투영되는 비물질적 실체들과 관련이 있다. 이 부문은 특히 사이버-기술전과 전자전이 중첩되는 영역이다. 전자전은 전자기스펙트럼의 사용을 통해 적을 공격하거나 적의 공격을 방어하거나, 정찰 또는 첩보행위를 하는 것을 의미한다. 전자전은 사이버-기술전 부문의 와이파이 데이터 송수신과 각종 기반시설, 디바이스, VPN 등에 대한 개입을 통해 사이버-기술전과 중첩된다. 사이버 전자전(Cyber Electric Warfare)은 사이버전과 전자전이 결합된 융합전쟁의 개념이다(김소연 외 2021).

이와 같은 사이버 수단과 공간의 확장은 미래전에서 사이버 공간의 전략적 중요성을 증대시킨다. 윤민우(2014, 120-129)는 이미 이와 같은 사이버 수단과 공간의 전략적 중요성을 마한의 해양 전략을 재해석함으로써 제시하였다. 과거 해양은 거대한 공용도로로서 전략적 중요성을 가졌으며 해양 공간을 장악한 자가 글로벌 패권을 장악했다. 이는 바다와 같은 공용도로를 장악하게 되면 공격-방어를 위한 시간과 위치를 결정할 수 있는 자유를 누릴 수 있기 때문이다. 이를 전략적 유연성이라고 정의할 수 있다. 같은 맥락에서 과거 한반도 북부에서 유라시아 대륙을 가로질러 헝가리 초원지대로 연결되는 초원의 길은 기마군단에게는 거대한 공용도로였다. 이 초원의 길은 바다와 마찬가지로 전략적 유연성을 제공했다. 오늘날과 미래는 사이버 공간이 과거 바다와 초원의 길에 해당하는 전략적 유연성을 제공할 것이다. 이는 앞서 살펴본 것처럼 사이버 공간은 지상, 바다, 하늘, 우주, 인간의 인지 영역 등 이어진 다른 공간들을 연결하는 거대한 공용도로이기 때문이다. 따라서 사이버 공간의 주인이 공간들이 중첩된 다영역전쟁(multi-domain war)에서 공격-방어의 시간과 위치를 결정할 수 있다. 사이버 공간을 정복하는 자가 글로벌 패권의 주인이 될 것이다. 제국은 공간을 정복한 자의 것이다.

III. 미래전의 추이

사이버 공간의 전략적 중요성이 반영된 미래전장 환경은 과거와는 다른 근본적인 전쟁 패러다임의 전환을 의미한다. 이와 같은 미래전의 추이의 몇 가지 특성들을 짚어 보면 다음과 같다. 먼저, 전쟁 공간의 확장이 일어나고 있다. 전통적으로 전쟁 공간은 지상, 바다, 하늘이었다. 여기에 사이버 공간과 우주 공간이 새로운 전쟁 공간 또는 전략 공간으로 등장했다(Army News Service 2020). 최근 들어서는 이 다섯 개의 공간에 다시 인간의 인지 영역이 추가되었다. 이 인지 공간에는 적국의 전투원과 민간인, 자국의 전투원과 민간인, 그리고 이 전쟁을 지켜보는 국제사회 일반의 인식, 의견, 생각 등이 모두 포함된다. 즉 인간의 뇌 작용에 해당하는 인지-인식의 공간 자체가 전쟁 공간이 되고 있다(Bernal et al. 2020, 4; Bjorgul 2021). 개별 공간에서의 공간 장악력은 다른 공간에서의 전쟁 결과와 공간 장악 여부에 중요한 영향을 미친다. 이 때문에 개별 공간들은 다른 공간들의 전략적 목표와 연결되어 있고, 전쟁의 승패는 공간들의 공간 장악 여부의 결과의 총합에 의해 결정되는 측면이 있다. 예를 들면, 사이버 공간의 장악을 위해서는 태평양과 대서양 등과 같은 대륙과 대륙을 이어주는 대양의 해저케이블의 안정적인 운용이 필수적인데 이는 심해에서 해저케이블 해킹이나 파괴를 거부할 수 있는 해저 공간에 대한 해양 장악력이 선결조건이 될 수 있다. 이와 같은 규칙은 다른 공간들의 조합에서도 마찬가지이다.

둘째, 전쟁 행위자의 확산이 일어나고 있다. 전통적인 전쟁 주체인 국가 행위자 이외에 테러리스트, 해커, 댓글부대, 용병, 국제조직 범죄세력, NGO, 다양한 이슈와 관련된 활동가와 단체 들 등 다양한 비국가 행위자들이 전쟁 주체로 등장하고 있다(윤민우 2020). 알카에다나 ISIS, 탈레반 등은 아프가니스탄과 시리아-이라크, 그리고 세계 도처에서 미국, 러시아 등 강력한 국가 행위자를 상대로 전쟁을 수행했다. 어나니머스와 같은 해커들은 자신들의 방식으로 국가 행위자를 상대로 전쟁을 수행한다(Chirinos 2022). 한편 국가 행위자와 비국가 행위자들 사이의 은밀한 통합이 동시에 이루어지고 있다. 국가 행위자가 자신의 개입을 은폐하고 실질적인 전쟁 목적을 달성하기 위해 비국가 행위자들을 국가의 프록시(proxy) 병력으로 활용하는 사례들이 점차 빈번해지고 있다. 이를 전쟁의 외주로도 이해할 수 있다(송태은 2020, 8). 중국 국가안전부는 정치전쟁과 비밀공작활동을 위한 정보작전센터를 설치하고 중국계 국제조직범죄 네트워크를 중국의 해외 군사력 투사와 정치문화적, 경제적 영향력 침투 등에 활용한다(윤민우 2020, 305). 중국의 유학생들과 학자들, 공자학원과 같은 교육문화기관은 중국의 이념과 사상, 문화, 이미지 등을 해외에 침투, 확산시키고 중국에 대한 부정적인 의견, 여론, 동향 등을 통제하고 무력화시키는 정치문화전쟁 최전선의 전투 집단이다(해밀턴 2021, 293-342). 셋째, 전쟁 수단의 다변화가 일어나고 있다. 예를 들면, 우주 공간에서의 민간 위성 역시 전쟁 수단으로 들어오게 되었다. 이는 최근 우크라이나 전쟁에서 확인되었다(김형자 2022). 이와 같은 변화는 곧 정보·정찰위성을 파괴할 킬러위성과 대위성 미사일의 발전, 그리고 이와 같은 공격체계에 대한 방어시스템의 등장을 예고한다. 무인전투디바이스 운용에서 레이더와 라이다(LiDAR), 인공지능의 모방학습(Imitation learning)과 에이스타(A*) 알고리듬, 그리고 구글 GPS 네비게이션 시스템은 주요한 전투 수단이 될 수 있다. 이처럼 전투 수단은 전통적인 군사무기에만 한정되지 않고 민간의 다양한 비군사 수단을 포함하는 방식으로 전방위적으로 확산되고 있다. 미국 국가방첩안보센터(National Counterintelligence and Security Center, NCSC)는 미국 방첩전략 2020-2022에서 미국을 대상으로 한 새롭게 떠오르는 기술 (emerging technology)들을 이용한 스파이 활동 위협을 나열하였다. 이러한 떠오르는 신기술들은 인공지능(AI), 퀀텀컴퓨팅(quantum computing), 나노기술(nanotechonolgoy), 고도화된 암호화기술(improved encryption), 로봇기술(robotics), 사물인터넷기술(Internet of Things), 그리고 우주개발기술 및 인공위성 등이다. 미국은 이러한 기술들을 활용한 공격에 대한 방첩 대응의 어려움을 미래 방첩활동의 위협요인으로 꼽았다(NCSC 2020). 이와 같은 신흥기술들은 방첩 부문뿐만 아니라 미래 전쟁 수단으로도 사용될 것이다.

넷째, 결과적으로 전쟁과 비전쟁의 경계가 모호해지고 있으며, 미래에는 항상적·평화적 전쟁(또는 전쟁적 평화) 상태가 지속될 것이다. 이와 같은 항상적 평화-전쟁 상태에서 무기는 국면에 따라 여러 다른 방식으로 활용될 수 있다. 예를 들면, 북한의 핵무기는 물리적 섬멸-파괴의 수단이지만 동시에 미사일 실험, 무력시위 등을 통해 여론 분열과 갈등 조장, 공포의 조장 등을 목적으로 한 인지전의 수단으로도 이용될 수 있다. 평화와 전쟁은 더 이상 이분법적으로 구분되는 개념이 아니며 연속된 스펙트럼으로 이해할 필요가 있다. 절대평화와 절대전쟁의 양 끝단의 어딘가에 현 상황이 위치하며, 이 위치는 항상 이동하는 과정에 있다. 이런 측면에서 러시아의 개념 구분은 매우 시사점이 크다. 러시아는 평화-전쟁 스펙트럼을 4개의 하위 유형으로 구분한다. 이는 ① 평화적 공존, ② 이해관계의 갈등 또는 자연적 경쟁, ③ 무장 충돌, 그리고 ④ 전쟁이다. 러시아의 이론 개념으로는 전쟁은 어떤 특정 시기에 국한된 의미가 아니며 단계적으로 이해 갈등과 충돌이 격화되어 가는 과정이다 (Nikkarila and Ristolainen 2017, 194). 미래의 전쟁은 이와 같은 평화-전쟁의 스펙트럼으로 이해하고 접근하는 것이 타당할 것이다. 이 과정에서 ②와 ③의 단계에서는 스파이활동과 비밀공작, 범죄수사, 경제외교적 압박, 군사기동을 통한 위협, 역사문화공정, 영향력 공작과 인지전, 선거 개입과 정치공작, 암살과 사보타지, 해킹과 기술절도, 테러와 조직범죄, 재난의 인위적 유도, 대리전, 분란전(insurgency warfare) 등과 같은 회색전쟁, 비밀전쟁, 또는 스파이전쟁이 주가 될 것이다. 이는 정규전 직전까지의 단계이다. ④단계는 정규전의 시작이다. 무제한 핵전쟁을 포함한 군사적 결전이 주가 되는 전쟁에 해당한다.

IV. 국가안보전략 제언

미래안보전략 환경은 물리적 공간과 사이버 공간이 중첩되고, 국내와 해외의 경계가 애매모호해지며, 국가 행위자와 비국가 행위자가 뒤섞이고, 전쟁과 평화의 구분이 희석되는 복합적이고 불확정적인 회색지대가 될 것으로 전망된다. 이와 같은 안보전략 환경에서 미래 국가안보전략을 기획하고 운용하는 국가안보의 최고정책 결정권자들과 전쟁 지휘관, 그리고 국가안보 전문가들은 회색지대에서 불확정성을 감당할 수 있어야 한다. 전쟁을 보다 확장된 개념으로 이해해야 한다. "싸움"이라는 단어는 전쟁보다 더 적절하다. 인간은 나의 의지와 욕구, 이익을 상대방에게 관철시키기 위해 모든 가용한 수단과 방법을 동원하여 싸운다. 국제법상에 정의된 전쟁은 여러 전쟁 모습의 한 일면에 불과하다. 국제법과 국제기구는 국제 거버넌스의 규범과 제도가 아니며 또 다른 전쟁터이자 전쟁 수단이다. 이런 측면에서 모든 전쟁을 포함하는 싸움의 개념이 더 적절하다. 미래 국가안보전략은 이 싸움에 대한 준비와 구체적 실천전략과 방안을 포함해야 한다.

미래 국가안보전략은 복합사고가 녹아 있어야 한다. 앞서 살펴본 것처럼, 미래 전쟁은 정규전과 분란전, 테러와 조직범죄, 인지전과 전자전, 사이버전과 정보전 등 여러 다양한 싸움의 모습들이 서로 연계되고 중첩되고, 결박되어 있는 관계형(relational)-통합(integrated) 전쟁이다. 오늘날의 전선은 전통적 지정학적 대치와 신흥안보 문제가 결박되는 복합지정학적 대치로 진화했다(윤민우 2022, 9). 김상배(2022, 120-123)는 사이버 안보 등 신흥안보와 관련된 비지정학적 문제들이 지정학의 임계점을 넘게 되면 전통적인 지정학에 영향을 미치게 되는 복합지정학으로 변모한다고 지적한다. 이와 같은 복합지정학적 충돌은 오늘날 유라시판 림랜드의 한국과 우크라이나, 타이완 등을 포함한 핵심 린치핀(linchpin)을 중심으로 전선이 그어지면서, 동시에 여러 신흥안보의 이슈들이 더해져 지정학적 패권 충돌에 불안정성과 불예측성을 강화시키고 패권 충돌의 판도와 결과에 영향을 미친다(윤민우 2022, 31). 미래 국가안보전략은 이 전선의 입체성을 담아내야 한다.

전선의 입체성이 만들어내는 특성은 다음과 같다. 첫째, 안보 위해 요인의 분산이다. 위해 요인은 국가 또는 비국가 행위자와 같은 의도를 가진 인간 행위자에 의한 공격과 코로나19와 같은 어떤 특정한 인간 행위자가 의도를 가지고 공격한 것이 아닌 비인격적 요인에 의한 재난 또는 위기를 포함한다. 이와 같은 위해 요인들은 서로 연계된다. 비인격적인 코로나19 위협은 중국 등 악의적 국가 행위자와 이슬람 극단주의 테러세력과 같은 비국가 행위자들의 대미-대서방 인지전 공격에 이용됐다. 둘째, 취약성의 분산이다. 이전에는 국가안보위협의 대상으로 여겨지지 않았던 일상의 부문들이 이제는 국가안보의 위해에 영향을 미칠 수 있는 수준에까지 이르렀다. 평범한 가정의 IoT가 국가 핵심기반시설 공격을 위한 우회 루트로 이용될 수 있으며, 일반 사람들의 생각이 전쟁터가 되었다. 셋째, 따라서 국가 공격-방어의 분산이 강화될 필요가 있다. 공격자와 취약성이 다변화되면서 기존의 군과 정보기관, 수사기관 등과 같은 특정한 전담기관만으로 국가안보를 지켜내는 데는 한계가 있다. 이는 전쟁의 경우에도 마찬가지이다. 정규군만으로 전쟁을 수행하는 데는 한계가 있다. 국가최고안보전략지휘부를 축으로 정부-군-정보기관-민간이 모두 결박된 확장된 공격-방어 네트워크가 구축되어야 한다.

미래 국가안보전략은 이 분산 공격-방어 개념에 기초하여 확장된 네트워크 전투단이 구축, 운용되어야 한다. 국가의 핵심 안보전략지휘 컨트롤타워가 이 공격-방어 네트워크 전투단의 허브가 되고 여타 관련 정부부문과 민간 부문들을 네트워크의 노드로 결합하면서 넓고 견고한 그물망이 쳐져야 한다. 국가최고전략지휘부는 전략적 방향과 지침, 목표, 우선순위 등을 제시하고, 군 또는 국가정보기관은 이에 따라 전략적 가이드와 지휘 통제, 지원, 조율 등의 임무를 수행하는 실행 컨트롤타워로 작동하고 실제 일일(day-to-day) 임무 수행은 네트워크의 각 노드들이 자발성과 자율성을 가지고 수행해야 한다.

특히 이와 관련하여 대통령과 NSC(National Security Council), 국가안보실, 국방부, 합참 등 국가최고안보전략지휘부의 가장 중요한 책무는 핵심 "전략내러티브(strategic narratives)"를 기획, 작성, 배포, 운용하는 일이다. 미래전 수행에서 핵심 전략내러티브는 확장된 공격-방어 네트워크 집단을 구축, 운용하기 위한 기반이자 접착제에 해당한다. 내러티브는 이질적인 다양한 네트워크 참여자들을 서로 조율되고 통합된 방향으로 결집시키고 효과적인 전투기계로 작동하게 한다. 핵티비스트 그룹인 어나니머스는 이의 가장 극적인 사례이다. 뚜렷한 지휘통제체계나 조직적 실체 없이도 매우 효과적이고 파괴적으로 작동하는 "클라우드 유령군대"를 구축했다. 이러한 것이 가능한 핵심 기반은 어나니머스 네트워크 참여자를 관통하는 "권위와 억압에 대한 저항", "개인의 사생활과 정보의 자유에 대한 지지", "정보 통제에 대한 저항" 등과 같은 핵심 전략내러티브가 실체로 존재하고 강하게 작동하기 때문이다. 이와 같은 전략내러티브는 아군을 결박시키고 지휘·통제하는 커멘드내러티브(comman narrative)이자 동시에 공격-방어에 이용되는 무기로서의 정보(weaponized intelligence) 또는 전략커뮤니케이션(strategic communication)의 성격을 가진다.

미국(해리스 2015, 179-208)과 러시아(윤민우 2018, 100), 중국(송의달 2022; 해리스 2015, 121-124, 133-134) 등 주요 국가들은 이와 같은 방식으로 발전하고 있다. 국가 행위자인 국가최고지휘부와 정보기관, 군, 법집행기관, 기타 정부·공공기관 등과 민간 행위자들을 긴밀하게 그리고 은밀하게 결박시켜 하나의 정부-군-민간 네트워크형 복합전투집단으로 구성하고 있다. 이와 같은 역사 발전 추이와 해외 동향 등을 참조하여 한국 역시 넓은 네트워크 전투집단을 구성, 운용하는 것을 미래 국가안보전략의 핵심 기조로 삼아야 한다. 이를 위해 정부-군-민간 부문의 유기적 통합이 필요하며, 한국과 같은 가치를 공유하는 자유민주주의 국가인 미국의 다중이해당사자주의를 기본 모델로 삼을 필요가 있다.

이와 같이 설계된 미래 확장-관계형 네트워크 전투집단(extended-relational networked fighting group)의 임무 수행은 분산공격-분산방어 원칙에 의해 수행될 필요가 있다. 이를 위해 다양한 정보기관, 군과 정부기관, 민간기관, 자발적 개인들이 다양한 전쟁 영역의 공격-방어에 동원된다. 이 때문에 기존의 중앙집중식 지휘통제체계로는 다양하고 이질적이며 지휘통제축 선상에도 포함되어 있지 않은 여러 현장 작전실행단위(또는 노드)들을 핵심 국가안보전략 지침에 따라 지휘·통제·조율하는 것은 극도로 비효율적이며 사실상 불가능하다. 미래 전쟁은 특히 지휘통제와 업무실행의 집중-분산을 동시에 달성해야 하는 도전을 제기한다. 미래 전쟁은 참여자가 이질적이고 비대칭적이며 복잡할 뿐만 아니라 국면 전환과 전개 속도가 매우 빠르다. 또한 미리 예측하기 어려운 휘발성 높은 이슈들이 돌출하기도 한다. 이 때문에 정보기관, 군과 정부, 민간을 포함하는 각각의 현장 업무실행 단위에서 즉각적인 감시(sense)-분석(analysis)-결심(decide)-대응(act)의 업무수행체계가 갖추어져야 한다. 이는 개별 업무수행 단위의 자기 주도 작전수행 권한과 능력이 강화될 필요가 있다는 점을 의미한다. 따라서 지휘통제-임무수행의 분산이 이루어져야 한다. 하지만 동시에 각각의 분산된 자기 주도 임무수행 단위는 전체 전쟁을 관통하는 핵심 전략목표와 기조의 방향성에 맞추어 지휘·통제·조율될 필요가 있다. 그렇지 않으면 마구잡이로 분산된 개별 단위의 전투역량은 서로 상쇄될 것이며, 이 때문에 국가 전체의 전쟁은 자기-파괴적인 결과를 가져올 것이다. 따라서 네트워크에 참여한 전체 개별단위들(노드들)의 업무수행과 업무방향을 핵심 전략목표와 기조에 맞게 조율할 필요가 발생하는데 이는 전체 전쟁을 총괄하는 인간 지휘 컨트롤타워에 의해 수행되어야 한다. 인간 지휘 컨트롤타워는 개개의 공격-방어활동에 세세하게 개입하기보다는 전체적인 국가안보 및 전쟁 전략방향을 디자인하고 개개의 실행 단위들을 디자인된 방향성에 맞게 가이드할 필요가 있다. 또한 예외적인 위기·돌발 상황에 즉시 개입하여 전체 전쟁 국면을 관리하는 기능 역시 이 인간 지휘 컨트롤타워에 의해 수행되어야 한다.

이와 같은 분산공격-분산방어는 집중-분산이 실시간으로 이루어질 수 있도록 설계하여야 한다. 이를 위해 AI와 같은 기계보조통제시스템을 통해 국가안보전략지휘컨트롤타워의 인간 지휘부와 현장 작전임무 실행단위 사이의 초연결성을 구현할 수 있다. 전투현장의 실행단위에 작전권한이 더 많이 위임되고 다수의 소규모 실행단위들을 보다 넓게 분산시켜 작전을 수행한다. 인간 최고지휘부는 전쟁의 전체 상황을 인식하고 예측하며, 판단과 결심하는 역할을 수행한다. 인공지능이 해결할 수 없는 미래의 예측과 추론, 작전 결과의 대중 여론에 대한 파장 등도 이 인간 지휘부의 역할이다. 실제 작전수행과 관련된 전장 상황인식과 작전 대안제시, 최적의 작전임무 실행단위 구성/조합 등은 인공지능이 담당하여 인간 지휘부와 작전현장의 단위 작전 컨트롤타워 또는 지휘통제책임자를 지원하고 둘 사이를 연결한다(남두현 외 2020, 157-161). 이 개념은 작전을 수행하는 정보기관, 군, 형사사법 기관, 방송·통신·언론 기관, 싱크탱크, 학계, 기타 민간단체, 오피니언 리더, 셀럽, 저널리스트, 학자, 활동가, 온라인 유저, 해커 들과 같은 다양한 정부-민간 부문의 현장 작전 실행단위들을 실시간으로 통합 운용하면서도 개별 실행단위의 유연성과 역동성, 역량을 극대화시킬 수 있다.

미래의 국가안보전략은 서로 중복되고 중첩되는 부분들이 많다. 이는 오늘날 안보 위해 요인들이 갖는 복합안보위협의 특성 때문이다. 예를 들면 중국, 북한 등 적대적 국가 행위자에 대한 대응 전략은 테러나 조직범죄 등과 같은 비국가 행위자는 위협 주체에 대한 대응과 중첩된다. 이러한 중첩성은 취약 부문들에 대한 대응과 국가-비국가 공격자들에 대한 대응에서도 나타난다. 국가 핵심기반시설의 SCADA(Supervisory Control and Data Acquisition) 시스템에 대한 사이버 공격과 관련된 대응은 중국, 북한 등의 적성국 요원과 해커, 핵티비스트, 범죄적 해커 들과 같은 특정 공격 행동자에 대한 대응과 중첩된다. 사이버 범죄와 사이버 테러, 사이버 스파이 활동과 사이버 전쟁 역시 이에 대한 대응은 중첩된다. 예를 들면, 디지털 성범죄에 대한 대응 시스템은 사이버 전쟁 수행 역량 강화와 연계된다. 이처럼 미래 국가안보 위해 요인에 대한 대응 전략들은 필연적으로 중첩성을 띤다. 이러한 점들을 고려하여 전일적-통합적-관계적 대응 전략을 도출할 필요가 있다. 이 과정에서 한국과 같은 가치를 공유하는 자유민주주의 동맹국들인 미국과 영국 등과의 연대와 협력, 그리고 이들에 대한 참조는 한국의 국가안보전략 발전에 좋은 영향을 미칠 수 있을 것이다.

참고문헌

김상배. 2022. 『미중 디지털 패권경쟁』. 서울: 한울.

김소연·김성표·박범준·정운섭·추헌우·윤정·김진용. 2021. "Cyber electronic Warfare Technologies and Development Directions." *The Journal of Korean Institute of Electromagnetic Engineering and Science* 32(2): 119-126.

김형자. 2022. "아마존 vs 스페이스X, 우주인터넷 경쟁 시동." 『주간조선』. http://weekly.chosun.com/news/articleView.html?idxno=19448

남두현·임태호·이대중·조상근. 2020. "4차산업혁명 시대의 모자이크 전쟁: 미군의 군사혁신 방향과 한국군에 주는 함의." 『국방연구』 63(3): 141-170.

송의달. 2022. "돈·선물·성관계...세계 휩쓰는 중공의 국내정치공작, 한국에선?" 조선일보, 2022.7.22.

송태은. 2019. "사이버 심리전의 프로퍼갠더 전술과 권위주의 레짐의 샤프파워: 러시아의 심리전과 서구 민주주의의 대응." 『국제정치논총』 59(2): 161-204.

_____. 2020. "하이브리드 위협에 대한 최근 유럽의 대응." IFANS 주요국제문제분석. 2020-31. 국립외교원 외교안보연구소.

신범식·윤민우·김규철·서동주. 2021. 『러시아의 사이버 안보』. 서울: 사회평론아카데미.

윤민우. 2014. "사이버 안보위협의 문제와 전략적 의미, 그리고 대응방안에 대한 연구." 『국가안보와 전략』 14(4): 11-147.

윤민우. 2017. 『폭력의 시대 국가안보의 실존적 변화와 테러리즘: 테러리즘과 국가안보, 그리고 안보정책』. 서울: 박영사.

_____. 2018. "사이버 공간에서의 심리적 침해행위와 러시아 사이버 전략의 동향." 『한국범죄심리연구』 14(2): 91-106.

_____. 2019a. "미러 사이버 안보 경쟁과 중러 협력." 김상배 엮음. 『사이버 안보의 국가전략 2.0』. 서울: 사회평론아카데미.

_____. 2019b. "드론 테러의 전략적 의미에 대한 고찰과 정책적·법률적 대응 방안에 대한 제안." 『가천법학』 12(4).

_____. 2020. "신흥 군사안보와 비국가행위자의 부상." 김상배 엮음. 『4차 산업혁명과 신흥 군사안보』. 서울: 한울아카데미.

_____. 2022. "미국-서방과 러시아-중국의 글로벌 전략게임: 글로벌 패권충돌의 전쟁과 평화." 『평화학연구』 23(2): 7-41.

윤민우·김은영. 2017. "차량돌진테러의 효과적인 예방·대응방안 연구." 2017년 대테러센터 연구용역보고서.

전승민. 2018. "뇌파 생성 신경회로 찾았다." 『동아사이언스』. https://www.dongascience.com/news.php?idx=25055

전황수. 2011. "뇌-컴퓨터 인터페이스(SCI) 기술 및 개발 동향." 『전자통신동향분석』 26(5): 123-133.

해리스, 셰인. 2015. 『보이지 않는 전쟁 @ WAR』. 진선미 역. 서울: 양문.

해밀턴, 클라이브. 2021. 『중국의 조용한 침공(Silent Invasion)』. 김희주 역. 서울: 세종서적.

Army News Service. 2020. "US Army Futures and Concepts Center evaluates new force structure." *Defence Talk*, April 24, 2020. https://www.defencetalk.com/us-army-futures-and-concepts-center-evaluates-new-force-structure-75266/

Bernal, Alonso, Cameroc Carter, Ishpreet Singh, Kathy Cao and Olivia Madreperla. 2020. "Cognitive Warfare: An Attack on Truth and Thought." Fall 2020, NATO, Johns Hopkins University.

Bjorgul, Lea Kristina. 2021. "Cognitive warfare and the use of force." 03 November.

Carroll, Vicki. 2020. "What is the Invisible Web and How to Use It?" *Turbo Future*, August 25, 2020. https://turbofuture.com/internet/What-is-the-Invisible-Web

Chirinos, Carmela. 2022. "Anonymous takes revenge on Putin's brutal Ukraine invasion by leaking personal data 120,000 Russian soldiers." *Fortune*, April 5 2022. https://fortune.com/2022/04/04/anonymous-leaks-russian-soldier-data-ukraine-invasion/

National Counterintelligence and Security Center. 2020. National Counterintelligence Strategy of the United States of America. 2020-2022 file:///C:/Users/thank/Deskto p/2022%EB%B0%A9%EC%B2%A9/20200205-National_CI_Strategy_2020_2022. pdf

Nikkarila, Juha-Pekka and Mari Ristolainen. 2017. "RuNet 2020-Deploying traditional elements of combat power in cyberspace?" in Juha Kukkola, Mari Ristorainen, and Juha-Pekka Nikkarila (eds.). *Game Changer Structural Transformation of Cyberspace*. Puolustusvoimien tutkimuslaitoksen julkaisuja 10 (Finnish Defence Research Agency Publications 10), Finnish Defence Research Agency.

Thomas, Timothy L. 2004. "Russia's Reflexive Control Theory and the Military." *Journal of Slavic Military Studies* 17(2): 237-256.

2

사이버 테러 위협의 새로운 양상
— 테러-범죄 넥서스의 사이버 확장과 테러 내러티브의 확산

박보라 국가안보전략연구원

사이버 안보와 관련된 주요 안보위협 중 하나는 사이버 테러 위협이다. 국내의 경우 '사이버 테러'는 국가 운영과 국민생활에 필수적인 역할을 하는 정보통신체계의 기능을 위협하거나 체계 작동 및 운영상 혼란을 가하는 공격으로 주로 인식되어 왔다. 그러나 사이버 테러에 대한 정확한 법적 개념은 사실상 명확하게 정립되어 있지 않으며, 사이버 테러에 대한 기존 연구 역시 정보통신망 침해 범죄적 측면에 집중되어 수행되었다. 하지만 사이버 공간을 겨냥한 테러 위협의 양상은 사이버 공간의 진화에 따라 빠르게 변화하고 있다.

정보통신기술의 발달은 인간, 사회, 국가를 연결하고 나아가 물리적 현실공간과 사이버 공간의 동기화를 가져오고 있으며, 코로나19 팬데믹은 디지털 전환의 가속화 계기로 작용하였다. 일상생활의 디지털 전환을 통해 사이버 공간이 확장되는 동시에 사이버 공간에 대한 접근성이 향상되었으며, 그 결과 사이버 공간을 노린 범죄뿐만 아니라 테러 위협 역시 행위자, 행위 유형,

2장 사이버 테러 위협의 새로운 양상　　　　　　　　　　　　　**053**

공격 대상의 확장과 위협 요소가 다양화됨에 따라 급증하게 되었다. 흥미로운 부분은 사이버 공간을 노린 테러 위협 양상의 변화가 물리적 현실 공간의 테러 위협 변화와 유사하게 일어나고 있다는 점이다. 바로 테러-범죄 넥서스 부분이다. 동시에 물리적 현실 공간보다 빠르게 확장되는 테러 위협 부분도 있다. 폭력적 극단주의에 기반한 테러 내러티브의 확산 문제이다. 사이버 테러 위협의 다각화는 위협에 대한 논의와 대응 방안을 보다 포괄적인 관점에서의 접근법을 요구하고 있다.

I. 테러와 테러-범죄 넥서스의 개념

사이버 테러 위협을 논의하기에 앞서 사이버 테러를 어떻게 정의할 것인가에 대하여 살펴볼 필요가 있다. 사이버 테러에 대한 보편적인 개념 정의가 부재하기 때문이다. 이는 물리적 현실 공간에서 발생하는 테러에 대한 보편적 개념이 합의되지 않았다는 현실에 기인하고 있다. 따라서 사이버 테러의 개념과 사이버 테러 위협의 변화 양상을 논의하기 위해서는 물리적 현실 공간의 테러 개념과 테러 위협의 변화를 먼저 살펴보아야 한다.

테러가 대표적 글로벌 안보위협 중 하나로 제기되어 온 것과 달리 '테러(terrorism)'[1]에 대한 보편적이고 합의된 개념 정의는 존재하지 않는다. 국가

....

1   학문적 용어로서 '공포 또는 죽음과도 같은 심리적 상태'를 의미하는 '테러(terror)'와 '정치적 목적을 위한 달성 수단으로써 폭력의 사용이나 위협을 통해 심리적 충격과 공포를 유발하여 목표를 달성하는 행위'를 의미하는 '테러리즘(terrorism)'은 구별되어 사용된다. 그러나 우리나라의 경우 관련 법제나 대테러 업무 주관 정부기관에서 '테러'라는 표현으로 일관되게 사용하고 있기 때문에 테러와 테러리즘의 용어를 구분하는 실익은 없으며, 학술적 차원에서만 구분의 의미를 가지고 있다. 따라서 이 글에서도 '테러'라는 용어로 단일화해 사용한다.

별·지역별 맥락이 테러를 어떠한 행위로 규정할 것인가에 대한 논의에 영향을 미치고 있기 때문이다. 예를 들어 이슬람권 지역기구는 대테러 협력을 위한 협약을 제정하고 테러의 개념을 정의하려고 시도하고 있지만, 서구권과 국제규범상 테러 개념의 정의가 매우 상이하다.[2]

UN 역시 보편적인 개념 정의를 도출하지는 못했다. 과거 국제연맹(League of Nations)의「테러 방지와 처벌을 위한 국제협약(안)」이 1934년 채택되었으나 발효되지 못한 이후 UN은 국제사회 차원의 긴급한 대처가 요구되는 분야에서 개별적인 행위를 범죄로 규정하는 방식으로 테러 대응 노력을 기울이고 있는데, 그 결과 14개 조약과 4개의 수정안이 채택되었다. UN 차원의 보편적인 테러 개념 도출 실패는 테러의 정의와 구성 요소, 테러 대응을 위한 회원국의 의무에 대한 의견 차이가 해결되지 않았기 때문이다. 이러한 의견 차이는 회원국 간 테러 대응을 위한 국내 입법 여부에도 차이를 미쳤으며,[3] 대한민국 역시 2016년「국민보호와 공공안전을 위한 테러방지법(이하 '테러방지법')」제정을 통해 테러의 구체적인 행위 유형(제2조 제1호)과 함께 UN과 연계한 테러 개념(제2조 제2호) 정의를 시도하게 되었다.

이처럼 UN 차원의 테러 개념에 대한 논의가 개별적 행위에 대한 국제적 대응이 필요한 범죄로 규정하는 방식으로 이루어진 것은 두 가지 시사점에 기초하고 있다. 첫째, 특별히 비도덕적 범죄행위로서의 테러 인식이다. 일반

....

2 아랍연맹(League of Arab States)의「테러 억제를 위한 아랍협약(The Arab Convention for The Suppression of Terrorism)」은 테러에 대한 개념 정의를 다루면서 "외국의 지배 및 공격에 대응하여 자국 영토 해방 및 자기 결정권 보장을 위해서 무장투쟁을 포함한 무차별적인 수단을 사용할 수 있는 권리"를 보장한다고 명시하고 있다(제2조). 이슬람협력기구(Organization of Islamic Cooperation)의「테러 대응을 위한 이슬람기구협약(Convention of the Organisation of the Islamic Conference on Combating International Terrorism)」역시 "정당한 자구행위로서 무장행위"를 테러행위로 규정하지 않고 있다(제2조 a항).

3 주요국의 테러 대응체계와 관련해서는 권오국·김윤영(2017); 오정은(2022) 참조.

표 2.1 UN의 주요 대테러 협약[4]

항공 테러	「항공기 내 발생한 범죄 및 기타 행위에 관한 협약(1963)」
	「항공기의 불법 납치 억제를 위한 조약(1970)」
	「민간항공의 안전에 관한 불법행위 억제를 위한 협약(1971)」
	「국제 민간항공에서 사용되는 공항에서의 불법적 폭력행위의 억제를 위한 의정서(1988)」
	「베이징항공테러협약(2010)」
폭발물·핵테러	「핵물질 방호에 관한 협약(1980)」
	「가소성 폭약의 탐지를 위한 식별 조치에 관한 협약(1991)」
	「폭탄테러의 억제를 위한 국제협약(1997)」
	「국제 핵테러행위 억제협약(2005)」
해상 테러	「해상항행의 안전에 대한 불법행위 억제를 위한 협약(1988)」
	「대륙붕에 소재한 고정구조물의 안전에 대한 불법행위의 억제를 위한 의정서(1988)」
인질 테러	「외교관 등 국제적 보호인물에 대한 범죄의 예방 및 처벌에 관한 협약(1973)」
	「인질억류 방지에 관한 국제협약(1979)」
테러 자금	「테러자금 조달의 억제를 위한 국제협약(1999)」

적으로 테러에 수반되는 행위는 국내법을 통한 범죄행위로 처벌이 가능하지만, 테러로 인해 발생하는 피해 대상과 규모, 대중적 공포 등을 고려할 경우, 테러에는 일반적인 범죄행위 이상의 비도덕적인 측면이 존재하게 된다. 따라서 형법과 별도로 테러범죄를 규정하고, 특정한 행위를 테러로 명명하는 것은 중요한 도덕적 상징성을 가지게 된다. 둘째, 테러 발생으로 인해 침해되는 법익 문제이다. 형법상 범죄는 개인적 법익, 사회적 법익 또는 국가적 법익을 침해하는 것으로 규정된다. 그러나 테러는 일반적인 범죄가 침해하는 법익과

....

4   United Nations Office of Counterterrorism, International Legal Instrument 홈페이지 https://www.un.org/counterterrorism/international-legal-instruments (검색일: 2020.10.17.).

는 다른 법익인 국제관계 및 평화와 안전을 침해한다. 따라서 테러의 정의는 형법에서 규정하는 범죄의 명칭을 단순히 변경하는 것 이상의 의미를 가지게 된다(권순구 2018, 456-457).

한편 테러 발생 시 폭력적 수단의 사용 및 테러 행위의 불법성, 2개 이상의 국가와 연계되는 초국가성 등으로 인해 테러와 초국가적 범죄·국제조직범죄 등과의 유사성 역시 테러의 개념 정의 과정에서 제기되었다. 그러나 초국가적 범죄는 폭력의 사용과 불법행위를 통하여 경제적 이익의 극대화를 추구한다는 점에서 정치적 목적 달성을 우선적으로 하는 테러와 구분된다(Forest 2019, 3-25). 그러나 21세기 뉴테러리즘의 도래와 함께 테러 발생 양상에서도 변화가 목격되었다. 테러단체와 초국가적 범죄 또는 조직범죄가 결합하는 '테러-범죄 넥서스(terror-crime nexus)' 현상이 등장하기 시작한 것이다.

테러-범죄 넥서스 현상은 냉전의 종식과 소비에트연방의 붕괴, 과거 테러 지원국의 경제적 상황 악화, 세계화와 정보통신기술의 급격한 발전 등 다양한 배경적 요인에 기인하고 있다(김은영 2013, 86). 21세기 들어 두드러지고 있는 테러-범죄 넥서스는 테러 활동을 위한 자금 모집 등 목적을 위한 단순하고 일시적인 연합이 더 이상 아니라는 데 문제점이 있다. 테러단체가 범죄단체로, 범죄단체가 테러단체로 상호 전환되는 모습으로 진화하는 것이다(Rosas 2018). 비록 이데올로기적·정치적 목적 달성과 경제적 이익의 극대화라는 목적상 차이가 테러단체와 조직범죄를 구분하는 틀임에도 불구하고 (UNODC 2019, 4-7), 각기 상이한 전략적 목표를 지닌 두 집단이 서로 수렴하게 되고, 일정 수준의 수렴이 진행되면 결국 두 가지 목표는 상호 융합되는 것이다(Makarenko 2005).

II. 사이버 공간으로의 테러 위협 확장: 테러 목적의 인터넷 악용

21세기 뉴테러리즘의 도래는 테러-범죄 넥서스의 심화뿐만 아니라 테러의 활동 공간이 확장되는 결과도 가져왔다. 9.11 테러 이후 스페인 마드리드(2004년 3월 11일), 영국 런던(2005년 7월 7일) 등에서 발생한 테러는 자생테러와 인터넷을 포함한 사이버 공간에서의 테러 가능성 증대를 일깨운 계기가되었다. 글로벌 지하드 주도 조직으로 성장한 알카에다(al-Qaeda)는 대면 접촉을 통한 조직원 모집 대신 『인스파이어(*Inspire*)』와 같은 웹매거진 발행과지하드 온라인 포럼 운영을 통해 자생적 급진화를 유도하고 네트워크 조직화를 모색하고 있었기 때문이다. 특히 시·공간적 제약에서 자유로운 사이버 공간의 특성은 테러 위협이 언제, 어디서나 제기될 수 있는 안보위협으로 확대될 수 있는 기회를 제공하였다. 동시에 정보통신기술이 사회 전반을 연결하게 되면서 사이버 공간을 노린 공격이라는 새로운 테러 대상을 만들어냈다.

문제는 테러의 개념에는 전쟁과 범죄의 개념이 중첩되어 있기 때문에 사이버 공간에서 발생하는 테러의 경우 사이버전과 사이버 범죄의 구분이 모호하게 된다(권순구 2018, 630). 이러한 이유로 사이버 테러에 대한 논의 역시 개별적 행위의 범죄화를 규정하는 것에서부터 시작하였다. UN 차원의 테러 대응을 위한 국제협력 이행을 위한 태스크포스인 UN 대테러이행태스크포스(UN CTITF)는 사이버 테러 대응에 나섰으며, 테러 목적의 인터넷 악용 대응워킹그룹을 통해 법적인 측면과 기술적 측면으로 대응 방안을 제시하였다.

UN 차원의 사이버 테러 대응에 해당하는 UN CTITF의 논의에서 주목할부분은 다음과 같다. 첫째, 사이버 테러라는 직접적인 표현 대신 인터넷 관련공격(Internet-related attacks)과 사이버 공간에 기반하여 테러를 유발하는 행위로 구분하고 있다는 점이다. 전자의 경우는 사이버 공격과 사실상 동의어로 사용되고 있다. 또한 사이버 공간에 기반하여 테러를 유발하는 행위는 테러 선전·선동, 테러자금모집 등을 구체적 유형으로 제시하고 있다. 둘째, 테러와 범죄의 개념상 중첩성이 존재하므로 사이버 범죄와 연계성, 즉 사이버 공간에서 발생하는 테러-범죄 넥서스를 지적하고 있다는 점이다. 사이버 공간에서 발생하는 테러-범죄 넥서스는 테러조직의 자금모집 행위가 우선적으로 지적된다. 당시 UN CTITF가 제시한 테러-범죄 넥서스는 전통적 범죄와 테러 행위가 사이버 공간을 통해 이루어지면서 결합되는 행위 양상을 나타내고 있다. 예를 들어 신용카드 사기, 흔히 말하는 '해적판' 제작과 같은 지적재산권 절도와 같은 전통적 범죄행위가 사이버 공간과 결합하여 이루어지면서 테러자금모집에 활용되는 사례가 제시되었다. 또한 금융기관 해킹(사이버 공격)과 신용카드 사기(사이버 범죄)가 물리적 공간의 테러 발생을 위한 자금조달에 이용된 사례도 제시되었다. 셋째, 사이버 공간 활용과 관련된 기술적 측면 역시 주요 논의 대상이었다. 테러 프로파간다 전파와 급진화 유도를 위한 도구적 수단인 인터넷, 소셜 미디어를 통한 소셜 네트워킹, 테러자금모집 활동 등이 다루어졌다. 마지막으로 신기술과 미래기술에 주목한 논의 부분이다. 기술 자체의 속성이 동점이라는 면에서 기술 도입 초반에는 신기술에 대한 접근이 불균형적이지만, 결국 테러범이나 평범한 일반 시민 모두 신기술에 접근 가능할 것으로 예상하였다(UN CTITF 2011). 이 점은 2022년 현재 사이버 공격이 단순히 중요시설 및 국가기반시설뿐만 아니라 연예인과 평범한 일반인을 대상으로까지 확대되는 무차별적이고 범죄적 성격에 가깝게 이루어지는 현실을 예견하는 부분이기도 하다.

UN 차원의 대테러 활동을 조정하는 UN 대테러실(UNOCT)과 UN 대테러사무국(UNCTED)의 출범 전 UN CTITF와 함께 '사이버 테러' 대응을 주도했던 UN기구는 UN 마약범죄사무소(UNODC)이다. UN CTITF와 마찬가지로 UNODC 또한 '사이버 테러'라는 직접적 용어를 사용하지 않는다. 그 대신 테러 목적의 인터넷 이용을 사이버 테러의 개념으로 포괄적으로 정의하고 있는데, 테러 행위의 계획과 실행에 이르는 모든 단계에서 인터넷, 즉 사이버 공간이 사용되는 경우를 다루고 있기 때문이다. 그러나 UNODC는 사이버 테러의 개념을 테러 수행 준비를 위한 도구로 주로 접근하여 형사 처벌의 대상으로 제시하고 있다는 점이 한계이다. 주요 국가기반시설과 중요시설 등을 노린 사이버 공격, 해킹 등 다양한 사이버 범죄 및 사이버 안보와 관련된 논의가 제외되었기 때문이다. 이는 테러에 대한 UN 차원의 보편적 개념이 합의되지 않은 상태에서 논의된 사이버 테러 대응에 대한 접근법이자, 물리적 공간에서 테러 행위를 위한 기획에서 실제 공격에 이르는 행위에 대한 접근법이 그대로 사이버 공간으로 이동한 것이기 때문이다.

사이버 테러라는 직접적인 용어나 별도의 개념 정의가 사용되지 않는 접근법은 UN 차원의 대테러 활동을 전담하는 기구가 설립된 이후에도 유지되고 있다. 2017년 UN의 대테러 역량 강화를 위해 UN 대테러실(UNOCT)이 설립된 이후 과거 다루지 못했던 사이버 테러에 대한 논의까지 함께 다뤄지고 있음에도 불구하고, 사이버 테러에 대한 별도의 개념이 채택되지 않은 것은 테러와 마찬가지로 사이버 테러에 대한 UN 차원에서 합의된 개념 정의가 아직 채택되지 않았기 때문이다. 그 대신 사이버 안보(Cybersecurity)라는 포괄적인 개념으로 접근하되, 테러 대응과 관련된 경우 '사이버 도전(Cyber Challenge)'이라는 용어를 병기하고 있다.

III. 사이버 공간의 테러 위협에 대한 국내법적 규정

국제사회에서 사이버 테러에 대한 보편적 정의가 정확히 이루어지지 않았던 상황은 국내 현실에서도 반영되고 있다. 국내법상 사이버 테러의 법적 정의에 대한 정확한 개념 정의가 이루어지지 않았는데, 이는 '국가 사이버테러 방지 등에 관한 법률안(2016)', '사이버안보기본법안(2020)', '국가사이버안보법률안(2022)' 등 관련 법안이 국회에 계류되면서 통과되지 않았기 때문이다. 대신 사이버 테러와 가장 근접한 개념에 해당되는 「사이버안보 업무규정」, 「국가사이버안전관리규정」에서는 '사이버 공격'을 "해킹·컴퓨터 바이러스·논리폭탄·메일폭탄·서비스방해 등 전자적 수단에 의해 국가정보통신망을 불법침입·교란·마비·파괴하거나 정보를 절취·훼손하는 일체의 공격행위"로 규정하고 있다. 동 훈령 등의 개념 정의는 주로 사이버 관련 인프라를 대상으로 이루어지는 공격만을 정의하고 있으며, 사이버 공간을 통해 전파되는 테러 콘텐츠 등에 대한 규정은 포함되어 있지 않다.

현재 국내 부처 중 공식적으로 '사이버 테러' 용어를 사용하는 기관은 경찰청이다. 경찰청은 2022년 국가수사본부 사이버수사국 내 사이버테러과를 신설하여 해킹을 이용한 핵심기술 탈취 시도 등의 사이버 테러에 대응하기 위한 전담 부서를 마련하였다. 그러나 경찰청에서 사용하는 '사이버 테러' 용어는 기존 사이버 수사에서 사용하는 사이버 범죄[5]의 정의를 사용하고 있기 때문에 별도의 개념 정의는 내려져 있지 않다. 관련 규정들을 종합하였을 때, 국내에서 '사이버 테러'는 사이버 공간에서 네트워크 및 소프트웨어를 이용

....

5   사이버 범죄는 정보통신망 침해 범죄, 정보통신망 이용 범죄, 불법 콘텐츠 범죄로 구분되어 수사가 이루어지고 있다. 경찰청 사이버수사국 https://cyberbureau.police.go.kr (검색일: 2022.6.13.).

하여 테러라는 불법행위를 자행하는 것으로 정의할 수 있다(윤해성 외 2012). 이처럼 사이버 테러에 대한 국내법적 개념 정의가 명확히 내려지지 않은 상황에서 '사이버 테러'를 전담하는 정부 부서가 생긴 것은 최근 사이버 공간을 기반으로 한 위협 양상이 급격히 변화하고 있다는 사실에 기인하고 있다. 국민의 안전에 가해지던 위협이 국가안보위기로 확장될 가능성이 제기되고 있기 때문이다.

IV. 사이버 공격의 변화: 공격 대상과 공격 주체의 전환

사이버 테러와 관련된 국내 규정에서도 알 수 있듯이 그동안 국내에서 논의된 사이버 테러는 사이버 공격을 중심으로 전개되었다. 즉 전자적 형태의 공격을 통해 국가기반시설의 파괴나 마비를 기도하는 방식이 주된 양상이었으며, 신속한 적발과 적시적 대응이 주요 대응 방안으로 논의되었다. 그러나 사이버 공간의 확장과 접근성 증대는 사이버 테러의 발생 양상 변화를 가져왔다.

첫째, 공격 대상의 변화이다. 과거 사이버 테러의 주된 공격 대상은 정보 탈취 및 국가 기능의 마비를 목적하고 있었던 만큼 정부기관 및 군, 금융기관 등을 겨냥하였다. 그러나 암호화폐나 금융기관의 해킹을 통한 경제적 이익을 노린 사이버 절도 유형에 속하는 공격이 점차 증가하고 있다. 실제로 북한의 경우를 살펴보면, 과거에는 정부기관 및 금융기관, 군, 정부 출연 연구소, 언론 등을 노린 해킹 및 DDoS 공격, 악성코드 유포 등이 북한의 주요 사이버 테러 위협에 해당되었다. 그러나 국내 가상화폐 거래소 '유빗' 해킹(2017), 몰타 등 은행 전산망 해킹 및 불법 송금(2019), 인기 온라인 게임 '엑시 인피니티'

의 블록체인 네트워크 해킹(2022)처럼 북한의 사이버 테러 대상은 암호화폐 및 거래소 등으로 변화하였으며, 공격 방식 역시 경제적 이익을 노린 절취 형식으로 변화하는 모습을 보이고 있다(이종현 2022).

둘째, 공격 주체의 변화이다. 과거 사이버 테러는 자기과시적 목적이나 금전적 이익을 중심으로 하는 개인이나 해커조직이 주도하는 방식이었다면, 국가 주도의 사이버 테러로 공격 주체가 전환되고 있다. 이는 물리적 공간에서 발생하는 테러 공격의 주체가 비국가 행위자가 전폭적으로 늘어났다는 사실과 대조되는 부분이다. 국가가 주도하는 사이버 테러의 경우, 사이버전 및 지능형 지속공격(APT) 기법을 사용한다는 점이 특징이다(권혁천·이용준·박원형 2020, 24-26). 사이버 테러를 포함한 국가 주도적 사이버 공격이 늘어나자 사이버 테러 및 사이버 공격을 통합방위적 관점에서 논의하려는 시도 역시 활발하게 이루어지고 있다. 우크라이나 발전소 해킹(2015) 사례처럼 사이버 공간을 겨냥한 테러 공격이 실제 물리적 공간에도 광범위하고 막대한 영향을 미칠 수 있기 때문이다.

V. 테러-범죄 넥서스의 사이버 공간 이동과 가속화

사이버 공간의 범죄-테러의 넥서스 가속화 역시 사이버 테러의 발생 양상 변화와 함께 주목해야 할 부분이다. 앞서 논의된 것처럼 현실 세계에서의 범죄-테러의 넥서스는 조직범죄와 테러단체의 연계로 설명된다. 테러단체가 마약밀매나 인신매매, 무기밀매 등 범죄적 수법을 통해 테러자금을 모집하는 것이 가장 대표적으로, 나이지리아의 보코하람(Boko Haram)이나 과거 테러와의 전쟁 당시 아프가니스탄이 이러한 예에 속한다. 그러나 사이버 공간의 범죄-테러 넥서스는 물리적 공간의 파급력 이상을 보여주고 있다. 사이버 범죄에서 사용되는 수법을 이용하되, 파급력은 범죄보다 더 큰 경우도 종종 목격된다. 가령 사이버 범죄가 악성코드를 이용하여 사용자 정보나 산업 기밀 등을 절취하거나 시스템 접근을 차단하는 방식이라면 사이버 테러에서는 발전시설의 전원공급 장치를 차단하는 등 중요한 인프라를 손상시키는 방식으로 사용될 수 있다. 사이버 범죄에서 신원 절도를 통해 로맨스 스캠과 같은 사이버 사기를 저지른다면, 사이버 테러에서는 절취한 타인의 신원으로 테러범의 신분을 위장하고, 공격 대상 국가에 입국하여 현실 세계에서의 테러를 자행하는 데 사용할 수 있다. 병원 등 환자의 의료기록 해킹은 개인정보 유출의 결과만 가져오는 것이 아니라, 다른 개인정보와 결합하여 특정인을 노린 암살 역시 가능하게 한다. 앞으로 더 많은 시스템이 상호 연결될 경우 사이버 범죄와 사이버 테러 위협에의 노출은 더욱 확대될 것이다. 안전의 문제가 안보의 문제로 확장되는 것이다.

국제조직범죄 역시 사이버 공간의 테러-범죄 넥서스에 적극적으로 가담하고 있다. 사이버 공간의 익명성을 악용한 사이버 테러 수단 제공, 사이버 테러를 위한 정보 교환, 사이버 공간의 음성시장을 통한 맞춤형 공격 서비스(as-a-service) 제공 등이 주요 활동 양상으로 제시되고 있다(Inglis 2017).

또한 물리적 공간의 테러-범죄 넥서스가 주로 국가가 아닌 비국가 행위자를 중심으로 연계가 이루어졌던 것과 달리 사이버 공간의 테러-범죄 넥서스는 냉전의 종식과 함께 위축되었던 국가 주도형·국가 지원형 공격이 재등장하고 있다는 점 역시 눈여겨봐야 할 부분이다. 국가가 주도한 사이버 테러의 증가라는 공격 주체의 변화가 사이버 공간의 테러-범죄 넥서스에도 영향을 미치는 것이다. 대한민국을 노린 주요 사이버 공격의 배후가 북한으로 추정되는 사례나 중국·러시아·이란 등 국가 지원형 사이버 공격의 증가 사례는 사이버 공간의 테러-범죄 넥서스가 현실 세계의 테러-범죄 넥서스보다 훨씬 더 큰 위협을 제기할 수 있다는 점을 시사한다.

VI. 사이버 공간의 테러 내러티브 확산

사이버 테러 위협의 확장은 공격에만 국한되지 않는다. 잠재적인 조직원 모집 및 동조자 형성이 가능하고, 테러의 정당성을 설파하는 테러 내러티브 역시 확산되고 있다. 특히 테러 내러티브는 단순히 테러 행위의 선전·선동을 위한 프로파간다로만 활용되지 않는다. 국가의 정당성을 음해하고, 국가 거버넌스에 대한 불신과 대안 정부·국가 구성의 필요성 제기까지 확장되고 있기 때문이다. 앞으로 우리가 주목해야 하는 사이버 테러 위협에 테러 내러티브의 확산이 포함되어야 하는 이유이다.

국제사회나 서구권 국가들과 달리 국내에서 진행된 사이버 테러에 대한 논의는 주로 사이버 공격에 초점이 맞춰져 왔다. 따라서 이러한 논의는 공격 대상이 무엇이고, 공격에 사용된 수법은 무엇이었는지를 중심으로 전개되어 왔으며, 사이버 테러 위협에 대한 대응 역시 공격의 적시적 차단과 추적, 공격 대비와 같은 기술적 방안을 중점적으로 다루었다. 이는 국내 사이버 공간을 노린 테러 위협과 국내에서 발생했던 테러 유사 사례의 배후가 주로 북한이었던 점이 가장 크다. 따라서 사이버 공간을 통해 유포·확산되는 테러 내러티브 대응은 직접적인 테러의 선전·선동 관련 콘텐츠 차단에만 집중되어 왔으며, 구체적인 테러 내러티브 구성체계나 내러티브의 사상적 배경인 폭력적 극단주의에 대한 관심은 상대적으로 부족했던 편이다. 향후 사이버 테러 위협은 다영역 작전과 유사하게 진행될 것으로 전망되는 만큼(김대건 2021, 219)

공격 차단에 대한 대비뿐만 아니라 테러 발생의 근본적인 원인 차단 역시 필수적으로 고려되어야 한다.

ISIS의 등장 이후 테러 내러티브는 더욱 정교화되고 세련된 미디어 전략을 통해 확산되고 있다. 언어적 다양성뿐만 아니라 다양한 소셜 미디어 플랫폼을 통해 테러 프로파간다는 상시적으로 확산되고 있으며, 프로파간다를 구성하는 테러 내러티브는 목표 대상에 따른 소구 방식을 차별화하는 등 전략적 커뮤니케이션과 같은 접근법을 취하고 있다. 기존 사이버 공간의 테러 프로파간다와 테러 내러티브 대응은 인터넷 서비스 제공 및 소셜 미디어 플랫폼 서비스 기업의 테러 콘텐츠 삭제 의무화를 통해 이루어졌으나, 한번 사이버 공간에 포스팅될 경우 영구적인 삭제가 어렵다는 점에서 완전한 대응책은 아니다. 테러 프로파간다를 다루는 콘텐츠의 삭제뿐만 아니라 테러 프로파간다가 제시하는 내러티브에 대항하는 방안의 마련도 필요한 것이다. 즉 반(反) 내러티브 또는 대항 내러티브의 구성이 필요하다.

대항 내러티브의 구성은 사이버 공간을 통해 전파되는 테러 프로파간다뿐만 아니라 테러 발생의 기저 원인인 폭력적 극단주의의 양상이 점차 다양해진다는 점에서 의미를 갖는다. 종교적 극단주의뿐만 아니라 인종차별 및 백인우월주의, 젠더 갈등, 이주민 갈등, 동물권·낙태권 등의 정치적 의제로도 확장되고 있으며, 폭력적 극단주의·테러 내러티브의 확산이 허위정보 및 오정보(disinformation and misinformation) 확산과도 연계되고 있다. 정치적 의제를 악용하여 국내 정치 이슈에도 영향을 미치는 가짜뉴스(fake news)는 테러 프로파간다가 가장 선호하는 수단이기도 하다. 사이버 공간의 폭력적 극단주의 전파가 실제 현실에도 영향을 미치고 있는 점 역시 머나먼 미래가 아니라 이미 일어나고 있는 사실이라는 점에 주목이 필요하다. 2021년 1월 6일 미국 연방의회 의사당 폭동 역시 트럼프 대통령의 대선 결과 불복 및 연방의회 의사당 진입을 독려하는 연설에 상당한 영향을 받은 것으로 나타났으며, 의사당 폭동에 연루된 시위대를 조사한 결과 극우단체의 사이버 공간을 이용한 폭력적 극단주의 전파가 결정적 영향을 미쳤던 요소 중 하나로 나타났다. 사이버 공간의 테러 내러티브가 현실 공간의 물리적 위협으로 연계되는 것이다.

VII. 국내 사이버 테러 대응체계 정비 및 대항 내러티브 구축의 필요성

물리적 공간에서 발생하는 마약·무기밀매 등 초국가적 범죄와 테러 대응을 위해서는 국제적 공조체계가 구축되어 있으며, 각국은 수사 협조 등 공조 노력을 기울이고 있다. 그러나 사이버 테러 위협의 경우는 다르다. 국가가 주도하는 사이버 테러의 경우 경유지로 지목된 국가나 당사국이 협조하는 경우가 극히 드물기 때문이며, 사이버 테러 공격에 대한 국제공조는 사실상 없는 것이나 마찬가지다. 따라서 주요국의 경우 국내 기관을 중심으로 전문적인 대응 역량 구축과 법 제도적인 정비를 강화하는 추세이다.

우리 역시 전문적인 대응 역량 구축과 사이버 테러 위협의 적시적이고 효율적인 대응을 위해 국가 차원의 사이버 안보를 관장하는 컨트롤타워가 필요하다. 개별 법률로 사이버 안보 업무수행의 법적 근거를 제시하고 있으나, 각 법은 본래의 제정 목적이 서로 다를 뿐만 아니라 적용 대상 역시 제한적이라는 한계점이 있다. 사이버 테러 위협이 미치는 파급력과 피해 규모를 고려하자면, 체계적인 대응을 위해서 사이버 테러 및 사이버 안보 업무를 통합하는 '사이버안보법'의 제정과 전담 기구의 설립이 필수적이다.

사이버 공간을 통해 전파되는 테러 위협은 특히 소셜 미디어를 이용하여 적극적으로 테러 프로파간다 전파 및 테러 내러티브의 전달, 테러 자금 및 테러 조직원 모집 등으로 나타나고 있는데, 테러 선동·선전에 사용되는 소셜 미디어의 암호화는 테러 콘텐츠의 모니터링을 어렵게 만드는 요소이다. 소셜 미디어상 모니터링은 프라이버시권 침해 여부와 암호화된 콘텐츠의 해독이 어렵다는 문제를 가지고 있다. 소셜 미디어 대기업과 중소기업상 테러 콘텐츠 모니터링·차단 정책에도 큰 격차가 존재한다는 것 역시 문제점이다. 현재 주로 'tech-giant'로 불리는 페이스북 등의 대기업을 중심으로 테러 콘텐츠 삭제 및 관계기관 협조가 이루어지고 있지만, 점차 테러조직 및 극단주의 단체가 소규모 플랫폼으로 이동한다는 점은 향후 중소기업과 어떻게 효과적으로 협력할 것인가가 사이버 공간을 악용한 폭력적 극단주의 확산 및 테러 선동 대응에 관건이 될 것이다. 또 국가적 맥락에 따라 소셜 미디어 대기업이라 하더라도 보안 수준에 차이가 존재하기 때문에 일종의 '국제적 표준'을 만들어 나가는 노력이 필요할 것이다.

사이버상 테러·폭력적 극단주의 콘텐츠의 차단만으로는 효과적인 테러 예방과 대비가 어렵다. 개인을 급진화시키고, 폭력적 극단주의에 경도되게 유도하는 테러 내러티브를 대항할 수 있는 한국적 맥락의 대항 내러티브 개발도 고려해야 할 시점이다. 이미 사이버 테러 위협은 정보전의 양상을 보이고 있으며, 사이버 공간을 통해 전파되는 테러 내러티브와 테러 콘텐츠는 고도의 전략적 메시지 형태를 통해 개인을 유혹하고 있다. 광고 형태의 테러 프로파간다를 통해 테러 전투원과 지지자 등을 모집한 시리아의 사례를 보더라도, 대항 내러티브의 개발 시 콘텐츠뿐만 아니라 효과적인 전달 방법 역시 함께 개발되어야 한다.

참고문헌

경찰청 사이버수사국 https://cyberbureau.police.go.kr (검색일: 2022.6.13.).

권순구. 2018. 『한국 대테러학: 위협과 대응』. 파주: 법문사.

권오국·김윤영. 2017. "국제사회의 테러리즘 동향과 국내 테러 대응 체계 및 시사점 분석." 『통일문제연구』 29(1): 161-197.

권혁천·이용준·박원형. 2020. "한국의 사이버공격 비교 분석과 정책적 대응 방안." 『융합보안논문지』 20(5): 19-26.

김대건. 2021. "사이버테러를 동반한 테러 양상 예측 및 관련 법제도 발전방향." 『대테러연구』 44: 215-229.

김은영. 2013. "테러집단의 범죄 집단과의 결합현상에 영향을 미치는 요인들에 대한 탐색적 분석 연구." 『한국경호경비학회보』 37: 83-108.

오정은. 2022. "프랑스 테러방지법 제정의 의미와 전망." 『유럽연구』 40(1): 189-208.

윤해성·윤민우·J. Freilich·S. Chermak·R. G. Morris. 2012. 『사이버테러의 동향과 대응 방안에 관한 연구』. 한국형사정책연구원.

이종현. 2022. "가상화폐 노린 北해커 사이버 공격 빈번… 한국인 개인정보 해킹해 보이스피싱 범죄도." 조선일보, 2022.10.7.

Forest, James J. F. 2019. *The Terrorism Lectures: A Comprehensive Collection for the Student of Terrorism, Counterterrorism, and National Security*. Santa Ana, CA: Norita Press.

Inglis, Steven. 2017. "Technology and the Crime-Terror Nexus: Threat Convergence in a Digital Age." *International Affairs Review*, Summer 2017. file:///C:/Users/witch/Downloads/Technology_and_the_Crime-Terror_Nexus_-_Threat_Convergence_in_a_Digital_Age.pdf (검색일: 2022.10.31.).

Makarenko, Tamara. 2005. "The Crime-Terror Continuum: Tracing the Interplay between Organized crime and Terrorism." in *Global Crime Today: The Changing Face of Organized Crime*, edited by Mark Galeotti, 129-145. England, United Kingdom: Routledge.

Rosas, Etienne. 2018. "Fulfilling Clandestiny: Reframing the 'Crime-Terror Nexus' by Exploring Conditions of Insurgent and Criminal Organizations' Origins, Incentives, and Strategic Pivots." Ph.D Dissertation, Padree RADN Graduate School.

United Nations Counter-Terrorism Implementation Task Force. 2011. "Countering the Use of the Internet for Terrorist Purposes: Legal and Technical Aspects." Working Group Compendium, May 2011, UNCTITF.

United Nations Office of Counterterrorism, International Legal Instrument 홈페이지 https://www.un.org/counterterrorism/international-legal-instruments (검색일:

2020.10.17.).

United Nations Office of Drug and Crime. 2019. "Linkage between Organized Crime and Terrorism." Education for Justice University Module Series, UNODC.

3

김정은 시대 북한 사이버 위협의
특징과 대응 방안

김보미 국가안보전략연구원

　김정은 시대 들어 북한 소행으로 추정되는 사이버 공격에 관한 보고가 급증하고 있다. 2022년 3월, 미국 재무부는 북한의 해킹 조직인 라자루스(Lazarus)가 역대 최대 규모인 6억 2천만 달러의 암호화폐를 '액시 인피니티(Axie Infinity)'라는 온라인 게임에서 탈취했다고 밝혔다. 이는 역대 암호화폐 해킹 피해 중 최대 규모로 확인되었다. 미국의 블록체인 분석업체인 체이널리시스(Chainalysis)는 북한이 지난해 암호화폐 해킹을 통해 벌어들인 외화만 4억 달러 규모이며 2017년부터 2022년까지 훔친 암호화폐의 가치는 총 10억 달러에 달할 것으로 평가하였다(Chainalysis Team 2022).

　북한의 사이버 공격에 의한 피해는 단지 재정적인 부분에만 한정되지 않는다. 최근 몇 년간 정부 및 연구기관의 주요 인사들에 대한 다양한 북한의 정보수집 활동이 폭발적으로 증가하였고 코로나19 바이러스의 확산으로 백신 및 치료제 기술을 탈취하기 위한 북한의 사이버 공격이 전개되기도 하였다.

이처럼 북한은 사이버전 대비, 국방기술 탈취, 대남공작, 외화벌이, 최고존엄 모욕에 대한 보복 등 다양한 이유와 목적하에 세계 각국의 금융기관, 해외 정부, 군사기관 및 방위산업체, 에너지연구소 등을 대상으로 사이버 공격을 광범위하게 감행하고 있다.

현재 북한의 사이버 공격 역량은 지속적으로 강화되어 재래식 전력의 취약점을 상쇄하는 주요 비대칭 전력의 하나가 되었다. 낮은 진입 비용, 높은 잠재적 수익률, 책임 귀속 규명의 어려움, 효과적인 억제력 부족 등 사이버 공격이 갖는 보편적 특성들이 북한 당국으로 하여금 사이버 능력에 대한 투자를 유도하고 있는 것으로 추정된다. 특히 북한의 사이버 능력은 외화보유액이 절대적으로 부족한 김정은 정권에 외화벌이 수단으로 매우 중요한 역할을 수행하고 있는데, 2010년대 중반 이후로 경화(hard currency) 확보를 위한 북한의 대규모 사이버 사기 행위와 갈취 행위 등이 두드러지게 나타나고 있다. 북한은 느슨하게 규제되는 가상자산 서버의 네트워크를 악용하여 불법적으로 획득한 가상자산(virtual asset)을 법정화폐로 변환하여 수입을 확충함으로써 UN 안보리 대북제재로 인한 손실을 메우려는 것으로 보인다. 이 외에도 북한은 합작회사의 해외 계정, 홍콩 소재 위장회사, 가짜 신분 및 가상사설망(VPN)을 활용해 국제 금융시스템에 접근하여 불법 수익을 취득함으로써 외화를 확충하고 있다.

이렇게 불법적 사이버 활동을 통해 확보한 수익의 일부는 핵·미사일 능력 강화를 위해 자금이 절실한 김정은 정권에 현금 공급망이 되고 있다는 의혹을 받고 있으며 비핵화를 위한 국제사회의 노력에도 장애물이 되고 있다. UN 안보리 대북제재위원회 보고서와 미 정부는 북한의 사이버 공격 능력이 주요 외화벌이 수단으로 자리 잡고 있음을 계속해서 지적하고 있다. 북한이 사이버 공격을 통해 거둔 수입으로 핵·미사일 전력에 소요되는 비용을 충당함으로써 김정은 정권이 계속해서 대북제재를 무력화하고 있다는 것이다. 미 백악관 NSC 사이버·신기술 담당 부보좌관 앤 뉴버거(Anne Neuberger)는 "북한이 사이버 활동을 통해 미사일 프로그램에 필요한 재원의 최고 3분의 1을 충당하고 있다"고 밝히기도 했다(강병철 2022).

그러나 북한의 사이버 위협 능력 증강과 비례하여 국제적 피해 규모가 확대되고 있음에도 불구하고 이와 관련한 논의는 핵·ICBM 등 다른 비대칭 전력과 비교하였을 때 충분한 관심을 받지 못하고 있다. 따라서 본고는 김정은 시대 북한 사이버 위협 능력과 특징을 간단히 짚어보고 국제사회의 대응 방안을 소개하고 우리의 대응 방안을 진단하는 한편 보완해야 할 점들을 논의하고자 한다.

I. 북한의 사이버 위협 역량 및 주요 조직

북한의 사이버 전략이나 독트린, 지휘통제 등에 대해 아직까지 공식적으로 밝혀진 내용은 없지만 김정일-김정은 시대로 이어지면서 정권 내부에서 사이버 공격 능력에 대한 강화 필요성이 커지고 있는 것은 분명해 보인다. 2010년 김정일은 현대전쟁이 "기름전쟁, 알(탄약) 전쟁으로 정보전쟁으로" 변화하였다며 "정보전부대는 핵무기와 함께 나의 배짱이고 예비대"라고 하는 등 사이버 전력의 중요성을 역설한 바 있다(김귀근 2011). 김정은 또한 사이버전을 "핵·미사일과 함께 우리 인민군대의 무자비한 타격 능력을 담보하는 만능의 보검"으로 부를 정도로 현대 정치·군사 경쟁의 핵심으로 간주하고 있다(이영종·윤호진 2013).

이처럼 사이버 능력에 대한 국가적 관심이 큰 만큼 대부분의 사이버 작전은 최고지도자인 김정은과 조선노동당의 지시하에 무력단체와 정보기관이 담당하는 것으로 알려져 있다. 북한 정찰총국의 6개국 가운데 하나인 일명 '121국(별칭 사이버전지도국)'은 허위정보, 사이버 범죄, 스파이 활동을 개시하는 6천여 명의 상근 사이버 요원 및 지원 인력을 보유하고 있는 것으로 추정되고 있다. 2020년 7월 발표된 미 육군 보고서에 따르면 121국 산하에는 김수키[Kimsuky, 탈륨(Thallium)], 라자루스(Lazarus), 블루노로프(BlueNorOff), 안다리엘(Andariel) 등의 해킹 그룹들이 존재하며 소속 해커들은 대부분 벨라루스와 중국, 인도, 말레이시아, 러시아 등 해외에서 활동하고 있다.

2010년부터 활동한 것으로 알려진 김수키는 글로벌 정보수집 임무를 담당하는 지능형 지속 공격(Advanced Persistent Threat, APT) 해킹 조직으로 알려져 있다. 김수키가 감행하는 사이버 공격의 주요 타깃은 한국, 미국, 일본의 개인 및 싱크탱크, 정부조직의 전문가, 탈북자들로 스피어피싱, 워터링 홀 공격 등을 적용해 피해자로부터 원하는 정보를 색출한다. 김수키가 감행한 대표적 해킹 사례는 2020년 폴란드 정부 해킹, 2021년 서울대병원과 한국원자력연구원 해킹 등이 있으며 2022년 3월에도 국내 주요 방산기업과 공공기관을 공격한 것으로 알려졌다.

라자루스 그룹은 2007년 초 정찰총국 제3국(제3 기술정찰국) 110연구소 소속으로 설립된 것으로 추정된다. 해외 정부와 금융기관, 방송매체 등 다양한 산업 분야와 방산 분야를 타깃으로 설정하고 있다. 라자루스 그룹은 2017년 워너크라이 랜섬웨어 사건에 관여하여 150여 개국에 악영향을 미치고 30만 대의 컴퓨터에 피해를 일으켰으며 2014년 소니픽쳐스 해킹 사건에도 직접 관여한 것으로 추정되고 있다. 최근에는 라자루스 그룹이 외화 수입을 거두려는 목적으로 해킹을 하는 경우도 자주 발견되고 있다. 라자루스 그룹은 2017년 2월년과 2017년 12월 국내 암호화폐거래소 빗썸(Bithumb)과 유빗

(Youbit)에 대한 해킹 공격의 배후로 지목되었으며 2020년 9월에는 라자루스 그룹이 슬로바키아의 암호화폐거래소인 '이터베이스(Eterbase)'에 침투하여 540만 달러 상당의 암호화폐를 훔쳐 일부를 환전한 것으로 알려졌다. 무엇보다 2022년 3월, 라자루스 그룹이 블록체인 기반 게임업체인 '액시 인피니티'를 상대로 감행한 해킹은 6억 1,500만 달러라는 역대 최대 규모의 손실을 낸 사건으로 기록되었다.

블루노로프와 안다리엘은 주로 경제적 이익 창출을 위한 해킹 활동을 한다는 점에서 유사성이 있다. 블루노로프는 약 1,700명 안팎의 구성원으로 이루어진 조직으로 외국 금융기관에 대한 사이버 공격을 통해 불법적으로 수입을 확충하는 것으로 알려져 있다. 주요 타깃은 글로벌 금융회사, 카지노, 암호화폐거래소, 금융 거래 소프트웨어 개발사 등으로 2016년 방글라데시 중앙은행과 폴란드 금융감독원 해킹, 2018년 칠레 은행 해킹이 블루노로프가 감행한 대표적 해킹 사례로 꼽히고 있다. 2016년 최초 활동이 포착된 안다리엘은 1,600명 안팎의 규모로, 무기 개발 관련 정보 획득 활동 또한 수행하고 있다는 점에서 블루노로프와 차이가 있다. 주요 타깃 또한 국내 방위산업체와 보안업체, 에너지연구소, 국방 관련 기구를 비롯하여 도박·게임 회사, 여행사, 암호화폐거래소, ATM 기기 등 다양하다. 가장 최근의 대남 해킹 사례는 2021년 7월 KF-21 제작 업체인 한국항공우주산업(KAI)을 해킹한 것이다. 위와 같이 블루노로프와 안다리엘이 사이버 공격을 통해 창출한 수입 중 일부는 북한 핵무기와 탄도미사일 개발에 흘러들어가는 것으로 의심받고 있다.

북한은 이 밖에도 총참모부 산하 전자전 사령부를 비롯하여 여러 개의 하위 전자정보전 집단을 운용 중인 것으로 알려져 있으며 박진혁, 전창혁, 김일 등 악명 높은 해커들의 활동 또한 보고되고 있다. 2021년 2월, 미 법무부는 박진혁, 전창혁, 김일을 전 세계 은행과 기업을 상대로 13억 달러를 훔치려 한

혐의로 기소하였으며, 이들의 자금세탁을 도운 갈렙 알라우마리에게 징역 11년 8개월을 선고하기도 하였다.

II. 김정은 시대 북한 사이버 공격의 특징

김정은 시대 사이버 공격의 특징은 경제핵무력병진노선, 사회주의경제건설총력집중노선 등 새로운 국가전략의 등장과 연계되어 사이버 공격이 시기별로 차별화된다는 것이다. 물론 김정은 시대 북한의 모든 사이버 공격이 반드시 특정 시기와 정책적 노선을 중심으로 명확히 구분되고 분류될 수 있는 것은 아니다. 북한의 사이버 공격은 핵실험, 경제제재, 남북 및 북미 정상회담, 코로나19, 바이든 정부 출범 등 대내외 환경 변화와 연동되어 발견되기도 한다. 그러나 북한의 정책노선에 따른 사이버 공격에 일부 경향성이 나타나고 있는 것은 비교적 분명해 보인다.

경제핵무력병진노선(2013.3-2018.4) 시기에는 핵능력 강화와 관련한 사이버 공격과 국제사회의 대북제재 강화에 대응하여 외화 수급을 위한 사이버 공격이 두드러지게 나타났다. 북한은 핵실험 시기에 맞추어 금융기관과 청와대 및 주요 정부 기관에 대한 사이버 공격을 감행한다거나, 잠수함, 무인기, 비행기 등 투발 수단 관련하여 신기술을 탈취하기 위한 목적으로 국내 방산업체에 대한 해킹을 시도하기도 하였다. 북한은 또한 대북제재 결의안 2270호의 통과로 무기 수출과 경제교역을 통한 외화 수급에 차질을 빚게 되자 2016년 2월 방글라데시 중앙은행 해킹과 2017년 5월 '워너크라이 2.0' 랜섬웨어 공격을 감행한 것으로 알려졌다. 이렇게 북한이 사이버 공격을 통해 벌어들이는 수입은 매년 최소 10억 달러로 추정되고 있으며 이는 연간 총 수출

액의 1/3 수준인 것으로 알려졌다(김상욱 2017).

김정은 정권은 2018년 4월 개최된 7기 3차 당중앙위원회 전원회의에서 기존의 전략노선인 경제핵무력병진노선의 승리를 선언하고 새로운 전략노선으로 사회주의경제건설총력집중노선(2018.4-2021.1)을 제시하였다. 북한 당국은 해당 노선을 추진하면서 남북 및 북미 대화에 앞서 대북전략을 탐색하고 경제발전에 필요한 외화 확보 목적으로 사이버 공격을 감행하였다. 북한은 문재인 정부의 대북전략을 탐색하기 위해 통일부를 대상으로 2018년 630건, 2019년 767건에 걸쳐 해킹을 시도한 것으로 알려졌다(배영경 2021). 또한 하노이 북미정상회담이 사실상 성과 없이 종료되고 남북대화도 소강상태에 접어들자 북한은 문재인 정부의 대응 전략 파악 차원에서 2019년 4월과 9월 대북 전문가 집단과 국회 외통위, 정보위, 국방위 소속 국회의원들에 대한 사이버 공격을 감행하였다. 이 밖에도 김정은 정권은 원산갈마관광지구 건설과 평양종합병원 건설 등 건설 사업에 필요한 외화를 확보하기 위한 목적에서 2018년 6월 빗썸 암호화폐거래소를 공격하는 한편 2018년 11월 일본의 암호화폐 코인체크 자산을 탈취하려 시도했다.

2021년 1월 개최된 제8차 노동당대회에서 김정은 정권은 북미대화보다 대결에 방점을 두면서 군사력 강화 방침을 천명하였고, 이후 북한의 사이버 공격은 민생경제지원, 한국 정부의 외교 전략 탐색, 국방 신기술 탈취, 코로나19 바이러스 발생에 따른 백신 및 치료제 기술 확보 등을 목적으로 전개되고 있다. 특히 이 시기를 전후로 특히 국방 신기술 탈취를 목표로 한 북한의 해킹이 두드러지게 나타나고 있다. 2020년 8월, 이스라엘 국방부는 북한의 해킹 조직인 라자루스 요원들이 주요 방산업체들로부터 민감한 정보를 훔치려 시도하여 이를 차단했다고 밝혔다. 2020년 12월에는 독일의 최대 방산업체인 라인메탈(Rheinmetall)과 장갑차의 변속기, 탄약 등을 제조하는 렝크AG(Renk

AG)사 등의 직원들을 상대로 북한이 군사 기술정보를 불법 탈취한 것으로 알려졌다(박희준 2020). 또한 2021년 5월에는 북한 해킹 조직인 김수키가 한국항공우주산업(KAI)에 대한 해킹을 통해 KF-21 보라매 전투기와 한국형 다목적 기동헬기인 수리온 헬기 관련 기술을 탈취한 사실이 확인되었다. 뿐만 아니라 2022년 4월 1일 발표된 UN 안보리 대북제재위원회 전문가패널 보고서에 따르면 북한은 2021년 9월과 2022년 1월 시험 발사한 극초음속미사일(북한 주장) 개발에 필요한 기술적 정보를 사이버 공격을 통해 절취한 것으로 추정되었다(황인호 2020). 북한이 대북제재로 인해 선진적 군사 강국들로부터 무기를 수입하거나 기술이전을 받을 수 없는 상황에 처해 있는 만큼 지속적인 사이버 공격을 통해 군사기술 탈취를 시도하고 있는 것으로 보인다.

III. 북한 사이버 위협에 대한 국제사회의 대응 방안

미국, EU, UN 등 국제사회는 북한의 사이버 위협에 대한 경각심을 일깨우는 보고서를 작성·배포하거나 주요 해킹 조직과 사이버 요원들에게 제재를 부과하는 방식으로 대응하고 있다.

2020년 4월, 미 국무부·CISA(Cybersecurity and Infrastructure Security Agency)·재무부·FBI는 북한 사이버 위협에 대한 인식 제고를 위해 과거 사이버 공격 활동, 대책을 위한 권장 사항 등이 정리된 새로운 지침서를 발표하였다. 또한 2022년 4월에는 CISA·재무부·FBI가 공동으로 북한 해킹 조직이 블록체인 기업들을 대상으로 벌이는 사이버 위협을 경고하는 '합동 사이버 주의보(AA22-108A)'를 발표했다. 한편 UN 안보리는 2019년 17개국에서 발생한 35건의 사이버 사건의 배후로 북한을 지목하고 UN 제재 위반임을 발표하였으며, UN 안보리 산하 대북제재위원회는 매년 발표하는 보고서를 통해 북한의 암호화폐 탈취 사례를 지적하고 있다. 이 밖에도 UN 안보리는 2020년 북한이 개최하는 제2회 평양 블록체인·암호화폐 컨퍼런스에 참석 자제를 요구하는 한편, 미국과 공동으로 무기와 자동차 시스템을 겨냥한 북한의 해킹 가능성에 대해 경고하였다(Eun Dubois, 2020).

북한의 사이버 공격에 대한 경제제재는 주로 미국과 EU에 의해 이루어지고 있다. 현재 미 정부의 대북 사이버 경제제재는 개인과 단체를 가리지 않고 적용되고 있다. 미 정부는 2019년 9월 13일, 라자루스 그룹, 블루노로프, 안다리엘 등 3개의 북한 해킹 조직을 제재 리스트에 포함하였다. 2021년 12월에는 미 법무부가 북한 정찰총국 해커 전창혁과 김일, 박진혁 등을 미국 및 멕시코, 폴란드, 파키스탄, 베트남, 몰타 등 전 세계 은행과 기업, 암호화폐거래소 등에 대한 사이버 공격으로 13억 달러(약 1조 4천억 원) 규모의 현금과 암호화폐를 절취 시도한 혐의로 기소하였다. 이러한 제재로 인해 북한의 해킹 조직들과 해커들의 미국 내 자산은 동결되고 미국민들과의 거래 또한 금지되었다. 2022년 5월에는 미국 사법당국이 북한에 암호화폐와 블록체인 기술을 불법 전수하는데 협력한 의혹을 받고 있는 유럽인 2명을 대북제재 위반 혐의로 기소하고 지명수배하였다. 또한 2022년 7월에 국무부는 테러정보 신고 보상 프로그램인 "정의를 위한 보상(Rewards for Justice)"을 통해 북한에 의한 사이버 공격을 당한 후 이를 신고하였을 경우 포상금을 기존 500만 달러에서 1천만 달러로 2배 인상하였다. 적극적 신고 장려를 통해 피해를 최소화하려는 미 정부의 의지를 확인할 수 있는 조치라고 볼 수 있다.

EU는 2020년 7월에서야 첫 사이버 경제제재를 단행했는데 북한의 조선엑스포합영회사를 2017년 '워너크라이 2.0(WannaCry 2.0)' 랜섬웨어 공격의 배후로 지목하고 러시아와 중국의 해커 및 해커 그룹들과 함께 제재 목록에 포함시켰다. EU의 대북 사이버 제재는 미국의 제재와 비교할 때 정교하다고 평가하기 어렵다. 그러나 사이버 공격 의심 대상에 대한 제재를 정당화하는 것뿐만이 아니라 여행 금지와 자산 동결과 같이 제재 대상이 되는 주체와 제재 유형 등 양자 간에 일부 유사성이 확인된다. 특히 조선엑스포합영회사의 경우 이미 미 재무부의 제재 대상이기 때문에 향후 EU는 미 정부와 북한, 중국, 러시아 등 공동의 사이버 위협 대상에 대해 제재 협력을 기대할 수 있을 것으로 예상된다.

그러나 미 바이든 정부는 경제제재만으로는 날로 심각해지는 러시아와 중국, 북한의 사이버 공격에 제대로 대응할 수 없다고 판단하고 보다 공세적인 정책 집행을 예고하고 있다. 바이든 정부는 사이버 공간에서의 위협을 정책 우선순위로 상정하고 해킹 공격 또는 암호화폐 탈취 등 각종 사이버 범죄를 전문적으로 다루는 부서들을 행정부 내에 잇따라 신설하였다. 2021년 10월, 미 법무부는 암호화폐 관련 불법 활동을 수사하기 위해 전담 부서로 '국가암호화폐단속국(National Cryptocurrency Enforcement Team, NCET)'을 신설하였다. 또한 2022년 4월 4일, 국무부는 사이버 공간 내 규정을 논의하고 랜섬웨어 확산 및 인터넷 문제 해결을 위해 '사이버 공간 및 디지털 정책국(Bureau of Cyber Space and Digital Policy, CDP)'을 출범하였다.

해킹한 불법자금을 다시 회수하는 카운터 해킹(counter-hacking)은 현재 미국이 활용하고 있는 보다 적극적인 대응 방식이다. 2022년 7월, 법무부와 FBI가 캔자스주의 한 병원이 랜섬웨어 공격을 당해 라자루스 그룹에 몸값으로 지불한 암호화폐 50만 달러어치를 회수했다는 보고가 있었다. 2022년 9월에는 FBI가 라자루스 그룹이 액시 인피니티에서 훔친 암호화폐를 현금화하려는 시도를 파악하고 거래를 동결하여 3천만 달러 이상을 회수하는 성과를 거두었다는 사실이 발표되었다. 이처럼 미국은 북한의 진화하는 사이버 공격에 맞서 다양한 대응 방법을 활용하고 있으며 대응 방향 또한 적극적으로 변모하고 있다.

미국은 사이버 위협에 대응하기 위해 군사적 차원에서 '헌트 포워드(Hunt Forward)' 작전을 실시하고 있는데, 북한의 악의적 사이버 활동에 대응하기 위해 향후 한국과도 협력할 가능성이 있다. 헌트 포워드는 파트너 요청에 의한 방어적 사이버 작전으로 악의적인 사이버 위협 활동을 관찰 및 식별하여 국토방위를 강화하고 사이버 위협에 대한 주요 네트워크의 복원력을 높이는 것을 목표로 하고 있다(U.S. Cyber Command, Public Affairs 2022). 미 사이버사령부(U.S. Cyber Command) 사이버국가임무부대(Cyber National Mission Force)는 2018년부터 에스토니아, 리투아니아, 크로아티아, 몬테네그로, 북마케도니아, 우크라이나 등 18개국에서 35건의 헌트 포워드 작전을 수행해왔다. 2022년 9월 16일, 사이버사령부를 방문한 신범철 국방부 차관이 북한의 암호화폐 해킹 등 불법적 사이버 활동 차단을 위해 평시 헌트 포워드 연합작전의 필요성을 언급하였고 티모시 휴 부사령관 역시 북한 사이버 위협에 대한 공동 대응 필요성에 공감함으로써 향후 한미의 헌트 포워드 작전이 수행될 가능성도 있다.

IV. 북한 사이버 위협에 대한 한국의 대응 및 개선 방향

한국은 북한의 사이버 위협에 대해 정책적, 법적 대응 방안을 마련해 왔다. △구조화된 지휘통제 시스템 △인터넷으로부터 인트라넷을 분리하는 강력한 네트워크 분리 정책, 정부가 조직한 사이버 위협 정보 공유 시스템 △공공 및 민간 부문에서 사이버 전문가 양성을 위한 교육 및 Peer-to-Peer 멘토

링 프로그램 등이 여기에 포함된다. 특히 한국의 인터넷-인트라넷 완전 분리 방침은 중요도에 따라 정보를 분리하는 다른 나라보다 엄격한 조치로 볼 수 있다.

지난 문재인 정부는 2019년 4월 3일 〈국가사이버안보전략〉을 발표하고 사이버 공간에서 우리 국민의 안전보장을 위한 사이버 안보 분야 정책 방향을 정립하였다. 정부는 〈국가사이버안보전략〉을 차질 없이 추진하기 위하여 2019년부터 2022년까지를 대상으로 하는 범부처 국가 사이버 안보 기본계획을 수립 및 시행하였다. 이와 함께 국가정보원은 국가정보원법 제4조 제1항 제1호 마목을 통해 국제 및 국가배후 해킹 조직 등 사이버 안보에 관한 정보 수집, 작성, 배포의 직무를 수행하는 법적 근거를 확립했다.

2022년 5월, 새롭게 들어선 윤석열 정부에서는 아직 구체적인 조치가 실행되지는 않고 있지만 사이버 위협에 대한 심각성을 인지하고 대응 마련에 골몰하고 있는 것으로 보인다. 새 정부 국정과제에 대통령 직속 '국가사이버안보위원회' 설립을 주요 내용으로 하는 '국가 사이버 안보 대응 역량 강화'가 포함되어 있다. 국가사이버안보위원회 설치가 현실화된다면, 과학기술정보통신부, 국가정보원, 국방부 등으로 분산되어 있는 사이버 보안 지휘체계가 통합적으로 운용될 수 있을 것으로 예상된다.

그럼에도 불구하고 현 대응책은 북한의 전방위적 사이버 공격을 방어해내기에 한계가 있는데다 클라우드 서비스와 개인 데이터 전송을 포함하는 한국의 4차 산업 정책과 배치되는 측면이 있다. 뿐만 아니라 사이버 공격에 대해 북한 소행이라는 명백하고 확실한 직접적인 증거(clear and convincing evidence) 제시가 어려워 가해 당사자로 의심되는 북한이 이를 부인하면서 사이버 공격의 책임을 묻기 어렵다는 현실적 어려움도 존재한다. 실제로 한국항공우주산업(KAI)과 한국원자력연구원 해킹 관련 북한 배후설이 제기되자 북한 당국은 "황당무계한 모략소동"이라며 "저열한 기술로 해킹을 당한 것"이라고 주장하며 자신들의 소행이 아님을 강하게 어필한 바 있다(우리민족끼리 2021).

이와 같은 어려움으로 인해 북한 사이버 위협에 대한 가장 현실적인 대안은 위협을 사전 탐지하고 모니터링함으로써 취약성을 감소시키는 것이라고 할 수 있다. 사이버 공격에 대한 모니터링과 조기경보체계 가동, 취약성 평가, 신속한 위기 대응 체계 가동 및 복구 등을 통해 위협과 취약성 발생을 감소함으로써 사이버 공격에 효과적으로 대응하는 것이다. 또한 북한의 랜섬웨어 공격에 대한 국제사회의 대응에 우리 정부 또한 사이버 범죄 대응 차원에서 참여하는 것도 고려할 만하다. 사이버 위협의 심각성에도 불구하고 아직 국제협력레짐이 부재하기 때문에 대응 차원에서 국가 간 공조가 매우 중요해지고 있다. 실제 2022년 5월, 윤석열 대통령과 바이든 대통령은 정상회담에서 "한국과 미국은 국가배후의 사이버 공격 등을 포함해 북한으로부터의 다양한 사이버 위협에 대응하기 위한 협력을 대폭 확대해 나갈 것"이라고 밝혀 향후 사이버 안보 관련 한미 공조가 강화될 것으로 예상된다.

무엇보다 우리 정부는 북한의 위협을 사전 탐지하고 모니터링함으로써 사이버 공격을 예방하는 데 가장 중점을 두어야 할 것이다. 특히 사이버 위협에 대한 취약성을 감소시키기 위하여 컴퓨터 네트워크 시스템에 대한 취약성 분석 평가 및 관리체계를 구축하고 일정 시점마다 평가하는 작업이 필요하다. 주요 정보통신 기반에 대한 사이버 공격 결과가 심각하므로 기반 보호에 관심이 요구되며 아울러 신속한 복구와 회복력을 위해 시스템의 백업, 운영인력 현황 등에 대하여도 주기적으로 점검함으로써 북한의 사이버 공격에 효과적으로 대응해야 할 것이다.

참고문헌

강병철. 2022. "미 NSC 북, 사이버 활동으로 미사일 재원 3분의 1 충당." 연합뉴스, 2022.7.29. https://www.yna.co.kr/view/AKR20220728184351071?input=1195m (검색일: 2022.8.13.).

김귀근. 2011. "김정일 "정보전부대는 나의 배짱이고 예비대"." 연합뉴스, 2011.6.28. https://www.yna.co.kr/view/AKR20110628128400043 (검색일: 2022.10.15.).

김상욱. 2017. "북한 사이버 공격으로 핵개발 자금 마련, 연간 약 10억 달러." 뉴스타운, 2017.10.21. https://www.newstown.co.kr/news/articleView.html?idxno=301943 (검색일: 2022.10.15.).

박희준. 2020. "북한 해커, 라인메탈 등 독일 방산업체 사이버 공격." 글로벌이코노믹, 2020. 12.20. https://news.g-enews.com/ko-kr/news/article/news_all/2020122016091323 48c5557f8da8_1/article.html?md=20201220161514_U (검색일: 2022.9.26.).

배영경. 2021. "통일부 대상 사이버 공격 2018년부터 급증…"피해는 없어"." 연합뉴스, 2021.7.7. https://www.yna.co.kr/view/AKR20210707168700504 (검색일: 2022.10.15.).

우리민족끼리. 2021. "고질적 버릇, 상투적 수법." 2021.7.12.

이영종·윤호진. 2013. "김정은 "사이버전은 만능의 보검" 3대 전쟁수단 운용." 중앙일보, 2013.11.5. https://www.joongang.co.kr/article/13048072#home (검색일: 2022.10. 15.).

황인호. 2020. "일 언론, "북, 극초음속 미사일 기술 해킹으로 훔친 듯"." 국민일보, 2020.4.3. http://news.kmib.co.kr/article/view.asp?arcid=0016935267&code=61131111&cp=nv (검색일: 2022.8.13.).

Chainalysis Team. 2022. "North Korean Hackers Have Prolific Year as Their Unlaundered Cryptocurrency Holdings Reach All-time High." Chainalysis, January 13. https://blog.chainalysis.com/reports/north-korean-hackers-have-prolific-year-as-their-total-unlaundered-cryptocurrency-holdings-reach-all-time-high/ (검색일: 2022.9.30.).

Eun Dubois. 2020. "Building Resilience to the North Korean Cyber Threat: Experts Discuss." Brookings Institution, December 23. https://www.brookings.edu/blog/order-from-chaos/2020/12/23/building-resilience-to-the-north-korean-cyber-threat-experts-discuss/ (검색일: 2022.10.15.).

U.S. Cyber Command, Public Affairs. 2022. "U.S. Conducts First Hunt Forward Operation in Lithuania." May 4. https://www.cybercom.mil/Media/News/Article/3020430/us-conducts-first-hunt-forward-operation-in-lithuania/ (검색일: 2022.10.9.).

2부

정보심리전과 국가 정보활동의 변환

4

러시아-우크라이나 전쟁의 정보심리전

송태은 국립외교원 안보통일연구부

I. 정보심리전과 인지전 부상의 배경

2022년 2월 24일 러시아가 우크라이나를 침공하기 이전 국제사회는 사이버 공간에서 러시아를 비롯한 권위주의 국가들이 민주주의 사회에 대해 광범위하게 전개해온 평시 정보심리전(information & psychological warfare)을 '허위조작정보 유포(disinformation campaign)'라는 다소 절제된 표현으로 일컬어왔다. 그런데 이번 전쟁이 우크라이나를 지원하는 서구 민주주의 진영과 러시아를 지원하는 권위주의 진영 간 대리전 양상을 보이면서 정보전(Information Warfare, IW)과 심리전(Psychological Warfare, PSYWAR)은 각국 안보와 진영 대결의 승패를 가르는 중요한 변수로 전면에 부상하고 있다.

....

* 이 글은 『국제정치논총』 제62집 3호(2022)에 게재한 저자의 논문 "2022년 러시아-우크라이나 전쟁의 정보심리전: 내러티브·플랫폼·세 모으기 경쟁"을 수정, 보완, 편집한 것임.

이미 서방에서는 뇌과학의 발전과 함께 2019년 무렵부터 정보전과 심리전을 넘어 인지전(cognitive warfare)에 대한 관심이 커지고 있다. 특히 나토(NATO)가 최근 인지전에 대한 다양한 보고서와 연구물을 발간하면서 인간의 뇌를 전장(battlefield)으로 바라보는 시각이 군을 중심으로 등장하고 있다. 서방의 이러한 움직임은 그동안 권위주의 진영으로부터 다양한 평시 심리전 공격을 경험한 데에 따른 반격인 측면이 있다. 이번 전쟁 전에도 러시아와 이란, 중국 등이 서구 민주주의 사회의 엘리트층과 대중에 대해 펼쳐온 평시 영향 공작(influence operations)과 공공외교(public diplomacy)를 가장한 국가 프로파간다(propaganda) 활동은 이미 서구권에서 다양한 정치적 문제로 이슈화되던 터였다.

인류 역사 속 수많은 전쟁에서 적에 대한 물리적 공격과 폭력에 동반된 비폭력 공격 수단인 정보심리전이 새로운 군사활동이 아님에도 불구하고 최근 크게 주목을 받는 데에는 여러 변수가 복합적으로 영향을 끼치고 있다. 첫 번째, 정보심리전의 부상은 격화되고 있는 미중 패권 경쟁에 의한 측면이 있다. 현재 미중 경쟁은 표면적으로는 첨단기술을 둘러싸고 경제와 산업, 군사 분야에서 두드러지고 있다. 그런데 코로나19 감염병에 의한 팬데믹 기간 중국이 자국 방역정책의 효과를 정치체제의 우월성과 연결 짓고 각국이 방역정책과 백신 개발을 놓고 경쟁하면서 자유주의 진영과 권위주의 진영 간에 체제 경쟁이 부각되었다. 그 와중에 러시아가 일으킨 이번 전쟁은 미국의 보호무역주의로 인해 그동안 진행된 미중 간 경제적 디커플링(decoupling)을 가치와 이념의 차원으로 확대시켰다. 정보심리전이 전세에 중대한 영향을 끼친 이번 전쟁은 과거 냉전기 양 진영이 활발하게 전개한 국가 프로파간다의 필요성을 다시 절감하게 만들었다.

두 번째, 진영 간 이념과 체제 경쟁의 유인이 부재한 탈냉전기 국가 프로파간다 활동은 줄어드는 것처럼 보였다. 그러나 최근 정보심리전이 서구권에서 다시 주목받게 된 것은 2016년부터 본격화된, 서구 대중 여론을 대상으로 한 러시아의 허위조작정보 유포 활동의 영향이 크다. 러시아는 2014년 우크라이나를 침공하고 크림반도를 합병하기에 앞서 우크라이나 대중에 대해 여론전을 펼치며 심리전의 하이브리드 전술로서의 파괴력을 확인했다. 러시아는 이후 2016년부터 본격적으로 서방의 각종 선거마다 소셜 미디어 플랫폼에 대규모 가짜뉴스를 유포하는 평시 심리전을 빈번하게 전개했다. 중국도 세계 각지에서 일대일로 사업과 공공외교를 통해 광범위한 영향공작을 펼쳤고, 트럼프 행정부 시기 불거진 화웨이 사태와 공자학원의 첩보활동도 미국에서 국가안보 차원에서 다뤄졌다. 서구권의 각종 정치 개입에 연루된 중국의 영향공작은 민주주의 국가의 주권에 대한 새로운 도전으로 받아들여졌다.

세 번째, 현대의 고도로 발전하고 있는 첨단 신기술(emerging technology)이 빠르게 군사 영역에 적용되면서 강대국들이 경쟁적으로 준비하고 있는 '미래전(future warfare)'의 새로운 수단으로서 정보심리전이 부상하게 된 측면도 있다. 첨단 정보통신기술(ICT), 사물인터넷(IoT)과 인공지능(AI)의 발전에 의한 오늘날 초연결사회(hyper-connected society)의 등장은 일상 공간과 작전 공간, 민간 영역과 공적 영역 및 평시와 전시의 경계를 무의미하게 만들고 있다. 모든 일상 공간은 사실상 잠재적으로 '초연결 전장'이 될 수 있고, 그러한 디지털 정보커뮤니케이션 환경은 정보심리전이 파괴력을 발휘하는 데에 최적의 조건을 제공한다. 오늘날 '인간스러운 지능'을 구사하려는 AI의 분석 능력과 첨단 정보통신기술은 정보심리전을 사이버전과 같은 공격 수단으로 만들고 있다. AI 기술을 사용하는 러시아의 심리전은 서구권에서 '인지적 해킹(cognitive hacking)'으로 불릴 만큼 정교한 설득기제를 사용하고 있다.

네 번째, 이번 2022년 러시아-우크라이나 전쟁도 정보심리전에 대한 국제사회의 관심을 촉발시킨 계기가 되었다. 군사력이 열세한 약소국 우크라이나는 고도의 정보심리전 역량을 구사해온 러시아에 대해 더 효과적인 정보심리전을 펼쳤고 세계 여론을 우크라이나에 유리하게 이끌며 서방의 군사적 지원을 얻고 있다. 이미 서방이 평시 외부로부터의 허위조작정보 유포 활동을 국가 주권과 민주주의 제도에 대한 직접적인 도전이자 전복적인(subversive) 활동으로 간주하고 사이버 모의 군사훈련에 허위조작정보 유포에 대응하는 시뮬레이션을 포함하는 등 군사적 대응을 진행해오던 차였다. 이번 전쟁에는 시민과 해커, 프로그래머, IT 기업 등 다양한 비국가 행위자가 정보심리전에 협공하면서 전쟁이 민간화되었고, 그만큼 정보심리전은 앞으로 복잡한 양상을 보여줄 것이다.

이번 2022년 러시아-우크라이나 전쟁은 탈냉전기에 보기 드문 국가 간 '전면전'이면서 그동안 군과 학계가 활발하게 논의한 미래전이 실제로 어떻게 펼쳐지는지 보여준 의미가 있다. 오늘날과 같은 디지털 시대의 정보심리전이 효과적이려면 전장 정보의 신속한 획득과 발신하는 메시지의 설득력, 그리고 더 많은 청중에게 메시지를 확산시킬 정보커뮤니케이션 공간의 확보 및 그러한 작전 수행 주체의 규모가 중요하다. 즉 자국 군과 시민, 적국의 군과 시민 및 국제사회에 누구의 내러티브를 신속하고 광범위하게 전달하느냐는 디지털 시대 정보심리전의 승패를 가르는 중요한 변수이다. 따라서 이 글은 디지털 기술로 수집한 전황 정보를 정보전에 사용하고 국가와 비국가 행위자 모두가 사이버 공간에서 전쟁 담론을 확산시킨 이번 전쟁의 정보심리전을 ① 전장 정보 및 내러티브 발신 경쟁, ② 목표 청중 확보를 위한 플랫폼 경쟁 및 ③ 참여 주체의 세 모으기의 세 차원에서 살펴본다.

II. 정보심리전의 개념

전쟁에서 적국의 군사력이나 전술, 적국이 관철하고자 하는 국익을 위해 실제로 무력을 사용할 의지나 전쟁의 진정한 목적 등 자국과 적국에 대한 '정보'는 전장에서 직접 대결을 통해 획득할 수 있거나 협상에서 상대가 수사(rhetoric)를 통해 드러내기도 한다. 협상장에서 드러나는 정보와 달리 전장 정보는 무력충돌을 통해 군사 능력의 상대적 우열이 가시적으로 확인되기 때문에 국가가 의도적으로 왜곡할 여지가 없다. 즉 전장에서 분쟁국은 물리적 충돌 전에는 가용하지 않던 정보를 얻게 된다(Wagner 2000; Fearon 1995). 따라서 전쟁 중 분쟁국은 적국이 자국의 군사력, 전투 의지 및 전술을 제대로 파악하지 못하도록 방해하고 적국이 잘못된 전술을 취하도록 유도하기 위해 다양한 방식의 정보심리전을 수행한다. 전쟁에서 정보의 우위 경쟁을 벌이는 '정보전'은 적국 여론에 개입하는 '정치전'의 성격을 갖는다. 전시 정보전과 심리전은 군의 '작전(operations)'으로 수행되므로 각각 '정보작전(information operations, IO)', '심리작전(psychological operations, PSYOP)'으로 불린다. 정보작전은 적에 대한 정보를 수집하거나 적의 잘못된 판단을 유도하는 등 정보의 우위를 추구하며 적의 의사결정을 방해하는 군사활동이다. 오늘날 정보작전을 위해서는 정보커뮤니케이션 채널인 디지털 플랫폼과 같은 네트워크와 그러한 플랫폼이 작동하게 하는 인프라에 대한 접근이 확보되어야 한다. 정보작전은 '컴퓨터 네트워크에 대한 공격, 방어, 탈취', '전자전(electronic warfare, EW)', '심리작전'을 모두 포함하는 상당히 포괄적인 개념이다.

'심리전'은 적국과 적국 대중의 생각, 감정, 태도, 행동에 영향을 끼치기 위해 계획적으로 프로파간다와 심리작전을 사용하는 군사활동이다. 심리전에서 정보를 사용하여 공격하는 대상은 적국과 적국 대중의 '생각'이나 '감정'이므로 심리전 공격자의 전투력은 메시지의 '내러티브(narratives)'가 갖는 설득력에 있다. 심리작전은 적의 사기나 전투 및 저항의지는 꺾고 아군 및 동맹의 결의와 사기는 강화하는 등 자국에게 유리한 여론 환경을 조성하는 것을 목표로 한다. 심리작전은 적국 정부가 군사적으로 중요한 사안에 대해 스스로를 의심하게 만들어 의사결정의 실수를 유도하고, 적국 대중의 반전 여론을 유발하며, 공격 대상 사회의 내러티브와 유통되는 정보를 통제하면서 대리(proxy) 행위자의 급진적, 극단적 행동을 자극하여 산발적 혹은 대규모의 폭력을 촉발시킬 수 있다. 심리작전은 평시와 전시 모든 상황에서 전개되는 비무력적 활동이지만 폭력적 상황에서 군사적 파괴력을 배가시키는 전력승수(force multipliers)가 될 수 있다. 심리작전은 전장에서 이루어질 전투를 준비하는 차원에서 수행되기도 하고 전투가 부재하거나 전후 시기에도 평화 유지와 무력 발생 차단을 위해 전개될 수 있다. 심리작전은 본질적으로 프로파간다 활동이므로 국가의 의도, 정책, 가치를 담은 각종 성명, 언론보도, 공적 활동을 포함한다.

요컨대 정보작전이 적의 정보 분별을 방해하여 잘못된 의사결정을 내리게 하는 데에 초점이 맞춰져 있다면, 심리작전은 적과 적국 대중의 특정한 감정적 반응을 유도하려는 목적을 갖는다. 하지만 정보작전과 심리작전은 서로 완전히 구별되는 군사활동이 아니고 두 활동은 서로 긴밀히 연결되어 있고 얻으려는 효과도 상호 연결되어 있다. 게다가 현대의 디지털 기술은 평시와 전시의 경계를 희미하게 만들고 있으므로 앞으로 정보심리전의 개념은 계속 진화할 것이다.

III. 디지털 시대 정보심리전의 변화

오늘날 초연결 시대의 정보심리전은 주로 인터넷과 소셜 미디어 등 사이버 공간을 통해 수행되므로 작전 공간의 범위가 과거에 비해 획기적으로 확장되었다. 즉 국가 외 다양한 비국가 행위자가 사이버 공간에 진입하여 다양한 프로파간다 활동을 수행할 수 있게 된 것이다. 현대의 고도로 첨단화된 정보커뮤니케이션 환경에서 정보심리전은 세 가지 차원—① 정보와 내러티브의 신속하고 효과적인 발신, ② 정보커뮤니케이션 채널에 대한 접근성, ③ 작전수행 주체의 규모—에서 과거 정보심리전보다 더 파괴적인 영향력을 발휘한다.

첫 번째로, 오늘날 전방위로 연결되어 있는 ICT, IoT, 대규모 데이터를 저장하고 실시간으로 분석하는 지능형 센서 및 먼 거리에서 사람과 사물의 움직임을 정밀하게 탐지하고 인식하는 지능형 감시기술의 확산은 대규모의 실시간 정보 수집과 신속한 정보 분석을 가능하게 한다. 특히 적국의 개인정보, 공간정보 인프라 및 소셜 미디어 계정 데이터에 대한 접근 여부는 성공적인 정보심리전 전개를 위한 중요한 변수이다. 증대된 감시정찰 능력이나 해킹을 통해 적국의 민감 정보를 수집, 탈취하는 일은 압도적으로 사이버 공간을 통해 이루어지므로 국가는 자국의 데이터는 보호하고 타국의 데이터 인프라에는 침투하려는 노력, 즉 '사이버 첩보활동'을 펼친다. 오늘날 정보심리전은 첨단 ICT를 통해 다양한 전장 정보를 수집, 탐지, 생산, 분석, 공유할 수 있고, 그러한 기술을 통해 전세에 영향을 주는 정보와 메시지를 목표 청중에게 더 신속하게 발신할 수 있게 되었다.

두 번째, 오늘날 실시간 쌍방향 소통을 가능하게 하는 정보커뮤니케이션 네트워크의 초연결성은 정보심리전의 효과를 쉽게 얻게 하는 최적화된 여론

환경을 조성하고 있다. 즉 정보와 메시지를 신속하게 발신할 정보커뮤니케이션 채널을 얼마나 많이 확보할 수 있는지 혹은 적의 그러한 채널을 얼마나 효과적으로 차단할 수 있는지의 여부는 정보심리전 승패에 지대한 영향을 끼치게 된다. 다시 말해, 초연결 전장에서 아군의 초연결성은 유지, 보호하고 적군의 초연결성은 단절, 파괴하는 것이 오늘날 정보심리전의 가장 중요한 활동이다. 결과적으로 자국의 자유롭고 원활한 정보활동을 위한 사이버 보안과 적국의 데이터 인프라 및 정보통신망을 뚫는 능력은 현대 정보심리전의 중요한 전력이다. 특히 전 세계 청중을 실시간으로 연결시키는 디지털 플랫폼은 미국의 IT 기업들이 독점하고 있으므로 이들 민간 행위자의 공조는 국가의 정보심리전 전개에 있어서 필수적이다.

세 번째, 오늘날 정보심리전은 전쟁 당사국과 우방국의 정부 및 군과 같은 국가 행위자뿐 아니라 IT기업, 민간 프로그래머, 초국적 익명의 해커 조직 등 다양한 비국가 행위자도 수행할 수 있다. 책임 소재 추적이 쉽지 않은 사이버 공간의 익명성과 누구도 정보커뮤니케이션 네트워크로 진입할 수 있는 개방성은 정보심리전을 '세 모으기'의 대결로 변화시키고 있는 것이다. 오늘날 사이버 부대는 소셜 미디어 가짜계정을 이용한 AI 알고리즘 프로그램인 봇 계정(bot account), 즉 '소셜봇(social bots)'인 경우가 많은데, 소셜봇은 사람과 소통이 가능한 스토리텔링 능력을 통해 심리전을 수행한다. '봇 부대(bot army)'와 같은 알고리즘 프로그램은 대규모 정보를 신속하게 확산시킬 수 있다. '컴퓨터 프로파간다(computational propaganda)' 혹은 '로보트롤링(robo-trolling)'으로 불리는 이러한 AI를 이용한 사이버 심리전은 공격 대상 여론에 대해 대규모 사이버 공격에 준하는 파괴력을 구사할 수 있다.

IV. 러시아-우크라이나의 정보심리전 대결

1. 전장 정보와 내러티브 발신 경쟁

러시아는 개전 전부터 국가안보위원회(KGB)의 후신인 연방보안국(FSB), 군사정보국(GRU), *Russia Today*(RT), *Sputnik* 등 관영매체를 이용하여 우크라이나 침공에 대한 명분을 다졌다. 2021년 3월과 4월 러시아는 예비군 동원령을 내려 우크라이나 국경에 17만 5천여 명의 군 병력과 군사 장비를 집결시키고 우크라이나가 민스크 협정을 위반하고 있고 서방이 우크라이나를 이용하여 러시아와의 분쟁을 부추긴다고 주장했다. 2021년 7월에는 영어로 번역된 푸틴 대통령의 연설 "러시아와 우크라이나의 역사적 통일"이 대통령 웹사이트에 게시되었다. 푸틴은 "근대 우크라이나는 소련의 소산"이고 "우크라이나 지도자들은 독립을 합리화하기 위해 과거를 부인하고 있다"며, "우크라이나의 진정한 주권은 오직 러시아와의 파트너십을 통해서만 가능하다"고 주장했다(Putin 2021).

2021년 가을부터 러시아는 군사훈련 및 병력 이동과 함께 우크라이나 현지인의 저항을 누그러뜨리고 국제사회의 동조를 이끌어내기 위한 내러티브를 확산시켰다. 러시아는 "우크라이나를 나치 세력으로부터 해방시켜야 한다", "우크라이나 정부는 미국의 꼭두각시", "서방의 이간질로 러시아와 형제 국가인 우크라이나 간 관계가 악화되었다", "NATO의 동진이 이번 전쟁의 근본적 원인"이라고 주장했다. 러시아는 우크라이나 동부에 주둔하는 나토의 1만 명 병력이 러시아어를 사용하는 우크라이나인을 학살하려는 것이고 서구가 루소포비아(Russophobia)를 이용한다고 주장했다. 러시아는 2021년 9월 10일부터 일주일간 우크라이나 국경 근방과 크림반도에서 나토가 벨라루스의 정권 교체를 위해 침공하는 시나리오의 'Zapad-21'로 불리는 군사훈련을 수행하고 있다고 주장했다. 결국 러시아는 도네츠크와 루한스크의 독립과 이 지역에서의 평화유지 활동을 명분으로 2월 24일 우크라이나를 침공했다.

개전부터 러시아는 우크라이나 영토로의 진입이 자국 방위를 위한 제한적 군사작전이라고 주장했다. 러시아는 러시아가 우크라이나 동부의 분쟁에 개입하지 않았고 나치와 연계된 미군이 먼저 우크라이나에서 전쟁을 일으켰다고 주장했다. 러시아는 우크라이나와 협상할 준비가 되어 있고 새로운 정부 수립을 위해 우크라이나가 선거를 실시해야 한다고도 주장했다. 러시아는 전쟁 초반 전장 정보가 부족한 상황을 이용하여 러시아가 우크라이나를 군사적으로 압도하는 인상을 주며 우크라이나의 항전 의지를 좌절시키려 했다. "젤렌스키 대통령이 수도에서 도망갔다", "우크라이나가 먼저 러시아에 군사공격을 했다", "우크라이나 수도가 함락되었다", "미국이 우크라이나의 생물무기 연구를 은밀히 후원하고 있다"와 같은 러시아발 뉴스는 국제사회에 빠르게 확산되었고, 전쟁 초기 해외 언론도 이러한 기사를 그대로 인용하기도 했다. 러시아가 우크라이나 국경에 대규모 중무장 병력을 이동시키면서 전쟁을 계획하지 않는다고 주장하고, 러시아의 요구를 서방이 수용하지 않으면 유럽의 안보가 위험해질 것이라고 위협한 것은 우크라이나와 서방의 러시아 침공에 대한 대응과 의사결정을 지연시키고 우크라이나의 여론을 분열시키려는 '가짜깃발작전(false flag operation)'이다. 러시아는 우크라이나 침공에 앞서 우크라이나 정부의 정치적 정당성을 공격하고 우크라이나인에 대한 혐오를 유발하면서 우크라이나 민간인 학살을 정당화했다.

우크라이나가 해외정보부(Foreign Intelligence Service, FIS)를 설립한 후 2021년 국방백서를 처음 발간한 것은 2014년 러시아의 우크라이나 침공이 계기가 되었다. 이 백서에서 우크라이나는 2014년 러시아가 침공 당시 구사한 주된 하이브리드 위협 전술이 소셜 미디어를 이용한 정보전이라고 강조했다. 이 백서는 당시 러시아의 주요 내러티브가 "우크라이나는 극우 극단주의로 사회가 분열된, 불안정한 국가이며 우크라이나는 다시 러시아의 영향권으로 들어와야 한다"는 메시지였다고 지적했다. 우크라이나는 2015년 초부터 'Ukraine Today'와 'StopFake'와 같은 해외 발신에 중점을 둔 미디어 플랫폼과 팩트체크 플랫폼을 구축했고, 정부가 선도적으로 "진실이 가장 효과적인 프로파간다"라는 슬로건을 내걸고 러시아 내러티브의 기만성을 알리고 우크라이나의 입장을 대변하는 정보를 국내외로 확산시켰다.

우크라이나는 이번 전쟁 전 이미 서구권과 심리전 대응을 위한 다양한 협력을 이어오고 있던 터였다. 우크라이나의 PSYOP 팀은 2020년 1월 20일부터 2월 4일까지 독일의 합동다국적대응태세센터(Joint Multinational Readiness Center, JMRC)에서 열린 나토의 군사훈련 'Combined Resolve XIII'에 참여했다. 이 훈련에는 나토 회원국과 우크라이나를 포함한 파트너 국가에서 5천 4백 명이 참가했고, 미군과 우크라이나군은 이라크, 아프가니스탄 전쟁 및 2014년 우크라이나의 정보심리전 경험을 교환하며 협력의 기반을 다져왔다(NATO 2020). 이러한 대비태세에 따라 우크라이나의 전시 정보심리전은 러시아의 침공과 함께 즉각 수행되었다. 개전과 동시에 볼로드미르 젤렌스키(Volodymyr Zelenskyy) 대통령은 트위터와 인스타그램 등에 매일 구체적인 전황을 알리고 화상회의를 통해 타국 의회를 대상으로 연설하는 등 일국의 대통령이 전 세계 정부와 대중을 대상으로 군사적·외교적 지원을 요청하는 최초의 사례를 만들었다. 우크라이나 정보정책부(Ministry of Information Policy)는 전황 관련 기자회견을 마련하고 국내외 미디어가 분쟁 지역에 접근하도록 하여 전황 정보가 국내외로 지속적으로 제공되게 했다. 우크라이나 정부는 러시아가 점령한 지역에서도 텔레비전과 라디오 방송이 계속 송출되게 했다.

우크라이나는 러시아의 주장을 반박하는 반격 내러티브를 신속하게 제공하여 러시아발 정보에 대한 신뢰성을 훼손하고 러시아의 거짓말쟁이 이미지를 고착시켰다. 젤렌스키 대통령은 러시아가 주장한 도주설을 정면으로 반박하며 개전 이틀째인 2월 25일 자신과 지도부 인사가 모두 키이우에서 항전하고 있음을 도시 전경을 배경으로 소셜 미디어를 통해 직접 알렸다. 이 영상은 국제사회에 큰 반향을 일으켰고 우크라이나 시민의 항전 의지를 고무시켰다. 젤렌스키 대통령은 3월 4일에도 러시아의 피신설을 반박하며 비서실장과 함께 키이우 대통령 집무실에 있는 영상을 게시했고, 이 영상은 업로드 11시간 만에 533만여 건의 조회수를 기록하고 5만여 개의 댓글이 달렸다. 젤렌스키 대통령은 과거 자신의 희극배우 직업을 통해 훈련된 드라마틱한 방식의 효과적인 메시지 전달 능력을 발휘하고 있다.

우크라이나와 서방이 공조한 심리전 내러티브는 다양한 프레이밍(framing)을 사용했다. 양국의 전쟁은 '민주주의 진영 대 푸틴의 전쟁'으로 묘사되었고, 국제사회에 "우크라이나가 무너지면 유럽의 안보도 위험해진다"는 논리로 민주주의 국가의 연대에 호소하며 유럽의 군사적 지원을 설득했다. 우크라이나의 내러티브는 자국을 '약자'나 '피해자'로 묘사하는 감정적 호소보다 러시아에 대항하는 '작지만 강한 국가'를 강조했다. 2월 24일 우크라이나의 스네이크섬 국경수비대원들이 러시아의 "모스크바함"이 항복 불응 시 포격하겠다는 경고에 대해 "러시아 전함, 꺼져라"라고 욕설을 외친 에피소드는 소셜 미디어에 이들의 음성 녹음이 확산되면서 큰 반향을 일으켰다. 이 에피소드는 이후 우크라이나의 '넵튠' 지대함 미사일이 모스크바함을 침몰시키면서 우크라이나 기념우표의 그림이 되었고 판매 10일 만에 70만 장이 판매되었다.

우크라이나는 AI 안면인식 기술인 Clearview AI 소프트웨어를 사용하여 8천6백 명이 넘는 생포되거나 사망한 러시아 군인들의 안면 정보를 수집하고 'Find Your Own'과 같은 텔레그램(Telegram) 채널을 통해 러시아 가족에게 알려 러시아 내 반전 여론을 유도했다. 이러한 전술은 러시아가 러시아 배우나 러시아 소셜 미디어 계정의 프로필 이미지를 이용하여 우크라이나 군인이 생포된 것으로 조작한 정보를 유포한 데에 대한 반격이었다. Clearview AI가 러시아의 허위조작 이미지를 스캔하자 이 이미지들이 러시아의 최대 소셜 미디어인 VKontakte(VK) 및 인스타그램 계정에서 수집된 것임이 밝혀졌고 이들 러시아인의 신원 확인이 가능해지면서 우크라이나가 이 정보를 정보심리전에 사용한 것이다.

우크라이나 정부는 전쟁에 국제사회가 주목하도록 흥미를 유발하는 조작된 디지털 정보도 적극적으로 사용했다. 국방부는 서방에 비행금지구역 설정을 촉구하는 과정에서 러시아의 공습 위험성을 경고하고 우크라이나가 무너지면 유럽도 무너진다는 주장을 펼치기 위해 파리 에펠탑이 폭파되고 파리가 공습당하는 영상을 제작하여 트위터에 공유했다. 이 영상은 하루 만에 60만 회 조회되어 큰 반향을 불러일으켰다. 우크라이나 정부의 보안국(Security Service of Ukraine)도 '키이우의 유령'으로 불리는, 우크라이나의 에이스 파일럿이 러시아 전투기 40대를 격추한 영상을 제작, 게시했다. 실존하지 않는 파일럿임에도 불구하고 이 영상은 우크라이나의 가장 유명한 전쟁 프로파간다 영상이 되었다.

반면 러시아는 우크라이나와 서방 모두의 내러티브를 상대해야 했다. 미국이 전황과 관련된 민감 정보, 예컨대 러시아의 장성과 함정에 대한 표적 정보를 우크라이나군에 제공한 사실이 언론에 보도되었고, 이러한 보도가 러시아를 자극할 것을 우려하여 바이든 대통령이 그러한 사실을 부인하기도 했다. 즉 미국은 주요 정보를 선제적으로 노출하여 전황 정보와 내러티브를 장악하고 러시아가 이번 전쟁의 의미를 정의하지 못하게 했다. 과거 기밀로 유지한 전장 정보를 미국 대통령이 언급한 것은 국제사회의 주목을 받았다. 미국은 러시아군에 대한 도청 내용도 지속적으로 공개하여 러시아에 대한 미국의 정보 우위를 과시하며 러시아에 충격을 주고 러시아의 전술에 혼란을 유발했다. 이러한 심리전술은 러시아의 가짜깃발전략이 실패하고 있음을 보여주기 위한 것이다. 미국은 우크라이나의 수도 함락에 실패한 러시아가 철수하는 것을 긴장완화 행위로 보이지 않도록 '재배치', '전략적 변화'로 설명하는 등 공세적 내러티브를 이어갔다.

한편 서방이 이번 전쟁을 '러시아가 지는(failing) 전쟁'으로 계속 묘사한 것은 우크라이나의 항전 의지는 강화하고 러시아에는 정치적 압박을 가하기 위한 것이다. '나토의 동진이 러시아의 도발을 야기했다'는 러시아의 입장과 달리 서방은 러시아의 행위를 '침공'으로, 이번 전쟁을 '러시아의 재앙'으로 묘사했다. 서방은 푸틴 대통령이 악화되는 전장에 대한 정확한 첩보와 조언을 제공받지 못한다고 강조했다. 또한 서방은 러시아군이 '진흙탕에 빠져 사기를 잃고 재앙을 경험하는 존재'로 부각시키고, 러시아 내부에 정치적 긴장이 고조되는 사실을 강조했다. 이렇게 러시아를 지속적으로 망신시키는 프레이밍은 러시아 군, 정치지도부 및 정보기관 엘리트 간 불화가 생겨 러시아 내부 결속을 약화시키려는 효과를 노린 것이다.

2. 디지털 플랫폼 경쟁

정보심리전에서 대규모 세계 청중을 견인하는 능력은 효과적인 작전 수행의 필수 요건이므로 전시 통신 인프라는 가장 중요한 타격 대상이 될 수 있다. 개전 첫날 러시아는 우크라이나의 통신 시스템과 인터넷 인프라를 가장 먼저 공습, 타격했고 2월 26일 우크라이나의 디지털전환부(Ministry of Digital Transformation)는 일론 머스크(Elon Musk)에게 위성통신 서비스 제공을 요청 했다. 미국국제개발처(U.S. Agency for International Development, USAID)의 공조로 Space X는 우크라이나에 스타링크(Starlink)를 신속하게 제공했고, 전쟁 중에도 우크라이나의 통신 시스템은 정상적으로 기능하고 있다. 현재 우크라이나의 정찰 드론은 스타링크를 통해 러시아의 군사전력과 물자의 이동 경로를 파악하고 있다.

디지털 플랫폼을 장악하고 있는 미국의 IT기업들은 사이버 공간에 대한 고급 정보를 대규모로 수집, 분석할 수 있고 우크라이나에 제공된 그러한 정보는 우크라이나의 정보심리전에 기여했다. 육·해·공, 사이버와 우주 공간, 사람의 인지 공간 등 모든 전장이 사이버 공간으로 연결되는 현대전에서 사이버 공간에 대한 지속적인 분석은 전황에 대한 정확한 판단에서 매우 중요하다. 최첨단 AI 안면인식 기술을 제공하는 미국 IT기업 Clearview AI는 러시아 군인들의 안면 정보를 우크라이나에 제공하여 우크라이나의 국경 통제를 도왔다. 러시아는 자국의 군자산에 대한 우크라이나의 판단을 어렵게 만들고 서방의 위성이 촬영할 수 있는 러시아 중무기의 이동 상황을 은폐하기 위해 가짜무기를 빈번하게 사용했으나 이러한 정황도 미국의 위성에 의해 촬영되고 공개되었다.

이번 전쟁 동안 마이크로소프트(Microsoft)는 러시아의 사이버 공격 패턴을 지속적으로 분석하고 우크라이나에 분석 결과를 제공했으며 우크라이나의 국가 데이터 보호와 사이버 전략의 구상에도 기여했다(Microsoft 2022). 구글(Google)도 정찰과 감시, 물리적 타격을 위한 목표물 탐지 및 식별에 필요한 공간 정보를 제공했고 구글맵에서 우크라이나 현지 도로 상황을 실시간으로 보여주는 기능을 차단하여 러시아군이 우크라이나군의 움직임을 파악할 수 없게 했다. 관광 정보를 제공하는 웹사이트인 트립어드바이저(Tripadvisor)도 동일한 조치를 취했다.

러시아 관영매체는 스페인어, 아랍어, 불어, 독어로 번역된 대규모의 러시아 내러티브를 왕성하게 확산시켰고 그러한 기사는 다시 영어권으로 재확산되었다. 하지만 디지털 플랫폼을 독점하고 사이버 공간에 대한 접근을 차단할 수 있는 미국의 IT기업들이 우크라이나를 지원했으므로 러시아는 자국 내러티브 발신에 있어서 자국 관영매체의 인터넷 홈페이지에 의존해야 했다. 디지털 공간의 영향공작을 분석하는 조사기관인 Omelas는 침공 전 러시아 관영매체가 소셜 미디어에 12,300개의 콘텐츠를 게시하면서 130만 명의 청중을 견인하고 있었지만 총 11만6천 개의 콘텐츠를 통해 4,480만 명의 청중을 견인하고 있는 서구권의 매체에 비할 때 세계 청중에 대한 장악에 실패했고, 언어 면에서도 영어 정보와 콘텐츠의 규모를 압도하지 못했다.

개전과 함께 구글과 페이스북(Facebook), 인스타그램, 유튜브, 틱톡(Tik-Tok)을 운영하는 메타(Meta)는 러시아 국영매체 RT 애플리케이션 다운로드와 업데이트를 차단했다. 메타는 2016년부터 활동해온 러시아 해커 조직 'Ghostwriter'가 우크라이나 군 장성, 언론인, 정부 관료들의 소셜 미디어 계정이나 AI 가짜계정을 통해 우크라이나가 러시아에 항복하는 가짜영상을 대규모로 게시하려 한 계획을 좌절시켰다. 구글과 메타는 우크라이나인을 대상으로 소셜 미디어 계정과 페이지, 채널의 네트워크를 모두 폐쇄하고 수상한 채널을 삭제했다. 러시아 정부와 연계된 기업 Fontanka와 'Cyber Front Z'와 같은 조직의 소셜 미디어를 활용한 광범위한 심리전도 메타에 의해 차단되었다(Meta 2022). 유럽연합도 개전 초 러시아 정부나 기업과 관계가 있는 유럽 기업이 러시아의 콘텐츠를 송출하는 것을 금지하고 경제적 제재를 부과했다.

디지털 플랫폼은 전쟁 자금 동원에 있어서도 러시아와 우크라이나 간 경쟁의 장이 되었다. 양국은 국제사회로부터 기부 받은 대체불가토큰(non-fungible token, NFT)을 사이버 공간에 판매하여 전쟁 자금을 모금했다. 전쟁 초 우크라이나 디지털전환부는 가상자산 모금 사이트 "Aid for Ukraine"를 구축했고, 이번 전쟁의 사건을 예술작품으로 만들어 전시하는 NFT 박물관도 설립하여 전쟁 자금을 동원하는 동시에 전쟁 기록물을 예술품으로 생산하고 있다.

3. 세 모으기 경쟁

이번 전쟁에는 초국가 행위자인 해커와 일반 프로그래머도 사이버전과 정보심리전에 가세하여 전쟁의 민간화가 초래되었다. 전쟁 당사자인 시민들은 소셜 미디어를 통해 전황 정보를 직접 제공하며 전쟁 에피소드를 확산시켰고, 메시지의 설득력 면에서 시민의 내러티브는 국가의 정보심리전 활동이 프로파간다로 인식되는 한계로부터 자유로웠다. 러시아의 관영매체와 해커 조직을 활용한 정보심리전 활동이 서구권 IT기업에 의해 제한받는 상황에서 디지털 플랫폼에의 접근과 사용에 있어서 자유로운 우크라이나와 서방의 민간 행위자들에 의한 초국적 협공은 이번 전쟁의 정보심리전을 '세 모으기' 경쟁으로 변화시키는 결과를 가져왔다.

전쟁 정보와 외부 정보에 대한 접근 및 인터넷과 소셜 미디어 공간에서의 자유로운 의견 개진이 제한당하는 러시아 시민들과 달리 우크라이나 시민들은 각종 소셜 미디어에 실시간으로 전황 이미지와 동영상을 게시하며 전쟁을 생중계했다. 이러한 활동은 대규모의 전쟁 기록물을 실시간으로 생산하는 동시에 러시아의 민간에 대한 군사 공격 증거를 확보하고 국제사회에 알리는 효과를 갖는다. 우크라이나 시민들은 러시아군의 무력함과 병참 문제의 존재, 민간에 대한 러시아의 군사 공격 등 전쟁의 참상을 알리며 러시아의 전쟁 명분을 비판하고 러시아의 주장이 거짓임을 알렸다. 우크라이나 시민들은 시민이 트랙터로 러시아 탱크를 견인하고 맨몸으로 러시아 탱크에 맞서며 연료가 떨어진 러시아 군인에게 말을 거는 영상들, 화염병을 제조하거나 차 속에서 화염병을 러시아 탱크에 던져 탱크를 불태우는 장면, 러시아가 설치한 지뢰를 담배를 피우며 손으로 제거하는 영상을 직접 게시하여 스스로 경험하는 구체적인 전황 정보를 전 세계에 알리고 항전 메시지를 지속적으로 발신했다.

노르웨이의 한 컴퓨터 프로그래머는 대규모의 러시아 대중에게 이메일을 보낼 수 있는 웹사이트를 만들어 누구든지 러시아 내 반전 여론이 일어나도록 설득하는 방법을 기획하여 하루에 5백만 통의 이메일을 러시아인들에게 보내고 하루 평균 20개의 답장을 받는다고 언급했다(Tidy 2022). 우크라이나 학생들은 체르니히우, 하르키우 등 자국의 파괴된 학교 건물을 배경으로 졸업 사진을 촬영하며 전쟁의 참상을 알리기도 했다. 이렇게 우크라이나 시민들이 직접 알리는 전장 정보는 걸러지지 않고 가공되지 않은, 국제사회가 더 쉽게 공감할 수 있는 직접 정보이다. 우크라이나 시민들의 이러한 정보심리전 활동은 '디지털 시민운동'과 '집단지성 분출'의 성격도 갖는다.

우크라이나 정부가 조직한 IT Army에는 일반 시민들과 전 세계 해커들이 참가하고 있다. 이들은 러시아 매체를 해킹하여 뉴스를 스팸으로 만들고 전황을 인포그래픽으로 제작해 온라인에 게시했으며, 러시아군이 방향을 잃도록 로드사인을 없애는 법이나 화염병을 투척할 지점을 알리기도 했다. 특정 구심점 없이 초국적으로 활동하는 해커 그룹 어나니머스(Anonymous)는 러시아 국방부 웹사이트를 디도스(D-Dos) 공격하여 프린터들이 우크라이나의 프로파간다 문서를 출력하게 만들고, 러시아 TV 방송에 우크라이나를 지지하는 문구나 노래가 나오게 만들었다. 어나니머스는 트위터에 #OpRussia, #OpKremlin, #StandWithUkraine와 같은 해시태그 문구로 활동을 홍보하며 협공을 유도하고 있고, 러시아와 경제 관계를 맺고 있는 대규모 기업들을 해킹하여 이들 기업의 내부 정보를 공개하여 푸틴 대통령의 측근인 러시아 산업과 금융 재벌들에게 정치적 압력을 가하기도 했다.

V. 맺음말

이번 전쟁에서 양국의 정보심리전은 세계 여론의 측면에서 볼 때 우크라이나에 유리하게 조성되고 있다. 퓨리서치센터(Pew Research Center)가 3월 21일부터 27일까지 미국 성인을 상대로 조사한 결과 미국인들의 젤렌스키 대통령에 대한 신임도는 긍정 답변이 72%, 푸틴 대통령에 대한 긍정 답변이 6%로 나와 미국 대중이 우크라이나 편에 서 있음을 보여주었다. 퓨리서치센터가 2월 14일부터 5월 11일까지 전 세계 17개국 성인을 대상으로 한 여론조사에서는 미국과 나토에 대한 세계 대중의 호감도는 각각 61%와 66%이고 러시아에 대한 호감도는 10%로 나타났다. 또한 바이든 대통령과 푸틴 대통령에 대한 세계 대중의 신뢰도는 각각 60%와 9%로 나타나 러시아에 대한 세계 여론은 악화된 정도를 넘어 적대적 수준에 이르렀음을 알 수 있다. 전쟁 중 이러한 여론조사 결과가 발표된다는 사실도 러시아에 대한 서방의 정치적 압박으로 볼 수 있다.

러시아의 정보심리전이 이번 전쟁에서 목표로 한 효과를 낳지 못한 데에는 과거 평시에도 러시아가 지속해온 허위조작정보 유포 활동으로 우크라이나와 서구권에 '학습효과(learning effects)'를 가져온 것도 원인이 된다. 2016년 미국 대선과 영국의 브렉시트(Brexit) 국민투표, 그리고 그 이후 거의 모든 서구권 선거철에 러시아가 허위조작정보 유포를 통해 선거 결과에 지대한 결과를 끼치면서 러시아의 내러티브 전술과 정보확산 기술이 알려졌고, 그 결과 우크라이나와 서방의 정보심리전 대비에 영향을 끼쳤던 것이다. 사실상 서방의 거의 모든 선거가 러시아의 심리전 공격을 받으면서 유럽은 러시아의 위협이 동유럽뿐 아니라 서유럽을 포함한 서방 전체를 공격 대상으로 삼고 있음을 절감했다. 이러한 인식에 따라 유럽연합과 나토는 러시아 정보심리전의 공격 대상이 되어 온 동유럽에 다양한 지원책을 제공해왔다. 유럽연합과 나토는 2014년 러시아의 크림반도 합병을 탈냉전기 유럽에 대한 최대의 안보 위협이자 유럽-대서양 지역의 전략적 환경에 근본적인 변화를 가져온 사건으로 평가하고 2015년부터 하이브리드 위협에 대한 대응 태세를 갖춰왔다. 이미 2014년 1월 나토는 회원국 간 신속하고 효과적인 소통을 위해 라트비아에 '나토전략커뮤니케이션센터(NATO Strategic Communication Centre of Excellence)'를 설립한 바 있고, 동유럽의 정보심리전을 지원하기 위해 2015년 3월 'East StratCom Task Force'를 가동시켰다. 그 외에도 유럽연합과 나토는 역사상 유례없는 공조를 통해 심리전을 포함한 하이브리드전에 대비한 위기 대응 태세를 면밀히 마련해왔다.

이번 전쟁이 보여주듯, 국가의 정치적 정당성과 민주주의 제도의 제 기능을 유지하는 활동을 교란시키려는 정보심리전 공격에 대한 평시 대응 및 대비태세는 전시 정보심리전 전개에 결정적인 영향력을 발휘한다. 특히 사이버전과 사이버 정보심리전 등 비전통 안보 위기가 전통적인 군사 위기로 발전될 수 있는 하이브리드전을 염두에 둔 서방의 위기 대응 체제와 우크라이나에 대한 지원은 러시아에 대항할 전력을 갖추지 못한 우크라이나의 현실에도 불구하고 우크라이나가 지속적으로 항전하는 데에 결정적으로 기여했다. 즉 평시 동맹 및 우호국과 정보심리전에 대응하기 위한 전략적 토론과 훈련의 촉진, 위협 대응의 모범사례 개발과 공유, 다양한 위기관리 시뮬레이션과 첨단 디지털 기술을 적용한 훈련이 전시에 효과를 발휘한 것이다. 서방이 구축해 온, 허위조작정보 유포 활동을 포함한 사이버전, 난민, 테러 등 초국가적, 복합적 위기에 대응하는 전략커뮤니케이션 체제도 우크라이나의 정보심리전을 효과적으로 이끌었다. 더불어 평시 국내 대중과 민간 부문이 적대국발 영향공작의 위협을 학습하고 국내 민감성을 증진시키는 것은 사회 전체가 위기 복원력(resilience)을 강화하는 데에도 중요하다.

참고문헌

Fearon, James D. 1995. "Rationalist Explanations for War." *International Organization* 49(3): 379-414.
Meta. 2022. Quarterly Adversarial Threat Report (August). https://about.fb.com/wp-content/uploads/2022/08/Quarterly-Adversarial-Threat-Report-Q2-2022.pdf (검색일: 2022.8.10.).
Microsoft. 2022. "Defending Ukraine: Early Lessons from the Cyber War." (June 22). https://query.prod.cms.rt.microsoft.com/cms/api/am/binary/RE50KOK (검색일: 2022.6.25.).
NATO. 2020. "NATO Standardization Office participates in JMRC-hosted multinational exercise Combined Resolve XIII." (February 17). https://www.nato.int/cps/en/natohq/news_173730.htm (검색일: 2022.4.10.).
Putin, Vladimir. 2021. "On the Historical Unity of Russians and Ukrainians." (July 12). http://en.kremlin.ru/events/president/news/66181 (검색일: 2022.4.1.).
Wagner, Harrison. 2000. "Bargaining and War." *American Journal of Political Science* 44(3): 469-484.

5

새로운 정보전 양상과 데이터 안보

손한별 국방대학교 군사전략학과

I. 우크라이나 전쟁과 정보전

지난 2월 말 러시아의 침공으로 시작된 우크라이나 전쟁 초반부터 다양한 방식의 정보전이 치러지고 있다고 언론이 보도했다. 일례로 우크라이나 병사들은 "포위되어 버려졌다"는 문자를, 가족들은 "당신의 아들이 전사했다"는 문자를 받았다. 걱정하는 가족들이 군인들에게 대량의 전화나 문자를 하게 되고, 친러시아 반군은 휴대전화 전파가 많이 사용된 지점에 포격을 가한다는 것이다. 전자전, 사이버전, 정보작전, 물리적 포격이 유기적으로 활용된 작전 형태를 보여준다(조선일보 2022.2.25.). 정보작전이 심리적 교란이나 마비의 효과를 추구하는 데에서 탈피하여, 보다 유기적으로 물리적 살상에 기여한다는 것이다. 주목할 것은 러시아의 해커들이 이미 우크라이나의 모든 네트워크에 침투해 있으며, 전화번호를 비롯한 광범위한 데이터를 확보하고 있다는 사실이다.

다른 한편 국제 사이버 해킹 단체인 어나니머스(Anonymous)가 러시아 국방부의 서버를 마비시키고, 주요 데이터를 탈취했다는 보도도 있었다. 러시아 정부에 대한 사이버 전쟁을 공식 선언한 이후, 국방부 웹사이트를 해킹하여 데이터베이스를 유출했으며 정부 웹사이트와 러시아군 통신을 가로챘다. 아울러 러시아 국영TV 채널을 해킹하여 우크라이나에서 무슨 일이 벌어지고 있는지 방송하기도 했다(Newsis 2022.2.27.) 검열로 인해 올바른 정보를 얻지 못하는 러시아 국민들에게 우크라이나의 현실을 그대로 전달하고 있다는 것이다. 이 같은 노력은 러시아 내의 반전 여론을 확대시키는 효과를 가져왔다. 수십여 개의 도시에서, 수천 명의 반전 시위 참가자들이 체포되었지만 반전 시위는 지속되었다. 가짜뉴스와 검열이 지배하는 러시아에 대한 역(逆)정보 작전이다.

이 같은 보도와 관련한 정확한 상황 파악이나 사실 확인은 어렵지만, 러시아가 정보작전을 핵심 작전개념으로 발전시켜 왔다는 점을 고려하면 사실로 받아들여진다. 정보전과 관련하여 우크라이나 전쟁에서 나타난 몇 가지 특징을 살펴보면 다음과 같다. 첫째, 전투원과 비전투원의 구분이 어려워졌다. 상대의 중심(重心)으로서의 도시와 국민을 직접 지향하고, 도시전과 하이브리드전, 정보전이 보편화되었기 때문이다. 둘째는 국가총력전의 상황에서도 TV, SNS, 인터넷은 작동하며, 보다 적극적으로 군사적 목적에 활용되고 있다. 셋째, 기존에는 군사정보로 다루어지지 않던 데이터의 군사적 활용이 이루어진다. 비단 군사데이터 이외에도 모든 데이터가 군사적 목적으로 활용되며, 이는 물리적 타격과 연계되어 그 효과성을 높이고 있다.

II. 정보전과 데이터

1. 정보전 양상의 변화

우크라이나 전쟁에서 드러난 '정보전(information warfare, IW)'의 중요성과 그 방식이 완전히 새로운 것은 아니었다. 그러나 정보전의 양상, 목적과 작전개념, 방법과 수단이 달라지고 있다. 첫째, 상대의 인식에 대한 직접적인 영향을 추구한다. 상대의 인식과 신념체계를 공격하여 상대의 행동을 통제하는 것이 정보전의 목표이다(Thomas 1999). 결정적 작전을 위한 지원 차원의 역할에 머무르던 것에서 벗어나 이제 전쟁 수행의 핵심 위치를 차지하고 있다. 침투(penetration)와 전복(subversion)이 정보전의 핵심 작전개념이며, 물리적 충돌 이전에 인식을 통제함으로써 유리한 상황을 만든다. 이 같은 변화는 러시아, 중국에서 두드러지는데(Cleveland et al. 2018, 117-130), 정보전의 핵심 수단인 데이터의 수집과 활용이 용이해진 정보 환경의 변화에서 이유를 찾을 수 있다.

둘째, 변화된 정보 환경에서 치러진다. 정보전, 정치전. 심리전, 저강도 분쟁은 이제 인터넷으로 '초연결(hyper-conneted)된 세계'라는 새로운 환경에서 이루어진다. 연결된 인간의 모든 행동과 습관은 데이터로 저장되고, 이를 통해 예측이 가능한 수준에 이르렀다. 데이터의 폭발적 증가뿐만 아니라, 학계와 산업계, 정부를 막론하고 데이터에 접근, 수집, 공유, 사용할 수 있는 행위자도 크게 늘어났다. 이른바 '디지털 데이터의 산사태(digital data avalanche)' 속에 살고 있다(Cate 2015, 299). 여기에 데이터 기반체계가 크게 발전하면서 거의 모든 사물이 인터넷과 연결되고 있다. 데이터, 정보 네트워크, 통제체계가 독립적이지 않다는 것이다.

셋째, 정보의 범위가 넓어졌다. 오히려 데이터의 엄청난 과잉을 우려해야 한다. 정보전은 두 개의 큰 축으로 구성되는데, 공격과 방어 측면의 '정보전(information warfare)' 자체도 있고, '전쟁에서의 정보(information-in-warfare)'를 획득하고 활용하는 것이 있다(AFDD2-5 1998). '원자료(raw data)'가 별도의 분석 없이는 별다른 의미를 갖지 않았던 과거와 달리, 이제는 빅데이터와 인공지능에 힘입어 데이터가 첩보(information) 또는 정보(intelligence)의 의미를 동시에 갖게 되었다(김상배 2015; 손한별 2021). 디지털 안보 시대의 정보전은 데이터를 주요 수단으로 삼게 되었다는 점에서, 데이터의 획득과 보안이 정보전의 핵심이 되었다.

넷째, 다른 영역들과 다차원적으로 융합한다. 군사/비군사의 구분이 모호해지고, 정보통신, 인터넷과 관련한 과학기술의 비약적인 발전으로 정보전의 방법과 수단이 군사적 수단에 국한되지 않는다. 일반적으로 군사력 또는 기타 군사적 행동을 수반하지 않는다는 점에서 전쟁이나 전투라는 단어를 사용하는 것에 거부감은 있지만, 정보전은 이미 정치동맹, 경제수단, 비밀공작, 심리전, 여론전, 전자전, 군사기만과 같은 수단을 적극적으로 활용하는 '정치전(political warfare)'의 한 형태로 자리 잡고 있다(Kennan 1948). 이제 개인정보와 기업정보 같은 비군사적인 데이터들도 통합, 축적되고 다른 데이터들과 연계되면 국가안보에 영향을 줄 수 있는 정보로 활용될 수 있다는 것이다. 특히 전략 경쟁의 일상화로 평시부터 보다 다양한 영역에서 정보 우세를 달성하려는 노력이 집중되고 있다.

이처럼 정보전의 영역이 인터넷으로 초연결된 사이버 영역으로 확장된 것도 큰 변화이지만, 데이터를 정보로 활용할 수 있게 되면서 데이터의 획득과 활용이 정보전의 핵심적인 위치를 점하게 되었다. 아울러 상대의 인식에 대한 간접적인 영향에 그쳤던 정보작전은 데이터를 직접 활용하게 됨으로써

'조작(manipulation)'을 통해 상대의 인식에 직접 영향을 줄 수 있게 되었다. '데이터의 균형(balance of data)'이 '힘의 균형(balance of power)'을 결정하기에 이르렀다.

2. 정보전에서의 데이터

각국은 데이터의 중요성을 인식하고, 상대적 우위를 달성하기 위한 노력을 경주하고 있다. 데이터는 4차 산업혁명 시대의 다양한 기술을 구현하기 위한 핵심 자산이며, 무기체계나 정보시스템 자체가 생산하는 데이터의 양이 급속하게 증가함에 따라 데이터 보안의 중요성도 커졌기 때문이다. 따라서 나의 데이터를 잘 보호하고 활용하며, 상대의 데이터를 획득하기 위한 경쟁은 보다 치열해진다. 미국은 '빅테이터 R&D 전략계획(2016)'과 '국방 데이터 전략(2020)'을, 일본은 '미래투자전략-Society 5.0 실현을 위한 개혁(2017)', 중국은 '빅데이터 산업 발전계획(2017)', EU는 '데이터 경제 육성 전략(2017)'을 수립하면서 발 빠르게 데이터 전략을 추진하고 있다.

가장 앞선 정보전 능력을 갖추고 있을 뿐 아니라 관련 정보에 대한 접근성 차원에서 우리는 미국의 사례를 중심으로 살펴볼 수밖에 없다. 미국이 경쟁국임을 분명히 한 중국, 러시아와 데이터를 두고 치열한 경쟁을 시작했는지에 대해서는 파편적인 연구들이 있다(손한별 2021). 어떠한 양상의 정보전이 될 것인지에 대한 전체 그림을 그리는 것은 아직 어렵기 때문에, 아직은 데이터를 둘러싼 정보전에 대한 개념 정립 수준에 머무른다. 그럼에도 불구하고 미국은 이미 지난 2016년 '국방혁신위원회(Defense Innovation Board, DIB)'를 출범하고, 접근, 사용, 분석, 표준 분야로 데이터 분야의 개선 방향을 제시한 바 있다(황선웅 2019, 74-75).

정보전이 전투 현장의 다른 영역들과 융합되면서 데이터가 결정중심전의 핵심적인 위치를 점하게 되었다. 미국의 노력은 '전영역지휘통제(Joint All-Domain Command and Control, JADC2)'로 구현되고 있다. 작년 6월 로이드 오스틴(Lloyd Austin) 국방장관은 'JADC2 전략'을 승인했는데(Defense Daily 2021.6.4.), 각 군 간 데이터를 공유하는 기술 구현이 핵심과제로 각 군이 수많은 시스템의 전장 정보를 효율적으로 공유함으로써 지휘관들에게 결정의 기초가 될 데이터를 제공한다는 것이다(Breaking Defense 2021.11.5.). 이를 위해서는 데이터의 안전한 전송뿐만 아니라 데이터 및 정보의 수집, 처리, 분석 및 융합 전반에 걸친 노력이 요구된다.

보다 구체적으로는 전투기, 탱크, 드론 등의 전투플랫폼과 노드를 실시간으로 연결하고, 이들로부터 수집된 방대한 양의 데이터를 수집하고, 적절하게 처리 및 분석함으로써 위협의 변화와 임무 요구에 따라 정보 우선순위를 결정하는 것까지를 포함한다. 이러한 과정은 절대적인 속도와 정확성을 요구하기도 하지만, 경쟁국들과의 정보전에서 상대적 우세를 점할 수 있어야만 한다. 결국 OODA 루프의 순환주기를 상대보다 얼마나 빠르게 실행하느냐가 결정중심전의 핵심이며, 이는 데이터를 통해서 달성할 수 있다. 아군의 정보수집 수단으로부터 수집된 데이터를 융합하여 정보를 생산하고, 아군의 자산과 데이터를 보호하며, 교차영역에서의 타격수단을 연결, 운용할 데이터가 필수적이기 때문이다. 장기적으로 미군이 추구하는 '모자이크전(Masaic warfare)'의 핵심은 데이터에 있다.

미 국방부가 스스로 인정하는 것처럼 JADC2의 목표를 모두 달성하는 데에는 상당한 시간과 비용이 소요되며, 모든 체계를 현대화하는 것은 불가능하다(Bussagli 2021). 그럼에도 불구하고 상대보다 빠르고 정확하게 결정함으로써 우세를 달성한다는 목표는 미래전의 핵심이다. 미국과 동맹국들뿐만 아니라 중국, 러시아, 심지어 북한도 이 같은 전쟁 양상의 변화에 발맞추어 혁신을 꾀하고 있다. 그리고 이 같은 결정중심전은 피아의 데이터를 핵심 수단으로 하여 정보 영역과 인식 영역에서의 우세를 추구하는 '데이터 중심의 정보전'으로만 달성된다.

III. 한국의 데이터 안보

데이터 안보는 강대국들 간의 경쟁만도 아니며, 한국과 무관한 일이 아니다. 4차 산업혁명은 데이터를 통해서 진행된다. 사물인터넷(IoT)은 데이터의 수집과 공유를 기반으로 작동하는데, 시장을 통해 종합·분해·복제·탐색·판매되는 데이터는 한 해 2천억 달러 규모로 추산된다(World Economic Forum 2020, 63). 이렇게 데이터 의존도가 높아지면 위협과 취약성은 커지고, 정보의 불균형도 심화된다. 모든 군사활동은 데이터의 신속한 축적과 처리, 전송에 의존하게 된다(프리드먼 2020, 358). 결국 데이터 정보 우세를 달성하는 경우 얻을 수 있는 것이, 잃을 것보다 많으므로 새로운 형태의 군비 경쟁은 지속될 것이다.

많은 연구들은 향후 한반도에서 벌어질 전쟁 양상을 전망하면서 새로운 형태의 정보전을 제시하고 있다. 다양한 시나리오들은 결국 정밀 타격이나 대규모 기동에 의한 물리적 충돌로 이어질 것이라고 보지만, 핵심은 데이터 우세를 활용한 정보 및 인지 영역에서의 우세를 통해 한국을 위협할 것이라는 것이다(손한별 2020). 향후에도 한반도에서의 영향력을 확보하기 위한 정보전은 더욱 격화될 것이다. 사이버 영역에서의 비물리적 공격, 인지적 폭력 수단이 적극적으로 활용될 것으로 보인다. 적대국은 학계 및 전문가, 기업, 미디어 등의 영역에서 정치전과 경제전, 여론전, 법률전, 심리전을 전개할 것인데, 이를 통해 반전 여론의 확대, 정부 정당성의 훼손, 패배의식 유도 등을 추구할 것이라는 점이다. 그리고 이들은 잘 만들어진 메시지보다는 인지 영역에 직접 접근할 수 있는 데이터 형태로 존재하게 될 것이다.

1. 전략 환경의 변화

그동안 한국의 군사혁신은 기존의 시스템에 새로운 군사기술을 획득하는 것을 최우선 과제로 삼아왔다. 그러나 디지털 시대의 전쟁은 데이터 중심의 새로운 정보전 패러다임을 요구한다. 첫째, 비대칭적 데이터 환경에서 적들을 상대해야 한다. 데이터가 정보로서의 가치를 가진다면 데이터 탈취는 저비용, 저위험으로 조작과 강압을 손쉽게 실현할 수 있는 도구가 된다. 한국이라는 초연결된 사회는 상대가 영향을 주고 조작하는데 용이한 환경을 제공한다. 한국은 공격과 탈취에 취약할 수밖에 없는 비대칭적 데이터 균형을 받아들일 수밖에 없다. 한국의 민주주의와 시장경제, 인권의 가치를 압박으로 느낄수록, 적대적인 상대는 가짜뉴스, 프로파간다, 군사 위협을 가지고 한국의 정치적 의지를 파고들 것이다.

둘째, 데이터는 상업, 금융, 외교, 정치, 사회 등의 영역을 넘나드는 영역 중립성을 가지고 있다. 미-중은 '전략경쟁'을 공식화하고 물리적 충돌이 일어나기 전에 다양한 영역에서 우세를 달성하기 위한 선전(propaganda)과 사이버 공격을 적극적으로 활용하고 있다. 큰 활용가치로 인해 모두가 원하는 빅데이터는 명확하게 한 영역에 속하지 않는다는 점에서 보호해야 할 대상을 규정하기 어렵다. 모든 데이터를 보호할 수 없다는 현실적 고려도 데이터 보호를 어렵게 하는 요인이다. '데이터 주권'에 대한 노력에도 불구하고, 일반

데이터는 미국, 중국 등에 집중된다는 것도 고려해야 한다(유준구 2021).

셋째, 데이터는 군사적 의미보다 정치적, 전략적 영향력을 가진다. 적군의 위치, 규모, 의도와 같은 군사정보를 얻어내는 것도 중요하지만 동맹국의 지원 획득, 국제사회의 지지 결집을 통해 적을 고립시키는 전략적 목적이 더욱 중요하기 때문이다. 다양한 행위자가 개입할 수 있는 위기 상황이나 국가 총력전이 될 것으로 예상되는 전면전 시에 데이터는 군사력의 승수효과를 가져올 수 있다. 결국 상대가 데이터를 군사적으로 활용되는 것을 차단하는 것은 일차적인 목표이지만, 그것이 전략적 차원에서 융합되어 전략적 영향력을 발휘하는 것을 차단해야 한다.

넷째, 전통적 정보전의 관점에서도 한국군에 부담을 준다. 지휘통신망을 교란하여 한국군의 정밀 타격 능력과 효과적인 작전 수행을 무력화할 수도 있고, 선전을 통해 군통수 기구의 정당성을 훼손할 수도 있다. 여기에 가짜뉴스 등으로 국민들의 전쟁의지를 마비시키는 것도 가능하다. 데이터 수준에서 정보전이 활성화되면 군이 물리력을 활용한 결정적 작전에 이르지 않더라도 위협과 영향이 효과를 발휘한다. 전투의 영역이 'OODA 루프'의 선행단계로 옮겨간다는 것이고, 제일 앞선 단계인 관찰(observation)의 능력을 무력화시키는 것을 넘어 상황인식을 조작하는 데에까지 이르게 된다(Abbott 2010).

2. 데이터 안보를 위한 노력

국방 분야 데이터와 관련된 문제점은 다음과 같이 정리할 수 있다. 첫째, 국방 데이터 전반에 대한 포괄적인 개념과 전략이 부재하다. 따라서 데이터의 생산, 활용이 한정적이며, 다차원적 공유에 대한 인식도 미흡하다. 둘째, 체계적인 관리를 위한 데이터 거버넌스가 정립되지 않았다. 데이터 자산에 대한 공유 및 통합, 데이터 활용을 위한 협업이 부족하다. 셋째, 대량의 국방 데이터를 수집, 활용할 수 있는 기반 환경이 구축되어 있지 않다. 새롭게 도입되는 무기체계 및 시스템에서 만들어지는 데이터에 대한 인식이 미흡한 것이 하나의 원인이다(황선웅 2019, 83). 이는 무엇보다 전략적으로 데이터를 어떻게 사용할 수 있을 것인지에 대한 인식이 부족하기 때문이다(Molander et al. 1998, 17-23).

우선은 데이터와 관련한 정부의 정책 추진 방향을 확인할 필요가 있다. 이미 잠재적 적국은 비대칭적 환경에서 다양한 데이터를 적극적으로 활용하여 영향력을 확대하고 있다는 점에서, 정부의 총체적인 노력은 국방 분야와 연결되고, 국방 분야의 데이터는 국가 대전략 차원의 성패와 직결된다. 이미 2019년부터 과기정통부는 데이터 가치사슬의 전(全) 주기(수집·가공·분석·유통·활용)를 지원하는 16개 분야 빅데이터 플랫폼을 구축·운영하고 있고, 공공·민간의 7개 데이터 플랫폼을 연계하고 있다. 이를 통해 금융·통신 등 다양한 분야의 데이터 6,842종(2021년 말 기준)이 축적·개방됐고 약 41만 건의 데이터 활용을 기록했다. 데이터의 가치는 날로 높아지고 있으며 다양한 분야에 활용되고 있다(엄호식 2022).

2022년 출범한 윤석열 정부도 데이터의 활용도를 높이겠다고 강조했다. "모든 데이터가 연결되는 디지털 플랫폼 위에서 국민과 기업, 정부가 함께 사회문제를 해결하고 새로운 가치를 창출하는 정부를 구현"하겠다고 밝혔다. △데이터 분석을 통한 정책 효과 정밀 예측 등 국정운영의 과학화, △민원 구비서류 철폐 등 행정업무 전반을 디지털 시대에 맞게 재설계하고, 공무원의 디지털 역량을 강화, △네거티브 방식의 공공데이터 전면 개방 및 마이데이터의 전 산업 확산, △한 번의 인증과 한 번의 정보 입력, 한 번의 결제로 각종 공공서비스 처리 등 민·관 협업 기반 범정부 데이터와 서비스의 개방·연계·

활용 인프라 구축, △범정부 차원의 디지털플랫폼정부 추진을 위한 민·관 합동위원회를 운영할 것이라고 밝혔다.

국가적 데이터의 활용만큼 중요한 것이 데이터 보안이며, 이는 사이버 보안이라는 이름 아래 정리되고 있다. '국가 사이버안보 대응역량 강화' 과제는 △대통령 직속 '국가사이버안보위' 설치 및 컨트롤타워 운영체계와 기관별 역할 등을 규정한 법령 제정을 추진하고 각급 기관 간 협력을 활성화, △민관 합동 사이버 협력체계 강화를 통해 핵심기술 보유기업과 방산업체·국가기반시설 대상 해킹 보호에 총력, △사이버 공격으로부터 안전한 '디지털플랫폼' 정부 구현 및 클라우드와 스마트그리드 등 국민 생활에 밀접한 IT 환경의 안전성 확보, △산·학·연·관 협력 아래 AI와 양자통신 등 신기술 위협 대응 기술 개발 및 국제 공조 활성화, 사이버 위협에 대한 억지 역량 배가, △대학과 특성화 교육 확대, 지역별 교육센터 설치 등을 통해 10만 인재 양성 프로그램을 가동하고 '사이버 예비군' 운영 등 사이버군 인력 확보에 힘쓴다는 계획을 제시했다. 이를 통해 범국가적 사이버 안보 역량을 결집하고 글로벌 사이버 위협에 대해 신속하고 대응하며, 예방체계를 구축한다는 것이다.

데이터와 관련한 정부 정책들은 서로 연계되어 있으며, 정보전 차원에서 국방 데이터를 어떻게 활용하고 보호할 것인가는 국가 미래전략의 핵심과제이다. 정부가 발표한 국정과제 중 국방은 "국방혁신 4.0 추진으로 AI 과학기술강군을 육성"한다는 목표를 제시했다. '국방개혁 2.0'이 실현 가능성을 간과하고 지나치게 높은 목표와 너무 많은 과제를 제시한 것을 반성하며, 미래전에서의 우세와 승리 달성이라는 목표를 위해 보다 구체성을 가진 혁신을 추구한다는 것이다. "제2창군 수준으로 국방태세 전반을 재설계"한다는 야심 찬 기획은 군사기술의 발전을 핵심으로 하여 새로운 군사전략과 작전수행 개념의 발전, 첨단과학기술 기반의 군구조의 재설계, 북 핵·미사일 위협 대응

능력의 획기적 보강을 대표적인 과제로 내세우고 있다.

3. 전략적 요구 사항

한국의 정보전은 여전히 네트워크 공격이나 전자전에 중점을 두고 있다. 적의 침투로부터 아군 네트워크를 방호하고 반대로 적의 내부망에 침투하기 위한 노력은 중요하다. 그러나 가장 핵심은 적의 인식과 결정에 영향을 주어야 한다는 목적을 달성하는 것이지, 네트워크 자체의 공격과 방어는 아니다. 그러한 의미에서 데이터의 중요성은 더욱 커진다. 한국은 정치적으로는 데이터 주권을 확보하고, 외교적으로는 '방어우세의 국제 거버넌스'를 구축하며, 군사적으로는 데이터의 확보와 보호를 위한 기타 영역과의 융합된 노력이 필요하다. 정보전 차원에서 군사 데이터에 집중하여 한국이 노력해야 할 방향을 제시하면 아래와 같으며, 다른 영역과의 데이터 융합에도 중요한 함의를 제공한다.

첫째, 데이터 생산과 융합이다. 공세적으로 상대의 데이터 획득이나 탈취도 중요하지만, 우선 보유하고 있는 국방 데이터를 생산, 축적, 융합하는 것이 중요하다. 현재 한국의 국방 데이터는 종류별로 별도의 체계와 별도의 관리 부서에 의해서 관리되고 있다. 공통의 플랫폼에서 자유자재로 활용할 수 없을 뿐만 아니라 축적 자체가 되어 있지 않다. 자원관리, 교육훈련과 함께 전장 관리 데이터가 통합되어야 하며, 물리적 통합뿐만 아니라 '데이터 표준화'를 통한 화학적 융합도 필요하다. 아울러 다양한 비정형 데이터를 수집하고 활용할 수 있는 방안도 같이 마련되어야 한다.

둘째, 데이터의 보호 대책이다. 현재는 군사 데이터를 단순히 물리적으로 단절시켜두고 있고, 이는 데이터 보호의 측면에서 나쁘지 않을 수 있으나 우군에 의한 활용마저도 차단한다는 점에서 권장하기 어렵다. 데이터 보호를 위해서는 일반적으로 세 가지의 노력선이 제기되는데, 자체 방호력 증가를 위한 물리/비물리적 조치, 불법행위에 대한 처벌 강화, 불법행위에 대한 비용 증가 등이다(Harrell 2018). 문제는 이 같은 보호 대책이 정부 부처의 책임 한계 내에서만 적용된다는 점이다. 결국 영역 간 데이터의 융합을 위해 노력하면서 교차 영역이나 간극에 대한 보호대책을 함께 해야 한다.

셋째, 알고리즘의 우세를 달성하는 것이다. 인사, 군수 등 국방 행정 분야에서 인공지능을 적용한 알고리즘은 발전 중에 있지만, 작전 분야의 알고리즘은 확보하기가 어렵다. 군사작전의 알고리즘은 때로 비인간적이라는 비판도 직면한다. 그러나 정치, 사회 등을 포괄하는 다영역 전장에서 지휘관의 신속한 의사결정을 위해서는 X-AI(everything+AI) 알고리즘을 군사적으로 적용할 수 있어야 하며, 시시각각 변하는 전장 환경에서 제한된 데이터를 활용하기 위한 알고리즘이 필요하다(문호석 2021). 이는 데이터의 양적 우세, 공세적 탈취 행위로 우세를 달성하고자 하는 적대적 상대를 상쇄하며 우세를 달성할 수 있는 수단이 될 것이다.

IV. 데이터 안보를 위한 제언

이처럼 디지털 환경 속에서 행해지는 정보전은 '데이터 획득'과 '데이터 보안'으로 대별할 수 있는 '데이터 안보'로 명명할 수 있다(김상배 2020). 이미 미국과 중국은 데이터를 중심으로 한 '정보우세(information superiority)' 경쟁에 돌입했다(손한별 2021). 피아의 정보를 활용하는 수준을 넘어서 별다른 의미가 없었던 데이터를 확보하고 보호하려는 경쟁은 양국 전략경쟁의 핵심이다. 우크라이나 전쟁의 사례에서 보는 것처럼 데이터 안보는 단순히 정보 작전의 수준에 머무르지 않는다. 유사시 무기체계나 지휘통제를 얼마든지 무력화할 수 있으며, 치밀한 메시지 개발을 통해 상대의 인식 자체에 영향을 준다. 이를 장기적인 기술 패권의 경쟁으로만 볼 수 없는데, 데이터는 일상적 경쟁에서 우위를 차지하기 위한 핵심 수단이기 때문이다.

첫째, 국방 차원의 데이터 전략을 수립해야 한다. 국방 구성원과 시스템은 필요한 때에, 데이터에 접근할 수 있고, 상대가 나의 데이터에 접근하는 것을 차단하기 위한 전략을 마련해야 한다. 이 같은 데이터의 획득과 보안의 목표를 분명히 설정함과 동시에, 데이터의 수집, 활용, 보호를 활성화하기 위해서는 구체적으로 조직, 정책과 절차, 표준 마련이 요구된다. 우선 국방 데이터 관리를 위한 인력과 예산이 조직화되어야 한다. 다음으로는 데이터에 대한 인식이 저조한 상황에서 분명한 정책 방향, 책임과 절차에 대한 구체화도 중요하다. 초기에는 주요 의사결정자의 특별한 관심과 참여, 하향식의 의사결정이 더욱 요구된다. 마지막으로 정보시스템의 표준화가 요구되는데, 아래에서 보다 자세히 다룬다.

둘째, 데이터 관리 능력을 확보해야 한다. 데이터의 수집, 처리, 융합, 분석, 활용, 보호 등 제 능력이 요구된다. 우선은 생성되는 방대한 양의 데이터를 수집하고 처리하는 능력이 필요하다. 데이터의 수집, 통합, 분석, 활용 등으로 구분된 별도의 플랫폼을 요구하기도 하지만(황선웅 2019, 89-90), AI가 고도화되기 전에는 모든 데이터를 다 활용하는 것이 불가능하기 때문에 데이터 통합센터를 구축하는 것이 최우선 과제가 된다. 이로부터 필요한 데이터의 수집 및 처리, 분석, 공유 및 유통에 요구되는 능력으로 확대 확보하는 로드맵이 수립되어야 한다. 데이터 관리의 중요성을 가장 여실히 보여주는 것은 우주 데이터의 사례이다. 폭발적으로 늘어나는 우주자산으로부터 수집된 방대한 데이터를 어떻게 관리할 것인가가 미래전의 승패를 좌우하게 될 것이다.

셋째, 데이터의 통합 및 연계를 강화해야 한다. 우선은 별도의 체계와 관리 부서에 의해 관리되고 있는 국방 데이터로부터 시작하겠지만(문호석 2021), 정부 및 민간 자산의 데이터도 전략적으로 활용할 수 있어야 한다. 한국 정부는 이미 700여 개의 정부 및 공공기관이 보유한 공공 데이터의 소재 및 연관관계를 시각화하여 국가 데이터맵을 구축하고 있다. 여기에 비밀이 포함된 국방 데이터를 통합 및 연계하는 것은 상당한 비용과 노력이 요구된다. 공개 및 활용 범위에 따라 데이터의 등급을 구분하여 관리해야 하고, 수반되는 기술적인 조치가 필요하다. 데이터의 활용 및 보호는 동전의 양면과 같아서 데이터를 적극적으로 활용하기 위해서는 보다 체계적인 보호 조치가 필요하다.

넷째, 정보 시스템의 표준화와 품질 제고가 필요하다. 데이터를 수집 및 처리함에 있어 표준화된 고품질의 데이터 확보가 핵심이다. 별도의 체계와 관리부서에 의해서 생산 및 관리되는 데이터는 활용이 불가능하다. 단순히 데이터센터에 저장하는 물리적 통합은 실제 정보전에서 데이터로 활용할 수 없기 때문에, 다른 종류의 데이터를 융합해서 활용하기 위해서는 데이터 표준화를 통한 화학적 통합이 필요하다(문호석 2021, 60). 다양한 연구에서 제시된 바와 같이 표준 데이터 준수를 강제하는 제도를 마련함으로써 데이터의 품질을 제고할 수 있을 것이다.

참고문헌

김상배. 2015. "빅데이터의 국가전략: 21세기 신흥권력 경쟁의 개념적 성질." 『국가전략』 21(3):

5-36.

_____. 2020. "데이터 안보와 디지털 경쟁: 신흥안보와 복합지정학의 시각." 『국가전략』 26(2): 5-34.

문호석. 2021. "국방 인공지능 강군이 되기 위해 중요한 것들." 한국국방정책학회 연례세미나 (2021.12.2.).

손한별. 2020. "2040년 한반도 전쟁양상과 한국의 군사전략." 『한국국가전략』 5(2): 107-148.

_____. 2021. "미국과 중국의 정보우세 경쟁: 디지털 시대의 데이터 안보를 중심으로." 『전략연구』 28(3): 79-116.

유준구. 2021. "국제안보 차원의 데이터 주권 논의의 이중성과 시사점." 『국가전략』 27(2): 115-136.

프리드먼, 로렌스. 2020. 『전쟁의 미래』. 조행복 역. 서울: 비즈니스북스.

엄호식. 2022. "윤석열 정부의 110대 국정과제에 담긴 대한민국 보안의 밑그림." 보안뉴스, 2022.5.29. https://www.boannews.com/media/view.asp?idx=107122

황서웅. 2019. "4차 산업혁명 시대의 국방 데이터 전략과 구현방안." 『국방정책연구』 35(2): 61-93.

"침공 전날… "집에 돌아가라" 우크라 군인들에게 온 문자의 정체." 조선일보, 2022.2.25.

"해커단체 '어나니머스', 러 국영TV 해킹…우크라 진실 방송." Newsis, 2022.2.27.

Abbott, Daniel H. 2010. *The Handbook of Fifth-Generation Warfare (5GW)*. Ann Arbor: Nimble Books LLC.

Bussagli, Emanuele. 2021. "Data: The Future of Warfare." *Info Flash*. Brussels: Finabel European Army Interoperability Centre. https://finabel.org/data-the-future-of-warfare/

Cate, Fred H. 2015. "China and Information Security Treats: Policy Responses in the United States." in Jon R. Lindsay, Tai Ming Cheung, and Derek S. Reveron eds., *China and Cybersecurity: Espionage, Strategy, and Politics in the Digital Domain*. New York: Oxfrod University Press.

Cleveland, Charles et al. 2018. *Military Strategy in the 21st Century: People, Connectivity, and Competition*. New York: Cambria Press.

Doshi, Rush and Kevin McGuinness. 2021. *Huawei Meets History: Great Powers and Telecommunications Risk, 1840-2021*. Washington DC: Brookings Institution.

Eversden, Andrew. 2021. "Pentagon's JADC2 office could phase out in coming years." *Breaking Defense* (2021.11.5.), https://breakingdefense.com/2021/11/pentagons-jadc2-office-could-phase-out-in-coming-years/

Harrell, Peter E. 2018. "China's Non-Traditional Espionage Against the United States: The Threat and Potential Policy Responses." Testimony before the Senate Judiciary Committee, December 12, 2018. https://www.cnas.org/publications/congressional-testimony/chinas-non-traditional-espionage-against-the-united-states-the-threat-and-potential-policy-responses

Kennan, George F. 1948. "The Inauguration of Organized Political Warfare." https://digitalarchive.wilsoncenter.org/document/114320.pdf?v=941dc9ee5c6e51333e-a9ebbbc9104e8c (검색일: 2021.3.22.).

"Matthew Beinart Austin Signs Off On Pentagon's JADC2 Strategy." *Defense Daily* (2021.6.4.). https://www.defensedaily.com/austin-signs-off-pentagons-jadc2-strategy/pentagon/

Molander, Roger C., Peter A. Wilson, David A. Mussington, and Richard F. Mesic. 1998. *Strategic Information Warfare Rising*. Santa Monica: RAND.

Theohary, Catherine. 2018. "Information warfare: issues for Congress."" *Congressional Research Service Report* #R45142 (2018.3.5.).

Thomas, Timothy L. 1999. "Human Attack Networks." *Military Review* (Sep.-Oct. 1999).

U.S. Air Force. 1998. *Information Operations* (AFDD 2-5). Arlington: Secretary of the Air Force.

World Economic Forum. 2020. *The Global Risks Report 2020*. Cologny: World Economic Forum.

6

정보활동에 대한 패러다임의 전환

오일석 국가안보전략연구원

I. 정보활동의 중요성

1. 코로나19와 기술 경쟁

정보화와 지구화는 전 지구적 네트워크를 구축하고 국제 공급망을 형성·운영시켜 기술 경쟁을 초래하고 있다. 사이버 공간에서만 한정되어 제공되던 제품과 서비스가 스마트폰과 공급망의 작동으로 시간과 공간의 제약을 뛰어넘어 물리적 공간에서도 연계되어 실행되고 있다. 시간과 공간의 제약 없이 해당 디지털 기술이 제공하는 서비스를 물리적으로 연계하여 이용할 수 있기 때문에, 기술 플랫폼을 구축한 기업이나 국가가 그렇지 못한 기업이나 국가

....

* 이 글은 오일석·김경숙(2021) 및 오일석 외(2022)에서 저자가 작성한 부분을 수정·보완하고 발전시켜 작성하였다.

에 비해 절대적으로 유리한 승자독식의 구조가 형성되었다. 따라서 이로 인한 기술 경쟁은 더욱 가속화되고 있다.

첨단 신흥기술의 발전은 경제성장과 사회변동의 핵심 동인이기 때문에 기술 주도권을 확보한 국가는 새로운 국제질서를 형성할 수 있는 힘을 보유하게 되는바(박병원 2018, 4), 기술 패권 경쟁이 발생한다. 첨단 신흥기술의 발전은 다양한 방식으로 새로운 이슈, 위험과 불확실성을 생성하며 전쟁, 외교, 무역 및 투자에 영향을 주기 때문이다. 따라서 기술 패권에서 우위를 선점하기 위해서는 첨단기술에 대한 정보 획득과 기밀성 유지를 위한 정보활동의 중요성이 강조되고 있다.

한편 코로나19에 따른 재택근무, 원격학습으로 비대면 사회가 도래함에 따라 사이버 공간을 통한 기술 정보의 탈취가 더욱 용이해졌다(Alademusi 2020). 즉 재택근무나 원격학습으로 인해 개인용 컴퓨터가 보안성 검토 없이 연결되고 가상사설망(VPN)에 대한 취약성 점검이 완벽하게 이루어지지 않고 있는바 민감한 정보가 유출될 위험에 노출도고 있는 것이다. 또한 코로나19로 사이버 안보 담당 인력과 조직이 감염되거나 격리 또는 봉쇄되어 기술정보의 보안에 차질이 발생하였다.

이러한 상황 하에서 미국과 중국은 반도체를 기반으로 하는 첨단기술에 대한 패권 경쟁과 사이버 공간에서의 주도권 확보를 통해 국가 경쟁력 우위와 세계 질서에 대한 지배력 강화를 모색하고 있다. 그 결과 사이버 공간과 첨단 신흥기술 경쟁은 체제 경쟁의 양상으로까지 확대되고 있는 경향을 보이고 있다. 특히 코로나19 시대에 가속화되고 있는 신흥기술 경쟁과 사이버 안보 문제는 경제적 번영의 문제가 안보적 생존의 문제와 결합하여 새로운 체제 경쟁으로 확대되는 디지털 냉전(digital cold war)을 초래하고 있다. 이와 같은 디지털 냉전 시대에서 우리의 핵심 기술을 보호하고 선진 기술력을 확보하기 위한 정보활동의 수행이 더욱 중요해지고 있다.

2. 우크라이나 전쟁과 정보 경쟁

우크라이나 전쟁의 초기 국제사회는 다양한 감시·정찰·신호위성을 보유하고 있고, 거대한 정보기관을 운용하고 있는 러시아가 정보 우위에 힘입어 쉽게 전쟁을 마무리할 것으로 예측하였다. 러시아는 구소련 시기부터 축적된 정보활동 노하우를 바탕으로 하이브리드 전쟁을 통해 일방적인 정보 우위를 실행할 것으로 보였다. 그러나 러시아는 정보 우위를 확보하지 못하고 있으며 정보전, 심리전, 사이버전 등 하이브리드 전쟁도 별 효과를 거두지 못하고 있는 상황이다.

러시아가 우크라이나 전쟁에서 고전하고 있는 이유는 미국이 우크라이나에 대해 정보 협력을 제공하면서 오히려 우크라이나가 정보 우위를 확보하고 있기 때문인 것으로 추정되고 있다(Milanovic 2022). 그러나 우크라이나 전쟁 초기 미국에서는 우크라이나와 정보 협력을 수행하는 것은 미국이 이 전쟁의 직접 당사자가 될 수 있다는 우려가 제기되었다. 미국 의회 지도자들이 우크라이나와의 정보 협력이 핵무기를 보유하고 있는 러시아를 자극하여 확전에 이를 수 있음을 우려하여 실시간의 타격 가능한 정보 협력의 자제를 촉구한 것이다(Dilanian 2022). 그러나 바이든 정부 관리들은 미국이 러시아와 맞서는 우크라이나에 대해 정보를 제공함으로써 우크라이나군이 러시아군에 대해 전략적이고 치명적인 타격을 가할 수 있도록 지원하여야 한다고 주장하면서 이를 추진하였다. 2022년 4월 초 오스틴 국방장관은 미 정보공동체로 하여금 돈바스에 관한 정보를 제공하도록 하는 새로운 지침을 발표하였고, 국방부 고위 관계자는 돈버스에서 진행 중인 전투 관련 정보를 제공하는 프로토콜을 업데이트하였다(Kube and Lee 2022).

미국은 우크라이나에 대해, 방어는 물론 공격적 목적의 정보를 제공한 것으로 추정되고 있다. 이러한 정보 덕분에 우크라이나군은 방공망을 보호하고 러시아 비행기를 격추할 수 있었던 것으로 보인다(Dilanian et al. 2022b). 즉 미국은 러시아의 미사일과 폭탄들이 타격하고자 하는 장소와 시설에 대한 정보를 제공하여 우크라이나 방공망과 항공기들을 보호할 수 있었다(Dilanian et al. 2022a). 미국은 또한 젤렌스키 우크라이나 대통령의 신변을 위협하는 정보를 우크라이나 당국과 공유한 것으로 추정되고 있으며, 러시아군의 이동이나 장성들에 대한 정보를 제공하여 우크라이나군이 러시아군을 타격하고 장성들을 사살하도록 지원한 것으로 보인다. 한편 미국만이 아니라 나토와 그 회원국들도 우크라이나에 실시간으로 필요한 정보를 제공한 것으로 보인다(Barnes, Cooper and Schmitt 2022).

이와 같이 서방과의 정보 협력 덕분에 우크라이나는 당초 예상과는 달리 정보 우위를 바탕으로 러시아에 저항을 지속하고 있으며 전황을 유리하게 끌고 가고 있다. 디지털 전환의 초연결 사회에서 진행되고 있는 전쟁에서 정보 우위 확보와 정보의 신속한 공유는 전황을 판가름하는 결정적 요인으로 자리하고 있다.

3. 정보력 우위를 통한 국력 강화

미중 경쟁, 코로나19, 우크라이나 전쟁 등 변화하는 국제질서에 대응하여 우리는 강력한 정보력(Intelligence Power)을 기반으로 정확하고 적시성 있는 필요한 정보를 공유하고 순환하도록 함으로써 국익을 극대화하여야 한다. 정보력은 인체의 주요 기능을 수행하는 각종 장기는 물론 의사결정과 소통을 담당하는 뇌에 영양분을 공급하는 혈액과 같이 국가의 자원과 영향력을 연계하여 주권을 유지하고 국력을 발휘하여 국민의 생활과 가치를 담보하도록 하는 역할을 수행하고 있다. 혈액 순환이 원활하여야 건강한 삶을 영위할 수 있는 것과 마찬가지로 국가가 자원과 영향력을 발휘하여 국력을 신장시키고 국민의 생활과 번영을 담보하며 국가의 가치를 확산하기 위해서는 정확한 정보를 수집·축적하고 적시에 분석하여 의사결정에 반영될 수 있도록 하는 정보력이 담보되어야 한다.

정보력은 경쟁국이나 적성국의 군사적 위협에 대한 정보 제공은 물론 기술 발전과 지구화 시대의 새로운 위협들에 기인한 국가 위기에 관한 경고, 예측, 대응 방안 등에 필요한 정보를 적시에 신속하게 수집, 분석, 제공하는 국가적 능력을 말한다. 정보력에 기초하여 군사적 억지력을 확보하고, 외교적 유연성을 확장하며, 위기와 위험으로부터의 회복력을 담보하고, 위기 관리의 효율성을 달성할 수 있다. 그렇지만 이러한 정보력을 담보하기 위해서는 정보 패러다임의 변화가 요구된다.

II. 정보활동의 변화와 한계

1. 정보활동의 변화

4차 산업혁명과 지구화 4.0 시대가 도래하기 전 지난 100년의 역사 동안 정보기관은 보이는 적, 즉 주로 다른 국가를 상대로 활동을 수행하였다. 요컨대 정보기관은, 외국 정부의 의사결정에 접근할 수 있는 해당국 관료나 고위 인사를 포섭하거나, 외국 정부 당국에 대한 물리적, 전자적 감시를 실시하거나, 외국의 군사훈련 계획을 탈취하고, 무기 정보를 획득하며, 다른 정부의 협상 전략을 탐지하고, 적대국 정부를 전복시키는 등의 활동을 수행하였다.

그러나 앞서 살펴본 바와 같이 미중 경쟁과 코로나19, 우크라이나 전쟁 등으로 가속화되고 있는 새로운 안보 위협에 적극적으로 대응하기 위해서는 정보활동이 변화하여야 한다. 즉 적대국을 대상으로 생존을 담보하기 위한 정보활동에서 나아가 정보화와 지구화로 등장한 새로운 위협에 대응하여 국가의 경제적 이익과 국민 생활상의 안전을 담보하기 위한 정보활동을 보다 강화하여야 한다. 특히 사이버 위협, 가짜뉴스와 허위조작정보, 신흥기술, 기후변화 및 감염병 등 신안보 위협에 보다 적극적으로 대응하여야 한다.

이와 같은 정보 패러다임의 변화를 위해서는 정보기관의 탈정치화를 지속적으로 보장하여야 한다. 또한 정보활동에 대한 개방성과 투명성 및 민주적 통제가 담보되도록 하여야 한다. 이러한 조건 하에서 정보기관은 민주적 가치 아래 신뢰할 수 있는 정보를 다양한 시각에서 적시에 제공함으로써 정보력에 있어 다른 국가들에 비해 경쟁 우위를 확보하게 될 것이다. 정보력의 경쟁 우위는 국가 경쟁력의 우위를 달성하고 국가 경쟁력의 우위는 국력의 우위를 확보하도록 할 것이다.

한편, 정보화와 지구화를 넘어 진행되고 있는 분산권력화는 시민들로 하여금 다양한 국가 정보활동 관련 정보에 접근하도록 하고 있다. 이러한 변화의 추세는 정보화와 지구화로 새롭게 등장하고 있는 감염병이나 사이버 공격 등과 같은 보이지 않는 새로운 위협에 대응하도록 정보기관의 임무 확대를 요구하고 있다. 여기에 정보기관이 정보활동 수행 과정에 있어 권한을 남용하거나 기본권을 침해한 경우가 많이 발생하였기 때문에 이에 대한 적절한 감독과 통제 또한 요구하고 있다. 이러한 감독과 통제는 정보활동에 대한 법의 지배로 이어져 각종 법률과 지침이 도입·적용됨은 물론 정보기관 내부에서도 그 활동에 대한 법적 근거 마련을 통해 그 활동의 정당성을 추구하고 있다.

2. 정보기관에 대한 민간의 접근 확대

냉전 종식과 '테러와의 전쟁' 및 정보화와 지구화의 진행으로 발생한 정보기관의 활동에 대한 가장 결정적인 변화는 정보기관의 정보활동에 대한 다양한 접근이 가능하게 되었다는 것이다. 2000년대 이후 일반 대중들은 정보통신기술의 발달로 미국의 중앙정보국(CIA), 국가안보국(NSA) 및 기타 다른 정보기관 및 해당 기관의 행위자에 대해 많은 정보를 확보하게 되었다. 그 가운데 일부 정보는 정보 유출 사고로부터 기인한 것도 있다. 그렇지만 상당수의 정보들이 정보기관 자체 공개 혹은 그 감독과 관련된 활동으로부터 공개되었다. 아울러 스마트폰과 SNS의 발달로 정보기관이 어떤 활동을 수행하는지에 대하여 일반인도 탐사보도가 가능하고 이러한 보도가 나오면 언론사를 포함하여 블로거, 유튜버 등도 후속 기사를 발표하기 때문에 정보기관의 활동과 관련한 다양한 정보가 유통되고 있다.

내부자에 의한 정보활동의 폭로로 정보기관에 대한 민간 접근이 이루어지고 있는 경우도 있다. 에드워드 스노든이 국가안보국(NSA)과 영국 정부통신본부(GCHQ)의 활동에 관한 정보를 유출함으로써 국가전자감시프로그램에 관한 방대한 양의 기밀 정보가 공개된 것이 대표적 사례이다. 정보활동 관련 정보의 공개는 관리들의 발표와 기자들의 보도를 통해서도 이루어지고 있다. 미 정부 관리들은 2001년 부시 대통령이 CIA에 알카에다 조직원들에 대해 치명적인 무력을 사용, 체포, 억류하도록 승인했다고 밝힌 바 있다(Johnston 2006). 한편 미국 언론은 2007년 부시 대통령이 CIA로 하여금 이란 정부를 불안정하게 만들기 위한 비밀작전을 수행하도록 승인하였다는 사실을 밝혀냈다(ABC NEWS Investigative Unit 2007).

한편 정보기관이 그 활동의 정당성을 인정받기 위하여 자발적으로 정보활동 관련 정보를 투명하게 제공하는 경우도 있다. 2010년 해럴드 고(Harold Koh) 미 국무부 법률고문은 "무력 사용과 관련된 미국의 모든 작전은 관련 법률에 따라 수행되며, 무인항공기 사용 등을 이용한 표적 타격은 전쟁법을 준수하여 수행되었다"는 내용의 연설을 하였고[1] 이는 언론에 대서특필 되었다. 이 연설은 국방부와 CIA가 여러 지역에 흩어져 있는 알카에다와 그 연합 세력에 대해 무력을 사용하고 있는 가운데 보도되어 사회적 논란을 야기하였다.

정보활동에 대한 폭로와 언론보도 및 자발적 공개 등을 통한 민간의 정보 접근과 제공은 정보활동의 정당성과 적법성에 의문을 제기하거나 신뢰성을 상실시킬 수 있다. 그러므로 정보기관이 정보활동에 대하여는 기밀성을 최대한 유지하되 일정 시점이 지난 경우 정확하게 정보를 제공함으로써 국민의 신뢰를 확보할 필요가 있다. 기밀성을 유지하는 정보활동을 수행하고 국민적 신뢰를 담보함으로써 SNS와 유튜브 등을 통해 불필요한 사회적 논란이 발생되어 확산되지 않도록 하여야 한다.

3. 정보활동에 대한 '법의 지배'와 한계

정보활동에 대한 합법적인 접근은 정보기관의 문화에 변화를 야기하고 있다. 가장 대표적인 것은 정보기관들의 활동 수행에 대해 여러 법률이 적용되고 있다는 것이다. 정보기관을 감시하는 행정부의 기관들과 입법부 및 사법

....

1 https://2009-2017.state.gov/s/l/releases/remarks/139119.htm (검색일: 2022.10.17.).

부가 정보활동에 '법의 지배' 원칙을 적용하면서 정보기관들 또한 법적 구속에 익숙해지고 있다. 정보기관들은 법률 위에 존재하는 것이 아니라 다른 기관들과 마찬가지로 '법치주의'와 '법의 지배' 원칙 하에서 정보활동을 수행하여야 한다는 사실을 인식하게 되었다. 시민들이 정보기관의 정보활동에 대하여 정당하다고 공감할 때 정보기관은 그 활동에 합법적 평가와 지속가능한 생명력을 부여받게 된다. 정당성은 법적, 사회학적, 도덕적 형태를 취한다(Fallon, Jr. 2005, 1787-1790). 오늘날 정보기관들은 법적, 사회학적 정당성을 확보하는 데 가장 관심이 있는 것으로 보인다. 법률적 정당성은 준법성과 관련이 있다. 사회학적 정당성은 다른 사람들이 자신의 행동을 정당하고 적절한 것으로 평가할 때 발생한다. 정보기관들은 국가의 이상과 헌법이 요구하는 시민의 자유와 프라이버시를 보호하면서 국가와 국익을 유지하기 위한 결정을 해야 한다. 정보기관은 정보활동이 정당한 것은 물론 테러나 대량살상무기의 확산, 사이버 공격과 같은 위협이 사라지지 않기 때문에 정보활동을 수행하여야 한다. 이와 같은 정보기관의 정보활동이 장기적으로 효과적이 되려면 국민의 신뢰를 담보하여야 한다.

그렇지만 '법의 지배'는 물론 실제 혹은 감지된 법률 위반의 결과에 익숙한 정보기관의 문화 변화는 정보활동을 위축시키는 결과를 초래하였다. 따라서 미중 경쟁과 코로나19, 우크라이나 전쟁 등으로 가속화되고 있는 새로운 안보 위협에 적극적으로 대응하기 위해서는 정보활동에 대한 자율성 보장도 추진되어야 한다. 즉 정보기관의 정보활동에 대해서는 중대한 범죄행위가 아닌 경우 국가기밀 특권으로 사법적 보호를 받도록 하여야 한다. 정보기관의 활동은 규범의 회색지대에서 이루어지는 경우가 많고, 정보기관의 모든 활동에 대해 규범적 판단을 하는 경우 정보활동 자체의 존재 의의를 상실하도록 하기 때문이다. 긴급을 요하고 때로는 해당 외국의 법령에 저촉된다 하더라도 우리나라의 국가적 이익에 부합하는 필요한 정보활동에 대하여 규범적 잣대를 촘촘하게 적용하면 그 누구도 정보활동을 수행하지 못하는 딜레마에 빠지게 된다. 정보활동은 고도의 정치적·국가적 이익에 관련되는 부문이므로 사법적 판단을 자제하고 자율성을 부여하여 내부적 감찰을 강화하되 필요한 경우 국회의 감독과 감시를 강화하도록 하는 것이 우리의 국익 보호에 효율적일 수도 있다.

III. 정보 패러다임의 전환과 조건

1. 정보 패러다임의 전환

디지털 냉전 시대에 정보기관이 첨단 신흥기술과 사이버 안보 등 새로운 위협에 대한 정보활동을 강화하기 위해서는 정보 패러다임의 전환이 요구된다. 정보 패러다임의 전환은 2021년 7월 바이든 대통령이 미국 정보공동체에 대해 행한 연설을 통해 살펴볼 수 있다.[2]

바이든 미국 대통령은 2021년 7월 27일 국가정보국장실(Office of the Director of National Intelligence)에서 미 정보기관과 그 구성원에 대한 연설을 통해 정보공동체의 본질적인 변화를 강조하였다. 바이든 대통령은 이번 연설을 통해 대테러에서 신안보 대응 중심으로 정보활동의 본질적인 변화를 요구하였다. 그는 정보공동체가 지난 20여 년 동안 테러 대응에 정보활동을 집중

....

2   이하 바이든 대통령의 연설 내용에 대해서는 https://www.whitehouse.gov/briefing-room/speech-es-remarks/2021/07/27/remarks-by-president-biden-at-the-office-of-the-director-of-national-intelligence/ (검색일: 2022.10.17.).

하였는데 기술, 동맹, 인간의 소통방식 등에서 등장한 급격한 변화와 이에 따른 세계 정세의 엄청난 변화를 고려할 때 새롭게 등장하는 새로운 위협들에 대해 보다 적극적으로 대응하여야 한다고 주문하였다. 즉 정보기관은 사이버 위협, 허위조작정보, 신흥기술 경쟁 등과 같은 새로운 안보 도전에 강력하게 대응하여야 한다고 하였다. 바이든 대통령은 솔라윈즈, 콜로니얼 파이프라인, 카세야 등 사이버 위협(랜섬웨어를 포함)의 심각성을 인식하고 있다. 이에 이 연설에서 사이버 위협이 가상 세계를 넘어 현실 세계에 대해 점점 더 큰 장애와 피해를 야기하고 있다고 하였다. 또한 세계 주요 경쟁국(major power) 사이에서 실제 교전이 발생한다면 이는 사이버 공격으로 인한 심각한 결과의 산물일 것이라고 하였다. 따라서 정보기관에 대해 특히 러시아와 중국의 사이버 위협에 대해 철저히 대비할 것을 주문하였다.

바이든 대통령은 허위조작정보가 의사결정에 이르는 사실에 대한 접근을 곤란하게 하므로 이에 대해 정보기관이 대응하여야 한다고 지적하였다. 바이든은 정보공동체가 제공한 '러시아의 미국 2022년 선거 대응 현황'과 가짜뉴스에 대한 보고서를 받아 보았다고 하면서 러시아의 이러한 행태는 미국의 주권을 침해하는 것이라고 지적하였다. 오늘날 대부분의 사람들이 인터넷을 통해 정보에 접근하기 때문에 허위조작정보가 가상 공간을 통해 현실 세계에 미치는 결과를 살펴보아야 한다고 하였다. 특히 정보공동체 구성원은 지금 발생하고 있는 것뿐만 아니라 가능한 한 모든 사항에 있어 발생하지 않은 것에 대하여도 지속적으로 관심을 두어야 한다고 하였다. 바이든 대통령은 미국이 중국은 물론 다른 국가들과 경쟁하고 있으므로 최첨단 과학기술 개발에 있어 주도권을 유지하여야 한다고 강조하였다. 그는 35년 전 자신이 처음 상원의원이 되었을 때 미국은 GDP 대비 과학기술에 대한 투자에서 세계 최고였지만 지금은 8위에 그치고 있으며 당시 9위였던 중국이 현재 2위를 달리고 있다고 하면서 신흥기술 개발과 관련한 미국 경쟁력의 심각성을 지적하였다. 이에 미국은 동맹국과 파트너 국가들과 함께 기술적 우위를 유지하고 공급망을 강화하며 과학기술이 민주적 가치를 지원하도록 하는 규범을 정립하여야 한다고 하였다.

기술발전과 사이버 위협에 대응하기 위해 정보당국은 정보활동의 패러다임을 근본적으로 변화시켜야 한다. 즉 냉전의 잔재가 여전히 존재하는 한반도에서 생존을 담보하기 위한 정보활동에서 나아가 정보화와 지구화로 등장한 첨단 신흥기술과 사이버 위협에 대응하여 국가의 경제적 이익과 국민 생활상의 안전을 담보하기 위한 정보활동을 보다 강화하여야 한다. 특히 바이든 대통령이 지적한 바와 같이 사이버 위협, 가짜뉴스와 허위조작정보, 신흥기술 위협 등에 보다 적극적으로 대응하여야 한다.

2. 패러다임 전환의 전제조건

바이든 대통령은 이 연설을 통해 정보공동체 구성원들의 전문적인 활동을 치하하면서 정보기관으로 하여금 정보활동의 기본으로 돌아가라고 하였다. 정보기관은 의회나 대통령을 어느 정당이 차지하는지 상관없이 미국인들에 봉사하여야 하기 때문에 정보활동은 정치적 압박이나 정당의 간섭으로부터 완전히 자유로워야 한다고 역설하였다. 따라서 그는 재임 기간 동안 미국이 직면한 문제에 관해 정보기관의 판단에 영향을 미치거나 변경하지 않는 등 정보활동을 정치화하지(never politicize) 않을 것이라고 하였다. 하지만 정보활동에 대한 법적 제한, 내부적 통제와 의회의 감시 등 기본원칙들도 복원될 것이라고 하였다. 정보활동이 비밀리에 추진되기도 하지만 미국이 당면한 위협과 그 정도에 대해 최대한 미국인들에게 개방적으로(open) 제공되어야 한다고 하였다. 바이든 대통령은 민주적 가치(democratic value)가 미국의 가장 강력한 힘이라고 하면서, 민주적 가치 위에서 정보공동체 구성원들이 용기와 협력 및 희생을 바탕으로 전 세계에서 정보활동을 수행하고 있다고 하였다. 그리고 이렇게 수행된 정보활동에 대해 온전히 신뢰한다고 하였다. 바이든 대통령은 정보활동의 기본은 신뢰(reliable)할 수 있는 정보를 적시에 제공함으로써 미국을 안전하고 강력하게 만드는 것이라고 하였다. 또한 완전히 다른 시각에서 정보를 제공할 수 있는 다양성(diversity)이야말로 미국의 또 다른 힘이라고 하였다.

결론적으로 미중 경쟁, 코로나19, 우크라이나 전쟁 등 변화하는 국제질서 하에서 정보기관이 국민의 신뢰를 받고 새로운 안보 위협에 적극적으로 대응하기 위해서는 탈정치화에 기초하여 정보활동에 대한 개방성과 투명성이 담보되도록 하되, 정보활동에 대한 자율성과 효율성 및 다양성이 보장되도록 하여야 한다. 이를 통해 정보기관이 민주적 가치 아래 신뢰할 수 있는 정보를 다양한 시각에서 적시에 제공함으로써 정보력에 있어 다른 국가들에 비해 경쟁 우위를 확보하게 될 것이다. 정보력의 경쟁 우위는 국가 경쟁력의 우위를 달성하고 국가 경쟁력의 우위는 국력의 우위를 확보하도록 할 것이다.

IV. 정보 패러다임 전환을 위한 전략

정보활동에 대한 패러다임의 전환은 기존의 정보 수집, 분석, 해석 및 제공은 물론 공작 등과 같은 정보활동을 인공지능과 빅데이터를 기반으로 발전시키는 것에서 시작되어야 한다. 이를 통해 신흥기술과 사이버 위협을 사전에 예측하고 예방하는 역량을 강화하는 방향으로 전환시켜야 한다. 기존의 정보활동은 냉전과 산업화 시기의 '사람보다는 성장(People after Growth)' 정책을 추구할 당시의 사정에 기반하고 있다. 또한 기존의 정보활동은 냉전의 해체와 정보화의 물결로 전 지구적 분업 체계가 형성되기 시작한 1990년대 이후 '사람과 함께하는 성장(People with Growth)'이라는 개념이 형성된 시기에 적합하다고 할 수 있다. 그러나 앞서 설명한 바와 같이 기존의 정보활동은 전 지구적 분업화 체계가 형성됨에 따라 기후변화, 환경오염, 신종 감염병, 사이버 공격 등과 같은 전 지구적 문제에 제대로 대응하지 못하였다. 더구나 인공지능과 빅데이터로 대표되는 첨단 신흥기술 시대에는 전 지구적 분업화가 가속화됨은 물론 기후변화, 환경오염, 신종 감염병, 사이버 공격 등과 같은 전 지구적 문제들이 통제 가능성을 상실하였거나 통제 가능성에 대한 한계에 봉착하고 있다. 따라서 기존 정보활동을 전환하여 인공지능과 데이터를 통해 새로운 정보를 수집, 분석, 공유함으로써 '사람을 통한 성장(Growth through people)'이 가능하도록 하는 새로운 모델을 정립할 필요가 있다. 사람을 통한 성장은 특정인이 움직이는 거리, 접촉하는 사람, 선호하는 음식이나 취향, 제공 받은 의료 서비스와 내용, 관심 있는 금융 정보, 검색한 전문 지식 등 사람들이 제공하는 데이터가 새로운 가치를 창출하고 있으므로 이에 걸맞게 정보활동도 전환이 필요하다.

이를 위하여 우선 정보활동에 있어서 데이터에 대한 탐지보다는 데이터의 공유를 통해 새롭게 형성되는 위협에 대한 대응을 향상시켜 나가야 한다. 데이터의 공유는 새로운 위협에 대한 시그널을 식별하도록 하고 그 대응에 있어서도 위협의 정도에 따라 적절하고 필요한 대응을 개인과 사회 및 국가가 적시에 실행하도록 할 것으로 보인다. 데이터에 대한 배타적 지배와 파편적 소유는 데이터로 새롭게 등장하는 위협을 협력하여 대처하고 식별하는 것을 곤란하게 만든다. 또한 정보에 대한 다양한 접근이 가능하게 된 작금의 상황에서 정보기관에 의한 데이터의 배타적 지배와 파편적 소유는 정보활동에 대한 의문과 신뢰성의 상실을 가져올 수 있으므로 정보활동에 대한 공유와 연계를 통해 그 신뢰성과 정확성 및 효율성을 담보할 수 있다.

전통적 국가와 국가안보 개념에 더하여 첨단 신흥기술과 사이버 안보 위협에 적극적으로 대응하고 정보 실패를 방지하기 위하여 정보활동에 대한 자율성도 어느 정도 보장하여야 한다. 첨단 신기술과 사이버 위협에 대응하여야 할 정보기관에 대해 '법의 지배' 원칙이나 '민주적 통제'만을 지나치게 강조하는 경우 경직되고 유연하지 못한 사고와 활동으로 새로운 안보 위협에 효율적으로 대응할 수 없게 될 수도 있다. 한반도는 아직도 냉전이 종식되지 않았으며 북핵 위험이 상존하고 있는바, 정보활동의 효율성이 반드시 담보되어야 한다. 즉 냉전 시기의 전통적 안보 위협에 대응하고 국가안보 우위를 선점하기 위하여 정보활동의 효율성이 보장되어야 한다. 그럼에도 불구하고 냉전 이후 9.11테러와 감염병 증대 등에 관한 정보 실패는 물론 정보기관의 비민주적 정보활동에 대한 국민적 불신은 정보활동의 정당성을 요구하고 있다. 특히 정보통신기술의 발달로 정보기관의 정보에 대한 접근이 가능하고 정보기관의 권한 오남용에 대한 폭로와 정보 공개로 정보기관 스스로도 정당성을 추구하고자 자발적으로 투명성을 강조하고 있는 것이 세계적인 추세이다. 우리나라를 포함한 각국의 정보기관은 정보활동에 대한 '법의 지배' 원칙을 적용함으로써 정보활동의 정당성을 확보하고 국민적 신뢰를 받고자 하고 있다. 4차 산업혁명과 지구화의 도래로 국민들의 분산권력화 요구가 증대함에 따라 정보활동에 대한 정당성의 요구는 더욱 증대하고 있다. 그러나 남북 관계의 불확실성, 북핵 문제의 상존, 동북아 지역 국가들의 경쟁 심화, 첨단 신흥기술과 사이버 안보 위협의 증가 등을 고려할 때, 효율적인 정보활동 또한 보장되어야 한다. 결국 냉전 시대의 정보활동의 효율성이 아닌 정당성에 기초하여 효율성과 정당성이 균형을 이루는 정보활동의 자율성이 존중되어야 한다. 이러한 정보활동의 자율성은 정보기관으로 하여금 현상 유지에서 능력 확대로 나아가게 하며, 수동적 활동에서 능동적 활동을 통해 새로운 위협에 탄력적으로 대응하게 할 것이다.

정보활동의 자율성을 보장하기 위해서는 정보기관의 직무에 대한 네거티브 방식의 규제가 필요하다. 즉 국가정보원법 등을 통해 정보기관이 수행 또는 실행할 수 있는 직무를 열거할 것이 아니라 정보기관이 수행 또는 실행하지 못하는 직무를 열거하고 그 이외의 활동을 적극적으로 수행 또는 실행할 수 있도록 보장하는 것이다. 다시 말해 정보기관의 권한과 직무를 단순히 열거하는 포지티브(positive) 방식보다는 정보기관이 권한을 행사하여서는 아니 되는 사항에 대하여 나열하는 네거티브(negative) 방식의 규제 접근이 필요하다. 이를 기반으로 정보기관은 정보활동을 수행함에 있어서 정보(intelligence)는 보다 정교하게, 정보(information)는 확장적으로 수집, 분석 및 제공하고 이에 터잡아 국력 우위 확보에 필요한 공작을 수행하여야 할 것이다.

정보(intelligence)에 대한 정교함과 정보(information)에 대한 확장에 터잡은 정보활동 특히 공작은 외교나 국방 부문이 수행할 수 없는 것으로 첨단 신흥기술 분야는 물론 사이버 공간과 같이 새롭게 등장하고 있는 회색지대(gray area)에서 국력의 우위를 확보하기 위해 수행되어야 할 국가 차원의 활동이다. 이러한 회색지대는 각국의 주권이 명확하게 영향력을 발휘한다고 보기 어려울 뿐만 아니라 국제 규범이나 관습이 명확하게 정해진 것이 아니어서 기존 선도국들이 자신의 권리나 권한을 강력하게 주장할 수도 없기 때문에 외교나 국방보다는 정보활동을 통해 자국의 이익을 극대화할 수 있는 부분이 많다.

정보력의 우위를 바탕으로 이러한 회색지대에서 정보활동을 강력하게 수행할 수 있는 역량을 구축하여야 한다. 특히 회색지대에서 정보활동을 통해 선제적 위협 대응(Preemptive Counter Threat) 역량을 강화하여야 한다. 미국 국토안보부의 위험평가 기법에 의하면 위험(Risk)은 위협(Threat)과 취약성 (Vulnerability) 및 결과 발생(consequence)의 곱으로 평가되고 있다. 이 평가 기준에 의하면, 위협, 취약성, 결과 발생을 감소시키면 위험은 감소하며, 이 중 하나라도 완전히 제거하면 위험은 부존재한다. 위협을 제거하기 위해서는 공격 원점에 대한 타격이 가장 확실한 수단이 될 수 있다. 공격 원점에 대한 타격은 군사력을 동원하여 실행하는 경우 분쟁으로 확산될 것이며 외교력을 통해서는 그 실행력을 확실하게 담보할 수 없다. 정보활동을 통해 공격 원점에 대해 공작을 수행하여 타격을 가함으로써 위험을 사전에 예방할 수 있다. 이는 정보기관만이 수행할 수 있는 선제적 위협 대응이다. 다만 정보활동을 통한 위험의 선제적 대응이 무력분쟁으로 확산되지 않도록 극도의 기밀성이 유지되어야 한다. 한편 정보기관은 정보(intelligence)와 정보(information)에 대한 보안 활동을 강화하여 자국의 취약성을 감소시킴으로써 위험을 사전에 제거할 수 있다. 지구적 공급망을 통해 공급되는 각종 제품과 소프트웨어에 대해 보안성을 강화하고, 자국의 첨단기술이 해외에 유출되지 않도록 관련 정보활동을 강화하여야 한다. 사이버 안보의 경우 보안활동의 일환으로 취약성 감소를 위하여 민관 협력을 통해 컴퓨터 네트워크 시스템에 대한 취약성 분석 평가 및 관리 체계를 구축하고 일정 시점마다 평가하도록 지원하는 것이 필요하다. 또한 정보기관은 결과 발생의 방지나 최소화와 관련하여 필요한 정보를 제공함으로써 신속한 복구 및 회복력의 담보를 지원하여야 한다.

결국 첨단 신흥기술과 사이버 안보 분야에서의 정보력 경쟁 우위를 기반으로 국가 경쟁력의 우위를 달성하고 우월적 국력을 확보하기 위한 국가전략을 구축하고 실행하여야 한다. 이 국가전략의 핵심은 정보활동에 대한 패러다임의 전환이 될 것이다. 즉 탐지에서 공유로, 현상 유지에서 역량 강화로, 효율성과 민주적 통제의 균형으로, 수동적 태도에서 능동적으로의 방향 전환을 말하는 것이다. 특히 첨단 신흥기술과 사이버 안보 분야 등 회색지대에서 선제적 위협 대응을 수행하는 역량 강화를 정립하는 것이다.

참고문헌

박병원. 2018. "기술패러다임의 전환과 글로벌 기술패권 경쟁의 이해." *Future Horizon* 36: 4-5.

오일석·김경숙. 2021. "정보활동 패러다임의 근본적 변화: 대테러에서 신안보 위협 대응으로." 『국가안보전략연구원 이슈브리프』 280.

오일석 외. 2022. 『한국의 정보강국 전략』. INSS 연구보고서(2021-07). 국가안보전략연구원.

ABC NEWS Investigative Unit. 2007. "Bush Authorizes New Covert Action Against Iran." *ABC NEWS* (May 22, 2007). https://abcnews.go.com/International/BrianRoss/story?id=3202234&page=1 (검색일: 2022.10.17.).

Alademusi, Tope. 2020. "COVID-19's Impact on Cybersecurity," *Deloitte* (2020. 03). https://www2.deloitte.com/za/en/nigeria/pages/risk/articles/covid-19-impact-cybersecurity.html (검색일: 2022.10.17.).

Barnes, Julian E., Helene Cooper and Eric Schmitt. 2022. "U.S. Intelligence Is Helping Ukraine Kill Russian Generals, Officials Say." *The New York Times* (May 4, 2022). https://www.nytimes.com/2022/05/04/us/politics/russia-generals-killed-ukraine.html (검색일: 2022.10.17.).

Dilanian, Ken. 2022. "Biden administration walks fine line on intelligence-sharing with Ukraine." *NBC NEWS* (March 4, 2022). https://www.nbcnews.com/news/investigations/biden-administration-walks-fine-line-intelligence-sharing-ukraine-rcna18542 (검색일: 2022.10.17.).

Dilanian, Ken, Courtney Kube, Carol E. Lee and Dan De Luce. 2022a. "In a break with the past, U.S. is using intel to fight an info war with Russia, even when the intel isn't rock solid." *NBC NEWS* (April 26, 2022). https://www.nbcnews.com/politics/national-security/us-using-declassified-intel-fight-info-war-russia-even-intel-isnt-rock-rcna23014 (검색일: 2022.10.17.).

_____. 2022b. "U.S. intel helped Ukraine protect air defenses, shoot down Russian plane carrying hundreds of troops." *NBC NEWS* (April 27, 2022). https://www.nbcnews.com/politics/national-security/us-intel-helped-ukraine-protect-air-defenses-shoot-russian-plane-carry-rcna26015 (검색일: 2022.10.17.).

Fallon, Jr., Richard H. 2005. "Legitimacy and the Constitution." *Harvard Law Review* 118(6): 1787-1853.

Johnston, David. 2006. "At a Secret Interrogation, Dispute Flared Over Tactics." *New York Times* (September 10, 2006). https://www.nytimes.com/2006/09/10/washington/at-a-secret-interrogation-dispute-flared-over-tactics.html (검색일: 2022.10.17.).

Kube, Courtney and Carol E. Lee. 2022. "Biden administration may announce new $750 million military aid package for Ukraine as early as this week." *NBC NEWS* (April 13, 2022). https://www.nbcnews.com/politics/national-security/biden-admin-may-announce-new-750-million-military-aid-package-ukraine-rcna24134 (검색일: 2022.10.17.).

Milanovic, Marko. 2022. "The United States and Allies Sharing Intelligence with Ukraine." Blog of the European Journal of International Law (May 9, 2022). https://www.ejiltalk.org/the-united-states-and-allies-sharing-intelligence-with-ukraine/ (검색일: 2022.10.17.).

https://2009-2017.state.gov/s/l/releases/remarks/139119.htm (검색일: 2022.10.17.).

https://www.whitehouse.gov/briefing-room/speeches-remarks/2021/07/27/remarks-by-president-biden-at-the-office-of-the-director-of-national-intelligence/ (검색일: 2022.10.17.).

사이버 공간에서의
정보기관의 역할 확대와 시사점

김소정 국가안보전략연구원

I. 서론

사이버 공간은 인간의 물리적·인지적 지평을 다양한 방면에서 확장시키고 있다. 사회적·개인적 의미 모두에서 사이버 공간은 개인의 삶과 사회에 막대한 영향을 미치고 있으며, 오프라인 세상으로만 구성된 삶은 이제 상상하기 어렵다. 이는 자연스레 사회의 다양한 방면으로 확장되면서 특정 기관의 활동 반경을 변화시키기도 한다. 국가 및 국가 지원 조직의 선거 공작, 기반시설 공격, 사이버 스파이(espionage) 활동을 통한 지식재산권 도용 등 정치적·경제적 이익을 위한 악의적인 사이버 활동이 증가하고 있다. 이에 대응해 온

....

* 이 글은 2022년 3월에 발표된 서울대 국제문제연구소 이슈브리핑 170, "사이버 공간에서의 정보기관의 역할 확대와 시사점"을 수정·보완한 것이다.

오프라인에서의 정보기관의 활동이 온라인으로 확장하면서 정보의 수집 및 분석뿐만 아니라 사이버 공간에서 악의적 행위자를 식별 및 응징하거나 사전에 악의적 행위를 방지하기도 한다.

국가가 당면하는 사이버 안보 문제를 살펴보면, 우선 해킹을 통한 국가 기반시설들에 대한 공격은 국가 운영 자체에 어려움을 주게 된다. 러시아는 주변국 침공 시 물리적 공격 개시 이전에 사이버 공격을 선행하거나, 주요 기반시설에 대한 사이버 공격을 감행해 왔다(김소정 2022a). 우크라이나 언론이 입수한 러시아의 전쟁수행계획서(2022)에 따르면, 러시아는 우크라이나를 침공하면서 1) 개전 24시간 내 우크라이나의 전력과 통신시설 마비, 2) 러시아 지지자들의 체포 방해를 위해 사법집행기관의 역량 무력화, 3) 우크라이나 정부기관(대통령실, 합참실, 의회 및 내각 등) 웹사이트 마비를 공격 목표로 했다. 상기 작전이 성공하면, 러시아는 수일 내에 키예프를 함락시키고, 동서독과 남북한 사례와 같이 우크라이나를 양분하는 합의를 얻어낼 수 있을 것이라고 기대했다.[1]

따라서 국가는 안보 차원에서 사이버 공간을 통하거나, 사이버 기술을 이용한 공격에 민감하게 대응할 수밖에 없게 되었다. 이를 위해 주요국들은 국가 차원의 사이버 안보 전략을 공개하면서, 해당 국가의 사이버 안보 위협에 대한 대응을 명시하고, 억지하고 있다. 동시에 자국의 사이버 공간을 보호한다는 일차원적인 의미 이외에도, 경제 안보적 이유를 내세워 사이버 안보를 강화하기도 한다.

현재 강대국들 간 경쟁은 특히 첨단·핵심기술의 주도권 확보와 맞물려 있

....

1   우크라이나 군이 입수하고 언론에 공개함. https://www.oreilly.com/radar/d-day-in-kyiv/ (검색일: 2022.9.16.).

다. 국가 차원에서 필수불가결한 기술력을 확보함으로써 전략적인 자율성과 억지력을 동시에 달성할 수 있기에 독보적인 기술적 우위 확보가 더욱 중요해지고 있다. 그러나 다양한 자원들을 투입하여 기술적 우위를 확보한다고 해도, 해당 기술과 기밀을 탈취당하게 되면 큰 손실을 입게 된다.

사이버 수단을 통한 기술 유출 방지는 여러 국가에서 중요성을 점점 더 크게 인식하고 있다. 이는 무역 전쟁, 경제 안보 충돌에서 강대국이 행하는 경제적 강압 행위에 이들 핵심기술이 결정적 역할을 수행하게 됨에 따라 점점 가열되고 있다. 산업기밀 절취에 가장 적극적으로 대응해온 미국의 경우를 살펴보면, 중국의 F-35 설계도 탈취에 대응하기 위해 관련자들을 공개 지목, 기소, 경제적 제재 조치 등을 시행했다(김소정 2023).

이렇듯 각국은 사이버 방어 및 공격 기술을 중요시하게 되었고 이는 점차 사이버 공간에서 정보기관의 역할을 확대시키는 이유가 되었다. 그 결과 현재 주요국의 사이버 안보 담당 기관이라고 할 수 있는 국가사이버안보센터(National Cyber Security Center, NCSC)[2]는 정보기관에 그 뿌리를 두는 경우가 많고 실제 국가별 상황에 따라 정보기관이 적극적으로 개입하기도 한다. 정보기관이 직접적으로 연계되지 않는 경우라 할지라도, 정보기관에서 수집한 정보에 의거해 사이버 안보 담당 기관을 운영하는 데 크게 활용하고 있다.

동시에 정보기관 내 사이버 안보 담당 기관들이 핵심기술의 수출입 시 허가·통제권을 갖거나,[3] 산업기밀의 보호를 위한 방첩 체계를 구축하는 등 사이버 안보 부서의 위상 강화를 위주로 하는 조직 개편과 업무 영역 확장도 진행

．．．．．．．

2 많은 국가들이 사이버 안보 담당 기관으로 NCSC를 두고 있으며, 국가별 상황에 따라 국가명을 추가하는 등 명칭은 달라지는 경우가 있어도, 그 역할과 구성은 대동소이하다고 볼 수 있다.

3 미국의 경우 암호 기술·논리 등의 수출입 및 연구에도 일정 부분 제한이 존재했다. 개인의 암호 사용과 키복구 문제, 특히 미국의 암호 및 키복구 관련 사례에 대한 내용은 김소정(2003) 참고.

되고 있다. 또한 시스템 및 프로그램상 취약점이 사이버 공격을 위한 무기로 활용될 수 있게 됨에 따라 전략무기로서의 사이버 기술의 중요성이 증대되고, 이는 정보기관의 중요성을 다시 한번 강조하는 계기가 되고 있다.

이러한 활동들은 국제사회에서 규범을 형성하는 데에도 간접적인 영향을 미치고 있다. 국제사회에서 인식하는 정보기관의 활동이 사이버 공간으로 확장되고 이들의 행위가 더욱더 은밀·적극적으로 시행됨에 따라 전통적인 관습에 따른 정보기관의 활동으로 인정 가능한 범위 설정에 대한 의문이 시작되었다.

이하에서는 미국의 정보기관에서 다루는 사이버 안보 업무의 확장·변화, 특히 국가정보국에서 발표한 2018-2022 NCSC 전략계획서에서 명시하고 있는 사이버 안보 위협인식과 업무 추진 방향을 살펴보고자 한다. 그리고 국제 규범 형성 과정에서 정보기관의 활동 변화가 가져온 새로운 의문에 대해 살펴본다. 이러한 비교를 통해 사이버 공간의 확장에 따른 정보기관의 역할 변화와 이것이 갖는 우리나라에의 시사점을 도출하고자 한다.

II. 미 정보기관의 사이버 안보 활동

영국의 GCHQ, 프랑스의 ANSSI, 미국의 NSA 등은 전통적인 신호정보 수집, 암호해독 등 정보통신 관련 정보 수집을 해왔던 정보기관들이다. 현재 각국의 사이버 안보 담당 기관에는 이들 정보기관이 깊이 관여하고 있으며, 개별 국가의 입장에 따라 이들이 전면으로 내세워지거나, 혹은 한 겹 가려져 있기도 하다. 또한 민간과의 협력이 가능하도록 유관 조직이 함께 구성되면서, 정보기관 관련 부분은 드러내지 않고, 공개 가능한 부분은 전면 공개하는 형태를 갖고 있기도 하다. 미국의 경우 국가안보국(National Security Agency, NSA)과 사이버사령부가 동일한 지휘체계를 받다가, 일정 시간 동안 사이버사령부의 역량을 배양한 후 독립시켰으나, 현재까지도 사이버사령부의 업무 수행과 연방정부기관 보안 담당 부서인 국토안보부(Department of Homeland Security, DHS)의 업무에 NSA가 밀접히 연관되어 있다.

현재 미국 사이버사령부의 국방부 네트워크 보호, 국가 보호, 적극적 사이버 공격 등 작전 임무 수행 등이 미션으로 정의되어 있으며 133개의 사이버 미션군이 해당 역할을 수행하고 있다. 이들의 활동은 2022년 러시아와 우크라이나 간 전쟁 시 우크라이나 지원 활동을 선제적 방어 활동(Hunt Forward) 행위로 규정하고 시행하기도 했는데 이는 지속적 개입을 위한 전진 방어 활동의 일환으로 이해될 수 있다(김소정 2022b). 미국 등 서방은 2016년 크림반도 합병 이후 우크라이나의 사이버 안보 전략 수립 및 역량 강화 지원, 우크라이나 철도제어망에 심겨진 취약점 사전 제거 등 보안 강화를 지원했다(Naka-sone 2022).

또한 국토안보부와 사이버사령부는 △ 국가 사이버 안보를 위한 보호·예방·위험경감·사이버 사고 시 복구 등에 있어 상호 협력하며, △ 국내 사이버 위협과 취약점 분석 결과 배포, △ 주요 기반시설 보호, △ 연방정부 시스템 보호, △ 국토안보부 관할의 사이버 범죄 수사 조사 등에 협력하고 있다.[4]

2022년 10월 발표된 미국 국가안보전략[5]도 위협 인식, 기술혁신, 역량 강화, 첩보수집 역량, 외교력 행사 등 모든 분야에 있어 사이버 분야를 언급하

....

4 Commodore M.D. Matthew Bowen, "United States Cyber Command : Delivering Outcomes through Cyberspace", 미 DANIEL K. INOUYE ASIA-PACIFIC CENTER FOR SECURITY STUDIES 강의자료, 2022년 6월 13일.

5 The White House, National Security Strategy 2022, Oct. 2022.

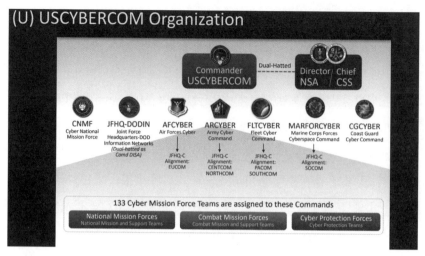

그림 7.1 미 사이버사령부 조직도[국가안보국(NSA) 수장과 사이버사령관은 겸직]

출처: Commodore M.D. Matthew Bowen, "United States Cyber Command : Delivering Outcomes through Cyberspace", 미 DANIEL K. INOUYE ASIA-PACIFIC CENTER FOR SECURITY STUDIES 강의자료, 2022년 6월 13일.

고 있으며 이는 안전하고 신뢰 가능한 사이버 공간을 구축하고자 하는 목표를 달성하기 위함이다. 특히 동맹국과의 정보 협력은 사이버 공간을 비롯한 모든 분야에서의 미국의 기술적 우위를 확보하는 데 필수요소로 인식하고 있다.

미국의 국가정보국(Office of the Director of National Intelligence, ODNI)은 2018년 국가정보국을 개편하면서 첩보 통합, 국가첩보사업(National Intelligence Program, NIP) 발굴, 외국·민간과 협력 증대, 신흥·미래 위협에 대한 전략개발 효율성 강화를 목표로 내세웠다. 대통령훈령(PDD-75, 2001)[6]은 기술 발전에 따른 위협 대응 정책과 방첩활동을 전담할 국가조직 설립 근거를 제

....

6   U.S. Counterintelligence Effectiveness—Counterintelligence for the 21st Century.

시했고, 이에 따라 국가방첩관(National CounterIntelligence Executive, NCIX), 국가방첩관실(Office of National CounterIntelligence Executive, ONCIX)이 만들어졌고, 이후 설립된 국가정보국(ODNI)으로 흡수되면서 2014년의 내부 개편을 통해 방첩·보안센터(NCSC)를 설치했다. 현재 국가정보국 내에 △대량 살상무기 확산 추적·조사를 위한 비확산센터(National Counter Proliferation Center, NCPC), △방첩 및 보안대책 수립 및 조율을 위한 방첩·보안센터(National Counterintelligence and Security Center, NCSC) △국외 테러 관련 정보 수집·분석, 전략 수립을 위한 대테러센터(National Counter Terrorism Center, NCTC)를 두고 있다.

이 중 '방첩·보안센터(NCSC)'는 방첩활동과 보안 대책은 불가분의 관계라는 원칙하에, 정부의 방첩활동 및 보안 대책들을 감독한다. 국가 방첩활동에 사이버 해킹과 경제 스파이, 주요 네트워크 및 주요 기반시설 보호가 포함되었으며, 연방획득 공급망보안 관련 규정[7]에 따른 국가방첩·보안센터를 연방획득보안위원회(Federal Acquisition Security Council)의 담당 기관으로 지정하여 미 정부의 주요 재화 및 서비스와 관련된 공급망 위험 관리 업무와 사이버 안보 수준 향상을 위한 업무를 수행하도록 했다.

'방첩·보안센터(NCSC)'[8]는 정부의 방첩활동 및 보안대책들을 감독하지만, 수사나 작전을 지휘할 수는 없고 외국 정보기관과의 접촉도 금지된다. 이들은 정부 내 정보공동체와 보안 담당실들을 총괄하여 방첩 및 보안 대책 조율 업무 등을 수행한다.[9] 산하 임무 및 부서로는 △방첩정보관리자(NIM-

....

7 Public Law 115-390, "Strengthening and Enhancing Cyber-capabilities by Utilizing Risk Exposure Technology Ac of 2018", TITLE II--FEDERAL ACQUISITION SUPPLY CHAIN SECURITY.

8 CRS "The National Counterintelligence and Security Center (NCSC): An Overview", IN *FOCUS*, Oct. 2018.

CI)[10]: 정보공동체의 방첩활동 총괄, △내부위협팀(NITTF): 내부 위협 대응 정책·계획 수립, △보안측정센터(Center for Security Evaluation, CSE): 국무부 해외공관 안전 조언·지원, △작전 조율과(Operations Coordination Directorate): 사이버 방첩 및 공격적 작전 조율·분석, △기술·사이버과(Technical and Cyber Directorate): 기술·신호보안 및 사이버 방첩 감독, △공급망과(Supply Chain Directorate): 공급망 위험 분석 및 인식 제고 활동, △보안집행관(SecEA) 및 특수보안과(Special Security Directorate, SSD): 비밀정보 접근에 관한 정책·절차 수립·감독과 인원보안 등을 수행한다.

이들이 발표한 2018-2022 전략계획서(2018-2022 NCSC Strategic Plan)[11]에 따르면 주요 관심 4개 국가(러, 중, 이란, 북한)에 대한 사이버 관점의 위험을 다음과 같이 평가한다. 우선 러시아에 대해서는 미 정부, 군, 외교, 상업, 주요 기반시설 등에 전방위적인 위협을 가하는 주체로, 고도화되고 공세적인 사이버 프로그램을 활용하여 미국에 공격적인 태세를 취하고 있다고 평가한다. 중국에 대해서는 사이버 첩보를 활용하여 미국 및 동맹국의 이익을 저해하고, 대내적 안정 및 정권의 정당성을 위협하는 것으로 판단하는 대상에 대해 공세적 사이버 활동을 실행하고 있다고 평가하고 있다. 이란에 대해서는 미국 및 지역 내 미 동맹국에 사이버 첩보를 활용하고 있으며 미국에 직접적인 사이버 공격을 실행하고 있다고 판단하고, 북한에 대해서는 미 기업을 대상으로

....

9   SELECT COMMITTEE ON INTELLIGENCE UNITED STATES SENATE, Additional Questions for Mr. William R. Evanina upon his nomination to be Director of the National Counterintelligence and Security Center. https://www.intelligence.senate.gov/sites/default/files/documents/aphq-revanina-051518.PDF

10 National Intelligence Manager for CI, 국가방첩·보안센터(NCSC)장이 맡음.

11 National Counterintelligence and Security Center, "National Counterintelligence and Security Center STRATEGIC PLAN | 2018-2022", 2017.

정치적 목적 달성을 위한 파괴적인 사이버 공격을 가하고 있다고 평가한다. 공통적으로 기술 수준은 낮지만 파괴적 의도를 가진 국가 행위자, 이데올로기적 해커, 금전적 이득을 원하는 범죄자들, 테러 조직, 내부자 등을 주요 악의적 사이버 활동의 주체로 인식하고 있다.

이들 정보기관은 사이버 분야에 대한 위협으로 △미국의 경제와 안전은 네트워크화된 인프라에 크게 영향을 받으며, 외국 정부, 범죄자와 개별 행위자들에 의해 공격 주체 식별이 어려운 사이버 수단을 활용한 위협 증가, △공격 주체·방법, 공격 대상의 확대에 따라 미 네트워크에 대한 사이버 위협 증가, 정부·군·기업·소셜 미디어를 지원하는 정보통신 네트워크 취약성 증가, △사물인터넷과 같은 스마트 장비의 광범위한 활용으로 사이버 공격에 의한 취약성 및 개인식별정보 탈취 가능성 증대, △스마트 장비에 대한 분산서비스공격(DDoS) 공격 증가 등을 전망하고 있다.

공급망 분야 위협으로는 △글로벌 환경 변화로 공급망 위협 및 이에 따른 국가 주요 기반시설에 대한 침해 가능성 증대, △해외정보기관의 공급망 공격 시 공급망 운영 방식과 공격의 은밀성에 따라 공격자 식별 어려움 증대, △미 정부와 산업에 사용되는 상품과 서비스의 무결성, 신뢰성, 신빙성(authenticity)을 침해하는 외국 정보기관의 주요 공급망 공격이 지속적인 안보 이슈로 대두될 것으로 전망하고 있다. 미 주요 기반시설에 대한 위협으로는 △방첩활동은 주요 기반시설 보호와 밀접한 관련성을 갖고 있으며 주요 기반시설 침해에 대한 탐지, 억제, 중단(disrupt) 필요성 증가, △기반시설에 대한 해외 정보기관의 비대칭·공세적 활동은 증가하고 있으며, 특히 산업제어시스템(ICS)과 SCADA에 대한 접근 권한 탈취 공격이 증가할 것으로 평가했다.

이에 사회매체를 통한 여론조작, 사물인터넷 기반 스마트기기에 대한 위협에 주목하면서 △대내·외 위협에 대항할 지식·능력 배양, △주요시설, 기술, 비밀네트워크, 민감 정보, 인원 보호, △방첩 및 보안대책 개선, 협력 및 관계 형성 최적화, △효율성 제고를 위해 이해당사자와 협력, △최고 수준 유지의 5개 전략목표를 제시하였다.

III. 사이버 기술의 무기화와 대응

정보기관이 사이버 안보에 지대한 영향을 미치는 또 다른 경우가 제로데이 취약점 등을 무기화하는 것이다. 2010년 이란에서 발생한 스턱스넷 공격으로 취약점이 사이버 공간에서 전략무기가 될 수 있다는 점이 증명되었다. 이후 제로데이 취약점은 실제 무기로 블랙마켓을 통해 거래되고 있다. 특정 상용 소프트웨어(SW)에서 발견한 알려지지 않은(제로데이) 취약점이 암시장에서 거래되기 시작하고, 거래 규모가 커지면서 일종의 산업으로 자리 잡았다. 수많은 사이버 공격에 쓰인 취약점을 이용한 공격 도구 '앵글러 익스플로잇킷'은 거래금액이 3조 원에 달했다(김인순 2017). 해커들이 취약점을 통해 막대한 이익을 얻게 되면서 취약점 시장이 중국 등 다른 나라로 확대되고, 여러 국가가 국가의 전략적 목적 수행을 위한 수단으로써 제로데이 취약점을 비축하게 되었다. 전 세계적으로 실력을 보유한 해커가 다양한 국가에서 생겨남으로써 국가들은 사이버 무기 시장에서 통제권을 상실하고, 안보를 위협하는 결과를 가져오게 되었다. 실제 해킹으로 자동차, TV 등의 제품뿐만 아니라 군사시설, 드론 등 해킹 범위가 확장되고 있으며, 제로데이 취약점을 활용한 국가 간 공격 행위도 발생하고 있다.

이러한 상황은 규범의 문제에서 또 다른 쟁점을 제기한다. 지금까지 전략무기나 이중용도 기술은 바세나르체제에 따라 수출입을 관리 및 통제해 왔다. 하지만, 특정 국가에 치명적인 손실을 입힐 수 있는 제로데이 취약점이 개인에 의해 개발, 생산 및 유통되고, 손쉽게 구할 수 있게 되면서 기존 바세나르체제를 통한 수출입 규제는 더 이상 적용하기 어렵게 되었다. 이중사용 품목과 일반적인 전략물자에 대한 수출에 대한 바세나르 협정(The Wassenaar Arrangement on Export Controls for Conventional Arms and Dual-Use Goods and Technologies)은 냉전 당시 미국이 주도한 대공산권 수출 통제 위원회(Coordinating Committee for Multilateral Export Controls, COCOM)에 바르샤바 조약국들이 참여한 수출 제한 협정이다. 바세나르 협약은 재래식 무기와 이중용도(군사용도로 전환 가능한 기술이나 물품) 물품이나 기술의 투명성을 제고하고 책임성을 강화함으로써 국가안보를 위협하는 재래식 무기의 과잉 축적을 방지하고 이런 물자들에 책임을 부여함으로써 안정성을 확보하려는 시도이다.[12] 이 과정에서 국가들은 취약점을 분석 및 취득하는 주요 기능을 정보기관에 의존하고 있으며, 이는 정보기관이 전통적인 정보수집 방법과 함께 사이버 공간에서 취득·모니터링한 결과를 통합함으로써 상대적 우위를 갖게 되는 또 다른 이유가 되고 있다.

IV. 국제규범 형성에서 제기되는 고려 사항

국제연합은 사이버 안보를 UN 군축문제연구소(UNIDIR)의 주요 임무 중 하나로 인식하고, 1998년 이래로 6차례의 정부전문가그룹(Governmental

....

12 https://ko.wikipedia.org/wiki/%EB%B0%94%EC%84%B8%EB%82%98%EB%A5%B4_%ED%9 8%91%EC%A0%95 (검색일: 2022.10.26.).

Group of Experts, GGE)과 2차례의 OEWG(Open-Ended Working Group)을 운영하고 있다. UN은 테러리스트들에 의한 ICT 기술과 인터넷 및 디지털 신기술의 오용에 대해 큰 우려를 표하고 있으며, 특히 주요 기반시설 등에 대한 공격을 방지하기 위한 회원국 간 공동 훈련, 위기경보 네트워크 구축 등을 장려하고 있다. 양 회의에서는 △현존 및 잠재적 위협, △책임 있는 국가 행동에 관한 규칙, 규범 및 원칙, △국제법 적용, △신뢰구축 조치 시행, △역량 강화의 공통 주제와 △정례적 협의 제도 등에 대해 논의하였다. 6차 GGE와 OEWG는 각 그룹별 최종보고서를 채택했고 2015년 GGE 보고서에서 제시한 권고사항을 따를 것을 제안했다(김소정 2022c).

국제연합은 국가 및 국가가 후원하는 공격자들, 테러리스트들에 의한 사이버 공격 위험에 대해 UN 차원에서 대응해야 한다고 판단하고 있으며, 특히 ICT를 활용하거나 ICT에 대한 테러리스트의 활동을 심각하게 다루고 있다. 이 과정에서 사이버 안보 침해행위 및 보호활동 양 측면에서 정보기관의 역할과 기능이 점점 중요해지고 있다. 공격자들은 정보기관의 정보와 해킹 기술력을 산업기밀 절취 등에 실제로 활용하고 있거나, 정부가 재정적·인적 자원을 지원하여 악의적인 행위를 수행한다. 방어자들은 상대편 네트워크에 실제 침투하거나 원격으로 제어된 시스템을 통해 공격활동 모니터링 및 방어, 공격 근원지 관리 및 제어 등의 활동을 한다. 이러한 직간접적인 지원 혹은 직접 수행된 국가행위에 대한 책임을 묻기 위해서는 공격 원점에 대한 식별이 필수불가결하며, 여기에서 정보기관과 민간 전문기업들에의 의존도가 높아지고 있다.

이를 위해 정보기관은 위협 인텔리전스 활동과 사이버 보안 활동을 동시에 수행하며, 이 행위들은 국가안보적 목적을 띠게 될 때, 사이버 안보 활동이 된다. 우선 기술적으로 사용되는 위협 인텔리전스 활동과 사이버 보안 행위에 대한 구분이 필요하다. 일반적으로 얘기되는 위협 인텔리전스는 애플리케이션 및 시스템을 대상으로 하는 위협과 관련된 정보를 수집, 처리, 분석 및 배포하는 지속적인 활동으로 정의된다. 이 정보는 다양한 출처에서 실시간으로 수집되는데, 단일 데이터베이스에 집계되어 보안 전문가에게 악의적인 행위자가 악용하는 취약점 및 활성 위협에 대한 중앙집중식 정보 소스를 제공한다. 사이버 보안은 위협을 모니터링뿐만 아니라 공격에 대처한다는 점에서 위협 인텔리전스와 구분된다. 사이버 보안의 목표는 무단 접근 또는 사이버 공격으로부터 중요한 네트워크, 애플리케이션, 장치 및 데이터를 보호하는 것이다. 사이버 보안 조치는 침입 방지를 목표로 새로운 공격보다 앞서려고 시도하며, 가능한 한 빨리 피해를 완화할 목적으로 공격에 대한 대응책을 개발한다.

사이버 공간에서의 활동이 갖는 은밀성과 촉박함은 실제 발생한 행위의 세부 사항에 대해 공개하기 어렵게 하고 있고, 정보기관이 수행한 실제 행위들이 정보수집 행위인지 사이버 공간의 방어 행위인지 구분하기도 어렵다. 더욱이 발생한 행위에 대한 책임을 묻기 위해 필수 전제조건인 공격자 식별을 피해국이 시행 및 공개 지목하고, 기소, 추방, 경제 제재 조치 시행 등 조치를 시행한 경우도 있다. 하지만 설령 피해국 혹은 피해국과 유사 입장을 가진 국가들이 특정 국가를 공개 지목할지라도, 가해국으로 지목된 국가가 그 행위를 실제 당사국의 행위로 인정하지 않았다. 2007년 에스토니아, 2010년 이란에 대한 스턱스넷, 2014년 소니 해킹 이후 발생한 북한에서의 전산마비, 2018년 동계올림픽 개막식에서 발생한 공격 사례 등이 모두 이에 해당한다.

국제규범을 형성하는 데 있어 정보기관이 주도하는 사이버 안보는 이러한 이유로 새로운 고려 사항을 제시한다. 전통적으로 정보기관의 활동은 명시적 규율 대상이 아니었기 때문에, 사이버 안보 담당 기관의 적극적인 악의적 행위 저지는 규율의 공백 혹은 일종의 회색지대로 인식될 여지가 있다는 지적이 생긴 이유이다. 이 공백을 어떻게 규율할 것인가는 전통적인 정보기관의 활동에 대한 국제관습에 변경을 요구할 수도 있는 사안이기도 하다. 또한 사이버 안보 기관이 사전에 공격을 탐지하고 방어하는 행위는 국가안보적 차원에서 중요한 활동이지만, 상대국의 입장에서는 직간접적으로 주권, 영토, 국민에 대한 침해가 발생할 수 있는 소지가 있다. 이는 정보기관이 아니라도 사전적 예방행위를 적극적으로 수행하는 모든 경우에 해당한다. UN GGE에서 협의하고자 했던 '사이버 공간에서의 책임 있는 행동(responsible behaviour in cyberspace)'을 규범화하는 데는 국가별 이해관계가 다르게 적용될 수밖에 없는 실정이다.

V. 정책적 함의

사이버 안보 강화를 위한 정보기관의 역할을 국가 차원에서는 국가 안위와 이익 보장을 위한 필수불가결한 역량이다. 사이버 안보 수호를 위한 정보기관의 역할이 커지고 있는 현 시점에서 우리 정부가 고려해보아야 할 시사점은 다음과 같다.

첫째, 해킹 등 사이버 침해를 통한 기술 유출 시도 비중이 점차 증가 추세를 보이고 있고, 특히 코로나 팬데믹 이후 백신 및 치료제 연구기관에 대한 해킹 시도 급증, 최근 원격근무 증가로 노출 위험이 급격히 증가함을 고려하여, 기관별 사이버 보안 강화, 핵심기술 보호를 위한 정보기관의 역할을 새롭게 정의해야 한다. 미국의 경우 국가 핵심기술에 대한 방첩 강화, 보안 수준 강화는 산업기밀 보호와 함께 다루고 있고, 주요 방산기업에 대한 방첩 인증 시행 등의 활동을 강화하고 있다는 점은 눈여겨보아야 할 점이다.

둘째, 정보기관 내 공급망 보안을 전담 부서를 지정하여 안보 공백을 축소해야 한다. 특히, 공급망 논란이 확대되는 상황에서, 하드웨어뿐만 아니라 소프트웨어의 공급망 안보에 대해서도 고려해 보아야 한다. 미국은 국가정보국 내 공급망 보안 기관을 지정 및 임무를 부여하여 일반 행정 부처와 차별화된 국가정보적 관점에서 공급망 보안 관리가 가능하도록 했으며 NSA가 소프트웨어 공급망 강화를 위한 프로그램을 시작했다. 특히 미국은 솔라윈즈 해킹 공격 이후 SW 공급망 보안 위협을 국가안보를 위협하는 요소로 인식하고 보안 강화를 강조하고 있다. 이에 연방정부는 소프트웨어의 공급망 보안을 강화하기 위한 행정명령, NIST 표준, 가이드라인 등을 개발 및 제공, 개발자 및 정부 획득을 위한 공급망 강화 방안을 내재화시키기 위해 노력하고 있으며, 소프트웨어 개발의 안전성 강화를 위해 소프트웨어 개발 전 주기에 공급망 보안 지침을 적용할 수 있도록 관련 표준, 기준 등을 제시했다. 정부기관에 ICT 제품 조달 시 소프트웨어 자재명세서(Software Bill of Materials, SBOM) 제공을 의무화시켰다.[13]

또한 연방기관 시스템 및 서비스 공급업체 계약 시 사이버 보안 요구 사항 명시, 공통 사이버 보안 계약 요구 사항 표준화를 위해 규칙 제정 등도 추진했다(김소정 2022d). 이를 참고하여 공급망 위험 관리, 주요 기반시설 보호, 사이버 위험에 대한 총괄적 관리가 가능한 구조를 마련해야 할 것이다.

셋째, 전략무기로서 사이버 기술에 대한 이해도와 공격력 확보를 위해 노력해야 한다. 사이버 공격 기술 확보는 방어를 위한 최우선의 능력이다. 공격력을 확보하고 이를 실행할 수 있어야 반대로 사이버 안보를 더 잘 보장할 수

....

13 NIST, "Definition of Critical Software Under Executive Order 14028", 2021.10.13.

있게 된다. 이 과정에서 정보기관이 갖는 전문성과 은밀성이 안보 차원의 억지력과 전략적 자율성을 위한 역량확보에 긍정적으로 기여할 수 있을 것이다.

넷째, 정보기관을 포함한 국내 관련 이해당사자들이 국제사회의 사이버 공간에 대한 규범 형성 과정에 적극적으로 참여하거나, 최소한 내부 정보 공유를 통해 협의된 의사결정을 할 수 있어야 한다. 사이버 안보를 위한 활동이 정보기관과 불가분의 관계에 있으므로, 향후 사이버 안보 관련 국제규범은 국제연합의 GGE와 같은 공개된 형태가 아니라, 기득국의 이해관계에 의존도가 높은 국제원자력기구(IAEA)나 대량살상무기 확산방지구상(Weapons of Mass Destruction Proliferation Security Initiative), 혹은 최근 미국이 주도하고 있는 인도 태평양 경제 프레임워크(Indo-Pacific Economic Framework, IPEF) 등 제3의 새로운 형태의 협의체가 될 가능성이 높다. 이에 대한 의제 설정 및 의도와 목표를 명확히 식별하고 대응해야 하며, 기존의 플랫폼에서 논의가 지속된다 하더라도, 사이버 역량의 수준과 활용 정도에 따라 국가별 이해관계가 달라질 것이므로 이에 대한 지속적인 모니터링과 대응의 시점을 놓치지 말아야 할 것이다.

참고문헌

김소정. 2003. "개인의 암호사용과 키복구." 고려대학교 CIST 정보보호정책연구회 지음. 『정보보
　　호를 위한 Cyber Space의 법과 기술』. 북카페.
_____. 2022a. "우크라이나에 대한 러시아의 사이버 공격: 특이성과 함의." 『JPI-Peace Net』
　　2022-5. 제주평화연구원.
_____. 2022b. "러시아-우크라이나 전쟁과 사이버 안보 전략구상의 함의." 『이슈브리프』358. 국
　　가안보전략연구원.
_____. 2022c. "유엔 정보안보개방형워킹그룹(OEWG) 회의결과와 한국에의 시사점." 『이슈브리

프』381. 국가안보전략연구원.

_____. 2022d. "미국 사이버 공급망 보안 강화 정책이 한국에 주는 시사점." 『INSS 전략보고』 201. 국가안보전략연구원.

_____. 2023. "미국의 사이버 공격 대응정책과 한국에의 시사점: 솔라윈즈 해킹 대응 사례를 중심으로." 국가안보전략연구원 연구보고서 2022-04.

김인순. 2017. "사이버 무기 '보안취약점' 암거래 활개친다." 전자신문, 2017.3.28. (검색일: 2022.10.26.).

Nakasone, Paul M. 2022. The U.S. Senate Select Committee on Intelligence. '22. 3. 10. Paul. M. Nakasone, Subcommittee on Intelligence and Special Operations Hearing: "Defense Intelligence Posture to Support the Warfighters and Policy Makers". '22. 3. 17.

3부

첨단 군사혁신의 동학과 전략: 군의 시각

8

육군의 시각에서 바라본 미래전과 신기술

— 육군 구성원의 슈퍼-솔저 이미지 분석

성기은 육군사관학교

I. 머리말

한국 육군은 미래를 준비하기 위해 기존의 육군 '지상전연구소'를 확대 개편하여 2018년 7월 육군본부 산하에 '미래혁신 연구센터'를 창설했다. 육 군 미래혁신 연구센터의 핵심 임무는 미래 육군의 비전을 제시하고, 새로운 아이디어와 기술을 융합하여 군사혁신(Revolution in Military Affairs, RMA)의 방향을 제시하는 것이다. 육군이 2050년 달성하고자 하는 미래의 모습은 '한 계를 넘어서는 초일류 육군'이다. 이러한 목적을 달성하기 위해 육군은 미래 의 전투 수행 방법과 이에 필요한 무기체계를 탐색했으며, 육군의 구조와 경 영 방법을 어떻게 변화시킬 것인지에 대하여 연구했다. 육군의 비전을 제시

....

*   이 연구의 진행을 위해 육군 장병 대상 설문을 허가하고 협조해주신 육군본부 정책실에 감사를 표한다.

하기 위해 육군은 미래의 국제질서, 과학기술, 사회 및 자연환경의 변화를 예측하여 미래전의 패러다임을 제시하고, 육군에게 요구되는 역할과 역량을 도출했다. 미래전의 패러다임을 예측하여 시간과 공간을 주도하기 위해 육군에게 요구되는 가장 큰 과제는 4차 산업혁명의 신기술을 적용한 새로운 무기체계의 전력화 우선순위를 결정하고 이를 도입하는 것이다.

육군의 첨단기술을 적용한 군사혁신이 성공하기 위해서는 인간과 기술의 관계를 살펴볼 필요가 있다. 사회적 변동과 기술의 개발 간에 발생하는 인과관계에 관한 논쟁을 통해 사용자인 육군 구성원의 인식과 선호에 부합하지 않는 첨단기술을 적용한 군사혁신은 성공할 수 없다는 사실을 추론해 볼 수 있다. 따라서 육군의 구성원이 가지고 있는 첨단기술에 대한 인식과 선호를 살펴볼 필요가 있다.

군사혁신을 성공하기 위한 다양한 분야의 첨단기술이 존재하지만 연구의 범위를 '슈퍼-솔저' 프로그램으로 제한했다. 슈퍼-솔저란 다양한 과학기술을 적용하여 인간의 신체기능과 감각기능을 강화한 전투원을 의미한다. 육군은 슈퍼-솔저 개념에서 출발하는 '워리어 플랫폼' 프로그램을 추진하고 있다. 미국이나 군사 선진국들과 비교하여 개인 전투원의 전투 효율성을 증강시키는 한국 육군의 프로그램은 걸음마 단계에 있지만, 육군의 미래 목표를 달성하기 위해서는 반드시 성공해야만 하는 사업이다.

개인 전투원의 전투 효율성과 생존성을 강화하는 슈퍼-솔저 프로그램이 성공하기 위해서는 육군 구성원들의 슈퍼-솔저에 대한 이미지를 살펴볼 필요가 있다. 육군 구성원들의 슈퍼-솔저 인식이 어떻게 구성되어 있는가에 대한 분석은 육군의 첨단기술을 적용한 군사혁신에 대한 방향 제시에 큰 함의를 줄 것이다. 이 장에서는 '육군 구성원이 가지고 있는 슈퍼-솔저에 대한 이미지는 무엇인가?'라는 질문에 대한 조사와 분석을 실시했다.

II. 인간과 기술

기술철학 분야의 중요한 연구 주제 중 하나는 인간과 기술의 관계를 규명하는 것이다. 사회의 변동과 기술의 발전 간에 존재하는 인과관계를 설명하는 두 개의 핵심 가설은 '기술결정론'과 '사회구성론'이다. 기술결정론은 기술의 발전이 원인이며 사회적 변동이 결과라고 보는 시각이고, 사회구성론은 사회적 과정이 원인이며 기술의 발전이 결과라고 보는 시각이다. 인간과 사회 그리고 기술의 관계에 대한 기술철학 분야의 연구 주제는 육군의 미래전력 구상 및 미래전 대비에 큰 함의를 제공한다. 미래를 대비하고 있는 육군이 추구하는 핵심 8개 과제 중 4개 과제는 과학기술과 깊은 연관성이 있기 때문에,[1] 이들 과제를 추진함에 앞서 인간과 기술의 관계에 대한 고찰이 선행되어야 할 것이다.

기술결정론을 지지하는 학자들의 핵심 주장은 문명의 발전과 사회변동의 근본적 원인은 기술이며, 기술이 개인의 사고와 일상생활의 패턴을 결정한다고 본다(White and White 1964; Heilbroner 1967; McLuhan 1994; 최성운 2021). 기술결정론적 주장에서 주목해야 할 사실은 기술이 개인 수준의 행동에만 영향을 미친다는 점을 뛰어넘어 사회 구조와 문명을 변화시킨다는 것이다. 기술결정론자들은 기병의 전력을 강화하는 등자 기술이 봉건사회의 사회계급 구조 형성에 기여하였으며, 출판물의 양을 획기적으로 증가시킨 인쇄기술이 르네상스를 창조했고, 공산품 생산의 혁신을 주도한 기계기술이 자본주의 사

....

1   2022년 4월 육군은 '육군비전 2030'의 목표를 추진하기 위해서 8개의 핵심과제를 제시했다. Army Tiger 프로그램, AI 프로그램, 우주 및 레이저 프로그램, 과학화 훈련 강화 프로그램, 예비전력 정예화, 장병 급식 혁신, 국익에 부합하는 군사외교, 핵심가치를 추구하는 육군문화 정착이 8개 과제이다(육군본부 정책실 2022).

상을 이끌었다고 주장한다. 기술이 개인 수준의 사고와 행동 변화를 넘어 사회를 지배하는 사상과 문화를 창조한다는 주장에 대한 비판이 존재한다. 기술이 인간의 자율성과 존엄성을 훼손할 수 없다는 당위론적 주장의 맥락과 함께, 사회변동과 문명의 혁신은 기술개발의 결과물이 아닌, 사회적 과정의 결과물이라고 보는 것이다.

사회구성론은 인간의 존엄성과 자율성에 관한 철학 사상을 기반으로 기술결정론적 시각에서 기술이 인간성을 훼손하는 것에 대한 비판으로부터 대두되었다(Ellul 1954; Mumford 1964; 이두갑·전치형 2001). 기술결정론 지지자들과 사회구성론 지지자들은 기술개발의 동력을 서로 다르게 본다. 기술결정론에서는 기술개발의 근본적 원인이 효율성이라고 본다. 재화의 생산이 늘어나 더 많은 부를 창출하며 사회 전체의 행복을 최대화하고자 하는 인간의 동기, 즉 효율성이 기술개발의 근본적 원인이라고 본다. 그러나, 사회구성론자들은 기술개발의 동력은 사회구성원의 희망과 합의에서 기인하는 사회적 선택이라고 주장한다(Pinch and Bijker 1984; Winer 1993; 김환석 1997). 다양한 사회집단들 간의 충돌하는 이해관계와 갈등 속에서 사회적 합의가 도출되어 사회구성원들이 선호하는 방향으로 기술이 발전한다고 본다. 대표적인 예로서 최근 급속히 성장하는 전기자동차 기술을 제시한다. 과거에도 전기 에너지를 동력원으로 하는 자동차를 개발할 수 있었지만, 관련 기술이 최근과 같이 급속히 발전하지 않았다. 그러나 환경 및 에너지 문제와 관련된 사회구성원들의 요구가 늘어나면서 전기자동차 관련 기술이 급속히 성장하고 있다고 주장한다. 결국, 특정한 기술이 개발되기 위해서는 정치적 및 사회적 코드에 의한 사회적 선택이 선행되어야 함을 강조하며, 기술개발은 사회구성원의 의도와 개입의 결과물이라고 본다.

최신 기술을 적용한 전투력 강화를 추구하는 육군에게 인간과 기술의 관계를 규명하는 두 가지 주장이 주는 함의는 매우 크다. 육군은 미래의 전장을 주도하기 위해 기동화, 지능화, 네트워크화를 전력증강 프로그램의 목표로 제시하고 있으며, 이 목표를 달성하기 위해서는 첨단과학기술이 적극적으로 적용되어야 한다. 육군은 첨단기술을 접목한 미래 지상 전투체계를 발전시키기에 앞서 인간과 기술의 관계를 제시하는 두 가지 핵심 가설에 대한 고찰이 필요하다. 단순히 기술개발과 사회변동의 선후 관계를 규명하는 차원이 아닌 인간과 기술의 상호작용과 전쟁의 변화에 대하여 생각해 봐야 할 것이다. 첨단기술을 접목한 무기체계와 이를 활용하는 육군 구성원들의 상호작용을 고려했을 때, 장병들의 첨단기술에 대한 인식 및 선호는 한국 육군이 추구하는 군사혁신에 매우 큰 영향을 준다. 기동화, 지능화, 네트워크화를 통한 전투체계 발전 프로그램의 근본적 목표는 전투력을 혁신적으로 증강하는 것이다. 그러나, 전투체계를 운용하는 전투원의 선호에 배치되는 체계와 전투원이 부정적으로 인식하고 있는 첨단기술의 적용은 전투력 증강이라는 최종 목표 달성의 가능성을 현저히 낮춘다고 예상할 수 있다. 따라서 육군 구성원의 기술에 대한 인식과 선호를 살펴보고, 극적인 전투력 증강을 달성할 수 있는 방향으로 미래의 육군을 구상해야 할 것이다.

III. '슈퍼-솔저' 프로그램

한국 육군이 제시하고 있는 '육군 비전 2030'의 첫 번째 목표는 '미래 다영역 작전을 주도하는 첨단과학 기술군'이다(육군본부 정책실 2022). 이 목표를 달성하기 위한 핵심적 프로그램은 '드론봇 전투체계'와 '워리어플랫폼'이라고 볼 수 있다. 드론봇 전투체계 프로그램은 드론과 로봇을 포함하는 무인

3부 첨단 군사혁신의 동학과 전략: 군의 시각

전투체계와 유인 전투체계를 통합 운용하여 감시와 타격의 기능을 획기적으로 향상하는 계획을 의미하며, 워리어플랫폼 프로그램은 전투 장비의 기능을 향상하여 개인 전투원의 생존성과 전투 효율성을 극대화하는 계획이다.

인간과 기술의 관계에 관한 맥락에서 육군이 추구하는 과학 기술군을 분석하기 위해 연구의 범위를 개인 전투원의 전투 효율성과 생존성을 증강시키는 프로그램에 초점을 맞추었다. 육군이 추진하는 워리어플랫폼 프로그램의 기본적인 아이디어는 '슈퍼-솔저'라는 개념에서 출발한다. 슈퍼-솔저란 다양한 과학기술을 통해 신체기능과 감각기능이 강화된 전투원을 의미한다. 전투원 개개인을 슈퍼-솔저로 만들기 위해 육군이 추진하는 첫 번째 사업이 워리어플랫폼 프로그램이다. 워리어플랫폼 계획의 핵심은 전투 장비, 전투 피복, 전투 장구를 구성하는 총 33종의 제품을 개선하거나 신규 보급하여 전투원의 전투 효율성과 생존성을 극적으로 향상시키는 것이다. 워리어플래폼 사업의 핵심 전투 장비는 '피아식별 적외선장치', '고성능 확대경', '조준경', '표적지시기', '폴리머 탄창' 등이다. 이러한 장비들이 개인 전투원에게 보급될 경우 주·야간 사격의 명중률, 전투 승률 및 생존율이 극적으로 향상될 것으로 예상한다. 워리워플랫폼 사업은 광학장비를 활용한 개인 전투원의 시각기능 강화를 통해 사격 효율성을 향상하는 데 역점을 두고 있는 것으로 보인다. 확대경, 조준경, 표적지시기, 폴리머 탄창은 개인 전투원이 소지하고 있는 소총과 결합되며 이들 전투 장비는 개인 전투원의 시각기능을 강화하고 소총의 중량을 경량화하여 사격의 효율성이 향상되기 때문이다.

미국에서도 전투원의 전투 효율성 향상을 위한 다양한 프로그램들이 추진되고 있다(Mehlman et al. 2013). 신경과학, 생명과학, 나노과학, 로봇과학 분야의 첨단기술을 활용하여 인간의 인지능력을 강화하고 근손실을 최소화하며, 인간의 신체와 감각을 강화하는 다양한 형태의 슈퍼-솔저 개발 프로그램이 추진 중이다. 개인 전투원을 슈퍼-솔저로 만들기 위한 첫 번째 종류의 프로그램은 웨어러블 로봇(wearable robot, exoskeleton robot) 개발 사업이다 (Yen and Wang 2014; Eom and Lee 2021; 김조을 외 2020). 웨어러블 로봇이란 인간의 팔, 다리, 어깨, 무릎 등에 장착되어 인간의 움직임을 지원해주는 로봇을 의미한다. 웨어러블 로봇 기술은 사고로 장애를 입은 환자의 행동장애 치료를 위해 사용되고 있으며, 공장이나 재난지역에서의 활동에 요구되는 물리적 힘의 강화를 위해서 이미 활용되고 있다. 이러한 기술을 군사적으로 적용하여 전투 배낭에서 부과되는 전투 하중을 줄여 전투원의 피로도를 낮추고, 전투원의 보행 속도를 현저히 높인다. 또한, 전투원의 근육과 밀접하는 수트형 장비를 통해 부상을 줄이고 신체 근육의 활동을 지원하는 형태로 발전하고 있다.

미국에서 추진하는 두 번째 슈퍼-솔저 프로그램은 생화학물질의 개발 사업이다(Howell 2015; Malet 2015; Szocik & Wójtowicz 2019). 생화학물질 개발의 근본적 목적은 부상자 치료, 스트레스 관리, 심리적 안정성 및 감각기능의 강화이다. 미국은 2003년 걸프전 당시부터 생화학물질을 활용한 특수 밴드를 응급조치에 활용하고 있다. 전투 중 부상으로 인해 출혈이 발생했을 때, 갑각류 바다생물에서 추출한 물질이 함유된 밴드를 활용하여 출혈 중단까지 걸리는 시간을 단축했으며, 전투지역에서의 사망률을 현저히 떨어뜨렸다. 특수물질이 함유된 해당 밴드는 고가임에도 불구하고 미국 육군과 해병대 장병의 구급낭에 모두 보급되어 있다. 생화학물질의 사용 분야는 치료와 응급조치 이상으로 발전했다. 전투환경은 전투원에게 극한의 스트레스, 심리적 불안, 피로를 느끼게 하며 전투원의 감각기능 활동이 저하되도록 한다. 특수물질이 함유된 약물의 복용을 통해 스트레스와 피로가 누적되는 속도를 감소시키고 심리적 불안을 해소하여 전투원의 감각기능이 저하되지 않도록 할 수 있다.

3부 첨단 군사혁신의 동학과 전략: 군의 시각

나아가 두뇌기능과 신경기능을 활성화하는 물질을 통해 감각기능을 강화하는 방식으로까지 발전하고 있다.

미국 육군의 슈퍼-솔저 프로그램 추진 현황을 통해 개인 전투원의 전투 효율성을 증강하는 기술이 크게 두 가지로 구분된다는 사실을 확인했다. 첫 번째는 기계공학 및 컴퓨터공학 분야의 기술이며, 두 번째는 생물학 및 화학 분야의 기술이다. 각각의 기술을 활용한 슈퍼-솔저 프로그램에는 군사적 및 윤리적 맥락에서 장단점이 존재한다(Paradidis 2011; Mehlman et al. 2013; Green and Master 2018). 첫 번째 종류의 프로그램인 기계 및 컴퓨터 기술을 활용한 슈퍼-솔저 프로그램은 군사적 맥락에서 단점이 존재한다. 먼저 웨어러블 로봇을 활용하기 위해서는 훈련이 필요하며 고장이 발생할 수 있다. 모든 군사 장비의 활용을 위해서 훈련이 필요한 것이 사실이다. 생소한 신체 부착형 기계장치를 능숙하게 활용하기 위해서는 일정 기간의 훈련이 필요하다. 또한, 기타 군사 장비와 마찬가지로 고장이 발생할 수 있으며, 긴급한 상황에서 고장이 발생한 경우 웨어러블 로봇을 착용하지 않은 경우보다 생존성이 낮아질 수 있다. 그러나, 웨어러블 로봇 형태의 프로그램은 사회적, 윤리적 맥락에서 장점이 있다. 생화학물질의 개발 과정에서 발생하는 인간 대상 실험과 관계된 윤리적 부담이 상대적으로 덜하다.

두 번째 종류의 프로그램인 생화학기술을 활용한 슈퍼-솔저 프로그램은 군사적 맥락에서 장점이 있지만, 윤리적 맥락에서 단점이 존재한다. 군사적 맥락에서 생화학물질을 활용한 전투 효율성 강화 프로그램의 경우는 훈련이 필요 없다는 장점과 함께, 생화학물질을 신체에 주입하는 양에 따라 약물의 활성화 시간을 조절할 수 있다는 장점이 있다. 그러나 윤리적 맥락에서 단점이 존재한다. 기술개발을 위한 인간 대상의 연구가 필요하며, 생화학물질에 대한 중독성 및 후유증이 발생할 수 있다는 단점이 있다.

미국 육군이 추진하고 있는 슈퍼-솔저 프로그램과 비교했을 때, 한국 육군의 프로그램은 걸음마 단계에 있다고 볼 수 있다. 앞서 제시한 두 종류의 기술을 적용한 각 프로그램의 장·단점 이외에도 슈퍼-솔저 프로그램 자체에 대한 우려가 존재하기도 한다(Paradidis 2011; Mehlman et al. 2013). 개인 전투원의 사전동의 이슈와 국가 간 기술력 차이에서 발생하는 기술 접근의 불평등성 이슈 등에 대한 우려이다. 그러나, 한국의 병역인구 감소 및 안보 상황을 고려했을 때, 슈퍼-솔저 프로그램은 한국의 안보를 위해 필요한 사업이라고 판단한다. 걸음마 단계에 있는 한국 육군의 슈퍼-솔저 프로그램의 발전을 위해서는 육군 구성원의 슈퍼-솔저에 대한 이미지가 어떻게 구성되어 있는지에 대한 분석이 필요하다.

IV. 육군 구성원의 슈퍼-솔저 이미지

인간과 기계의 관계를 고려했을 때, 사용자의 관념과 가치를 벗어난 기술이 적용된 기계는 사회의 변화와 발전을 이끌지 못할 가능성이 높다. 육군이 추진하는 개인 전투원의 전투 효율성 증강프로그램에 이 가설을 적용해 볼 수 있다. 육군이 추구하는 슈퍼-솔저 프로그램이 사용자인 육군의 구성원들로부터 외면을 받게 될 경우, 육군의 군사혁신은 실패할 것이다. 육군 구성원이 예상하는 슈퍼-솔저의 이미지와 현저히 다른 형태로 프로그램이 추진될 경우 육군 구성원의 거부감과 반감이 발생할 수 있다. 따라서, 슈퍼-솔저 프로그램의 발전을 위해서 육군 구성원이 가지고 있는 슈퍼-솔저에 대한 이미지부터 파악할 필요가 있다.

육군 구성원이 가지고 있는 슈퍼-솔저에 대한 이미지를 파악하기 위한 설문조사를 했다. 앞서 제시한 두 종류의 기술이 적용된 슈퍼-솔저 프로그램으로 선호 대상의 범위를 제한했다. 슈퍼-솔저 프로그램을 위해 적용할 수 있는 다양한 첨단과학기술이 존재한다. 앞서 제시했던 기계공학, 컴퓨터공학, 생화학 이외에도 유전공학, 신경의학 분야의 첨단기술을 적용할 수 있다. 그러나, 조사의 효율성을 위해 슈퍼-솔저의 이미지를 현재 미국에서 개발하고 있으며 가까운 미래에 실현이 가능한 형태의 프로그램으로 제한했다. 슈퍼-솔저 이미지에 대한 선호를 응답하기 위해서는 슈퍼-솔저에 대한 사전 지식이 필요하다. 설문조사에 응답하기 위한 관련 정보를 얻기 위해 과도한 시간과 노력이 소요될 경우 설문의 응답률과 설문 결과의 신뢰도가 저하될 수 있다. 현재 육군 구성원이 가지고 있는 슈퍼-솔저에 대한 사전 정보의 양이 많지 않다고 판단했기 때문에, 조사를 위한 신호(cue)를 활용했다. 응답자들이 웨어러블 로봇을 착용한 슈퍼-솔저 이미지와 생화학물질을 주입한 슈퍼-솔저 이미지를 쉽고 빠르게 연상할 수 있도록, 영화 '마블 시리즈'에 등장하는 '아이언맨' 캐릭터와 '캡틴 아메리카' 캐릭터를 활용했다. 응답자들이 웨어러블 로봇을 착용한 슈퍼-솔저를 아이언 맨으로, 생화학물질을 주입한 슈퍼-솔저를 캡틴 아메리카로 연상할 수 있도록 슈퍼-솔저 이미지와 정보를 제공하고 각각의 프로그램에 존재하는 군사적, 윤리적 맥락의 장점과 단점을 제시했다. 설문의 대상을 육군 용사, 부사관, 장교로 설정다.[2] 설문은 2022년 10월 7일부터 12일까지 6일 동안 온라인으로 실시했으며, 용사 73명, 중사급 부사관 111명, 대위급 장교 182명, 소령급 장교 47명 등 총 413명이 설문에 응답했다. 설문 문항은 총 5개로 슈퍼-솔저 이미지의 선호도와 관련된 질문들로 구성되었

....

2   설문에 응답해준 육군 X사단 용사, 육군 보병학교 중급반 및 고군반 교육생, 합동군사대학 교육생에게 감사를 표한다.

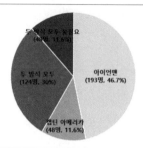

질문 2: 당신은 전투에 참가하고 있습니다. 앞으로 약 30분 동안 엄청난 근력, 집중력이 필요합니다. 어떤 것을 선택할 것인가요?

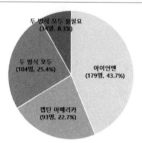

질문 3: 함께 전투에 참가하는 주변 전우들에게 슈퍼-솔저를 권유한다면 어떤 방식을 권유할 것인가요?

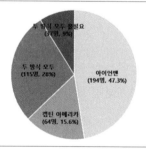

그림 8.1 설문 결과 요약

다. 각 질문에 대한 응답은 〈그림 8.1〉에서 확인할 수 있다.

〈그림 8.1〉에 나타난 설문 결과 요약을 통해 확인할 수 있는 중요한 사실

중 하나는 첨단기술을 활용한 슈퍼-솔저 개발 프로그램에 대하여 전반적으로 긍정적으로 인식하는 것으로 나타났다. 세 개의 질문 모두에서 웨어러블 로봇 방식과 생화학물질 주입 방식이 불필요하다거나, 사용하지 않겠다거나, 추천하지 않겠다는 응답이 약 10%인 것을 확인할 수 있다. 나머지 90%의 육군 구성원은 두 방식 중 하나에 대한 선호를 응답했거나, 두 방식 모두 선호한다고 응답했다.

전체적으로 웨어러블 로봇 방식을 의미하는 아이언 맨에 대한 선호가 가장 우세한 것을 확인했다. 육군이 우선 추진해야 하는 방식, 전투 환경에서 본인 스스로 선택하는 방식, 주변 전우들에게 권유하는 방식 모두 웨어러블 로봇 방식이 약 45%를 차지하는 것으로 나타났다. 이 결과를 통해 육군 구성원들은 웨어러블 로봇 프로그램이 훈련과 고장이라는 군사적 맥락의 단점이 존재하지만, 생화학물질 주입 프로그램과 연관된 윤리적 단점을 더 크게 우려한다고 해석해 볼 수 있다. 흥미로운 결과 중 하나는 생화학물질 주입 방식을 의미하는 캡틴 아메리카에 대한 선호가 상황에 따라 차이가 발생한다는 것이다. 전투와 관련이 없는 상황에서는 약 13%의 응답자가 생화학물질 주입 방식을 선호한다고 응답했으나, 전투 상황에서는 22.3%의 응답자가 생화학물질 주입 방식을 선호한다고 응답했다. 극한의 전투 환경을 고려했을 때, 응답자들은 스트레스와 피로 및 감각 저하에 대한 우려가 강해지며 생화학물질 주입을 통해서라도 이러한 제한점을 극복하고자 하는 동기가 강해진다고 볼 수 있다. 마지막으로 웨어러블 로봇 방식과 생화학물질 주입 방식을 모두 선호하는 응답자가 모든 질문에서 약 28%인 것으로 나타났다. 두 방식에서 각각 발생하는 군사적 맥락의 단점과 윤리적 맥락의 단점을 고려하더라도, 슈퍼-솔저 프로그램의 추진을 지지하는 응답자라고 유추할 수 있다.

이 조사의 설문 집단에는 용사, 부사관, 장교가 모두 포함되어 있다. 신분에 따른 선호도의 차이를 비교하기 위해 각 문항별 교차분석을 실시했다. 분석의 결과는 〈표 8.1-8.3〉을 통해 확인할 수 있다.

〈표 1〉은 육군이 우선 추진해야 하는 슈퍼-솔저 프로그램에 대한 신분별 선호도에 차이가 있는지에 대한 교차분석 결과이다. 분석 결과 용사, 부사관, 대위급 장교, 소령급 장교 집단 사이에 선호도에 대한 차이가 없는 것으로 나타났다. 부사관 및 장교 집단과 비교하여 용사 집단이 '두 방식 모두 불필요하다'는 응답의 비율이 다소 높으며 생화학물질 주입 방식을 선호하는 응답의 비율이 다소 높은 것으로 나타났지만, 통계적으로 네 개의 집단 간에 선호도에 대한 차이는 없는 것으로 나타났다.

〈표 8.2〉와 〈표 8.3〉에서는 2번 질문과 3번 질문에 나타난 신분별 선호도를 보여주고 있다. 교차분석 결과 신분에 따른 선호도가 통계적으로 유의한 것으로 나타났다. 전시 상황에서의 선호도를 보여주는 〈표 8.2〉에 보면 부사관 및 대위급 장교의 생화학물질 주입 방식에 대한 선호도가 용사 선호도와 유사한 수준으로 높아진 것을 알 수 있다. 그러나 전시 상황에서 '두 방식 모두 불필요하다'는 응답에서 용사의 선호도는 1번 문항과 비교하여 변화하지 않았지만 부사관과 대위급 장교 집단에서는 현저히 떨어졌다. 결과적으로 집단 간의 선호도 차이를 발생시키는 요인은 '두 방식 모두 불필요하다'는 응답의 비율 차이로 해석할 수 있다. 〈표 8.3〉은 주변 전우에게 권유하는 것에 대한 선호도를 보여준다. 웨어러블 로봇 방식과 생화학물질 주입 방식 및 두 방식 모두에 대한 선호도는 신분별로 현저한 차이가 없지만, 〈표 8.2〉에 나타난 것과 같이 '두 방식 모두 불필요하다'는 응답의 비율이 용사 집단에서 현저히 높은 것으로 나타났다. 〈표 8.3〉에 나타난 신분별 선호도 차이를 발생시키는 요인 역시 슈퍼-솔저 프로그램에 대한 용사 집단의 부정적 인식이라는 사실을 알 수 있다.

표 8.1 신분별 선호도 차이 분석(질문 1: 육군 우선 추진 프로그램 선호도)

	용사	부사관	대위급 장교	소령급 장교	총계
아이언 맨	26 (36.1%)	48 (43.2%)	90 (49.5%)	24 (51.1%)	193
캡틴 아메리카	17 (23.6%)	11 (9.9%)	25 (13.7%)	4 (8.5%)	48
두 방식 모두	15 (20.8%)	42 (37.8%)	49 (26.9%)	14 (29.8%)	124
두 방식 모두 불필요	14 (19.4%)	10 (9.1%)	18 (9.9%)	5 (10.6%)	48
총 계	72	111	182	47	413

Pearson $\chi^2(9)$ = 11.84, Pr = 0.222

표 8.2 신분별 선호도 차이 분석(질문 2: 전투 상황 선호도)

	용사	부사관	대위급 장교	소령급 장교	총계
아이언 맨	26 (36.1%)	47 (42.7%)	80 (44.2%)	26 (55.3%)	179
캡틴 아메리카	17 (23.6%)	25 (22.7%)	45 (24.9%)	6 (12.8%)	93
두 방식 모두	15 (20.8%)	33 (30%)	44 (24.3%)	12 (25.5%)	104
두 방식 모두 불필요	14 (19.4%)	5 (4.6%)	12 (6.6%)	3 (6.4%)	34
총 계	72	110	181	47	410

Pearson $\chi^2(9)$ = 19.95, Pr = 0.018

표 8.3 신분별 선호도 차이 분석(질문 3: 주변 전우 권유 선호도)

	용사	부사관	대위급 장교	소령급 장교	총계
아이언 맨	30 (41.7%)	48 (43.6%)	89 (49.2%)	27 (57.5%)	194
캡틴 아메리카	11 (15.3%)	16 (14.5%)	35 (19.3%)	2 (4.3%)	64
두 방식 모두	18 (25.0%)	40 (36.4%)	42 (23.2%)	15 (31.9%)	115
두 방식 모두 불필요	13 (18.1%)	6 (5.5%)	15 (8.3%)	3 (6.4%)	37
총 계	72	110	181	47	410

Pearson $\chi^2(9)$ = 20.78, Pr = 0.014

용사, 부사관, 장교 집단의 수퍼-솔저 이미지에 대한 분석 결과를 요약하면 다음과 같다. 첫째, 전반적으로 수퍼-솔저 프로그램을 통한 전투력 증강에 대한 육군 구성원의 인식은 긍정적이다. 기계공학 및 컴퓨터공학과 생화학을 활용한 신체기능 및 감각기능의 강화가 필요하다는 인식이 우세한 것이다. 둘째, 수퍼-솔저를 두 종류로 구분하여 선호를 조사한 결과 상황과 신분에 따라 선호도가 차이가 나는 것을 확인했다. 육군이 우선 추구해야 하는 프로그램에 관해서는 신분에 따른 차이가 존재하지 않았다. 그러나 전투 상황에서는 가장 적극적으로 전투를 지휘해야 하는 중사와 대위 집단에서는 이전 질문에서 나타난 선호도와는 다른 결과가 나타났다. 또한, 전투 상황에서도 용사 집단에서 전투 효율성 증강을 위한 수퍼-솔저 프로그램에 대한 부정적 인식이 가장 높은 것을 확인했다.

V. 맺음말

4차 산업혁명의 신기술들은 우리의 삶을 도약적으로 변화시킬 것이며, 전쟁의 모습 역시 크게 변화할 것이다. 육군은 '한계를 넘어서는 초일류 육군'이라는 미래의 비전을 구현하기 위해 큰 노력을 기울이고 있다. 미래전을 대비하고 군사혁신의 방향을 제시하기 위한 새로운 조직을 편성했으며, 미래의 안보 상황 변화를 고려한 육군의 역할과 필요한 역량을 도출하여 군사혁신을 추진하고 있다.

'육군 구성원이 가지고 있는 수퍼-솔저에 대한 이미지는 무엇인가?'에 대한 해답을 찾기 위해 육군 구성원 413명을 대상으로 수퍼-솔저에 대한 선호도를 조사했다. 조사 결과 육군 구성원 대다수는 첨단기술을 활용한 수퍼-솔저 프로그램에 긍정적인 인식을 가지고 있으며, 생화학물질 주입 방식보다 웨어러블 로봇 착용 방식을 더 선호하는 것으로 나타났다. 그러나 전투 상황으로 조건을 제한한 질문에서는 생화학물질 주입 방식에 대한 선호도가 현저히 증가한 것을 확인했다. 조사 대상 육군 구성원 중 슈퍼-솔저 프로그램에 대한 부정적 인식이 가장 강한 집단은 용사 집단이며, 긍정적 인식이 가장 강한 집단은 부사관 집단인 것으로 나타났다.

병역자원의 감소 및 안보 상황을 고려했을 때, 개인 전투원의 전투 효율성과 생존성 강화 프로그램은 육군에게 매우 필요한 사업이다. 이 조사를 통해 나타난 육군 구성원의 첨단기술에 대한 인식과 슈퍼-솔저 이미지는 육군의 미래 '워리어 플랫폼' 사업에 큰 함의를 제공한다. 용사 집단의 경우 약 20%의 응답자가 첨단기술을 적용한 슈퍼-솔저 프로그램에 부정적 인식을 가진 것으로 나타났다. 슈퍼-솔저 프로그램에 대한 부정적 응답의 원인은 대부분 윤리적 문제와 기술의 한계 등인 것으로 타나났다. 육군의 슈퍼-솔저 프로그램이 성공하기 위해서는 윤리적 우려와 기술의 한계를 어떻게 극복할 것인지에 대하여 생각해 봐야 한다.

이번 조사에는 몇 가지 한계가 있다. 먼저 응답자들이 슈퍼-솔저 이미지를 쉽고 빠르게 연상할 수 있도록 영화의 캐릭터를 활용했다. 응답자의 기술에 대한 선호와 관계없이 캐릭터에 대한 상대적 선호가 응답에 영향을 주었을 가능성이 있다. 또한, 육군 구성원들만을 조사의 대상으로 설정했다. 슈퍼-솔저 프로그램이 성공하기 위해서는 일반 시민들이 가지고 있는 첨단기술 및 슈퍼-솔저에 대한 인식과 선호를 살펴보아야 한다. 육군이 추구하는 군사혁신이 성공하기 위해서는 육군 구성원뿐만 아니라 일반 시민들에게도 지지를 받아야 하기 때문이다.

참고문헌

김조을·권다옥·김창진·권영석·정우승. 2020. "웨어러블 로봇 개발 추세를 고려한 군 작전지속지원분야 도입 및 운용에 대한 고찰." 『국방과 기술』 494: 90-103.

김환석. 1997. "과학기술에 대한 사회학적 이해." 『과학사상』 20: 223-238.

육군본부 정책실. 2022. 『변화와 혁신을 위한 여정, 그리고 육군의 미래』. 계룡: 국방출판지원단.

이두갑·전치형. 2001. "인간의 경계: 기술결정론과 기술사회에서의 인간." 『한국과학사학회지』 23(2): 157-179.

최성운. 2021. "기술결정론과 사회구성론 관점에서의 산업디자인의 실체에 대한 연구-엘륄 (J. Ellul)과 핀버그(A. Feenberg)를 중심으로." 『상품문화디자인학연구』 66: 15-24.

Ellul, J. 1954. *The Technological Society*. Vintage Books.

Eom, R. and Y. Lee. 2021. "Survey on the Functional Clothing Design Factors for the Military Wearable Robot." *Journal of the Korean Society of Clothing and Textiles* 45(6): 1004-1016.

Greene, M. and Z. Master. 2018. "Ethical issues of using CRISPR technologies for research on military enhancement." *Journal of Bioethical Inquiry* 15(3): 327-335.

Heilbroner, R. L. 1967. "Do machines make history?" *Technology and Culture* 8(3): 335-345.

Howell, A. 2015. "Resilience, war, and austerity: The ethics of military human enhancement and the politics of data." *Security Dialogue* 46(1): 15-31.

McLuhan, M. 1994. *Understanding Media: The Extensions of Man*. Cambridge: MIT Press.

Mehlman, M., P. Lin, and K. Abney. 2013. "Enhanced warfighters: risk, ethics, and policy." *Case Legal Studies Research Paper*.

Malet, D. 2015. "Captain America in international relations: The biotech revolution in military affairs." *Defence Studies* 15(4): 320-340.

Mumford, L. 1964. "Authoritarian and democratic technics." *Technology and Culture* 5(1): 1-8.

Parasidis, E. 2011. "Human enhancement and experimental research in the military." *Connecticut Law Review* 44(4): 1117-1132.

Pinch, T. J. and W. E. Bijker. 1984. "The social construction of facts and artefacts: Or how the sociology of science and the sociology of technology might benefit each other." *Social studies of science* 14(3): 399-441.

Szocik, K. and T. Wójtowicz. 2019. "Human enhancement in space missions: From moral controversy to technological duty." *Technology in Society* 59: 101-156.

White, L. T. and L. White. 1964. *Medieval Technology and Social Change*. New York: Galaxy Books.

Winner, L. 1993. "Upon opening the black box and finding it empty: Social constructivism and the philosophy of technology." *Science, Technology, & Human Values* 18(3): 362-378.

Yen, K. H. and C. Wang. 2014. "Safety Assessments for Wearable Robot Suits." *Applied Mechanics and Materials* 479: 672-676.

9

해군의 시각에서 본
신흥기술과 사이버 안보의 국제정치
― 국방혁신 4.0과 글로벌 포괄적 한미동맹을 중심으로

임경한 해군사관학교

I. 국방혁신 4.0과 신흥기술·사이버 안보

2022년 10월 1일 국군의 날 기념식에서 윤석열 대통령은 기념사를 통해 "우리 군은 국방혁신 4.0으로 국방태세를 재설계해 안보 환경에 최적화된 과학기술 강군으로 도약해야 한다"면서 "과감한 규제 혁신으로 민간의 우수기술을 국방에 접목하고, 인공지능(이하 AI) 기반의 유·무인 복합체계를 구축해 첨단·비대칭 전력을 신속하게 확보할 것"이라고 밝혔다(최한영 2022). 국방혁신 4.0의 핵심은 AI, 무인체계, 로봇 등 첨단과학기술 기반 핵심 능력을 확보하여 전력구조를 개선함으로써 불확실한 안보 환경에 최적화된 방위력 개선을 달성하는 것이다(국방부 2022). 이를 위해 국방 전 분야에 AI를 적용하여 한국형 전력증강 프로세스를 재설계하는 것은 물론이며, 한미 간 국방과학기술 협력으로 미래 지향적 파트너십 구축을 통해 글로벌 포괄적 한미동맹을 완성하고자 한다. 바야흐로 신흥기술에 기반한 군사과학기술군으로의 변화를 빠르게 실천하고 있다.

신흥기술에 기반을 둔 국방혁신 4.0을 힘의 균형(The Balance of Power)에 관한 국제정치 이론으로 접근하면 다음과 같이 설명할 수 있다. 한 국가는 다른 국가로부터의 안보 위협에 대해 자체적으로 힘을 기르거나 외부와의 연계를 통해 대비하는 방안을 마련한다. 전자는 내적 균형(Internal Balancing)에, 후자는 외적 균형(External Balancing)에 해당한다. 여기에서 내적 균형의 핵심은 과감한 국방 예산 투자와 첨단기술에 기반한 전력체계 구축 등 국방혁신을 달성하는 것이다. 반면 외적 균형의 핵심은 동맹을 강화하여 효율적인 군사력 증강을 추진하는 것이라 할 수 있다. 외적 균형의 방안에 대해 세계 최강국인 미국조차 동맹의 중요성에 대한 인식은 크게 다르지 않다. 바이든 행정부는 반복적으로 안보 협력에 관해 동맹국의 의미와 역할을 강조하고 있다. 미 국방부에서 추진하는 통합억제(Integrated Deterrence) 개념 하 동맹 및 우호국과의 파트너십 강화를 위한 과학기술동맹(Tech Alliance) 움직임이 그 주요 예라고 할 수 있다.

이러한 상황에 입각하여 이 글에서는 해군의 시각에서 신흥기술을 어떻게 개발하고 적용할 수 있는지를 알아본다. 한편 신흥기술의 대부분이 사물인터넷(IoT) 기반으로 연결되는 시스템이기 때문에 신흥기술 개발 및 도입 속도에 비례해서 사이버 안보에 대한 우려 또한 점증하고 있다는 점에서 사이버 안보는 필연적으로 신흥기술과 밀접한 관련이 있다. 따라서 해양 기반 군사과학에 관한 신흥기술의 다양한 발전 양상과 전략적 접근에 대해 신흥기술·사이버 안보 측면에서 확인하고자 한다. 이를 위해 신흥기술·사이버 안보와 관련하여 한국 해군의 준비와 노력을 살펴보고, 군사과학기술 개발에 가장 공개적이고 적극적인 국가이자 우리의 핵심 동맹국인 미국의 전략적 움직임에 따른 신흥기술·사이버 안보 이슈를 정리한다. 특히 인도·태평양 전략 (Indo-Pacific Strategy, IPS)에 관해 미 해군이 추진하는 신흥기술·사이버 안보 이슈가 한국 해군에 주는 함의를 도출하고, 이와 관련한 한미 해군 간 협력 방안을 살펴본다.

II. 군사과학기술 발달과 전쟁의 판도 변화

냉전 시기부터 미국이 추진한 상쇄전략(Offset Strategy)의 핵심적인 내용은 비록 핵무기의 수적인 면에서 불리하더라도 우세한 기술력(Superior Technology)을 통해 핵 전력의 균형을 유지하는 것이었다.[1] 이를 위한 군사과학기술의 발달 또한 적 대비 압도적인 첨단무기를 선제적으로 획득하는 방향으로 전개되었다. 미 국방부 산하 방위고등연구계획국(Defense Advanced Research Projects Agency)의 연구 결과로 정보·정찰·감시(Intelligence, Surveillance, Reconnaissance, ISR), 정밀유도탄(Precision Guided Munitions), 스텔스, 우주 기반 정보·정찰·감시·통신·항법 장비들이 개발되었다. 또한 과감한 기술융합 프로그램을 도입하여 합동감시표적공격레이더시스템(Joint Surveillance Target Attack Radar System, JSTARS), 공중경보통제시스템(Airborne Warning and Control System, AWACS), 위성항법시스템(Global Positioning System, GPS), 지대지미사일시스템(Army Tactical Missile system, ATACMS) 등의 무기체계를 개발하는 데 성공했다(박휘락 2015, 6).

21세기로 들어서면서 중국의 군사적 팽창이 본격화하기 시작함에 따라

....
1   미국이 추진한 상쇄전략의 배경과 추진 단계에 대한 보다 자세한 설명은 이홍정·임경한(2022)을 참고.

미국은 중국의 도전에 적극적으로 대비해야만 했다. 이에 미군은 인도·태평양에서 개별 전장 영역에 배치된 전력과 전투 단위들의 효율적인 운용 및 통합성을 적극 강조했다(김주리 2019, 52-53). 역으로 생각해보면 미군의 입장에서는 장차 유사한 방식에 의한 중국의 공격으로부터 방어하는 것 또한 필수적인 과제였다. 이와 같은 맥락에서 첨단 신흥기술 개발의 중요성과 함께 사이버 안보에 대한 중요성이 더욱 부각되었다. 앞으로 이러한 기술 변화는 AI 거버넌스를 구축하여 다양한 전장 영역에서 수집되는 정보를 취합하여 가장 효과적인 공격과 방어 대안을 마련하는 방향으로 전개될 것이다. 특히 전장에서 전투를 수행하는 주체가 유인 함정 위주였던 과거와 달리 앞으로는 유·무인 복합체계 또는 무인체계 단독에 의한 전투 수행으로 패러다임이 변화하고 있다는 측면에서 초연결에 관한 신흥기술·사이버 보안은 현 시대 국방 분야에서 가장 중요한 화두라고 볼 수 있다.

최근 벌어지는 국제안보 현장에서 가장 눈에 띄는 주인공은 미 해군 7함대 소속 로널드 레이건함(USS CVN-76)이라고 볼 수 있다. 지난 8월 초 낸시 펠로시 미 하원의장이 대만을 방문하는 동안 중국의 대만 인근 무력시위에 대응하기 위해 미 해군은 로널드 레이건함을 출동시켰다. 9월 말에는 로널드 레이건함을 주축으로 한 항모전단이 5년 만에 부산항에 입항했고, 동해에서 한미 연합훈련에 이어 한미일 3국이 해상에서 연합훈련을 실시했다. 2003년에 취역하여 선령(船齡) 20년이 다 되어가는 로널드 레이건함은 비록 북한으로부터 '파철덩이'로 폄훼당하는 수모를 겪고 있지만(박수윤 2022), 언제, 어디서라도 막강한 항공력을 직접 투사할 수 있는 세계 최고의 첨단전력으로 평가받는다. 여전히 군사력 경쟁에서 게임리더(Game Leader)의 역할을 맡고 있다.

한편으로는 군사과학기술 분야에서 게임체인저(Game Changer)급 첨단무기를 확보하는 것이 주요 국가들의 핵심적인 안보 과제로 부상하고 있다. 사전적 의미처럼 전쟁(게임)의 판도를 뒤집을 수 있는 무기를 확보하여 상대적인 전력의 우위를 선점하려는 노력이다. 이에 극초음속 미사일에서부터 인공위성 기반 우주감시 시스템, 통합에너지 시스템과 고출력 레이더, AI 및 빅데이터 기반 자율주행 무인 플랫폼(공중·지상·수상·수중) 등에 이르기까지 국가 간 미래 전장 환경에 대비한 첨단무기 개발 경쟁이 본격화하고 있다. 군사와 민간 구분이 사라지고 있는 과학기술 영역의 특성상 신흥기술에 기반한 첨단무기의 초격차 전략을 추구하는 것이다. 이러한 현상은 결국 첨단무기의 핵심이 되는 신흥기술의 중요성이 강조되며, 관련한 소재·부품·장비 등의 글로벌 공급망(Global Supply Chain)에 관한 협력을 우선순위에 두는 국가안보전략을 추진하도록 요구한다.

이러한 과정에서 신흥기술 사용 환경을 보장하고, 첨단전력의 효율을 극대화하기 위한 사이버 안보 발전 또한 체계적으로 준비되고 선행되어야 한다. 특히 사이버 안보는 첨단전력을 뒷받침하는 필수 조건이면서 전력 운용자들의 정보까지 포괄하는 방향으로 준비되어야 한다. 비대면에 의한 사회활동이 빈번해지면서 디지털화된 네트워크상의 과도한 노출은 특정 집단에 의한 군인 개개인의 사생활 추적이 가능하게 하며, 이를 통해 군 내부 상황이 공개될 수 있는 위험성이 있다. 문제는 관련한 정보들이 합쳐질 때 군 조직을 넘어 국가안보 관련 기관에 대한 해킹이나 테러가 가능할 수도 있다는 점이다. 이는 궁극적으로 군 자산 및 국가안보에 대한 직접적인 안보 불안을 야기할 수 있다는 점에서 현 시대 매우 심각하고 중요한 도전이다. 게임리더나 게임체인저도 한순간에 게임루저(Game Loser)로 전락할 수 있다는 의미다. 따라서 신흥기술의 발전과 함께 사이버 안보 대응 방안을 마련하는 것은 국가안보전략 수립에 있어 지속적으로 고민해야 하는 과제가 될 것이다.

III. 안보 환경의 변화와 해양 무인체계 발전

안보 환경의 변화를 전장 및 국방 측면에서 살펴볼 필요가 있다. 먼저 전장 환경의 변화를 보면 한반도 주변으로 미국의 인도·태평양 전략과 중국의 일대일로 전략이 대립하고, 북한의 잠수함탄도미사일(Submarine Launched Ballistic Missile, SLBM) 발사 위협이 지속되고 있으며, 대만해협을 포함한 남중국해 영토 주권 문제 등 불확실한 안보 상황이 위태롭게 이어지고 있다. 특히 해양에서의 전장 범위가 수상과 수중에 머물렀던 과거에 비해 미래의 전장은 우주와 사이버 영역까지 포함하는 등 그 범위가 점점 더 확대되고 있으며, 전례 없는 복합적인 양상을 보여주고 있다.

한편 국방 환경의 변화는 주로 인구문제와 연계되어 설명될 수 있다. 비단 해군만의 문제는 아니지만, 변화하는 국방 환경은 미래 국방력 강화를 위한 다양한 방안을 모색해야 하는 상황을 연출하고 있다. 2021년 인구주택총조사 결과에 따르면 한국 인구수는 2020년 정점을 찍은 이후 10년간 연평균 6만 명가량 감소해 2030년 5120만 명 수준으로 줄어들 것으로 전망된다(이창준 2022). 그중 현재 병역제도의 핵심 계층인 20세 남자 인구수는 2020년부터 감소하기 시작했고, 2025년까지 30% 급감하는 것으로 전망된다.[2] 이는 가용 병역자원이 부족해지는 문제는 물론이며, 장기적으로 생산인력 감소와 고령화로 인한 복지비용 증가와 맞물려 국방 예산을 배분하는 데 제한적인 상황을 초래할 가능성이 매우 높다는 암울한 전망을 가능케 한다.

한국 해군의 목표는 국가를 방위하고 번영을 뒷받침하는 핵심군으로서 전쟁을 억제하고, 해양전에서 승리하며, 국가이익을 수호하고, 세계평화에 기

....

2　생산연령인구(15~64세)는 같은 기간 177만 명이 줄어들고 50년 뒤에는 반토막이 난다(박용주 2022).

여하는 것이다. 한국 해군의 목표에 걸맞은 임무를 두 개의 축으로 풀어서 설명하면, 한 축으로는 평화로운 한반도의 안보 환경을 보장하면서도 주변 국가들의 위협을 억제 및 방어하는 것이다. 또 다른 한 축으로는 해적이나 해상테러, 기후변화로 인한 재해재난 등 비진통적인 위협으로부터 국민의 안녕과 생명을 보호하고, 우리 선박이 안전하게 활동할 수 있도록 전 세계 해상교통로를 지킴으로써 나아가 세계평화에 기여하는 것이다.

이를 위해 한국 해군은 다영역(Multi Domain)에서 해양방위를 위한 전략적 준비를 추진하고 있다(국방부 2020, 51-52). 해군은 3개 해역함대, 1개 기동전단, 1개 성분전단 세력으로 수상전을 대비하고 있다. 앞으로 수상·수중·공중의 입체적인 해상작전 수행이 가능한 부대구조 개편을 위해 기동함대사령부와 항공사령부 등을 창설할 예정이다. 해군은 구축함, 호위함, 초계함, 고속정 등의 전투함 100여 척과 잠수함 10여 척을 운용하고 있다. 앞으로 해군은 수중·수중·공중에서 각종 위협에 대응할 수 있도록 차기잠수함, 이지스급 구축함 등 차기전투함 등을 통해 입체적인 전력을 통합적으로 운용할 수 있는 전력구조로 발전시켜 나갈 계획이다.

한국 해군이 위와 같은 현대화된 전력과 미래 국방 환경에 부합하는 발전방향을 갖고 있음에도 선결과제가 있다. 요컨대, 해군의 임무·역할이 계속 확대되는 데 반해 인구절벽으로 인한 병역자원 부족이라는 국방 여건의 제한 가중은 해군에 많은 고민을 안겨준다. 이는 미 해군에서도 똑같이 직면한 문제이기 때문에 미 해군의 사례를 통해 한국 해군에 필요한 함의를 찾을 수 있다.

미 해군은 인도·태평양에서 작전하는 해군력 구성을 유인함정 위주에서 유인함정에 더해 무인함정을 대폭 증강하는 방식으로 변화를 꾀하고 있다. 미래 전장의 핵심전력으로 AI가 접목된 해양 유·무인 복합체계를 통해 투입되는 비용과 인력을 줄이면서도 적에게는 치명성(Lethality)을 높일 수 있는 무기체계 도입과 전쟁 수행 방식의 변화를 모색한 결과다. 특히 공격적인 해양 무인체계 확보를 추진하여 해군함정의 질적·양적 증강을 달성하는 방안을 발전시키고 있다.

2020년 12월 미 해군은 해병대 및 해안경비대와 함께 해양전략을 발표했다. "해양에서의 우세: 전영역 통합 해군력을 통한 우위(Advantage at Sea: Prevailing with Integrated All-Domain Naval Power)"라는 제목의 해양전략서로 2015년 이후 5년 만에 새롭게 발표되었다. 이는 중국과의 경쟁에서 우세한 해양전력을 갖추는 것을 미 해양력 강화 목표의 최우선 과제로 설정해야 한다는 인식에 기초한 전략이다(임경한 2021). 그러나 해양력을 결정짓는 전력의 핵심인 해군함정의 척수를 비교해보면 〈표 9.1〉에서 정리된 바와 같이 미 해군이 중국의 인민해방군 해군 대비 우세한 상황에 큰 변화가 있음을 알수 있다. 그 이유에 대한 많은 해석이 가능하지만, 가용한 예산이 부족하다는 사실만은 이론의 여지가 없다.

이러한 상황인식에 따라 2017년부터 미 해군이 추진하는 유령함대 개념 프로그램(Ghost Fleet Overload Program)은 미 해군의 노력을 잘 보여주

표 9.1 중 인민해방군 해군 대비 미 해군함정 척수 현황

구분	2015년	2022년	2025년 (전망)	2030년 (전망)
전략·공격 잠수함	63	66	71	21
항공모함, 순양함, 구축함	26	43	55	65
호위함	74	102	120	135
중국 해군 함정 (총계)	255	370	400	425
미국 해군 함정 (총계)	271	298	미정	미정

출처: 저자 정리(US Navy 2022 참고).

는 움직임이라고 볼 수 있다. 2019년 5월 미 해군은 해군작전 운용개념 개발을 위해 중·대형 무인수상함으로 구성된 수상개발전대(Surface Development Squadron)를 출범했다(Eckstein 2019). 미 해군은 2025년 줌왈트 구축함을 지휘함으로 하는 유령함대를 운영하는 것을 목표로 관련 사업을 추진하고 있다(김민석 2020). 장차 대잠전, 대수상전, 전자전, 기뢰전, 통신 중계의 역할을 담당할 유령함대는 유도미사일 호위함 FFG(X), 무인수상함(Unmanned Surface Vehicle, USV), 무인잠수함(Unmanned Underwater Vehicle, UUV), 무인항공기(Unmanned Aerial Vehicle, UAV) 등으로 구성될 예정이다. 바야흐로 AI 기반 무인기 함대의 출범이 임박한 것으로 보인다.

이에 우리 해군 또한 한반도 주변 해양에서의 작전 범위가 점점 넓어지는 상황에서 병력 부족으로 인한 대비책으로 해양 무인체계를 적극적으로 도입할 필요가 있다. 항만 경계를 위한 무인체계 운용에서부터 레이저·전자기파 등 신개념 무기를 탑재하여 직접 전투를 수행할 수 있는 무인체계까지 확보함으로써 전력의 질적·양적 역량을 향상시켜야 할 것이다. 따라서 해양 무기체계 개발 및 도입 단계에서부터 한·미 해군 간 시스템 일체화나 운용개념 개발 등에 관한 긴밀한 협력을 추진해나가는 것이 매우 중요한 과제라고 볼 수 있다.

긍정적인 것은 이미 한국 해군도 수중·수상·항공 작전이 가능한 무인체계를 적극 도입하는 계획을 구상하고 이를 추진하고 있다는 점이다(이원준 2022). 단계별 발전 개념에 따라 1단계는 2023년까지 원격통제형 무인체계를 도입하여 유인전력의 조종 하 전투지원 임무를 수행하는 것이다. 2단계는 2027년까지 반자율형 유·무인 체계를 도입하여 유인전력의 통제 하 반자율적인 형태로 작전에 투입하는 것이다. 마지막 3단계는 무인체계 개발 및 도입을 지속하여 2028년 이후에는 완전 자율형 유·무인 체계를 구축함으로써 적

탐지 및 지휘통제, 타격 등의 체계를 통합해 전장 상황을 실시간으로 공유하여 작전의 속도 및 효율성을 제고하는 것이다(김동현 2022).

IV. 군사과학기술의 발달과 상호운용성 강화

2022년 3월 미 국방부는 국가방위전략(National Defense Strategy, NMS)을 통해 전략적 경쟁국인 중국에 대응하기 위해서 우세한 합동전력을 건설하는 것이 매우 중요하다고 인식하면서, 앞으로 전장에서 우위를 점하기 위해서는 통합적인 지휘통제 능력이 핵심이라고 강조했다(U.S. Department of Defense 2022). 미 국방부는 전 부서와 협력하고 동맹 및 파트너들과의 유기적인 연결을 통해 총력을 쏟아낼 수 있도록 통합억제 능력 구축에 역량을 집중할 것이라는 점을 명확히 했다(U.S. Department of Defense 2022). 이에 합동전영역지휘통제(Joint All-Domain Command and Control, JADC2) 개념을 구상하고, 육군·해군(해병대)·공군·우주군의 센서를 연결하여 단일 네트워크로 통합함으로써 모든 전장 공간에서 효과적인 지휘통제를 위한 의사결정 체계를 확립하고 있다(윤웅직·심승배 2022, 2). 특히 미 해군이 추진하는 오버매치 계획(Project Overmatch)은 분산된 플랫폼 간 능력을 최대치로 끌어올리기 위한 전술 네트워크를 구축함으로써 신속한 정보 공유를 보장하려는 노력인데, 결국 지연 없는 정보의 실시간 공유 체계를 확보하는 것이 그 핵심이다(Tadjdeh 2021, 24-25).

미 국방부가 강조하는 통합억제의 성공 여부는 합동성 발휘를 위한 다양한 전력 간 상호 네트워크 결합에 의한 유기적인 운용이 가능하냐에 좌우될 수 있다. 따라서 미 국방부에서 핵심적으로 고려하는 합동전영역지휘통제의 핵심은 누가 전력을 지휘할 것이며(Who commands forces?), 어떻게 지휘할 것인가(How do you command forces?)에 관한 문제다(Hoehn 2022, 2-3). 나아가 동맹국 전력과의 통합 지휘통제 체계를 효과적으로 갖추는 것이 필요한 상황이다. 원거리에 위치한 전력을 즉시 원하는 방식으로 사용할 수 있는 통합전투시스템(Integrated Combat System)이 여기에 해당한다. 해양작전에서 합동전력뿐만 아니라 동맹 및 우호국과의 상호운용성(Interoperability)을 증대시키기 위한 지휘통제가 중요한 이유다.

따라서 미 해군은 동맹과의 군사과학기술 협력을 강화함으로써 해군전력을 증강하고, 사이버 안보 강화를 통해 네트워크의 안정성을 확보하고자 한다. 이는 동맹국 해군 플랫폼과의 원활한 지휘통제 체계와 상호운용성을 증대하는 것으로 이어지는 선순환의 마지막 연결 고리다. 결국 대응태세의 핵심은 분쟁이 발생하면 즉각적으로 대응할 수 있는 군사력 운용방식이 준비되어야 한다는 것이다. 앞서 설명한 바와 같이 미국이 고려할 수 있는 선택지에서 자체적으로 함정 건조를 늘리는 방법이 불가능하다면, 남은 선택지는 동맹의 힘을 이용하는 방안이 유일하다. 특히 인도·태평양에서 미 해군과 원활한 임무 수행이 가능한 해군전력과 작전능력을 보유한 국가는 손에 꼽힌다. 상호운용성 측면에서 한국 해군은 가장 준비된 동맹 전력이다.

한국 해군이 전망하는 미래 해군작전의 핵심은 전 영역에 분산된 전력 간 초연결에 의한 네트워크로 일사불란하게 임무를 수행하고, 합동·연합·협동 전력 및 여러 요소 간 목표지향적 동시 통합 능력을 발휘하는 것이다. 이를 위해 제반 전력 요소 간 초연결 네트워크를 확보함으로써 우주·사이버·공중·지상 영역에 대한 해양작전의 영향성을 증가시킬 수 있어야 한다. 한국 해군 또한 미래전 수행을 위한 AI 기반 통합지휘통제체계에 관한 단계적인 개발 및 적용을 준비하고 있다. AI 기반 지휘체계가 체계화된 의사결정 시스템에 의해 신속하게 위협정보를 분석함으로써 전장 상황을 인식하고, 공격 및 방어에 필요한 절차와 무기체계의 효과성에 대한 우선순위를 선정하여 지휘 결심을 지원할 수 있을 것으로 기대된다.

V. 과학기술 협력을 통한 글로벌 포괄적 한미동맹 구축

바이든 행정부는 신흥기술의 중요성과 함께 사이버 안보에 대한 위협을 심각하게 인식하고, 서둘러 중국에 대한 맞춤형 정책들을 도입하고 있다. 동시에 첨단산업의 핵심이 되는 분야에 대해서는 산업의 수준을 넘어 국가안보로 접근한다는 것을 명확하게 밝혔다. 2022년 10월, 국가안보전략서에서 과학기술(Technology)이라는 단어를 41회 사용하면서 미국 주도로 기술표준(Technology Standards)을 동맹국과 공유할 것을 표명했다(The White House 2022b). 2022년 2월 발표한 인도·태평양 전략서에도 역내 동맹 및 파트너와의 기술협력을 강조하는 미국의 의지가 반영되어 있다(The White House 2022a). 한편 미국은 2021년 5월 국가 사이버 안보 향상에 관한 행정명령을 발표하여 첨단산업과 사이버 안보를 한데 묶어 동맹 및 파트너와 과학기술 협력을 도모하고자 했다.

같은 맥락에서 미국은 일본·호주·인도 등과 함께하는 쿼드(Quadrilateral Security Dialogue, QUAD), 영국 및 호주와 협력하는 오커스(Australia-United Kingdom-United States, AUKUS) 등 다자간 군사협력을 통해 인공지능, 5G 통신, 반도체를 포함한 첨단산업의 소재·부품·장비 공급망 협력을 주도하고 있다.[3] 스티븐 월트 하버드대 교수의 정의에 따르면 동맹은 "2개 이상의 자주국가 간 안보 협력을 위한 공식적·비공식적 협정"을 의미하며, 군사력을 집합시켜 공유할 수 있는 관계를 뜻한다(Walt 1987). 미국은 더 나아가 군사력의 근간인 첨단기술 분야의 글로벌 공급망을 미국 주도로 재편하고, 동맹국과 과학기술의 결속력을 높이기 위한 행보에 매진하고 있다. 이른바 과학기술동맹 시대를 주도하는 것이다. 이는 군사와 경제, 외교에 더해 과학기술 협력까지 아우르는 글로벌 포괄적 한미동맹의 시작이다.

한편, 4차 산업혁명 시대를 맞이하여 신흥기술의 중요성을 먼저 인식한 한국 해군은 스마트 해군(SMART Navy)을 추진 중이다. 여기에서 'SMART'를 풀어서 쓰면 'Strong Maritime forces Accomplished with Revolutionary Technology'가 되는데, 4차 산업혁명 첨단기술로 달성되는 강한 해군력을 의미한다. 해군이 지향하는 방향은 미래 전장 환경에 부합하는 새로운 전략과 작전개념을 도출하고, 첨단과학기술을 접목한 해군전력을 건설함으로써 국방혁신 4.0에 부합하는 AI 과학기술 해군으로 도약하는 것이다. 이를 통해 궁극적으로 해군은 첨단기술로 무장한 스마트 해군의 완성을 통해 해군창설 100주년이 되는 2045년, '해군비전 2045'를 구현하려는 목표를 추진하는 중이다(박동선 2020).

특히 해군은 글로벌 포괄적 한미동맹을 추구하는 현 정부의 동맹 정책을 가장 핵심적으로 수행할 수 있는 전력이다. 2022년 6월 29일부터 8월 4일까지 하와이 인근에서 실시된 림팩(RIm of the Pacific Exercise)을 통해 한국 해군의 작전적 우수성을 증명했다. 뿐만 아니라 미 해군 함정과 다양한 군사작전 수행을 통해 한미 해군전력 간 상호운용성 향상 기회를 가질 수 있었다. 지난 9월에도 한미 해군 연합훈련과 한미일 해상 연합훈련을 통해 상호운용성

3 특히 오커스는 호주의 원자력추진잠수함 확보에 관한 연구를 위해 미국과 영국이 공동으로 지원한다는 측면에서 매우 중요한 의미를 가지며, 2022년 4월 발표에 따르면 협력의 범위가 극초음속미사일 개발까지 포함하는 등 점점 더 확대되고 있다는 점에 주목해야 한다.

에 관한 신뢰성을 높일 수 있었다. 미 해군이 당면한 과제는 어떤 형태로든 한국 해군에게도 영향을 줄 수밖에 없다. 따라서 양국 해군 간 긴밀한 협력을 통해 상호 보완적인 역할을 해줄 수 있어야 한다. 긴급하게 요구되는 주요 협력 분야로는 상호운용성 증대를 위한 훈련 및 연습 강화, 신흥기술·사이버 안보에 관한 정보 공유와 초연결을 위한 네트워크의 안정성 확보, AI 기반 해양 무인체계 개발 및 운용에 관한 지식 공유 등이 있다.

다시 한번 강조하면, 초연결 상황에서 AI와 빅데이터에 기반한 자동화 공격을 실시하기 위해서는 고도화된 체계 간 상호운용성이 핵심이다. 이는 결국 사이버 안보를 고려하고, 분산된 전력을 통합하여 지휘하고 통제할 수 있는 해군형(Naval) C5ISRT(Command, Control, Communications, Computers, Cyber, Intelligence, Surveillance, Reconnaissance and Targeting)를 통해 완성된다. 한미 해군 간 평시 연합 연습 및 훈련의 횟수를 늘리거나 범위를 확대하고, 유·무인 해양 무기체계의 네트워크를 점검하고 발전시킬 수 있는 협력체계가 필요하다. 따라서 한미 양자 해군 간 해양협의체나 한미 해군이 주도하는 역내 다자간 해양협의체 구성을 적극적으로 추진하여 행동으로 옮길 수 있어야 할 것이다.

참고문헌

국방부. 2020. 『2020 국방백서』. 서울: 국방부.
_____.2022. "국방혁신 4.0』 기본계획 수립 가속화." 국방부 보도자료, 2022.8.10.
김동현. 2022. "해군, "미래전 대비 '해양 유무인 복합체계' 개발 박차"." 한국경제, 2022.9.29.
김민석. 2020. "2025년 미국 '유령함대'와 중국 항모전단이 맞선다." 중앙일보, 2020.1.31.
김주리. 2019. "트럼프 행정부의 인도-태평양 전략과 한국에 대한 함의." 『국방정책연구』 35(4): 41-68.

박동선. 2020. "4차 산업혁명 첨단기술 기반의 'SMART Navy' 大航海 계획." 『대한조선학회지』 57(1): 7-10.

박수윤. 2022. "북, 연합훈련 참가 레이건호 '파철덩이' 조롱…"얼간망둥이들"." 연합뉴스, 2022.10.2.

박용주. 2022. "[인구정책] 20세 병역인구 5년만에 30% 급감…적정 상비병력 비상등(종합)." 연합뉴스, 2022.2.10.

박휘락. 2015. "미국의 제3차 상쇄전략(the Third Offset Strategy)과 한국 안보에 대한 함의." 『한국군사학논총』 4(1): 3-27.

윤웅직·심승배. 2022. "미군의 합동전영역지휘통제(JADC2) 전략의 주요 내용과 시사점." 『국방논단』 1881.

이원준. 2022. "인공위성 통한 원격제어' 수면 위로." 국방일보, 2022.9.30.

이창준. 2022. "지난해 국내 인구 정부 수립 이후 처음으로 감소했다." 경향신문, 2022.7.28.

이홍정·임경한. 2022. "미국의 파트너십 확대를 통한 대(對)중국 견제전략과 함의." 『국가안보와 전략』 22(2): 1-36.

임경한. 2021. "바이든 행정부의 외교·안보 전략과 한국에의 함의: 미국 해양전략과 도전과제를 중심으로." 『국가전략』 27(4): 65-93.

최한영. 2022. "[제74주년 국군의 날] 윤 대통령 "북한의 어떠한 도발·위협에도 국민 생명·재산 지킬 것(축하 전문)"." 국방일보, 2022.10.1.

Eckstein, Megan. 2019. "Navy Stands Up Surface Development Squadron for DDG-1000, Unmanned Experimentation." *USNI News*. May 22, 2019.

Hoehn, John R. 2022. "Joint All-Domain Command and Control: Background and Issues for Congress." *CRS Report*. January 21, 2022.

Tadjdeh, Yasmin. 2021. "Navy Dedicates More Resources to Secretive Project Overmatch." *National Defense*. August 2021. https://digital.nationaldefensemagazine.org/publication/?m=46185&i=715354&p=27&pp=1&ver=html5 (검색일: 2022.9.29.).

The White House. 2022a. *Indo-Pacific Strategy of the United States*. Washington, D.C.: The White House.

The White House. 2022b. *National Security Strategy*. Washington, D.C.: The White House.

U.S. Department of Defense. 2022. "National Defense Strategy Fact Sheet: 2022." 28 March 2022. https://media.defense.gov/2022/Mar/28/2002964702/-1/-1/1/NDS-FACT-SHEET.PDF (검색일: 2022.10.3.).

U.S. Navy. 2022. *Chief of Naval Operations Navigation Plan 2022*. Washington D.C.: U.S. Navy.

Walt, Stephen M. 1987. *The Origins of Alliances*. Itacha: Cornell University Press.

10

공군이 바라보는 우주
— 공중우세를 우주우세로 확대하는 공중·우주 통합작전

조관행 공군사관학교

I. 서론

현대 전쟁에서 승리하기 위한 첫 번째 전제조건은 공중우세(Air Superiority)를 달성하는 것이다. "1939년 독일이 폴란드를 침략한 이래, 적이 공중우세를 가진 상황에서 어떠한 국가도 전쟁에서 승리하지 못했다." "'공중우세 달성'은 적으로부터 현저한 대항을 받음 없이 적에 대해 공중 공격(Air attacks)을 가할 수 있는 공중에 대한 충분한 통제력을 갖는 것이며, 심각한 적의 공중 공격으로부터 자유로운 것"을 의미한다(Warden 2000, 10). 이제는 전장의 영역이 우주로까지 확대됨에 따라 우주우세를 달성하는 것이 전쟁 승리

....

* 이 글은 서울대학교 국제문제연구소 이슈브리핑 No. 172(2022. 3. 18. 발간)에 게재된 것을 일부 수정 및 보완했다.

의 가장 중요한 전제조건이 될 것이다. 우주우세는 "적으로부터 방해받지 않고 자유롭게 적에 대해 우주 작전을 수행할 수 있는 상대적인 행동의 자유"를 의미한다(국방기술품질원 2017, 824).

공군은 "공중과 우주작전의 연계성을 구체화하기 위한 노력을 하고 있다. '공중우세'를 '우주우세'로 확대 발전시키기 위한 계획을 세우고, 10년 단위로 단계별 목표와 발전방향을 제시하고 있다"(정임숙 2020). 공군은 "창군 100주년을 준비하며 미래 항공우주군으로 도약하기 위해 『*Air Force Quantum 5.0*』을 2020년 4월 3일 공식적으로 발간했다. 공군은 향후 30년 동안 진행할 비전과 실천 방안을 포함하는 미래 공군력 발전 구상으로 ① 우주발전계획, ② 사이버·전자기파 발전 계획, ③ 미래 지휘통제체계 발전 계획, ④ 전력체계 융·복합 발전 계획, ⑤ 미래형 인재양성·조직혁신 계획과 같이 5가지 미래 핵심 프로젝트를 추진하고 있다(공군본부분 2020, 10). 이 글의 목적은 『*Air Force Quantum 5.0*』 내용 가운데, "공군이 주도하는 우주로의 새로운 도약"인 '우주발전계획(스페이스 오디세이 프로젝트)'을 중심으로 요약해서 소개하는 것이다.

이 글은 구성은 다음과 같다. 2절에서는 현대전에서 우주력 운용과 우주력의 중요성에 대해 살펴볼 것이다. 3절에서는 공군의 상황 인식과 미래 군사적 역할에 대해, 4절에서는 우주위협과 우주작전 및 공중과 우주작전의 연계에 대해 살펴볼 것이다. 5절에서는 공군의 우주력 발전 계획 등에 대해 살펴볼 것이다. 6절은 결론 및 함의이다.

II. 현대전에서 우주력 운용과 우주력의 중요성

우주작전이 최초로 시행된 전쟁은 걸프전쟁으로 평가된다. "이 전쟁에서 미국은 통신, 기상, 정찰, 항법 등 약 44기의 위성을 활용했다. 이라크군의 미사일 공격에 대해 미국은 조기경보위성을 활용하여 탐지 및 경보하였으며, 적 표적의 공격에 항법위성을 활용했다. 1999년 코소보 전쟁에서는 GPS 항법신호로 유도되는 정밀무장인 합동직격탄(Joint Direct Attack Munition, JDAM)을 최초로 사용했다. 특히, 이 전쟁은 약 80여 기의 위성과 전투기 등의 항공우주력만으로 적을 제압한 최초의 전쟁이란 평가를 받았다. 2001년 아프가니스탄전쟁에서 정찰 및 통신 위성 등 약 100여 기가 운용되었으며, 2003년 이라크전쟁에서는 최적의 작전 시기를 선정함에 있어 우주기상 예·경보 체계를 활용했고, 약 110여 기의 군사위성과 상용위성 30여 기가 사용됐다"(공군본부 2019b, 103).

〈그림 10.1〉에서와 같이, 현재의 "주요한 군사우주력은 1) 감시정찰, 2) 위치·항법·시간(Positioning·Navigation and Timing), 3) 미사일 경보 등으로 이루어져 있다. 전장기능의 관점에서 1) 감시정찰은 ① 전장인식의 근간, 2) 위치·항법·시간 정보는 ① 전력운영(정밀타격 등)·② 지속지원(항법 등)·③ 지휘통제(통신 등)를 보장하며, 3) 미사일 경보는 ① 방호(미사일 방어 등)의 핵심적인 역할을 수행하고 있다. 따라서 미래의 모든 분쟁은 우주로부터 시작될 것이라고 예측할 수 있다"(공군본부 2020, 63).

〈표 10.1〉에서 보는 바와 같이, ① 전장인식 관련 우주력 주요 지원 내용은 "정찰위성·우주감시체계를 활용한 광역 전천후 위협 감시 및 표적정보 획득", ② 지휘통제 관련해서는 "통신위성을 활용한 전략적 종심지역·원거리 분쟁지역 실시간 지휘통제", ③ 전력운용 관련해서는 "항법위성을 통한

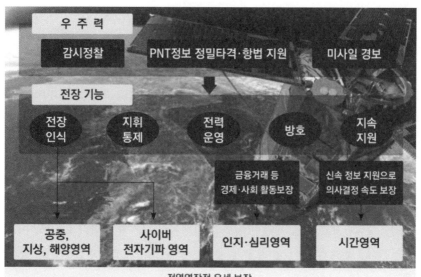

그림 10.1 전장기능 관점에서의 우주력의 핵심 역할

출처: 공군본부(2020, 63).

표 10.1 전장기능에서 우주력 주요 지원 내용

전장기능	우주력 주요 지원 내용
전장인식	정찰위성·우주감시체계를 활용한 광역 전천후 위협 감시 및 표적정보 획득
지휘통제	통신위성을 활용한 전략적 종심지역·원거리 분쟁지역 실시간 지휘통제
전력운용	항법위성을 통한 PNT(Position·Navigation·Time) 정보 제공으로 정밀타격 보장
방호	조기경보·정찰위성을 활용한 탄도탄 위협 신속 탐지 및 상승단계 식별
지속지원	위성기반 필수정보(항법, 통신) 지원으로 원거리 공수 등 원활한 작전 지원

* 밑줄 및 강조는 저자가 실시.

출처: 공군본부(2020, 64).

PNT(Position·Navigation·Time) 정보 제공으로 정밀타격 보장", ④ 방호 관련해서는 "조기경보·정찰위성을 활용한 탄도탄 위협 신속 탐지 및 상승단계 식별", ⑤ 지속지원 관련해서는 "위성기반 필수정보(항법, 통신) 지원으로 원거리 공수 등 원활한 작전 지원"을 볼 수 있다(공군본부 2020, 64).

III. 공군의 상황 인식과 미래 군사적 역할

공군은 우주위협이 증가되는 현실을 인식하는 가운데 공중·우주로의 임무 영역 확대와 공중·우주의 상호 운영성 구비 등을 추진하며 공중-우주작전의 연계성에 노력을 기울이고 있다(공군본부 2020, 68).

공군은 "현재의 시점이 공군역량을 재도약시킬 수 있는 전략적 변곡점인 것을 인식하였고, 〈그림 10.2〉에서 보는 바와 같이, ① 안보위협 다변화, ② 전투수행개념 진화, ③ 과학기술 발전 등 세 가지 주요 영향요인을 제시하고 이에 따르는 6가지 미래 군사적 역할을 도출했다"(공군본부 2020, 8-9). 공군은 이 역할 수행을 위해 '공군 핵심능력 발전전략'을 제시했다. 〈그림 10.3〉과 같이, 2030년까지 1단계, 2040년까지 2단계, 2050년 전후를 3단계로 설정하여 각 단계별로 필요한 과학기술과 목표역량을 제시하였으며, 5대 집중 분야로, ① 우주, ② 사이버·전자기파, ③ 지휘통제체계, ④ 전력체계, ⑤ 인프라(인재·조직) 등을 설정했다(공군본부 2020, 10).

그림 10.2 영향요인 분석을 통한 미래 군사적 역할 도출

출처: 공군본부(2020, 9).

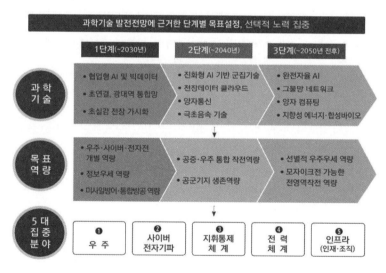

그림 10.3 공군의 핵심능력 발전전략

출처: 공군본부(2020, 10).

IV. 우주위협과 우주작전 및 공중과 우주작전 연계

1. 우주위협

우주위협은 〈표 10.2〉에서 보는 바와 같이, 우주로부터 위협(우주에서 지상), 우주로의 위협(지상에서 우주), 우주영역에서의 위협(우주에서 우주)으로 구분할 수 있다(공군본부 2019a, 98-99). 현재, "우주영역에서의 분쟁·충돌은 현실화되고 있다. 첫째, 적대세력에 의한 우주위협이 증가하고 있다. 예를 들면, 우주기반 자산의 태생적 취약성(방호, 은폐, 기동 능력 부족)으로 인해 전쟁 이전 단계부터 우군 우주자산의 활용 방해가 예상되며, 우주영역의 중요성으로 인해 우주자산에 대한 공격으로 도발이 시작될 것으로 전망된다. 둘째, 미래 위기·분쟁의 시작은 우주로부터 시작될 수 있다. 예를 들면, 우주영역에서

표 10.2 우주위협의 종류와 내용

구분	우주위협 내용
우주로부터 위협 (우주에서 지상)	• 우주공간을 경유하는 미사일 공격 • 타국 위성의 정찰·감청 시도 • 우주물체 지상 추락 • 우주기상 변화에 의한 대규모 피해
우주로의 위협 (지상에서 우주)	• 국가위성 및 GPS 위성에 대한 신호 방해 • 국가위성 요격 및 무력화 시도 • 타국 위성 발사에 따른 국가위성 충돌 가능성
우주영역에서의 위협 (우주에서 우주)	• 태양풍에 의한 위성활동 장애 발생 • 우주물체에 의한 위성 충돌 가능성 • 타 위성으로부터 신호 방해

출처: 공군본부(2019a, 98-99)에 있는 내용을 표로 정리함.

최초 도발, 분쟁시작(징후) 인지·식별 및 대비가 매우 중요하며, 분쟁 확전 및 피해가 확대되기 이전에 우주를 통한 억제·선제적 거부가 필요한 상황이다. 셋째, 우주위협에 대한 신속대응 및 우주 회복복구능력의 중요성이 부각되고 있다"(공군본부 2020, 67). 따라서 우주위협에 대해 인식할 수 있고 대응할 수 있는 우주작전 능력을 구비해야 한다.

우주작전은 〈그림 10.4〉와 같이, ① 우주감시, ② 우주정보지원, ③ 우주통제, ④ 우주전력투사 등을 들 수 있다. 첫째, 우주감시는 "우주전력의 안전하고 자유로운 활동을 보장하기 위해 우주상황을 파악하고 인식하는 활동"이다. 둘째, 우주정보지원은 "합동군사작전이 효과적으로 수행될 수 있도록 우주공간을 활용하여 각종 정보 및 통신수단을 제공해 주는 활동"이다. 셋째, 우주통제는 "우주전력이 우주공간에서 직·간접적으로 군사작전을 수행하는

그림 10.4 우주작전의 형태
출처: 공군본부(2019b, 48).

3부 첨단 군사혁신의 동학과 전략: 군의 시각

방어적·공세적 활동"이다. 넷째, 우주전력투사는 "우주전력이 우주에서 활동할 수 있도록 해당 전력을 우주로 운반 또는 우주에서 이동시키는 활동"이다(공군본부 2019b, 48). 그리고 우주작전은 〈표 10.3〉과 같이, ① 평시 전쟁억제, ② 위기상황 통제, ③ 우주공격·방어 및 공중·지상·해상 지원, ④ 정보우세 및 공중우세 달성 지원, ⑤ 전쟁 후 지원의 상황에서 감시, 조기경보 및 정보 제공, 정보보호 등의 중요한 효과를 제공한다(공군본부 2019b, 102).

표 10.3 우주작전의 상황별 효과

상황	효과
평시 전쟁억제	○ 적 군사활동 감시 및 대탄도 미사일 조기경보 역할 수행 ○ 국가 위기대처 및 평화유지를 위한 군사적, 비군사적 활동 기여
위기상황 통제	○ 유사시 군 통수권자와 지휘관에게 필요한 자료와 정보 제공
우주공격·방어 및 공중·지상·해상 지원	○ 적 우주전력 무력화 및 적의 아 우주전력 방해 저지 ○ 적 정보 적시 제공으로 전쟁의 불확실성 감소
정보우세 및 공중우세 달성 지원	○ 적 핵심전력 정보를 획득함과 동시에 우군의 정보보호 ○ 아군이 전장상황 및 작전템포를 주도적으로 관리토록 지원
전쟁 후 지원	○ 위성통신체계 활용을 통한 국가 통신 기반시설의 신속한 복구

* 밑줄 및 강조는 저자가 실시.
출처: 공군본부(2019a, 102).

3. 공중-우주작전 연계

공중-우주작전의 연계성은 〈그림 10.5〉와 〈표 10.4〉에서 보는 바와 같이, ① 물리적, ② 작전적, ③ 조직·인력시설, ④ 국내외 인식 측면에서 각각 ① 공중·우주통합작전 능력구비, ② 우주회복 탄력성 보장, ③ 기존 구축 우주인프라 활용, ④ 항공우주 파트너십 강화로 설명할 수 있다. 공군은 '현재의 대한

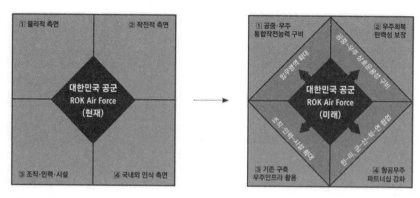

그림 10.5 공중-우주작전의 연계성

출처: 공군본부(2020, 68).

표 10.4 공중-우주작전 연계를 위한 4가지 측면

구분	주요 내용
물리적 측면	ㅇ공중-우주 통합 군사작전 능력 구비 • 우주공간(100km 이상)과 공중공간의 항공역학적 특성 유사 • 공중 및 우주 전자기파의 물리적 특성 동일(항공-우주통신 용이) • 공중공간과 우주는 3차원의 유사한 공간으로서 물리적으로 연결되어 있어 공중·우주 통합작전 용이
작전적 측면	ㅇ항공·우주 자산 간 상호운용능력 강화를 통해 우주 회복탄력성 극대화 • 현재 우주(공중포함) 영역 탄도미사일 감시·식별 임무는 이미 수행 중 • 항공우주 ISR 자산 운용을 위한 우주영역 진입·이탈 시 반드시 공중영역 경유하게 되므로 공중작전과 연계된 공간 조정·통제 필요 • 미래 우주자산 피폭 및 기능장애 발생 시 공중자산을 활용한 우주자산 즉각 대체 필요
조직·인력·시설 측면	ㅇ국방예산 제한 고려, 기존 구축된 우주 인프라의 활용 확대 • 우주작전 수행을 위해 장기간 구축된 기반체계 활용 및 지속 발전 필요 • 우주기상 예보(기상단), 우주환경 적응훈련(항의원) 등의 노하우 공유 및 협조 지속
우주작전에 대한 국내·외 인식	ㅇ한·미, 대·내외 항공우주 파트너십 구축 • 한·미 공군의 우주작전 공동 파트너십 지속 발전 - 2013년 이후 공군항공우주작전본부(KAOC) 내 한·미 우주통합팀 운영 - 미 우주작전본부(우주사)와 한 우주정보상황실(공군 항공우주전투발전단) 간 우주위협 대응 Hot-line 유지

* 밑줄 및 강조는 저자가 실시.

출처: 공군본부(2020, 68-69)의 해당 내용을 표로 정리했음.

민국 공군'에서 '우주영역까지 확대'된 '미래의 대한민국 공군'으로 발전하기 위해 노력하고 있다(공군본부 2020, 68).

V. 공군의 우주력 발전계획

공군은 스페이스 오디세이 프로젝트(Space Odyssey Project)를 통해 '공군이 주도하는 우주로의 새로운 도약'을 제시했다. 〈그림 10.6〉에서 보는 바와 같이 이 프로젝트는 "우주영역이 군사적으로 중요해짐에 따라 공중과 우주작전의 연계성을 구체화하고, 우주영역에 대한 자산 및 중앙집권적 통제 역량 확충과 우주 자산의 회복탄력성을 보장하면서 궁극적으로는 공중우세를 우주우세로 확대하는 발전계획"에 대한 내용이다(정임숙 2020).

공군의 3단계 우주발전계획 가운데 〈그림 10.7〉에서 보는 바와 같이, 1단계는 '제한적 우주감시능력 구비 및 우주작전 수행여건 강화', 2단계는 '전방

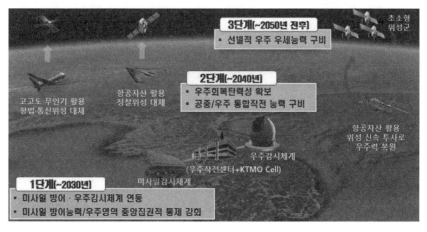

그림 10.6 공군의 3단계 우주발전계획 및 목표역량
출처: 정임숙(2020).

위 위협대비 감시정찰 및 우주작전 수행능력 구비', 3단계는 '전천후 우주감시능력 완비와 우주작전 수행능력 확대'를 목표로 설정했다. 그리고 현재는 '우주작전대'로 구성되어 있지만, 단계별로 '우주작전전대'(1단계), '우주작전단'(2단계), '우주사령부'(3단계) 조직으로 성장시킬 것을 목표로 추진하고 있다. 전력증강 면에서도 1단계에서는 군정찰위성·초소형 위성체계 등을 확보할 예정이다. 2단계에서는 고출력레이저 위성체계·레이더 우주감시체계·대위성 재밍체계 등을 전력화할 예정이다. 3단계에서는 조기경보위성체계·한국형 위성항법체계·유무인 우주비행체 등의 전력확보를 계획하고 있다(황영민 2021).

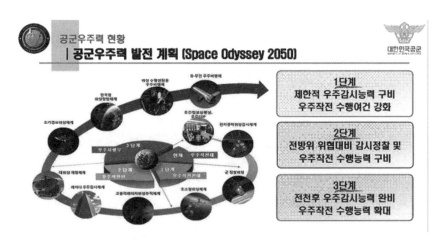

그림 10.7 공군의 3단계 우주발전계획
출처: 황영민(2021).

3부 첨단 군사혁신의 동학과 전략: 군의 시각

VI. 결론

전장의 영역은 우주로 확대되었으며, 우주위협은 증가하고 있다. 현재의 많은 무기체계가 우주를 기반으로 운용 및 건설되고 있는 상황에서 '우주우세를 확보'하는 것이 '전쟁 승리의 전제조건'이 되고 있다. 우주를 통해 감시하고 정보 판단을 할 수 있다면, 이를 기반으로 OODA(Observe, Orient, Decide, Act) Loop 순환주기를 빠르게 진행할 수 있다. 본문에서 기술한 바와 같이, 공군은 ① 물리적인 측면에서 공중·우주 통합작전 능력 구비, ② 작전적 측면에서 우주회복 탄력성 보장, ③ 조직·인력·시설 측면에서 기구축된 우주인프라 활용, ④ 국·내외 인식 측면에서 항공우주 파트너십 강화 등 공중-우주작전의 연계성을 제시하였다(공군본부 2020, 68).

공군은 2022년 1월 5일 '전자광학위성감시체계(Electro Optical Satellite surveilance System, EOSS)를 전력화했다. 이것은 전자광학(EO) 망원경을 사용하여 서울 기준 반경 2,000Km, 700Km의 고도 이내로 한반도 상공을 통과하는 타국의 인공위성 형태와 궤적 및 활동 등을 감시하는 것이다(전경웅 2022). 기존의 일반 지상레이더로는 위성을 점의 크기로만 인식할 수밖에 없으나, 〈그림 10.8〉과 같이, 전자광학위성감시체계를 통해 육안으로 식별할 수 있는 영상 이미지를 제공하여 위성의 위치 예측 및 고장상태 등을 확인할 수 있다. 그리고 한국공군은 한반도를 벗어난 위성에 대해서는 미 우주사령부의 핫라인을 통해 위치 및 궤도 정보를 제공받고 있다(민병권 2022). 그리고 공군은 앞으로 "우주기상 예·경보체계 도입, 고출력레이저 정밀위성추적체계, 레이더 우주감시체계 구축 등 독자적인 우주영역 인식 능력과 전천후 우주작전 수행 능력 확보할 계획이다"라고 밝혔다(김귀근 2022). 공군은 1단계 우주작전전대, 2단계 우주작전단, 3단계 우주사령부 조직으로 성장하며 그에 걸맞

그림 10.8 공군 전자광학 위성감시체계 임무[1]

출처: 민병권(2022).

은 능력을 확보하기 위해 노력하고 있다.

공군은 〈그림 10.7〉에서 보는 바와 같이, 10년 단위 단계별로 우주작전 수행여건 강화(1단계)·우주작전 수행능력 구비(2단계)·우주작전 수행능력 확대(3단계) 등을 목표로 설정하고 전력증강을 추진하고 있다. 공군은 '공군이 주도'하는 '우주로의 새로운 도약'을 위해 〈그림 10.9〉와 같이 '스페이스 오디세이 추진 로드맵'을 제시하고 있다. 2050년까지 10년 단위별로 '미사일 방어능력 강화 등 우주역량 확대(1단계)', '공중우주 통합작전 능력구비(2단계)', '선별적 우주우세 역량 확보(3단계)' 등을 목표로 설정하고 빅데이터·초연결·인공지능·무인군집·완전자율 AI·고출력 지향성 에너지 등의 기술을 기반으로 요구능력 구축을 계획하고 있다(공군본부 2020, 69).

....

1 한반도 일대를 지나는 위성을 탐지하고 추적한 뒤 해당 체계의 광학망원경을 활용해 위성의 구체적인 형상을 확인하는 절차를 소개한 설명도.

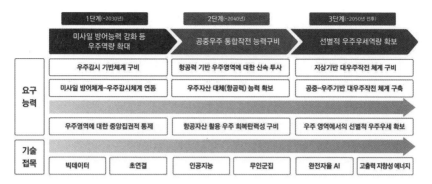

그림 10.9 스페이스 오디세이 추진 로드맵

출처: 공군본부(2020, 69).

이 로드맵을 추진함에 있어 과학기술의 개발과 요구되는 능력을 충족시키기 위해서는 국가전략적인 접근과 지원이 필요하다고 판단된다. 현재의 한국은 우주 분야 발전에 있어 우주선진국에 비해 상대적으로 부족한 상황이다. 우주를 선도하는 국가들과 우주에 집중하는 국가들의 성공과 실패 사례분석은 대한민국 '공군이 주도'하는 '우주로의 도약'에 많은 교훈과 함의를 제공할 것이다.

우주작전을 수행하는 주요국의 수행군을 보면 주로 공군으로, 공군이 우주 분야에서 주도적인 역할을 수행하고 있다. 예를 들면, ① 미국은 공군성 예하에 공군과 우주군을 두고 있으며, ② 프랑스는 항공우주군 예하에 우주사령부를, ③ 일본은 항공자위대 예하에 우주작전대를, ④ 독일은 공군 예하에 우주사령부를, ⑤ 영국은 공군 예하에 우주작전센터를, ⑥ 러시아는 항공우주군 예하에 공군과 우주군과 방공군을 두고 있다. 우주선진국들이 왜 공군을 주도군으로 우주군을 양성하고 있는지에 대한 다각적인 연구가 필요하며, 우리에게 주는 함의와 교훈을 얻도록 해야 한다.

요컨대, 국가안보를 위해 필요한 우주력을 확보하는 것은 최우선의 국가적 과업이다. 우주력을 양성하여 우주우세를 확보해야 한다. 우주우세를 달성할 수 있는 우주작전 수행개념에 맞는 능력을 확보하기 위해 필요한 인력·조직과 기반체계 등을 하나씩 구축해야만 한다. 공군이 주도하여 '공군작전과 우주작전을 통합'해서 '공중우세가 우주우세로 확대'될 수 있는 능력을 갖추게 된다면, 사활적인 국가이익에 크게 기여할 것이다.

참고문헌

공군본부. 2019a. 『우주의 이해: 핵심주제 70선』. 대전: 공군본부.
_____. 2019b. 『월간공군』 11월호. 대전: 공군본부.
_____. 2020. 『Air Force Quantum 5.0』. 대전: 공군본부.
국방기술품질원. 2017. 『국방과학기술용어사전』. 서울: 국방기술품질원.
김귀근. 2022. "공군, 한반도 상공 첩보위성 감시한다…위성감시체계 전력화." 연합뉴스, 2022.1.5.
민병권. 2022. "선진국 군집위성 6만7000개 지구 저궤도 선점할 판…공군 '韓, 위성충돌 위험 대비해야'." 서울경제, 2022.7.10.
전경웅. 2022. "공군, "외국 인공위성 감시할 전자광학(EO) 위성감시체계 전력화"." 뉴데일리, 2022.1..5.
정임숙. 2020. "공군이 주도하는 우주로의 새로운 모험." 국방일보, 2020.5.26.
황영민. 2021. "국방우주력 강화를 위한 공군우주력 발전전략." 『제2회 미래국방기술 및 전략 학술대회』 (2021. 11. 30).

Warden, John A. 2000. *Air Campaign*. toExcel Press.

11

우주국방의 시각에서 본
신흥기술·사이버 안보

박용한 한국국방연구원 안보전략연구센터

2022년 4월 16일 러시아는 우크라이나군 작전을 지원하는 미국 상업 통신 인공위성 스타링크를 파괴하는 계획을 공개하면서 우주전쟁을 선포했다. 이는 러시아 연방 영토와 우크라이나 특별 군사작전 구역, 흑해 상공 등에서 활동 중인 러시아군 안전을 확보한다는 명분으로 해당 지역 상공에 위치한 스타링크 인공위성을 파괴한다는 계획이다. 인공위성 파괴 방법은 미사일을 쏘아 떨어뜨리거나 다른 위성 공격으로 충돌, 사이버 해킹 등 다양하다.

우주 공간을 활용한 국방 영역 변화는 필연적으로 AI(인공지능) 기능 확대까지 포괄하게 된다. 우주 자산으로 획득한 광범위한 정보는 빅데이터로 구축되며 효과적인 분석을 위해 AI를 활용한 결심 지원체계 활용은 필수적 요인이다. 이때 데이터 저장과 처리 모두 사이버 영역에서 이뤄진다. 즉, 우주 능력 발전에 따라 사이버 영역 확대도 필연적이라는 뜻이다. 우주 분야 발전에 따라 사이버 공간 의존도가 증가하며 동시에 사이버 위협 영향을 피할 수 없다.

I. 우주전쟁 시대 진입: 신기술 발전과 세력균형 붕괴

2018년 6월 18일 도널드 트럼프 당시 미국 대통령은 우주 개발 문제를 국가안보 문제로 규정하면서 우주군 창설을 선언했다. 이후 제반 절차를 마련한 뒤 2020년 1월 14일 공군 우주사령관 존 레이먼드 공군 대장이 초대 우주군 참모총장에 취임했다. 레이먼드 총장은 우주사령관 취임 직전인 2019년 11월 러시아에서 쏘아 올린 위성의 의심스러운 활동을 지적했다. 미국 위성을 드넓은 우주 공간에서 지척과 같은 100마일 이내에서 추적했기 때문이다.

미 국방정보국(DIA)은 이에 앞서 2019년 2월 펴낸 보고서에서 러시아와 중국이 우주 위협으로 부상한다고 전망했다. 인공위성 및 센서 작동을 방해하거나 약화, 또는 파괴하는 방식으로 미국에 위해를 가할 수 있다는 분석이다. 이에 미국은 2020년 3월 첫 공격용 무기체계를 콜로라도 공군기지에 설치했다. 공격용 무기는 미국 위성 통신을 교란하는 적대국에 대응하는 작전에 투입된다.[1]

이처럼 패권국에 대한 도전국은 기술 발전과 확산을 통해 비대칭적 세력균형을 추구한다. 기술혁신이 세력 열세를 상쇄하는 기회를 제공하며 이는 주요한 강대국 간 군사력 경쟁 분야가 된다. 불과 백만 달러 수준인 위성 공격 무기가 이보다 수십 배 더 비싼 수천만 달러를 넘어서는 미국 위성도 파괴할 수 있다.[2] 이는 휴대용 로켓 추진 폭탄(RPG)으로 최첨단 전차를 파괴하는 양상과 비견될 수 있다.

러시아는 인공위성 요격 시험을 빈번하게 반복하고 있다. 2021년 11월 14

....

1 우주위협에 관한 미국을 중심으로 한 동향은 김호식(2020, 496)을 참조.
2 기술 발전에 따른 세력의 비대칭적 균형은 차정미(2020, 193)를 참조.

일 러시아가 쏜 위성 요격 미사일(ASAT)은 1982년부터 가동하다 수명이 끝난 자국 첩보위성 'Cosmos-1408'을 파괴했다. 이때 쏟아져 나온 파편이 국제우주정거장(ISS)을 비롯한 지구 궤도 위성에 위협으로 등장했다. 미국은 우주 파편 약 1,500개를 추적하기 시작했다. 이보다 크기가 작지만 규모가 더 많은 수만 개에 이르는 파편구름(debris cloud)은 비처럼 쏟아지는 총탄과 같지만 추적 자체가 어렵다. 앞서 중국도 2007년 요격 시험으로 조각 파편 약 10만 개를 만들어냈다.

인공위성을 비롯한 우주 물체가 연쇄적으로 충돌한다는 '케슬러 증후군'은 점차 현실로 다가선다. 이미 1996년 우주 쓰레기와 충돌한 프랑스 인공위성이 파괴되기도 했다. 저궤도 인공위성 과밀 현상에서 만들어진다는 케슬러 증후군과 달리 이제는 의도적인 목적으로 적대국 인공위성을 파괴하는 우주 공격에도 대비해야 한다. 우주 공간 위협은 다양하다. 공격 의도를 갖고 만든 우주 파편 공격뿐 아니라 인공위성에 충돌해 위성을 궤도 밖으로 밀어내거나 지구로 떨어뜨릴 수 있다. 의도적인 전자기파(EMP) 공격이나 중성자와 같은 우주방사선 환경에 노출돼 운용 연한(수명)이 크게 단축될 수 있다. 위성을 노린 레이저 공격으로 위성 기능 오작동이나 파괴도 가능하다.

강대국 간 경쟁은 지구에서는 이미 다양하게 전개된다. 우주에서도 유사한 경쟁 구도를 보일 가능성이 크다. 지상·해상·공중에서 구현하는 반접근·거부(A2AD) 전략 개념이 우주로 확장된다고 전망할 수 있다. 이에 요구되는 전략과 기술적 대비가 필요하다. 강대국 간 경쟁이 군사 영역을 초월한 정보·기술·산업 등 전 영역에서 심화하는 사례와 같이 우주 경쟁도 군사와 국방 분야에 한정하지 않고 다양하게 확장될 전망이다. 게다가 미국은 통합억제 전략으로 중국과 러시아 견제를 심화하는 상황에서 우주 분야 전 영역에서도 대결 구도가 심화할 전망이다.

우주 공간에서 우주 자산 간 군사적 경쟁은 패권 경쟁 국가만 갖는 전유물도 아니다. 북한은 2021년 1월 개최한 제8차 노동당 당대회에서 군사정찰위성 운영을 국방발전전략 목표로 제시했다. 이어 2022년 2월 27일과 3월 5일 장거리 탄도미사일을 쏜 뒤 '정찰위성 개발시험'이라고 주장했다. 북한이 우주 공간에 쏘아 올린 위성이 언제라도 한국군 위성을 공격할 수 있다는 뜻이다. 아무런 위협 없이 정찰 위성으로 북한 지역을 살펴보던 시대가 저물고 있다. 한반도 휴전선을 건너 지속했던 남북한 군사적 긴장은 우주 공간으로 확장하는 국면을 피할 수 없다.

II. 전환기 시대: 우주 개발도 벤처 투자

새로운 우주(New space) 시대가 도래하면서 우주 공간 위협과 도전은 달라진다. 새로운 우주 시대는 혁신적인 우주 상품이나 서비스를 통한 이익 추구를 목표로 하는 글로벌 민간 산업이 등장하면서 민간 영역 우주 개발 참여가 혁명적으로 확대하는 진화로 해석할 수 있다. 이러한 새로운 우주 시대가 등장한 배경은 우주 공간 상업화에 따른 결과로 설명할 수 있다. 민간 기업이 상업적 목적으로 우주 사업을 본격적으로 시작한 1990년대 중반 이후 시작됐다. 신흥 억만장자들이 우주산업에 진출하며 상업 우주 시대를 개척했다.[3]

과거 국가에서 주도하던 우주 개발은 이제 민간 주도 발전으로 전환하고 있다. 대표적인 국가 주도 우주 개발 주체인 미국 항공우주국(NASA)도 유인 발사체 사업을 직접 진행하지 않고 신생 우주기업을 통한 민관협력(PPP) 개

....

3   새로운 우주 시대에 관한 개념은 안형준 외(2019, 9-11)를 참조.

표 11.1 우주 개발 시대적 전환과 특징

구분	과거 우주	새로운 우주
개발 목표	국가적 목표	상업적 목표
개발 기간	장기	단기
개발 주체	국가연구기관, 대기업	중소기업, 스타트업, 벤처
개발 비용	고비용	저비용
자금 출처	정부(공공 자본)	정부, 민간(상업 자본)
관리 방식	정부 주도 개발 통제	민간 주도 자율 경쟁
활용 주체	정부(국방, 과학 등)	민간, 정부
개발 특징	보수성, 위험회피, 신뢰성	혁신성, 위험감수, 고위험
대표 사례	아폴로 프로젝트, 우주왕복선	Space X, Rocket Lab, One Web

출처: 안형준 외(2018, 6) 재구성.

발을 추진한다. 이에 우주 개발 산업 생태계는 전환기 시대를 맞이했다. 국방 영역 안보적 대응도 전면적 변화가 불가피하다.

우주 생태계 전환은 미국에서 가장 빠르게 나타난다. 주요 특징을 보면 NASA를 비롯한 정부 주도 우주 개발 및 사업 활용은 소멸한다. 이제는 민간 이 발사체를 비롯한 우주 개발을 주도한다. 국가는 다른 민간 영역 고객처럼 소비자 입장에서 민간이 개발한 기반 체계(platform)를 활용하는 방식으로 사업 방식을 바꾸고 있다. 민간이 주도하는 새로운 우주 시대에는 우주 관련 자산도 공유 플랫폼으로 사용된다. 다양한 국가에서 공통으로 우주 서비스를 받거나 민관군에서도 공유 사용이 가능해 비용이 절감된다. 새로운 우주 시대가 도래하면서 초소형 위성과 재사용이 가능한 발사체 활용이 특징으로 꼽힌다. 결과적으로 우주 자산 사용에 있어 비용을 절감하는 효과를 가져온다.

우선 인공위성 제작 속도는 빨라졌다. 중대형 인공위성은 수년간 준비해야 발사에 돌입할 수 있다. 그러나 새로운 우주 시대에는 빠른 위성 제작이 가능하다. 위성 크기가 매우 작아졌다. 군집으로 운용하는 초소형 위성은 자동화·무인화 제작이 가능해 제작 시간이 크게 줄었다. 크기가 작은 위성이지만 능력은 기존과 다르지 않다. 인공위성 모듈화를 통해 다양한 기능과 임무가 가능하다. 유기적인 역할 분담으로 작지만 큰 성과를 올릴 수 있다(이상민·박용한 외 2023).

위성은 작아졌지만 더 많은 위성을 쏘아 올린다. 우주발사체 발사 속도가 빈번해졌다. 우주발사체 준비 시간은 단축됐다. 필요한 시간에 지체 없이 발사할 수 있다. 회수 가능한 위성 발사체를 사용하거나 한 번에 초소형 위성을 대거 궤도에 올린다. 이처럼 저궤도에서 운용하는 초소형 군집위성은 준실시간 서비스 제공도 가능하다. 정지궤도 위성과 비교해 지상 위성 운용 시설과 거리가 줄어 통신속도가 증가하기 때문이다. 안정적인 위성 운용도 가능하다. 고장이나 기타 이유로 운용이 불가능한 위성이 발견되면 즉시 교체할 수 있다(이상민·박용한 외 2023).

III. 민간 주도 변화와 '국방 우주' 중요성

이처럼 우주 개발의 주체가 정부 주도에서 민간 주도로 전환한다고 해서 국방우주력이 갖는 중요성이 줄어들지 않는다. 오히려 국방 우주 개발에서 기민한 대응이 필요한 상황이다. 미국은 국가 차원 우주력과 국방우주력을 구분해 정의한다. 우주력은 "번영과 안보를 추구하기 위해 우주 영역을 이용하는 국가 능력의 총체"로 정의하며 모든 우주 영역과 역량을 포괄한다. 이와 달리 국방우주력은 "우주 영역 통제와 활용을 통해 전략 및 군사 목표를 달성할 수 있는 능력"으로 구체화한다.[4] 국방우주력은 일반 우주력보다 범주와 역량을 군사 목표 달성에 초점을 둔다. 국방우주는 일반 우주 개발과 달리 군사적 목표를 가질 뿐 발사체를 비롯한 수단은 공유하는 시대가 도래했다는 공통점은 변하지 않는다.

따라서 우주 개발 동향 변화는 국방우주에 가장 큰 영향을 미친다. 국방은 우주 개발 초기부터 주요 수요자이면서 행위자로 역할을 했기 때문이다. 인공위성의 군사적 임무는 정지궤도(미사일 감시, 통신)·중궤도(항법, 지상 감시)·저궤도(정찰·첩보) 등 궤도에 따라 구분할 수 있다. 새로운 우주 시대를 맞아 국방우주력 건설은 제도 보완을 통해 가성비 있는 무기체계를 빠르게 전력화하는 기회로 발전할 수 있다.[5] 이런 개발 환경 변화는 4차 산업혁명 이후 나타난 특징이다. 4차 산업혁명 이후 민간 행위자가 기술개발을 주도하고 있고 기술혁신은 지정학적 경계를 넘어선다. 이와 같이 민간 부문에서 개발된 뒤 나중에 군사 부문에 적용하는 스핀온 양상이라는 특징은 군사적 목적에서 개발된 기술이 민간으로 확산했던 스핀오프와 차이가 있다(김상배 2020, 43).

우주 개발 기술을 가장 많이 보유한 미국은 민간 영역 기술 확산을 위한 여건을 마련했다. 우주산업 수출통제체제를 완화하면서 기술 공유를 기존보다 허용했다. 오바마 정부는 수출통제개혁(ECR)을 추진해 위성 부품 대부분은 국무부 주관 무기수출통제규정(ITAR) 항목에서 해제하고 상무부 주관 수출행정규정(EAR)으로 분류됐다. 동맹국으로 지정된 36개국은 전략물자 무역허가(STA)를 획득하면 추가적인 허가 없이 우주 산업 제품을 수출·재수출·이전할 수도 있다.[6] 다만, 경쟁국에 대한 기술 통제는 점차 강화하는 추세다.

....

4　미 우주군의 역할과 개념은 Spacepower, Headquarters United State Space Force(2020)를 참조.
5　인공위성의 작전 수행 특징은 송세찬 외(2021, 349)를 참조.
6　우주 산업에 대한 미국의 수출통제 변화 추세와 특징은 유준구(2019, 502-503)를 참조.

민간 우주기업 스페이스X는 스타링크 인터넷 위성 4만여 대를 우주 궤도에 올려 범지구적인 초고속 인터넷 통신망을 구축한다는 계획이다. 2020년 초 북미 지역을 중심으로 시범 운용을 했고 2021년 12월 남태평양 통가에서 임시 운용 경험도 있다. 또한, 2022년 2월 우크라이나 전쟁이 발발하자 우크라이나 지역 통신을 개통한 뒤 위성 단말기 5,000대를 현장에 보냈다. 현재 2,000여 대 수준인 스타링크 위성은 곧 1만여 대가 더 추가될 예정이다. 우크라이나는 지상 통신이 단절된 가운데 위성 통신으로 군 작전을 운용하고 있다. 우크라니아가 러시아를 상대로 선전하는 배경으로 스타링크 역할이 지목된다. 우크라이나는 스타링크가 제공하는 영상과 통신 등 효과적인 정보 제공을 바탕으로 정보전 열세를 극복한다는 진단이다. 지금까지는 군 전용 통신위성으로 지휘통신이 가능했지만 우크라이나 사례와 같이 앞으로는 민간 위성을 활용한 군 작전도 가능해질 전망이다. 국방 분야도 공유 플랫폼을 활용할 수 있다는 가능성을 보여준다. 평소 사용이 크지 않지만 전쟁과 같은 유사시에만 사용할 수 있다면 막대한 국방비를 절감할 수 있고 중소 국가도 위성 통신을 활용할 수 있어 군사 위성 접근성이 확대될 전망이다.

IV. 한국, '국방 우주 개발 시대' 개막

한국도 이미 어느 정도 공유 플랫폼 수혜를 받고 있다. 한국은 군사전용 통신위성을 민간 로켓에 실어 우주로 보냈다. 군 당국은 2020년 7월 군 통신위성인 '아나시스 2호'를 스페이스X에서 운용하는 '팰컨9'에 탑재해 쏘아 올렸던 경험이 있다. 2023년 말 한국군 첫 정찰위성도 액체연료 로켓 팰컨9에 실려 발사된다. 정부는 2021년 스페이스X와 계약했고 2022년 2월 미국 정부의 발사체 수출 승인 조치도 완료했다는 보도가 나왔다. 군 당국은 내년 말 첫 발사를 시작으로 2027년까지 정찰위성을 지구 궤도 500여 km 고도에 올린다. 한국은 고성능 영상 레이더(SAR) 탑재 위성 4대와 전자광학(EO) 및 적외선(IR) 탑재 위성 1대 등 정찰위성 5대를 도입하는 사업(425사업)을 추진한다. 정찰위성은 북한 핵·미사일을 조기에 탐지·추적·파괴하는 킬체인(Kill Chain)의 핵심적인 역할을 하게 된다. 이처럼 민간위성을 활용하면서 예산을 대폭 절약할 수 있다. 재사용이 가능한 팰컨9은 기존 로켓보다 발사 비용이 10% 수준으로 매우 낮다. 재사용이라는 기술의 발전과 상업 위성 로켓이라는 규모의 경제가 동시에 적용된 결과다.

이런 중·대형급 위성은 해상도가 0.3~0.5m 수준으로 얻은 사진 덕분에 위성 사진 판독 능력이 크게 올라갈 수 있다. 주·야간 및 기상 악화 상황에서도 감시에 문제가 없어 위협 분석에 도움이 된다. 하지만 2시간마다 한반도 상공을 지나가며 정찰하기 때문에 감시망에 공백이 생긴다. 이런 빈틈은 소형 위성으로 일부 보완할 수 있다. 국방과학연구소(ADD)가 개발 중인 초소형 영상 레이더(SAR) 32대를 띄우면 30분 간격으로 한반도 주변을 정찰할 수 있다. 개발 중인 초소형 위성은 510km 고도에서 1m 크기의 물체를 들여다볼 수 있는 성능을 지녔다. 향후 개발 과정에 해상도 능력을 높인다면 근실시간 한반도 감시가 가능해진다. 초소형 위성 모형은 원통형 본체에 날개형 태양 전지판이 달린 일반 위성과 다른 형상이다. 앞면에 영상 레이더, 뒷면에 태양 전지판이 일체형으로 구성된 직사각형 형태로 크기(가로 3m, 세로 70㎝)와 무게(66kg)를 줄였다.

2020년 3월 30일 ADD는 순수 국내 기술로 개발된 고체추진 우주발사체 첫 시험발사에 성공했다. 고체추진 로켓기술이 이미 높은 수준에 있었음을 입증하는 계기가 되었다.[7] 군 당국은 2020년 7월 28일 한·미 미사일지침 개정으로 탄도미사일 탄두 중량 제한을 비롯한 고체로켓의 우주발사체 사용 제한이 풀리면서 현무-4를 비롯한 미사일 개발에 착수했다. 미사일에 쓰이는 로켓기술 확보는 위성을 쏘아 올리는 로켓 기술과 다르지 않다. 미사일 지침 개정 뒤 불과 2년 만에 거둔 미사일 개발 성공은 우주로 나가는 길을 열었다.

액체추진 로켓 발사장은 중대형 인공위성을 쏘아 올리기에 적합하지만, 대규모 설비를 필요로 한다. 일반적으로 액체추진 로켓은 연료통, 산화제통, 터빈, 노즐 등 구조가 복잡하고, 액체연료와 산화제를 발사 직전에 대량으로 주입해야 하므로 대형 발사설비가 갖춰져야 하며 준비 시간도 길고 까다롭다. 반면, 고체추진 로켓은 연료와 산화제가 혼합된 고체추진제가 로켓 내부에 저장된 간단한 구조가 특징이다. 덕분에 해상이나 공중에서도 쉽고 빠르게 발사할 수 있어 지·해·공 다양한 기반 체계에서 신속하게 쏠 수 있다.

비교적 구조가 단순한 고체추진 로켓은 발사대 밖으로 살짝 튕겨내는 콜드론칭(cold launching) 기술을 이용해 로켓을 공중에 띄워놓고 로켓 추진제를 점화시킬 수 있다. 이 때문에 로켓을 쏠 때 나오는 분사 가스가 선박이나 바지선에 큰 충격을 주지 않는다. 중국은 이미 2019년과 2020년에 서해상에서 DF-31A 최신형 고체추진 대륙간탄도미사일(ICBM)을 개조한 창정11 우주발사체에 탑재한 상용인공위성을 두 차례 발사했다.

고체추진 우주발사체를 활용한 해상 우주 발사체계 기술을 확보하면 발사 장소에 구애받지 않고 극궤도와 경사궤도뿐만 아니라, 정지궤도 위성을 발사할 수 있다. 통상 고도 약 3만 6천km에서 운용하는 정지궤도 위성은 발사에너지를 절약하기 위해서 적도 부근에서 발사해야만 하는데, 한국처럼 적도에서 멀리 떨어진 국가는 발사장을 임대하거나 해상우주발사체계를 보유해야

‥‥‥‥

7   액체·고체추진 로켓의 기술적 특징과 국내 동향은 이상민(2022)을 참조.

한다. 액체추진 로켓은 중대형 인공위성을 쏘아 올리기에 적합하고 고체추진 로켓은 500kg 이하 소형, 100kg 이하 초소형 인공위성을 발사하기에 유리하다. 한국군이 개발한 고체추진 로켓을 민간에서 제조하고 운용할 경우 초소형 위성을 매우 낮은 비용으로 더 많이 쏘아 올릴 수 있다. 강은호 방위사업청장은 국방 우주기술을 확보하기 위한 예산 지원을 확대하고, 스핀온, 스핀오프, 스핀업 등 민간으로의 기술이전과 협력을 촉진하며, 민군 협력을 강화한다는 계획을 밝혔다(강은호 2022, 1-2).

V. 우주 자산 방호 필요성

위성을 비롯한 우주 자산은 우주 환경 영향에 취약하다. 우주 자산이 갖는 환경적 취약성은 의도에 따라 심화될 여지도 있다. 우주 공간은 근본적으로 전자기파 노출이 불가피하다. 태양풍이 만들어낸 오로라가 동반하는 전자기파에도 유해한 영향을 받는다. 게다가 의도를 갖고 극대화한 공격이 이뤄지면 치명적인 피해를 피할 수 없다. 만약 북한이 우주 공간에서 EMP 공격을 한다면 우리 군 위성 운용이 가능할까 의문을 던지지 않을 수 없다. 따라서 전자기파 공격에 취약한 위성에 방호 설비 구축이 필요하다.

이와 유사하게 영향을 미치는 요인에 대한 심도 있는 연구도 필요하다. 지자기 변화로 강한 전자기 유도현상이 발생하면 지상 전력체계뿐 아니라 우주 공간에 위치한 위성도 파괴될 수 있다. 따라서 지자기 폭풍을 비롯한 환경적 유해 요인을 살피고 이와 유사한 효과를 의도한 공격에 대응할 방호력 구축도 필요하다.

위성 크기가 줄어들면 위성 출동 가능성도 줄어든다. 그러나 앞서 살핀 위성 방호 설비도 구축하려면 위성에 더 많은 공간이 필요하다. 이는 초소형 위성 개발에 장애가 된다. 물론 초소형 위성은 비교적 대체 공급이 편리하지만, 차폐 성능이 부족한 초소형 위성이 갖는 취약성 극복 필요성을 완전하게 상쇄할 수 없다. 따라서 초소형 위성에 필요한 차폐 기술을 비롯한 다양한 방호 설비 구축 노력이 필요하다(이상민·박용한 외 2022).

우주 공간 뿐아니라 지상에서도 방호가 필요하다. 우주 공간을 활용한 국방 영역 변화는 필연적으로 AI(인공지능) 기능 확대까지 포괄하게 된다. 우주 자산은 정보(information)를 생산하는 수단이다. 위성 정보 그 자체는 가용 가능한 정보(intelligence)라고 할 수 없다. 부가적인 생산 과정이 필요하다. 우주 자산으로 획득한 광범위한 정보는 빅데이터로 구축되며 효과적인 분석을 위해 AI를 활용한 결심 지원체계 활용은 필수적 요인이다.

늘어난 우주 자산이 광범위한 지역을 촬영한 영상 이미지 또는 단기간에 포집한 대규모 신호 정보는 더 이상 인간이 분석을 전적으로 전담할 수 없다. AI 지원이 없다면 우주 자산 활용 폭은 한계를 벗어날 수 없다. 분석 정보를 늘리면서도 분석 시간을 줄여 적시적 정보 활용이 가능하려면 AI 활용이 불가피하다. 이때 데이터 저장과 처리 모두 사이버 영역에서 이뤄진다. 우주 자산을 효과적으로 활용하려면 AI 활용이 필요한 배경이다. 즉, 우주 능력 발전에 따라 사이버 영역 확대도 필연적이라는 뜻이다. 우주 분야 발전에 따라 사이버 공간 의존도가 증가하며 동시에 사이버 위협 영향을 피할 수 없다.

VI. 3만 6000km 밖 우주 공간도 지구에서 통제

2022년 2월 유럽 우주국(ESA)은 우주 사이버 보안 강화를 위해 실시간 인공위성 해킹을 시도할 참가자를 모집했다. 2019년 12월 궤도 515km 고도에 올려둔 위성을 상대로 기술을 검증했다. 사이버 인공위성 해킹으로 위성을 물리적으로 공격하지 않더라도 위성을 무력화하거나 운용자 의도와 다르게 제3자의 통제가 가능하다. 인공위성을 손쉽고 저렴한 방법(300달러)으로 해킹한 사례는 꽤 많다. 사실상 대부분의 상용 위성은 당장 비전문가의 공격으로도 일시적·영구적인 침해가 가능한 상황이다.

위성에 대한 직접적인 사이버 공격뿐 아니라 지상 관제소에 침투해 통제권을 빼앗거나 무력화도 가능하다. 지구에서 3만 6,000km 떨어진 정지궤도 위성을 해킹하기 위해 멀리 갈 필요가 없다. 3,000km 바다 건너에서 사이버 공격으로 원하는 목적을 달성할 수 있다. 사이버 공격에 성공할 경우 내가 쏜 위성이 없더라도 다른 국가에서 쏜 위성으로 원하는 목적 달성도 가능하다. 사이버 해킹으로 침투한 뒤 군집 드론 공격처럼 500km 저궤도 상공에 올라가 있는 다수의 인공위성을 활용한 군집위성 공격도 가능하다. 컴퓨터게임 하듯 '분산제어' 기술을 적용해 삼삼오오 짝을 지어 임무를 받고 수행할 수 있다. 우주에 올려둔 정찰위성이라는 '눈'과 통신망이라는 '귀'를 잃어버리면 현대전 수행은 불가능하다. 이런 이유로 미국에선 오래전부터 사이버 진주만 공습을 우려했다. 랜드 연구소에서 1995년 분석한 결과에는 고속열차 탈선이나 항공기 추락, 송전망 파괴 등이 거론했다. 표적의 취약성은 얼마나 의존하는가와 관계된다. 대량 파괴무기가 아닌 대량 혼란의 무기가 된다.[8]

....

8　정보 체계의 취약성에 관한 내용은 프리드먼(2020, 364-367)을 참조.

2022년 10월 15일 발생한 판교 데이터센터 화재는 의존성에 따른 취약성을 보여준다. 우주 자산 활용도 데이터 처리와 밀접하다는 측면에서 간과할 수 없다. 데이터센터에서 대규모 정보를 저장 및 처리한다. 개별 운용 이용자 사이에 정보 교환이 이뤄지는 장소이며 여기서 데이터를 전달 및 저장한다. 특히 AI와 같은 연산 도구를 활용해 데이터를 가공 및 처리한다. 여기에는 서버를 비롯한 네트워크, 저장 공간인 스토리지, 메모리 반도체 등이 집약돼 있다. 네트워크와 상시 연결된 상태를 유지하면서 안정적인 운용이 필요하다.

만약 위성을 운용하는 서버가 해킹 공격이나 물리적인 침해를 받는다면 위성 운용에도 큰 차질이 불가피하다. 군에서는 분리된 통합데이터센터를 구축해 군사 정보 처리를 민간 영역과 구분해 별도로 운용한다. 그러나 군 위성 운용을 지원하는 국방 관련 데이터 운용에 장애가 발생한다면 정상적인 군 지휘통신의 보장을 장담하기 어렵다. 국내에 설치된 민간 분야 데이터 침해 사고도 국방과 무관하지 않다. 사회적 기반 시설 침해는 필연적으로 공공부문인 국방에도 영향을 미친다. 국방에 어떠한 직접적·간접적 영향을 파생하며 어떤 대응을 준비 및 이행해야 하는지 면밀히 살펴야 한다.[9]

따라서 취약성의 범주가 지구상에 머물지 않고 지구 밖으로 확산하는 데 큰 어려움이 없다는 전망이다. 이미 지구상에 존재하는 취약성만으로도 우주 공간에 대한 혼란을 야기하기에 충분하기 때문이다. 우주를 얻더라도 사이버 공간의 통제권을 상실하면 우주를 포함한 모든 걸 빼앗기게 된다. 우주 자산 활용이 증대할수록 사이버 분야 의존도가 비례해 증가하며 취약성은 오히려 사이버에 쏠리게 된다.

....

9   한국데이터센터연합회 자료에 따르면 국내 소재 데이터센터(IDC)는 2000년 53개에서 2020년 156개로 증가했다. 2025년에는 188개까지 늘어나며 시장 규모는 10조 원 규모로 전망된다(한국일보 2022.10.19.).

사이버 공격은 흔적 없는 조용한 살인자와 같다. 미사일 공격을 비롯한 우주 공간에서의 위협은 흔적이 남지만, 사이버 공격은 우주 공간 위성과 지상에 위치한 관제소와 서버 어디에서도 공격자 단서가 남지 않을 수 있다. 오히려 사이버 공격을 마친 공격자는 피해 국가에서 해킹과 무관한 다른 국가에서 공격했다고 오판하도록 가짜 증거를 조작해 남겨둘 수도 있다.[10] 피해 인공위성을 가져오거나 우주 공간 현장에서 검증을 실시할 수도 없다. 설사 복잡한 복원으로 공격의 실체를 오랜 기간이 지나 밝히더라도 이미 공격자는 전략적인 목적인 달성한 이후며, 피해자가 이를 복원하기 어렵다. 어쩌면 전혀 상관없는 국가 간 전쟁이 이미 벌어진 뒤에 진실을 마주할 수 있고 누가 공격했다는 진실은 영원히 가려질 수도 있다. 앞으로 모든 공격은 사이버로 통하게 된다.

참고문헌

강은호. 2022. "민과 군이 함께하는 대한민국 우주산업 육성과 우주방위사업의 발전방안." 『ROK Angle』 4-1.

김상배. 2020. "미래전의 진화와 국제정치의 변환." 김상배 엮음. 『4차 산업혁명과 신흥 군사안보』. 파주: 한울아카데미.

김호식. 2020. "미국 '우주군 창설' 추진현황." 『한국항공우주학회 2020 춘계학술대회 논문집』. 서울: 한국항공우주학회.

송세찬 외. 2021. "뉴스페이스 시대와 국방우주력 건설." 『한국항공우주학회 2021 춘계학술대회 논문집』. 서울: 한국항공우주학회.

안형준 외. 2018. "우주항공 기술강국을 향한 전략과제." 『STEPI Insight』 226. 세종: 과학기술정

....

10 2018 평창 올림픽을 앞두고 러시아는 해킹 공격을 했다. 사건 발생 초기 공격 주체로 북한을 유력하게 추정하는 단서가 발견됐다. 그러나 이는 의도된 오인이며 공격 주체로 러시아를 규명하기까지 상당한 시간이 필요했다.

책연구원.

_____. 2019. 『뉴스페이스(New Space) 시대, 국내우주산업 현황 진단과 정책대응』. 세종: 과학기술정책연구원.

유준구. 2019. "최근 미국 우주안보의 동향과 쟁점." 『한국항공우주학회 2019 추계학술대회 논문집』. 서울: 한국항공우주학회.

이상민. 2022. "민간 우주개발 시대 서막…역량 집결·협력 강화 과제." 국방일보, 2022.4.9.

이상민·박용한 외. 2022. 『국방우주개발 정책연구』. 서울: 한국국방연구원.

차정미. 2020. "4차 산업혁명 시대 중국의 군사혁신." 김상배 엮음. 『4차 산업혁명과 신흥 군사안보』. 파주: 한울아카데미.

프리드먼, 로렌스. 2020. 『전쟁의 미래』. 조행복 역. 서울: 비즈니스북스.

"미래 먹거리라 박수 받지만 위기 대응은 허점투성이…흔들리는 데이터센터 산업." 한국일보, 2022.10.19.

4부

신흥기술 안보와 사이버-핵 넥서스

신흥기술 안보와 민군 겸용 AI의 국가전략

윤정현 국가안보전략연구원

I. 신흥·파괴적 기술로서 인공지능

기술혁신과 4차 산업혁명의 파급력이 확장되면서 경제·사회 전반의 디지털화가 가속화되고 있다. 이 같은 변화는 시장의 변화뿐만 아니라 군사적 차원의 혁신적 변화를 유발하며 동맹과 안보전략의 수립에도 막대한 영향을 미치는 중이다. 이를 반영하듯, 최근 NATO는 '과학기술 트렌드 2020-2040' 보고서를 통해 신흥·파괴적 과학기술(emerging or disruptive Science & Technologies) 개념을 제시하면서 이들이 미래의 군사작전, 방위 능력 및 정치적 의사결정에 대해 갖는 잠재력을 평가한 바 있다. 여기서 신흥·파괴적 기술은 현재 완전히 성숙된 상태는 아니지만 급속히 발전하고 있는 과정에 있으며, 향후 막대한 파급력이 예상되는 기술이라 할 수 있다. 다만, 그 영향력이 어느 범위에서 어느 정도로 발현될 것인지에 대해서는 단정하기 어려운 불확실성을 지닌다.[1] 보고서에 따르면, 2040년까지 향후 20년 동안 군사 분야의 과학기술

트렌드는 ① 지능화(intelligence), ② 상호연결성(interconnectedness), ③ 편재성(distributedness), ④ 디지털화(digitalization)의 4가지 특징을 보일 것으로 예상되고 있다(NATO Science & Technology Organization 2020). 그리고 인공지능(AI)은 이 같은 특징을 가진 대표적인 신흥·파괴적 기술이라 할 수 있다.

인공지능은 디지털적으로든 자율적인 물리적 시스템 뒤에 있는 스마트 소프트웨어로서든 예를 들어 패턴 인식, 경험에 의한 학습, 결론 도출, 예측 또는 조치 등과 같이 일반적으로 인간의 지능이 필요한 작업을 수행할 수 있는 기계의 능력을 의미한다. 오늘날 인공지능을 비롯한 주요 신기술들은 특정 산업 영역에 국한되지 않으며, 정치, 군사, 경제, 사회 각 부문에 포괄적으로 연계되어 영향을 미치고 있다. 이는 신기술 이슈가 전략적 가치를 내포하고 있으며 언제든지 안보 문제의 중심이 될 수 있다는 것을 의미한다. 실제로 미·중을 비롯한 주요 기술 선도국들은 AI의 개발과 활용 과정에서 안보 전략적 측면을 중요하게 고려하고 있으며, 해당 기술군의 범위를 설정하고, 효과적인 활용을 위한 국가전략을 마련 중이다. 최근 들어 더욱 급격히 진행되고 있는 기술의 지능화, 첨단화, 연결화 등으로 인해, AI의 활용 범위는 더욱 확대되었으며, 디지털 플랫폼의 확대와 메타버스의 출현, 바이오 혁명 등이 융합되면서 이와 연계된 다양한 신흥기술, 유망 기술 등이 추가되고 있다(윤정현 외 2021).

인공지능은 민간에서의 광범위한 적용 가능성뿐만 아니라 첨단 군사무기로서의 활용 잠재력을 보유하기 때문에 '범용 기술(general purpose technology)'[2] 확보 차원에서의 안보적 접근 필요성을 제기한다. 또한 AI는 다양한 산

....

1   NATO는 또한 이들이 2020-2040년 기간에 NATO 국방, 안보 또는 기업/산업 기능에 중대한 또는 혁명적인 영향을 미칠 것으로 예상하였으며, 새로운 방식으로 결합된 기술의 조합인 융합(convergent)을 통해 파괴적인 효과를 만들어낸다고 보았다(NATO Science & Technology Organization 2020, 6).

업과 연결되어 시너지를 창출하며 전기, 인터넷과 같이 산업 전반에 걸쳐 영향을 주는 21세기의 핵심 범용 기술로서 기존 산업 부문에 접목되어 자동화 및 지능화를 통한 융합적 혁신을 촉발하고 있다. 특히, 효율성과 정확성, 생산성을 획기적으로 증가시키는 동시에 인간 중심의 노동시장을 재편 중이다. 이에 각국 정부는 인공지능 기술의 육성을 위해 정책적 지원과 제도 개선에 박차를 가하고 있으며, 글로벌 빅테크 기업 또한 인공지능 분야의 기술력을 확보하고 관련 시장을 선점하는 데 총력을 기울이는 중이다. 이처럼 인공지능은 디지털 전환기의 대표적인 신흥기술로서 민간과 국방 분야의 폭넓은 활용 가능성을 시사한다. 더욱이 현재 적용되고 있는 부분적 지능을 구현한 인공지능 기술 경쟁은 향후 '강인공지능(Strong AI)'으로 이어질 것이며, 여기에 앞서서 도달한 국가는 그렇지 못한 국가와 ICT 전반의 광범위한 민간 산업 영역은 물론 국방 분야에서도 초격차를 유지할 가능성이 점쳐지고 있다.

II. 인공지능 기술혁신과 산업 부문의 적용 확대

최근 들어 인공지능이 빠르게 발전할 수 있었던 배경에는 인터넷 및 클라우드의 활용, 컴퓨팅 성능 향상, 빅데이터, 새로운 알고리즘의 발전이라는 외부적 성장 동인과 최종 소비자의 실질적인 수요 증가에 크게 기인한다(윤정현 외 2020). 실제로 인터넷 및 스마트 기기의 활용도 증가는 방대한 데이터와 정보를 온라인에 연결된 모든 매체에 제공할 수 있게 하였으며, 이는 인공지능

----

2 '국가 혹은 전 지구적 차원에서 생산성 향상 등을 통해 경제에 근본적 영향을 미칠 수 있는 기술'로서 각 단계의 산업혁명을 촉발시켰던 증기기관, 전기, 컴퓨터, 인터넷 등이 대표적이라 할 수 있다. https://ideas.repec.org/h/eee/grochp/1-18.html (검색일: 2021.8.17.).

이 활용할 수 있는 데이터 총량의 급증뿐만 아니라 어디서나 이를 기반으로 학습하고 정교한 모델을 구축할 수 있게끔 만들었다. 나아가 획득한 인지·시각적 정보들을 머신러닝을 통한 새로운 알고리즘에 따라 다양한 활용 분야에서 유의미한 정보로 변환시키는 기초가 되었다. 최근에는 여러 대의 기기를 운용함으로써 발생하는 문제들과 복잡한 관리를 해소하기 위해 직관적인 인간-기계 간의 상호작용(Human Machine Interface, HMI)을 구현하는 데도 인공지능 기술이 적용되고 있다(박형곤 2019).

인공지능 기술이 각 산업과 사회에 침투·융합해가는 4차 산업혁명의 전환기에서 전통적인 산업과 비즈니스 모델의 지형 역시 바뀌고 있다. 아마존, 마이크로소프트, 메타(구페이스북), 엔비디아 등 이미 글로벌 시장을 선도하고 있는 미국 기업뿐 아니라 바이두, 알리바바, 텐센트와 같은 중국의 IT기업들도 자사 중심의 인공지능 생태계를 넓히기 위해 대규모 연구개발에 투자하고 있다. 유럽과 일본 등 주요 기술선도국 역시 인공지능 기술을 보유한 기업 간 제휴, 스타트업 인수 등을 통해 미래 산업 분야의 경쟁력 확보를 위한 노력을 기울이는 중이다(양희태 2020).

현재 활용되고 있는 인공지능 솔루션의 응용산업별 비중을 살펴보면, 콘텐츠 및 광고 분야에서 인공지능을 응용한 상품의 매출이 가장 높으며, 금융·헬스케어 분야 또한 인공지능이 활발하게 적용되고 있다. 또한, 자율주행 등 다양한 모빌리티 알고리즘과 관련된 인공지능 기술이 개발 중이며 스마트팩토리와 스마트제품 등에도 다양하게 응용되고 있다. 그 밖에 물류, 여행, 소비재, 공공, 자동차 부문 등에서 딥러닝, 강화학습에 기반한 인공지능의 가치 창출이 부상할 것으로 예상되며 해당 기술의 한계점을 개선하는 연구가 지속적으로 이루어짐에 따라 인공지능의 사회적 파급력이 더욱 커질 것으로 전망된다.

이처럼 인공지능 기술은 범국가적인 관심 속에서 급속도로 발전되고 있으며 변화 속도가 매우 빠르기 때문에 특정 기업의 내부 R&D를 통한 자체적인 기술력 확보에 한계가 존재한다. 이 때문에 글로벌 거대 IT기업은 핵심 제품의 개선과 미래경쟁력 확보를 위해 인공지능 스타트업을 인수하는 형태로 기술력과 인재를 동시에 확보하려는 전략을 구사하고 있다. 실제로 인공지능 스타트업에 대한 투자금액은 2019년 기준 265억 달러로 매년 증가하는 추세이며, 이들 스타트업들은 이러한 관심과 투자금을 흡수하여 유니콘 기업으로 도약하거나 대기업과의 인수합병(M&A)을 통하여 글로벌 인공지능 기술 발전을 견인 중에 있다(이현진·이미혜 2021).

향후 산업용 로봇에 인공지능이 접목되면 인간의 개입 최소화와 학습 기반의 자율적 업무 수행, 인간과의 협업 시스템 구축이 가능해지게 된다. 이에 많은 국내외 산업용 로봇 제조 기업들이 최근 인공지능을 다각도로 도입하고 있다. 인간과 기계의 최적화된 협업 시스템을 통해 궁극적으로 꿈꾸는 미래 인공지능의 활용 모습은 결국 완벽한 유연 생산(flexible manufacturing)의 구현이다. 인공지능을 기반으로 인간과 기계, 기계와 기계 간의 끊김 없는 실시간 데이터 공유와 모듈화를 통한 생산 시스템의 유연한 변경 및 조합, 그리고 이를 통한 개인화된 제품 생산이 가능할 때 진정한 의미의 4차 산업혁명 패러다임에 걸맞는 스마트 제조 환경이 구현되는 것이라 볼 수 있다(양희태 2020).

그러나 인공지능은 기본적으로 데이터 분석을 통한 패턴 정립과 이에 기반한 의사결정 과정을 거친다. 이는 인공지능 기술개발에 있어서 그 대상이 되는 알고리즘 세분화는 물론 고객에게 제공하고자 하는 서비스 과정에 대한 이해와 분석이 필수적임을 의미한다. 이러한 서비스 프로세스 분석은 인공지능을 통해 특정 서비스를 구현할 수 있는지에 대한 판단 근거를 제공하는 것은 물론이고, 인공지능 알고리즘이 행한 의사결정에 대한 서비스 제공자의 해석 및 설명 가능성을 높여줄 수 있다. 결국 기업의 책임 있는 인공지능 활용을 위해서 서비스 개발 과정에 고려될 수 있는 인공지능 사용에 대한 정부 차원의 가이드라인의 제시가 필요할 것으로 예상된다. 이러한 맥락에서 미국의 경우 최근 연방거래위원회(Federal Trade Commission, FTC)에서 AI 및 알고리즘 사용 지침을 발표한 바 있는데 해당 지침에서 FTC는 기업이 AI 및 알고리즘 사용 시 투명성, 설명 가능성, 공정성, 견고성과 실증적 타당성, 책임성을 가져야 함을 강조한 바 있다. 글로벌 금융기업들은 고객 대응, 업무 관리, 금융사기 탐지, 실시간 모니터링 및 리스크 관리 등 다양한 분야에서 인공지능을 활용하고 있으며, 국내에서도 그동안 일부 업무 분야에만 제한적으로 도입됐던 인공지능 서비스의 영역이 점차 확장되고 있다(강영신 2020).

III. 국방 분야에서의 AI 활용과 국내의 민군 겸용 AI 협력의 쟁점

4차 산업혁명 시대의 지능화와 디지털 전환의 흐름은 민간 부문뿐만 아니라 국방 분야에서의 전투 개념 또한 질적으로 변환시키고 있다. 현대전은 전장 요소의 정밀화, 자동화, 네트워크화의 양상으로 변한 지 오래이며 전통적인 육·해·공의 전장 범위는 사이버와 우주 공간을 포함한 5차원의 영역으로 확대되는 중이다. 이 같은 변화는 국방 시스템의 복잡·정밀화를 필연적으로 수반하게 되며, 전통적인 인적 역량만으로는 첨단화된 국방체계를 통제·제어하기 어렵다는 사실을 주지시키고 있다. 이러한 점에서 인공지능 기술의 도입 여부는 미래 국방력의 향상과도 밀접히 연결된다고 볼 수 있다. 병력 수급 문제의 해소뿐만 아니라 효율적인 자원관리, 첨단 전투력의 강화 등을 위한 기술적 돌파구로 주목받고 있기 때문이다. 향후 지능화된 국방체계는 전장 및 전투지원 환경에서 핵심적인 역할을 수행할 것이며, 이를 위한 활용 역량 의 확보는 국방 전략의 최우선적 고려 사항이 될 가능성이 높다(윤정현 2020). 신흥·파괴적 기술로서 AI의 군사전략적 파급력을 평가했던 NATO는 향후 AI 가 가짜 미디어 탐지 생성, 가상의 지휘관, 전장 병력 간 자동화 통신, 집단행 동 예측, 정밀 교전, 자동 타겟팅 등에 활용될 것으로 전망한 바 있다.

국내에서도 2019년 12월 '국방 인공지능 발전계획'을 수립하였으며, '국 방개혁 2.0'과 군의 첨단화를 위한 '4차 산업혁명 기반의 스마트 국방혁신' 을 추진 중에 있다. 그 요체는 '국방운영 혁신', '기술·기반 혁신', '전력체계 혁신'으로, 이들 3대 분야의 혁신을 통해 '디지털 강군, 스마트 국방 구현'이 라는 비전을 달성하는 것을 목표로 하고 있다(국방부 2020). 현재 '국가 AI 전 략'과 연계된 국방부 과제 중 '국방 지능형 플랫폼 구축 및 핵심 업무 지능화', '국방 지능데이터센터 구축 및 지휘체계 지원 지능 개발'이 반영되어 있으 며, 2020년 6월 추진전략 및 세부 이행계획을 제출한 상태이다. 특히, 인공지 능 기술은 전력체계 혁신을 구성하는 '미래 8대 핵심 기술'의 하나로 미래 국 가안보와 직결된 10대 군사능력과 30개 핵심전력의 근간이 되고 있다(윤정현 2020).

민군 겸용 AI 기술은 민간과 군에서 동시에 사용 가능한 공통적인 AI 기 술로서, 주로 국방 수요에 따라 기술개발을 추진하며 국방시스템을 고도화하 기 위해 개발되지만, 동시에 민간에서 활용 가능한 도전·혁신적 AI 기술을 확 보하는 것 또한 목표로 하고 있다. 민군 겸용 AI 기술개발 사업은 주로 부처연 계협력 방식으로 추진되고 있으며, 정부 R&D 자원의 계획적·전략적 배분 및 투자 효율성 제고를 위해 민·군 겸용이 가능한 분야를 우선 발굴하게 된다. 이후 민군/부처 공동기획·공동투자 및 기술개발 프로세스를 통해 산업경쟁

표 12.1 인공지능 기술의 적용 가능한 국방 분야와 활용 기능

가짜 미디어 탐지/생성	가상 지휘관	자동화 통신

실황에 반응하거나 대상화된 개인 또는 집단과 실시간으로 소통하면서 가짜 미디어 보고서, 비디오, 오디오 및 소셜 미디어 게시물을 자동으로 탐지하거나 형성.	종합적인 운영 인식을 활용하여 인간과 같은 추론과 이전 작업을 기반으로 한 조언으로 운영 지휘관을 실시간으로 지원하고 조언.	개별 병사가 언제 어디서나 언어, 신체 언어 및 인간의 감정을 자동으로 즉시 식별하고 정확하게 번역할 수 있도록 함.
집단행동 예측	정밀 교전	자동 타겟팅
		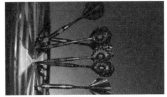
배경 데이터(예: 소셜 미디어, 감시, 생체 인식 장치)로부터 인간 또는 집단의 행동을 정확하게 예측.	고도로 국소화된 효과(운동적 또는 에너지 기반)와 선택적인 치명성을 지닌 혼잡하고 어수선하거나 역동적인 환경에서 표적을 포착하고 교전.	원하는 운영/전략적 효과를 달성하기 위해 군사, 경제, 정보 및 외교 스펙트럼 전반에 걸쳐 정확한 맞춤 조언을 제공.

출처: NATO Science & Technology Organization(2020, 58).

력 확보와 국방력 강화를 동시에 달성하고자 하는 것이다(국방부 2022).

민군 협력은 제도적 관점에서 민간의 우수한 기술을 군에 적용하기 위한 '스핀 온(spin-on)', 민간과의 공동 개발을 통해 새로운 기술을 창출하는 '스핀 업(spin-up)'을 보다 활성화시키는 접근이다. 특히 인공지능과 같은 첨단 기술의 군사적 활용을 위해서는 민간의 기술 역량을 효과적으로 활용하여야 한다. 최근 국내의 AI 민군 협력 사례로는 해검을 들 수 있다. LIG Nex1에서

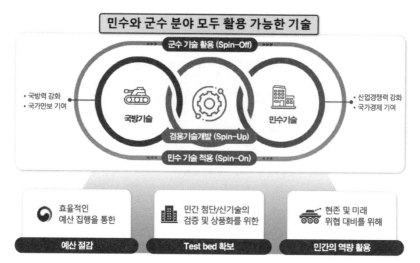

민수와 군수 분야 모두 활용 가능한 기술

군수 기술 활용 (Spin-Off)

• 국방력 강화
• 국가안보 기여

국방기술

민수기술

• 산업경쟁력 강화
• 국가경제 기여

겸용기술개발 (Spin-Up)

민수 기술 적용 (Spin-On)

효율적인
예산 집행을 통한
예산 절감

민간 첨단/신기술의
검증 및 상품화를 위한
Test bed 확보

현존 및 미래
위협 대비를 위해
민간의 역량 활용

출처: 국방부(2022).

개발한 해검은 민군 기술협력 사업으로 개발된 최초의 무인 경비함이다. 자율운항 기능을 기본적으로 탑재하고, 수상/수중표적을 자동으로 탐지/추적할 뿐만 아니라 원거리 통신망을 이용하여 장거리에서도 원격조종이 가능하다. 이러한 기술들이 보다 고도화되면, 점차 유인 전투함들을 대체할 수 있게 될 것이고, 위험한 해상작전이나 병력 부족 문제에 효율적으로 대체할 수 있다. 2002년 연평해전과 같은 NLL의 근접 해상전이나 공해상에서 24시간 경비가 필요한 불법조업 감시 임무를 수행할 것으로 전망되고 있다.

　문제는 AI에 있어서 민군 협력 필요성에 대한 공감대에도 불구하고 여전히 경직된 부분이 존재한다. 첫째, 경직된 획득제도이다. AI의 급속한 기술 발전 속도를 고려하여 신속하고 유연한 획득절차가 필요하나, 현행 무기체계 획득제도는 소요 결정부터 획득까지 통상 15~20년이, 전력지원체계 획득제도는 2~6년이 소요되어, 전력화가 되기 전에 이미 기술이 진부화되는 문제가 발생하는 것이다. 또한 현재의 무기체계 획득 절차상 AI 소요에 대한 시험평가 기준 미비로 합참에서 소요 결정이 지연되는 문제 또한 나타나고 있다.

둘째, 군의 작전에는 충분히 유용할 것으로 예상되나, 사업성이 부족하여 민간의 유인이 제한되는 사례가 빈번히 나타나고 있다. 규범적, 윤리적 문제가 산재하는 AI 무기체계에서도 감시정찰 분야는 그나마 살상무기로서의 논란이 적기 때문에 가장 빠르게 군에서 도입되고 소요가 제기되는 분야이기도 하다. AI 기반 장거리 감시정찰 기술이 대표적이다. 그러나 이 같은 기술은 현재 민간에서의 수요와 관련이 적으며, 연계 부문에서의 사업성 또한 회의적인 것으로 나타나고 있다. 즉, 민군 협력을 뒷받침하는 건강한 국방 인공지능 기술 생태계가 부재한 상황에서 민간이 선제적으로 기술개발에 나서기 어렵게 된다. 이는 우선적으로 군 내 자체적인 기술 기획, 개발, 사업수행 조직의 필요성을 제기하고 있다. 이는 비단 국방 AI 분야의 기술개발에 그치지 않고 산업 전반에 선순환적 파급효과를 기대할 수 있는 시장의 유무와도 관련이 깊다(오승환 외 2020).

셋째, 보안 등 기술 활용을 둘러싼 군 내의 진입장벽이다. 군에서의 정보 체계들이 도입되기 위해서는 보안 대책 검토, 보안성 측정이 가장 큰 제약이 되고 있다. 민군 겸용 기술이 개발되더라도 이러한 보안 적합성을 충족하기 위해서는 여러 기술들을 추가적으로 개발해야 될 수도 있으며, 이는 민간의 관점에서 불필요한 비용을 유발한다. 협력 파트너인 민간 개발자에 대한 필수적인 정보 제공에서도 소극적으로 대응할 수 있다. 이는 민군 협력에 중요한 영향을 미치는 제약요인이 된다. 군 데이터의 사용이 거의 불가능하고, 학습데이터 활용의 보안 규정이 미비하다는 점은 향후 국방 인공지능의 폭넓은 활용과 성능 개선을 어렵게 하는 핵심 요인이기도 하다. 또한, 민간에서는 군의 AI체계에 대한 운용 개념을 잘 이해할 수 없기 때문에 사용자 기준에서의 완벽한 체계를 구축하기 어려운 측면이 있다. 이는 사업 진행 간 보안, 운용

전문가들이 적극 참여하여 보안에서의 규제 적용의 세분화와 유연성을 확보하기 위한 민·군 소통 채널 마련의 필요성을 제기하고 있다.

넷째, 개발 과정에 나타나는 성과의 공유 측면이다. 대부분의 국방사업은 보안적 문제로 데이터를 민간에 제공하는 것에 거부감을 가지고 있다. 또한 군의 데이터는 대부분 비밀데이터로 취급되어 향후 민간 업체가 이를 토대로 정교한 알고리즘을 개발하기 어렵고, 매 사업마다 특정 부대의 환경에 맞게 파편적으로 개발해야 하며, 이는 군의 전반적인 공유, 호환을 제약하는 악순환을 낳게 된다. 또한, 인터넷이 단절된 상태로 개발 환경을 구축하다보니 인터넷상의 공유된 최신의 알고리즘, 각종 민간 데이터 활용에도 난관이 존재하고 있다.

마지막으로 통일된 인공지능 기술 분류 체계가 부재한 점도 지적할 수 있다. 인공지능 소프트웨어의 범위를 규정할 때, 맥킨지, 가트너, TRATICA 등 국외 주요 기관의 경우 머신러닝, 머신비저닝, 자연어, 컴퓨터 비전 등 파급력이 높은 소프트웨어 기술을 중심으로 분류 체계를 적용하고 있지만, 국내는 응용기술을 포함한 포괄적 범위로 접근하고 있다는 점도 국방 분야의 인공지능 기술 활용에 대한 면밀한 진단과 분석을 어렵게 만드는 이유이다. 이처럼 민간 부문과 달리 민군 겸용 AI의 국방 도입 이슈는 활용 주체 측면, 보안 규제, 성과 확산 측면에서 원활한 도입을 기대하기 어려운 것이 사실이다.

IV. 주요국의 민군 겸용 AI 개발 환경과 시사점

일찍이 미 국방부는 인공지능 기술을 독자적으로 개발·적용하는 것이 한계가 있음을 인식하고 민군 겸용 AI 개념의 특성을 고려하여 민간과의 유기적인 협력을 고민하였다. 또한, 그것이 수반하는 다양한 윤리적·제도적 문제들을 포괄하여 종합적인 개발·운용을 담당할 조직을 신설하고자 하였다. 이에 따라 미 국방부는 '합동 AI센터(Joint AI Center, JAIC)'를 설립하였으며(US DoD), 이를 통해 AI 전력화를 위한 로드맵과 적용 무기체계와 관련된 윤리적, 법적 기반을 마련해왔다. 최근에는 DARPA의 주도로 좀더 기술 난이도가 높은 'AI Next Campaign', 'Explainable Artificial Intelligence(XAI, 설명 가능한 인공지능)', 'Lifelong Learning Machines(L2M, 평생 학습 가능 기계)', 'Cyber Hunting at Scale(CHASE, 악성코드와 지능형 위협에 의한 감염 식별)' 등의 프로젝트를 수행 중이다.

미국에서는 민군 협력의 제약 요소를 최소화하고 협력 활성화 임무를 수행하는 대표적 기구로서 DIU(Defense Innovation Unit, 국방혁신단)를 들 수 있다. DIU는 국방 분야의 현안들을 민간의 기술을 활용하여 신속히 해결할 수 있도록 가교역할을 하는 조직으로 창설되었으며, 통상 3개월 내 국방 현안을 해결할 수 있는 민간업체와 계약을 체결하고 24개월 이내 초도품을 납품하도록 하는 절차를 갖추고 있다. AI 분야 주요 사업 사례로는 미 공군과 DIU 간 수행한 '예측정비(Predictive Maintenance)'가 대표적이다. DIU 자료에 따르면 개발한 AI 솔루션을 통해 미 공군은 5,000시간의 정비시간을 절약했고, 항공기 가동률을 80% 정도 유지했던 것으로 보도되었다(DIU 2021, 12-13).

또한, DIU는 CSO(commercial solution opening)라는 프로그램을 운영 중인데, 주요 목적은 군이 해결하고자 하는 중요한 문제를 식별, 분류하여 1-2년 내 민간 신기술로 해결할 수 있도록 지원하는 것이다. 즉, 군의 프로그램 소요를 기획하고 상용 솔루션을 민간에 입찰, 시범 운용한 후 성공한 업체에 대한 보상과 후속 계약을 보장하는 프로그램이라 할 수 있다. 여기까지는 한국의 신속시범획득사업과 유사하지만, 중요한 차이점은 소요를 누가 식별하는가, 다시 말해 주도권을 누가 갖고 있는가의 문제라 할 수 있다. DIU는 군이 주도적으로 필요한 문제를 식별·분류하는 한편, 상용 시장에서 문제를 해결할 수 있는 기술이 있는지를 확인한 뒤, DIU 자체 웹사이트에 문제 서술을 통해 상용 솔루션을 입찰하는 방식으로 운영하고 있다. 반면, 우리는 군보다는 민간 기업이 이 과정에서 주도적인 역할을 하고 있다. 민군 겸용 AI의 실수요자인 군이 문제를 제시하고 해결 방향을 찾는 것과 민간 업체가 이를 하는 것과는 향후 실전화 단계에서 군의 사용자 경험과 만족도를 결정하는 데 큰 차이를 낳게 된다.

중국의 경우, 2018년 '군민융합전략요강(軍民融合戰略綱要)'을 통해 광범위한 빅데이터 분석과 학습능력을 갖춘 첨단군의 육성계획을 발표한 바 있다(이창영 2019). 자율무기체계 개발뿐 아니라 미래의 지능전 양상을 선제적으로 준비해 나감으로써 군대조직과 전술·작전 개념까지 혁신한다는 야심 찬 계획이다. 여기서 인공지능 기술의 접목은 중국의 원대한 목표인 '강군몽(强軍夢)'을 실현하기 위한 핵심 전략이 되고 있다. AI 기반 국방력의 강화를 위해 중국은 국가 중점사업인 군사 지능화를 위한 첨단기술 개발은 중앙군사위원회가 중심이 되어 추진 중이다. 중앙군사위원회는 각 군종(軍種)에 공통으로 적용할 수 있고 민간 분야와 군사 분야가 겸용으로 활용할 수 있는 군사 지능화 기술, 즉 지휘통제, 상황인식, 자율제어, 군집로봇, 정보수집·처리, 인지·심리전, 사이버·전자전, 지속지원, 교육훈련 등의 연구개발을 총괄하고 있는데, 이러한 개발 계획의 상당 부분이 AI 기술과 적용을 기반으로 하고 있다(한국국방기술학회 2021). 중앙군사위 과학기술위원회는 2018년 3월부터 미국의 국방혁신실험사업단(DIUx)을 모방한 국방과학기술혁신 신속대응소조를 운영하면서 첨단 민간 기술의 신속한 군사화를 도모하는 추세이다.

일본의 경우, 방위성이 선진적인 민간 기술을 활용하고 우수한 무기체계의 획득 및 효과적인 연구개발을 위해 범정부 차원의 '통합이노베이션 전략(2018년 6월 15일 각의 결정)'을 기반으로 '총합과학기술이노베이션회의'에서 실질적인 조정을 하고 있다. 동 회의에는 방위성을 포함한 관계 부처가 참여하고 있으며, 국립연구개발법인, 산업계, 대학 등과의 적극적인 협력을 도모하면서 민간 연구기관 등과의 인적 교류도 지원하게 된다. 또한, 일본 정부는 민간 기술의 동향을 예의주시하면서 이를 군사용으로 활용하는 민군 기술 협력을 중시하고 있다. 특히, 민군 협력 사업의 참여 기업들이 수익을 확보할 수 있도록 무기수출 규제를 완화하는 한편, 동남아를 비롯하여 해외 방산장비 수출 개척에도 적극적으로 지원하고 있다.[3]

일본은 2018년 12월 일본 방위계획에 의거하여 AI 활용 및 무인기 도입 추진 계획을 밝히기도 하였는데, 이미 일본의 무인화, 로봇 기술은 세계 최고로 인정받고 있어서, 군사적 목적의 AI 기반 자율화무기체계의 개발이 상당히 진척되어 있을 것으로 평가된다. 일례로 2019~2023년 일본 중기방위력정비계획 기간에는 함선용 무인기 3기를 먼저 도입하고 이후 20기의 무인기를 추가로 도입할 계획을 명시하고 있다. 일본 방위성은 2021년부터 미국의 Loyal Wingman과 비슷한 개념의 AI 무인기 개발에 착수한 상황이다. 나아가 차기 전투기에 AI를 탑재하고 개발 중인 레이더 센서와 미사일 발사 능력을 갖춘 AI 무인기를 유인 전투기와 함께 비행편대로 운영하는 계획을 수립하기도 하였다.

풍부한 제조 역량을 갖춘 인도 또한 'Make in India' 정책 하에 자급자족

....

3   일본 방위성은 2015년도부터 방위 분야에서의 연구개발 촉진을 위해 선진적인 민간 기술에 관한 기초연구를 공모하고 위탁하는 '안전보장기술연구추진제도'를 추진하고 있다. 이는 연구자가 자유로운 발상을 통해 혁신적이고 독창적인 지식을 획득할 수 있도록 일조하고 있으며, 동시에 연구 성과를 자유롭게 공개할 수 있게 하는 등 연구 교류의 자유도를 최대한 존중하는 방식으로 운영되고 있다.

이 가능한 국내 방산물자 및 서비스 제조업체 육성에 나서고 있다. 인도 정부는 이를 위해 일련의 개혁을 추진 중인데, 여기에는 방산 획득절차 간소화, 민간 부문 방산계약 접근 허용, 해외 기업과의 합동 연구개발(R&D) 및 공동생산 장려, 무기수출 장려 등이 포함되어 있다. 이를 통해 인도는 군사 장비 현지 생산을 부양하고 독려하는 데 주력 중이다. 실제로 2016년에 도입된 인도의 방산생산정책(Defence Production Policy, DPP)은 국방에 필요한 장비, 무기체계, 플랫폼의 설계, 개발 및 생산과 관련한 내용들을 망라하고 있다. 민간 산업계가 방산생산정책 추진에 주도적인 역할을 할 수 있는 환경을 조성하고, 중소기업의 현지화 잠재력을 강화하며, 인도의 방산 연구개발 기반을 확대한다는 목적성을 뚜렷이 명시하고 있기 때문이다(국방기술품질원 2020).

또한 인도 국방부는 민군 겸용 기술을 최우선시 하고 있기에 인공지능 분야에서도 이를 적극 활용하고 있다. 인도의 국방부는 인공지능 적용을 위해 민군 겸용 기술을 적극 장려하고 있으면 AI 전문센터를 설립하여 공공 및 민간, 기업과 학계가 동참하고 있는 상황이다. 이 같은 환경에서 인도 국방부는 인공지능 심포지엄 및 전시회(AIDef, 2022년 7월)을 개최하였으며, 국방 R&D국이 민군 공통 프로젝트, 민간 기업과 협력하여 개발한 제품과 기술 등을 선보이기도 하였다. 나아가 인도는 국방부의 '국방우수혁신프로그램' 제도를 도입하고 있으며 국방은 물론 스타트업, 일반기업, 학계, 개인 등과 협력하여 관련 기술을 개발하는 다수의 프로젝트 역시 수행 중이다.

V. 민군 겸용 AI 협력 강화를 위한 제언

살펴본 바와 같이 군 체계의 제도적 제약이 되고 있는 민간 기술의 도입체계의 개선이 시급하다. 이를 위해 AI와 같은 소프트웨어 개발 획득을 유연하게 적용할 수 있는 획득제도를 도입할 필요가 있다. 미 국방부는 소프트웨어 획득 규정을 별도로 신설하여 신속히 AI 같은 신기술을 군내 도입을 할 수 있도록 개선한 바 있다(US DoD 2020). 군 내부에 AI 적용 체계에 대한 시험평가 방안 및 인증제도를 도입하거나, 민간의 인증제도를 군에서도 인증해 줄 수 있는 제도 마련도 요구된다. 이러한 차원에서 'Open Data Lab' 개념의 도입도 고려할 필요가 있다. 보안과 함께 민간 업체의 용이한 접근성이 확보된 Lab시설에서 민간 업체가 국방 데이터를 활용할 수 있는 환경을 조성해주는 것이라 할 수 있다. 나아가 방산 클라우드를 구축하여 방산업체 또는 국방 관련 기술을 개발하는 업체가 적시적지에서 기술개발을 할 수 있는 플랫폼을 수립하고 국방과 민간 상호 간 데이터 공유가 원활하게 이루지는 체계를 구축해야 한다. 이 과정에서 민간이 국방AI 기술개발을 적극 지원할 수 있도록 국방데이터 및 테스트베드(지능형 스마트비행단 등) 등을 민간에 적극 제공하는 방향도 고려할 필요가 있다.

민군 겸용 AI 도입에서 간과하지 말아야 할 것은 양질의 데이터 운용체계의 유무가 활용성의 질을 좌우한다는 점이다. 이러한 차원에서 군의 광범위한 식별 데이터 전송량을 버텨낼 수 있는 네트워크 인프라의 구축과 개선이 병행될 필요가 있다. 현재 국방 인공지능 전략에서는 각 군이 서로 간의 데이터를 공유할 수 있도록 60여 개에 달하는 국방 네트워크망의 통합을 추진하고 있는데, 지능형 플랫폼, 전장체계 네트워크 인프라 개선을 통해 궁극적으로는 전략자산 등의 효용도를 높이기 위한 방안을 함께 고민해야 할 것이다. 나아가 경직된 보안 문제로 국방 데이터의 접근과 활용이 어려운 규제는 시급히 개선해야 할 부분이다. 데이터 확보가 제한된 인공지능 기술은 효용가치가 극히 낮을 수밖에 없다. 언제, 어디서나 빅데이터를 활용할 수 있는 국방 분야의 클라우드 도입·적용 방안이 필요하지만, 이를 위해서는 국방사업 및 국방 보안 규정상 데이터 확보를 제한하고 있는 법령 개선이 선행되어야 한다. 이들은 특히 민군 간의 협업을 통한 인공지능 기술의 활용을 어렵게 만들고 있기 때문이다. 따라서 비밀 데이터와 기술적으로 유사한 공개 데이터 세트를 개발하고, 이를 이용하여 전이학습을 가능하게 하는 방안이나 비밀 데이터를 허가된 장소 및 인원에게 제공하는 일종의 DMZ 개념을 도입하는 것도 하나의 대안이 될 수 있다. 현재 군이 추진 중인 '한국형 획득프로세스(△단기간 내 AI·무인체계 기술 확보를 위한 도전적 R&D 환경 조성, △현 획득절차의 분석·검증단계 간소화 및 유연한 시험 평가 적용, △민간의 우수한 기술을 적극 활용하기 위해 신속 획득제도 개선 및 각 군 주관 연구개발사업 신설 등을 포함)에는 이 같은 절차뿐만 아니라 양질의 데이터 확보에 대한 논의가 이루어져야 할 것이다.

무엇보다도 보안성 및 안정성을 고려한 국방 시스템의 취약점을 보완해 줄 수 있는 국방 분야만의 특화된 개발 모델을 수립하는 것도 필요하다. 그러나 국방 분야의 규정은 안보적 사안과 까다로운 보안 요건 때문에 쉽게 바꾸기 어려운 것이 현실이다. 따라서 테스트 개념으로 우선사업을 시범 추진하고, 일정 범위에서 규정 변경 없이 국방체계에 적용해 볼 수 있는 규제 샌드박스 개념을 도입하는 것도 생각해볼 수 있다. 특히, 병과 내에서도 상대적으로 이해충돌이 적고 실제적 수요 또한 높은 유지보수·정비 분야 및 의무 분야에서 시작하여 점진적으로 확대하는 방안이 현실적으로 고려될 수 있다. 결국, 국방 AI의 활용성 제고 문제는 기술적 성숙도와 제도적 여건뿐만 아니라 이해관계와 조직적 저항요소들이 종합적으로 고려되어야 하는 사안이며, 정책결정자의 의지와 현장의 수용성을 끊임없이 제고해 나가야 하는 장기적 과제임을 기억할 필요가 있다.

참고문헌

강영신. 2020. "금융분야 디지털 전환을 주도할 인공지능(AI)." 『주택금융 인사이트』, 한국주택금융공사.

과기정통부. 2022. "인공지능 반도체 산업 성장 지원대책."

국방부. 2020. "2020년 업무보고: 국민과 함께 평화를 만드는 강한 국방."

_____. 2021. "2021년 업무보고: 강한 안보안보, 자랑스러운 군, 함께하는 국방."

_____. 2022, "2022년 업무보고: AI 과학기술 강군 육성."

국방기술품질원. 2020. 인도방산시장 동향분석보고.

김세용. 2021. "국방 인공지능(AI) 및 빅데이터 추진전략." 국방부 교육자료.

박형곤. 2019. "AI의 사업적 적용 및 전개." 『인더스트리 포커스』 69. 딜로이트 컨설팅.

방위사업청. 2021. "신속연구개발사업 업무관리지침."

백서인·박동운·조용래·이다은·이선아·윤여진. 2021. "글로벌 기술패권 경쟁에 대응하는 주요국의 기술주권 확보 전략과 시사점." 『STEPI Insight』 285.

양희태. 2020. "스마트 제조 분야에서의 인공지능 기술 활용 전망과 제언." 『Future Horizon+』 6. 과학기술정책연구원.

오승환·이주량·최병삼·임영훈·윤정현·추수진·김수은·김단비·김가은·양희태·이제영. 2020. 『인공지능 기술 활용 강국을 향한 과학기술정책 제고 전략』. 과학기술정책연구원.

윤정현. 2020. "국방 분야의 인공지능 활용성 제고 방안과 시사점." 『Future Horizon+』 6. 과학기술정책연구원.

윤정현·박병원·백서인·박현준·이현진·김호식·정성진. 2021. 『안보관점에서 본 미래기술 전망』. 한국보안정보연구원.

윤정현·우청원·오일석·차정미·알리나쉬만스카. 2020. 『인공지능과 블록체인 등 신흥안보의 미래 전망과 대응방안』. 외교부.

이창영. 2019. "중국의 민군융합을 통한 '지능화군'(知能化軍) 건설 전략." 『KIMS Periscope』. 한국해양전략연구소.

이현진·이미혜. 2021. "인공지능산업 현황 및 주요국 육성 정책." 『K 뉴딜산업 INSIGHT 보고서』 5. 한국수출입은행.

일본방위성. 2016. "방위청, 연구개발 및 기술전략에 관해서."

_____. 2020. "2020 방위백서." 일본의 방위 다이제스트.

한국국방기술학회. 2021. "국방 인공지능 발전전략."

Artificial Intelligence in Defence (AIDef) symposium and exhibition, (July 11, 2022). https://www.gktoday.in/topic/artificial-intelligence-in-defence-aidef-symposium-and-exhibition/

DIU. 2021. *DIU Annual Report 2021*.

EUISS. 2018. "Artificial Intelligence: What implications for EU security and defence?"

Needham, Mass. 2021. "IDC Forecasts Improved Growth for Global AI Market in 2021."
　　https://www.idc.com/getdoc.jsp?containerId=prUS47482321

Make In India. http://www.makeinindia.com/home.

NATO Science & Technology Organization. 2020. "Science & Technology Trends 2020-
　　2040: Exploring the S&T Edge." March, 2020.

NCSC. 2021. "Protecting Critical and Emerging U.S. Technologies Form Foreign
　　Threats." *Fact sheet*, National Counterintelligence and Security Center.

US DoD. 2018. "Harnessing AI to Advance Our Security and Prosperity." *Summary of
　　the 2018 of Defense Artificial Intelligence Strategy*, Department of Defense.

_____. 2020. DOD INSTRUCTION 5000.02 OPERATION OF THE ADAPTIVE ACQUISI-
　　TION FRAMEWORK.

防衛装備庁「安全保障技術研究推進制度委託契約事務処理要領」(2018 개정판, 2015년 제정)

4차 산업혁명 기술의 무기화와 억지전략의 미래

윤대엽 대전대학교 군사학과

I. 문제 제기

러시아의 우크라이나 침공은 핵 혁명(nuclear revolution) 이후 강대국의 불편한 평화를 설명해왔던 억지균형[1]의 신화를 붕괴시켰다. 러시아의 우크라이나 침공은 '알지 못하는 무지(unknown unknown)'의 비극이 아니다(Halas 2019). 푸틴 체제는 2008년 조지아 침공, 2014년 크림반도 병합, 2015년 시리아 내전 등 러시아의 전략적 이해가 결부되어 있는 세력권(the sphere of

----

1 국방백서와 언론에서는 통상 Deterrence를 억지(抑止)가 아닌 억제(抑制)로 번역하여 사용하고 있다. 억제는 누를 억(抑)에 누를 제(制), 즉 감정이나 욕망, 충동적 행동 따위를 억누름 또는 정도나 한도를 넘어서 나아가려는 것을 억누른다는 의미인 반면, 억지는 누를 억(抑)에 그칠 지(止), 즉 억눌러 못하게 한다는 포괄적인 의미로 해석된다. 전쟁이나 군사적 용어로는 억지, 그리고 감정이나 행동에는 억제가 사용될 필요가 있다. 일본 방위백서도 억지(抑止)를 사용하고 있다.

influence)에 군사적으로 개입해왔다. 그리고 영향력의 과시를 넘어 영토 점령을 위한 전쟁을 개시하면서 2차 세계대전 이후 처음으로 나토(NATO)와 러시아가 직접 군사적으로 충돌하게 되었다. 우크라이나 전쟁은 2000년대 동구권의 색깔혁명, 나토의 동진에 대응하는 푸틴이 공세적 방어전략이 지정학적 단층대를 구조화한 것에 근본적인 원인이 있다(신범식 2020). 미소 냉전이 종식된 이후 러시아와 유럽은 협력적 관계를 진전시켰다. 9.11 테러 이후에는 NATO-러시아 위원회를 설치하고 테러와의 전쟁을 위해 유라시아 국가에 미군 주둔을 허용하기도 했다. 그러나, 구소련 연방국가가 민주화되고 1999년 비제그라드 3국(폴란드, 체코, 헝가리)을 시작으로 2004년 에스토니아, 라트비아, 리투아니아, 슬로바키아, 루마니아, 불가리아 등 7개국, 2009년 알바니아, 크로아티아, 그리고 2017년 몬테니그로가 나토에 가입하면서 전략적 경쟁이 심화되었다. 2014년 러시아가 크림반도를 합병하고 우크라이나가 친서방주의 노선을 강화시킨 가운데 푸틴체제는 미국과 서방의 경고에도 불구하고 군사력을 사용하여 우크라이나를 점령하는 전쟁을 개시한 것이다.

우크라이나 전쟁은 핵 억지(nuclear deterrence)의 이론을 본질적으로 변화시켰다. 우선 핵무기가 강대국 전쟁을 억지한다는 '불안한 확신'이 사라졌다. 공격자와 방어자 모두 공멸할 수 있다는 위험으로 인해 핵무기는 보유해야 하지만 사용할 수는 없는 '모순적인 절대무기'가 되었다. 대량 파괴에 대한 공포가 선제공격을 억지할 수 있다는 모순이 핵 군비 경쟁을 지속시켰지만, 공포의 균형(balance of terror)은 강대국 간 무력 사용을 제한하는 억지력으로 작동했다. 그런데, 제3국에서의 대리전쟁에 국한했던 서방과 러시아가 전략적 이해가 결부된 세력권을 둘러싸고 직접 충돌하게 되었다. 더구나 일방적으로 현상을 변경한 푸틴이 핵무기를 실제 사용할 수 있는 즉각적 억지(imminent deterrence)의 위기가 고조되고 있다. 패트릭 모건(Morgan 1985)이 설명한 것처럼 억지는 물리적 수단의 양적 균형의 결과가 아닌 심리적인 현상이다. 상대국이 핵을 사용하지 않도록 설득해야만 성공할 수 있는 억지력에서 중요한 것은 방어자가 아니라 공격자의 동기에 달려 있다(Morgan 1983, 164). 그런데, 예상치 않게 장기화된 전쟁에서 영토 편입을 결정하고 예비군을 동원한 푸틴이 영토와 주권 보호라는 명분으로 핵무기를 실제 사용할 수도 있다는 모순이 심화되고 있다(Landry 2022; Sanger and Broad 2022).

우크라이나 전쟁의 근본적 원인이 전략적 비대칭(strategic equilibrium)에서 비롯하는 전략적 불신과 위협에서 출발한다는 점에서 서방과 러시아의 대립은 구조적이고 장기적인 문제다. 체제적·이념적·전략적 갈등에도 불구하고 미소 냉전 시기 유럽에서 직접적인 충돌의 위기를 관리할 수 있었던 것은 서방과 소비에트연방, 그리고 미소 주도의 동맹체제인 나토와 바르샤바조약기구(Warsaw Pack) 간의 군사적·전략적 균형이 유지되었기 때문이다. 구소련 해체 이후 러시아의 세력권은 축소, 약화된 반면 나토가 동진하면서 세력균형이 붕괴되었다. 우크라이나 전쟁은 트럼프-시진핑 시기 본격화된 미중 경쟁과 중첩되어 미중러의 전략적 삼각관계를 재편하면서 핵과 전략적 우위를 위한 군비 경쟁을 본격화하게 될 것이다(윤대엽 2022).

전략적, 구조적, 장기적 미중러의 군비 경쟁이 4차 산업혁명 기술의 무기화(weaponization of the 4th industrial revolution) 경쟁이라는 점에서 억지균형의 변화는 미래 군사전략에 무엇보다 중요한 과제가 되었다. 냉전 시기 군사적인 균형과 우위를 위한 군비 경쟁, 그리고 공멸의 위협 수단을 과시하고 발신하여 상대국의 심리에 영향을 미치는 상호작용이다. 안보 딜레마를 통해 비용합리적인 선택에 영향을 미치는 모순적인 전략은 전후 강대국의 갈등과 위기를 관리하는 데 성공했다. 그러나 핵무장한 강대국이 냉전 시기 세 번의 시기를 거치면서 구축한 억지전략은 탈냉전과 함께 새로운 도전에 직면했다

(Jervis 1979). 대칭적 상황(symmetrical situation)에서 발휘될 수 있었던 강대국 간 억지균형과 달리, 비대칭적 위협(asymmetric threat)에 대해 핵 또는 재래식 보복 이외 선제공격의 우위를 해소하기 위한 억지전략의 과제가 폭넓게 검토되기 시작했다(Knoff 2010). 더구나 4차 산업혁명 기술의 군사화, 무기화에 수반되는 인공지능혁명(AI revolution), 속도혁명(speed revolution), 센서혁명(sensing revolution), 사이버혁명(cyber revolution), 그리고 신우주혁명(NewSapce revolution)은 무기체계와 군사전략에 본질적인 변화를 초래하고 있다. 선제공격의 우위를 강화시키는 군사기술의 혁신을 한편으로, 기술적, 전략적, 군사적 비대칭이 억지전략의 조건과 과정을 근본적으로 변화시키고 있기 때문이다.

4차 산업혁명의 무기화에 수반되는 강대국의 군비 경쟁은 억지전략에 어떤 영향을 미칠 것인가? 본 연구는 4차 산업혁명에 수반되는 군사기술과 군사혁신이 억지전략에 미치는 함의를 낙관적 시각과 비관적 시각으로 구분하여 검토하는 것을 목표로 한다. 제2절에서는 심리적, 기술적, 전략적 요인이 포괄적으로 개입되어 있는 억지전략의 개념과 이론을 검토하고 제4차 산업혁명이 가진 전환적인 과제를 제기한다. 제3절에서는 4차 군사기술 혁신에 수반되는 선제공격의 우위가 억지전략에 미치는 비관적 쟁점을 검토한다. 제4절에서는 기술적 억지, 정보적 억지, 시민기반 억지 등 포괄적 억지 시각에서 억지전략의 낙관적 시각을 검토한다. 마지막 절에서는 4차 산업혁명에 수반되는 억지전략의 쟁점에 대한 검토를 토대로 군사기술, 군사전략의 혁신과제를 제시한다.

II. 억지전략: 개념, 이론과 모순

억지란 적대국이 이익을 침해하는 도발행위를 포기하도록 설득하는 위협을 의미한다. 통상적인 억지력은 군사적 위협, 강압(compellence), 도발을 단념하도록 설득할 수 있는 힘으로 인식되지만 전쟁을 억지하는 것이 유일한 목적은 아니다. 적대국이 정치적, 외교적 군사적 요구를 거부하고 제한할 수 있는 영향력이 있어야 한다. 외교적, 경제적, 또는 정치적 이익을 희생하면서 군사적 충돌을 억지했다면 이는 성공한 억지가 될 수 없다. 성공한 억지(success deterrence)란 자국의 이익이 결부된 분쟁에서 외교적 양보, 경제적 손실, 그리고 궁극적으로는 군사적 충돌 없이 현상을 유지하는 것이다. 따라서 외교적, 경제적, 정치적, 군사적 이익이 충돌하는 교착 상태에서 억지력은 단순히 잠재적, 현재적 적대국에 위협을 통해 영향력을 행사하는 것이 아니다. 성공한 억지는 현상변경을 통해 이익을 추구하는 적대국이 전쟁보다 다양한 대안을 매력적 또는 합리적 이익으로 인식할 수 있도록 하는 것이다(Mazarr 2018).

상호 대립적인 이익이 결부되어 있는 위기에서 무력 사용을 억지해야 하는 위협과 설득의 전략은 국제관계에서 오랜 쟁점이다. 합리성을 가정하는 의사결정 모델이 중심으로 하는 억지전략 논의는 크게 네 가지다(Huth 1999, 28-34). 첫째, 공격–방어의 군사적 균형(military balance)이다. 적대국의 도발이 저렴한 비용으로 성공할 수 있다면 공세적 군사전략의 이익이 커진다. 군사적 균형, 공격과 방어의 균형은 적대국이 군사적 도발행위를 억지력으로 작동한다. 둘째, 적대국의 명시적, 잠재적 위협행위에 대해 확고한 결의를 발신(signaling)하고 협상(bargaining)하는 것이다. 적대국의 허세(bluffing), 의지, 또는 공세에 상응하는 확고한 의지를 발신하기 위해서는 값비싼 신호

(costly signal)에 따른 위기를 감수해야 한다. 억지위협(deterrence threat)은 군사적 충돌의 위기를 증가시키고 청중 비용을 증가시키지만, 협상 우위로 활용할 수도 있다. 셋째, 과거 평판(reputation)이 억지 결과에 미치는 영향이다. 적대국의 공세적 행위와 상대국의 억지전략이 경험적 학습의 결과인지에 대해 논란이 있지만, 핵심 이익을 둘러싼 국가 간의 위기가 영토, 주권 등 역사적, 전략적, 이념적 갈등이 누적된 결과라는 점에서 경험적 행태와 사회적 학습은 억지전략의 특성을 지속시키는 요인이다. 넷째, 군사적 충돌의 비용과 위험을 정당화하는 이익의 균형(balance of interests)을 규명하는 것이다. 영토, 주권과 국제적 평판, 국내적 이해 등의 복합적인 요인이 억지위협의 비용을 감당하는 요인이다. 만일 적대국과 상대국의 이익의 균형이 비대칭적이라면 이는 공세와 억지 위협의 강도에 영향을 미친다. 물론 합리적 억지의 논리에서 논의하는 기술, 전략, 인식과 이익은 상호 밀접하게 연계되어 있다.

'핵 혁명'은 억지전략의 기원이자 군사혁신의 전환점이다. 1945년 미국, 1949년 소련에 이어 영국, 프랑스, 중국이 핵무기를 보유하게 되면서 싸워서 이기는 군사전략이 아니라 싸우지 않기 위한 억지전략이 본격적으로 논의되기 시작했다(Freedman 2021; Lieber and Press 2017; 신성호 2018). 핵무기가 억지전략의 출발점이 된 것은 보유해야 하지만 사용할 수 없는 절대무기(absolute weapons)의 공포 때문이다. 상상을 초월하는 핵무기의 위력은 생존자만 남은 승자 없는 전쟁의 공포를 심화시켰다. 이 때문에 핵 혁명 이후 전쟁에서 승리가 아닌 선제공격을 억지하기 위한 공포의 균형을 위한 군사전략이 탐구되기 시작했다.

냉전 시기 공포의 균형을 목적으로 하는 군사혁신 경쟁은 세 가지로 요약할 수 있다(Jervis 1979). 첫째, 공멸이라는 실존적 위협은 공격-방어의 안보 딜레마를 억지균형(deterrence balance)으로 전환시켰다. 핵 무기 등장 이전인

근대 전쟁에서 억지력이란 공격-방어의 균형(offense-defense balance)을 의미한다. 적대국의 공격력이 우위에 있을 경우 전쟁의 가능성이 높아진다. 반대로 방어력의 우위는 적대국의 공격을 억지하고 안보 딜레마를 감소시킨다(Brown et al. 2004). 그러나 핵무기는 공격과 방어의 구분이 무의미하다. 공격자도 결국 엄청난 피해를 감수해야 하기 때문이다. 핵무기를 보유한 국가 간의 억지력이 유지되는 조건은 상대국도 상응한 보복수단을 가지고 있을 경우다. 핵무기의 억지균형 전략은 보복적 억지(deterrence by punishment)와 거부적 억지(deterrence by denial) 두 가지다. 보복을 통한 억지력은 적대국에게 공격의 이익보다 더 큰 비용을 부과함으로써 공격을 제한하는 것이다. 상대국의 핵무력에 상응하는 균형을 유지함으로써 공멸의 위협을 부과하는 것이다. 반대로 거부에 의한 억지란 공격을 불가능하게 하거나 성공 가능성을 낮춤으로써 목표 달성에 대한 적대국의 의도를 단념시키는 것이다. 1972년 미소가 체결한 탄도미사일방어조약(ABM)은 거부 능력이 공포의 균형을 붕괴시키는 모순을 해결하는 전략적 타협이었다.

둘째, 공포의 균형은 치열한 군비 경쟁을 통해 유지되었다. 핵무기는 상대적으로 적은 비용으로 적대국의 공격을 억지할 수 있는 수단으로 인식되었다(Jervis 1979). 그러나 전략적 균형을 유지해야 하는 불안뿐만 아니라 전략적 균형의 붕괴로 인한 공포는 무한 군비 경쟁을 초래했다. 상호확증파괴(MAD)라는 양적 균형에서 시작된 핵 군비 경쟁은 2차 공격 능력, 탄도미사일 방어 체계, 우주 공간의 군사화까지 전략적 억지를 위한 끊임없는 군비 경쟁을 통해 유지되었다. 냉전 시기 군비 경쟁이 핵무기의 고도화에만 국한된 것은 아니다. 역설적으로 미국은 약소국과의 전쟁 이후 새로운 차원의 군사혁신을 추진했다. 압도적 군사 우위에도 불구하고 베트남 전쟁에서 승리하지 못한 미국은 정밀타격무기와 합동지휘체계(C4I)를 혁신하는 제2차 상쇄전략을 추진했다. 제2차 군사혁신은 이후 공지전투 및 합동성 교리를 발전시키는 출발점이 되었다.

셋째, 핵전략은 정보혁신(Revolution in Intelligence Affairs, RIA)과 분리할 수 없다. 생존을 위협하는 공포를 해소하기 위해서는 적대국의 의도, 능력을 파악해야 했기 때문이다. 아이젠하워 정부가 추진한 제1차 상쇄전략은 핵전력의 우위와 함께 U-2, 인공위성 등의 감시정찰 자산을 개발하는 것이다. 9.11 테러 이후 럼스펠트 국방장관이 주도한 2.5 상쇄전략(Rumsfeld Reform) 역시 테러 위협에 대응하는 정보혁신을 핵심 목표로 했다(Bargar 2005).

억지력에 대한 연구가 핵 혁명이라는 기술혁신과 군사적 우위를 위한 군비 경쟁에 따라 진전되어 온 역사를 감안하면, 4차 산업혁명은 핵전략은 물론 재래식 군사혁신을 포괄하는 억지력의 전환점이 될 것이다. 인공지능(AI), 빅데이터, 로봇 등 신흥기술의 무기화 경쟁에 따라 미래의 전쟁은 본질적으로 변화하고 있다. 초음속무기에 따른 속도혁명은 방어체계를 무력화할 수 있다. 센서혁명은 정보 능력의 강화는 물론 원거리, 초정밀 타격 능력을 강화하고 있다. 더구나 인지혁명에 따라 인간의 개입을 축소하거나 인간의 개입으로부터 자유로운 자율무기체계도 등장하게 될 것이다. 인간의 지적 능력과 인지 속도를 초월하는 인공지능은 과시, 설득, 타협과 같은 심리 과정을 통해 작동했던 억지력에 근본적인 변화를 수반한다. 4차 산업혁명의 무기화에 수반되는 군사혁신이 핵무기와 재래식 무기에 도입된다면 억지전략은 어떻게 변화될 것인가? 아래에서는 공격 우위의 딜레마와 공포의 재균형을 핵심 화두로 억지력의 비관론과 낙관론을 구분하여 검토한다.

III. 공격 우위의 딜레마와 비관론

　전후에도 무력수단을 동원한 탈근대 전쟁(post-modern war)은 피할 수 없는 현실이었다. 그러나 전후 강대국의 전쟁이 제한되고, 강대국과 약소국의 제한적인 전쟁에 국한된 것은 억지균형의 모순 때문이다. 핵무장한 강대국은 보복 능력과 거부 능력을 고도화하고 전쟁을 감수하는 의지를 억지했다. 그 본질은 핵무기가 전쟁을 통해 얻는 이익보다 손실비용을 증가시켰기 때문이다. 아래 그림에서 보는 바와 같이 국가 간의 전쟁과 내전에도 불구하고 사상자가 큰 폭으로 줄어든 것은 전쟁의 목적과 수단이 변화했기 때문이다. 국가 간의 영토 점령을 목적으로 하는 전쟁이 감소한 것과 함께, 초정밀 타격무기가 발전하면서 군사적 효율성이 증가하고 인명 피해를 회피해야 하는 정치적 억지력이 작동했다. 그런데 센서혁명, 공간혁명, 속도혁명, 인지혁명 등 '4차 군사기술 혁신'은 전통적인 억지균형의 모순을 심화시키고 있다.

　첫째, 4차 군사기술 혁신의 비극은 '생존성'을 위협하는 기술에 있다. 강

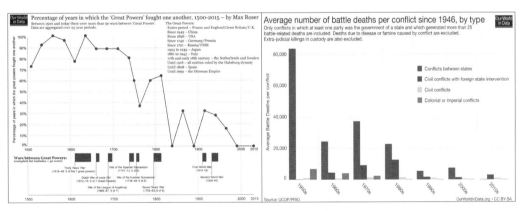

그림 13.1 강대국 전쟁, 1500-2020　　**그림 13.2** 분쟁 사망자, 1950s-2010s

출처: Our World in Data: War and Peace (https://ourworldindata.org/war-and-peace)

대국 간 전쟁이 억지될 수 있었던 것은 손실이 이익보다 클 수 있으며 엄청난 피해를 감수해야 한다는 공포가 작동했기 때문이다. 즉, 핵무장 국가를 공격하더라도 상대국의 보복을 허용한다면 이익이 없다는 불안이 억지력을 유지시킨 합리적, 군사적, 그리고 심리적 요인이다. 공포 균형을 유지시킨 본질은 공격국과 방어국의 생존성이다. 공격에도 불구하고 생존한 핵무기로 보복당할 수 있다는 불안이 선제공격을 억지한 것이다. 핵무기의 양적 균형, 제2차 공격 능력, 그리고 탄도미사일 방어체계로 미소 핵 군비 경쟁이 계속된 것도 생존성을 보장하기 위해서였다. 만일, 4차 군사혁신 기술이 핵무기의 생존성(survivability)에 영향을 미친다면 강대국 간 억지균형은 본질적으로 전환될 수 있다(Lieber and Press 2017, 13-16).

아날로그 시대에 만들어진 생존성의 원칙은 디지털 혁명에 따른 4차 산업혁명의 무기화 과정에서 본질적으로 변화되고 있다. 정밀혁명(accuracy revolution)은 핵무기는 물론 재래식 무력을 무력화할 수 있는 효율성을 획기적으로 증가시켰다. 미국의 대륙간탄도미사일(ICBM)의 1985년 지상표적 명중률은 54%에 불과했다. 그런데 2017년에는 74%로 향상되었고, 1985년 9%에 불과했던 잠수함발사탄도미사일(SLBM) 명중률도 2017년 80%로 향상되었다(Lieber and Press 2017, 19-21). 정밀성이 증가하면서 장거리 탄도미사일이나 SLBM이 보복적 억지력이 아니라 선제 공격수단으로 사용될 수 있음을 의미한다. 더구나 핵무기의 사용을 제한했던 윤리적 또는 자발적 제약도 완화(Nitze 1976-1977)되었다. 핵무기가 사용할 수 없는 절대무기가 된 것은 상상을 초월하는 파괴력과 방사능, 낙진에 의한 비군사적 피해 때문이다. 정밀성의 고도화와 함께 폭발력의 고도화는 핵무기와 재래식 무기의 장벽을 제거함으로써 실제 사용할 수 있는 무기로 변화되고 있다(Krepinevich 2019, 66). 더구나 핵무기는 직접적인 대군사(counterforce) 공격수단일 뿐만 아니라 상대국의 디지털 기반을 무력화하는 대가치(countervalue) 무기로 사용할 수 있다.

정보기술의 혁신 역시 선제공격의 우위를 높이는 요인이다. 우주, 사이버 공간은 물론 센서기술과 정보기술의 비약적인 발전은 정보 능력을 획기적으로 전환시킨다. 탐지, 식별 능력이 고도화되면서 비닉, 엄폐, 기동 등 핵무기의 생존성은 매우 취약해졌다. 2차 공격 능력의 핵심 전력으로 운영되었던 SLBM 역시 마찬가지다. 음파센서의 획기적인 발전과 함께 인력, 작전, 운용 비용이 획기적으로 감소된 무인잠수정은 핵잠수함의 생존성을 무력화함으로써 2차 공격 능력의 효과성을 감소시키게 된 것이다. 만약, 고도화된 정보자산을 통해 수집된 정보가 인공지능에 의해 신속하게 분석되어 공격의 위험을 인지하고, 상대국의 핵전력을 일시에 무력화할 수 있는 능력을 보유하고 있다면 선제공격의 이익이 커질 수 있다.

거부적 억지력의 무력화 역시 공격 우위의 안보딜레마를 심화시킨다. 공격 능력의 정밀성에 더하여 거부적 억지력을 무력화하는 다탄두각개목표설정 재돌입비행체(MIRVs, 다탄두미사일), 초음속미사일, 그리고 탄도미사일의 요격회피 기술이 급격하게 발전하고 있다. 방어 능력을 무력화하는 공격 능력의 혁신은 핵무기를 사용할 수 없는 절대무기에서 사용할 수 있는 절대무기로 변화시키고 있다. 다탄두미사일은 1960년대 미국이 공포의 우위를 위해 처음 개발했지만 불필요한 경쟁을 자극한 위험한 군비 경쟁을 촉발했다(Glaser 2004). 미국에 이어 러시아, 중국, 북한까지 고도의 정밀성을 가진 다탄두미사일을 전력화하게 되면서 방어할 수 없다면 공격해야 하는 모순이 심화된 것이다. 핵무기를 선제공격 수단으로 사용하지 않기 위한 '냉전적인 타협'도 모두 폐기되었다. AMB조약과 INF조약은 핵무기를 선제공격 수단으로 사용할 수 있는 위험을 관리하기 위한 냉전적 합의였다. 만일 적대국이 고도화, 다종화된 미사일을 동시에 사용하여 현재 미사일 방어체계로는 방어가 불가능한 경우, 선제공격이 유일한 방어수단이다. 더구나 적대국이 먼저 핵을 사용한다면 당연히 반격 수단으로 핵이 사용될 것이다. 미중러 등 핵강국이 공세적 핵전략을 채택하는 것은 이와 같은 이유 때문이다. 미국의 핵 태세 보고서는 미국과 우방국, 협력국의 이익을 보호하기 위해 최저 수준에서 유리한 조건을 이끌 수 있도록 핵사용 전략을 명시하고 있다(DoD 2018, 23). 중국과 러시아 모두 공세적 핵전략을 채택한 바 있다(Fravel and Medeiros 2010).

둘째, 기술적, 전략적 비대칭이 초래하는 억지전략의 변화다. 군사기술 혁신은 강대국의 핵 억지력을 약화시키는 동시에, 강대국과 약소국, 그리고 테러집단이 상대적으로 적은 비용으로 공격 능력을 강화시키고 있다. 전후 무력을 사용한 전쟁의 빈도와 사상자가 지속 감소한 것은 전쟁 방식을 효율화한 기술, 군사전략의 혁신이 상호작용한 결과였다. 특히 미국은 전후 승패가 교차한 전쟁을 통해 전략, 기술, 조직, 병력은 물론 정치문제와 외교전략이 포괄적으로 결부된 군사적 효율성(military effectiveness)에 대한 교훈을 제공했다(Rosen 1995). 막대한 군사적, 경제적, 정치적 비용이 소요되는 전쟁에서 국가 간의 전략적, 기술적, 경제적, 그리고 군사적 비대칭은 군사적 우위에 의한 억지력의 기반이었다. 그런데 4차 군사기술 혁신은 기술, 비용이 능력과 비례했던 전통적인 군사적 우위의 구조를 본질적으로 변화시키고 있다.

미중 간의 군사 균형을 변화시키고 있는 것은 군사력의 양적 규모와 능력이 아니라 군사기술 혁신을 활용하는 비대칭적 우위 전략에 있다. 중장기적으로 중국이 군사력, 기술력과 원거리에 군사력을 투사하는 미국의 능력을 추월할 가능성은 높지 않다(Brooks and Wohlforth 2015). 그러나 미국에 도전하는 중국의 군사전략이 세계적 균형(global balancing)이 아니라 지역적 균형(local balancing)이라면 억지균형은 다른 문제다(Montgomery 2014). 동아시아에서 중국에 대한 미국의 억지력은 10만 명의 주둔 병력과 항공모함에 의한 장거리 투사 능력에 의존한다. 그런데 중국의 미사일 기술의 고도화, 인공위성요격미사일(ASAT)은 중국의 반접근/지역거부(A2/AD) 능력을 획기적으로 변화시켰다. 중국은 INF조약에 참여하지 않은 규제의 공백을 활용하여 미사일의 고도화에 주력했다. 1980년대 전력화한 둥펑(DF-5)을 정밀화하고 다탄두미사일(MIRVs)로 개량한 DF-5B/C를 실전배치했다. 또 최고 속도가 마하 25에 달하는 것으로 알려진 DF-41을 실험하고 있다. DF-21을 개량한 DF-26은 미국이 항모킬러로 우려하는 중거리탄도미사일이다. 이에 따라 중국은 항공모함 건조 비용의 1만분의 1의 비용으로 미국의 군사력에 대응할 수 있는 억지력을 가지게 된 것이다.

셋째, 더구나 기술적, 군사적 비대칭이 선제공격을 유발할 수 있다. 억지력은 무기체계가 가진 직접적인 위력이 아닌 상대국이 발신국의 위협, 설득을 수용하는 심리적인 결과다. 그런데 대량살상 기술이 확산되어 약소국과 적대국이 핵무기와 대량살상무기를 보유하게 된다면 억지균형의 논리는 본질적으로 변화된다(Knoff 2010). 핵무기, 대량살상무기, 또는 치명적인 무기를 보유한 약소국과 상대국의 명시적인 군사적 비대칭은 오히려 약소국의 선제공격의 모순을 심화시킬 수 있다. 전통적 핵 전략에 따르면 경쟁국가 간의 전략적 불균형, 즉 핵 능력의 비대칭성이 오히려 전략적 불안전성을 심화시키는 요인으로 지적해왔다(Kroenig 2018). 기술혁신과 더불어 지정학적 조건은 억지력을 약화시키는 요인이다(Krepinevich 2019, 66). 미소대립은 지정학적 공간과 시간에 따라 위기 안정성을 관리할 수 있었다. 반면 미중 경쟁, 그리고 동북아의 갈등은 지정학적 근접성에 더하여 무기체계의 속도혁명에 따라 긴급현안에 대한 억지(imminent deterrence)를 약화시키고 우발적 선제공격의 위험을 높인다. 이 외에도 기술적 비대칭의 붕괴에 따른 공격 우위의 사례는 수없이 많다. 드론 기술이 완벽하게 무기화될 경우 육해공의 전통적 플랫폼

체계는 완전히 무력화될 수 있다. 사이버 무기는 비대칭 국가가 저가의 비용으로 막대한 피해를 줄 수 있는 핵심 쟁점이다. 만일 상대국의 디지털 체계의 취약성을 완벽하게 무력화시킬 수 있는 가공의 무기를 보유한다면, 디지털 기반의 초연결사회 기반은 안보적 취약성이 될 것이다.

IV. 공포의 재균형(rebalancing)과 낙관론

4차 군사기술의 혁신이 초래하는 전쟁의 수단과 공격 우위의 전략은 억지 균형의 원리를 본질적으로 변화시킨다는 점에서 비관론이 우세하다. 그러나 4차 군사기술의 무기화는 시간과 비용이 수반되어야 하는 단정할 수 없는 미래다. 아울러 무력 수단을 동원해야 하는 전쟁이 포괄적인 이익, 궁극적으로는 생존의 문제라는 점에서 위기 안정성(crisis stability)을 유지시킬 수 있는 가능성도 존재한다.

첫째, 기술혁신 경쟁과 기술적 비대칭이 기술적 억지를 지속시키는 것이다. 탈냉전 이후 감소했던 세계 국방비는 미중 경쟁이 본격화된 2010년대 들어 큰 폭으로 증가하고 있다. 최근 군비 경쟁은 과거와 비교하여 군사기술 경쟁, 또는 '신흥기술의 무기화'라는 특징을 가진다. 미국이 2015년부터 추진하고 있는 '제3차 상쇄전략'은 기술 주도 군사혁신을 통해 중국에 대한 군사적 비대칭의 취약성을 보완하는 것이다(O'Hanlon 2018). 중국을 유일한 경쟁자로 규정한 바이든 행정부 출범 이후 미 상원이 첨단기술의 연구개발 및 외교, 군사, 경제 등의 경쟁 우위(competitive advantage)를 위해 향후 5년간 2,000억 달러를 투자하는 '미국혁신경쟁법'을 가결한 데 이어, 미 하원은 2022년 1월 '미국경쟁력강화법'을 가결했다. 미중은 물론 한국을 포함하는 주요국은 국

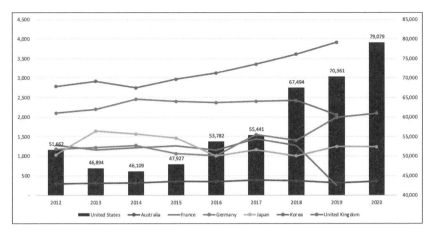

그림 13.3 주요국의 국방 연구개발비, 2012-2020 (PPP 백만 달러)

출처: OECD Government Budget for Defense R&D 2020.

방연구개발 예산을 대폭 증액하고 인공지능(AI), 자율무기체계, 초음속무기, 사이버 및 우주 공간의 무기화를 추진하고 있다. 이는 전후 핵무기와 재래식 무기에 의해 유지된 억지력을 '기술적 상호확증파괴(techno-MAD)'로 전환시키고 있다(Pei 2021; Klare 2018).

기술 주도 군사혁신 경쟁은 국방 연구개발비의 추이가 명확히 대변한다. 미국의 국방 연구개발 예산은 3차 상쇄전략이 추진된 2015년 반등하기 시작하여 2015년 461억 달러에서 2020년 790억 달러로 71.3%나 증가했다. 전후 군사기술 혁신을 주도한 미국은 2020년 기준으로 전 세계 국방비의 39.2%, 방위산업 매출의 48%, 무기 수출의 78.4%를 점유한다. 특히 국방 연구발비에 있어서는 81.2%를 점유할 만큼 압도적인 비중을 차지하고 있다. 신흥기술의 무기화 경쟁을 위한 기술, 비용, 시간에서 미국의 압도적인 우위가 지속된다면 기술적 억지력이 지속될 수 있다.

아울러, 공격 우위의 무기와 전략에 대응하는 억지기술 경쟁도 치열하다.

이론적으로 공격 우위의 핵전략은 발사를 무력화시킴으로써 적극적으로 억지할 수 있다. 도발 의지를 단념시키지 못했다는 점에서 전통적 억지는 실패했지만 도발의 이익을 거부했다는 점에서 성공한 억지다. 발사를 무력화하기 위해 사이버 공격, 전자기파 등의 기술을 활용한 발사직전(Left of Launch) 전략이 개념화되어 개발되고 있다(Kemp 2017). 초음속미사일이나 다탄두 비행체의 개발에 따른 방어할 수 없는 모순은 상승단계(boost phase)에서 인공위성이나 레이저 무기로 요격함으로써 적극적으로 방어할 수 있다(윤대엽 2018). 스텔스 무기가 가진 공격 우위의 모순 역시 스텔스 탐지 기술의 혁신을 통해 상쇄될 수 있다(김일규·최준희 2021). 사이버 공격을 근본적으로 단념시키는 것은 불가능하다. 그러나 방어, 보복, 회복탄력성의 강화 등을 통해 공격의 이익을 거부하는 사이버 억지가 가능하다(Brantly 2020). 방어보다 공격무기가 비용과 기술적 한계가 낮다는 기술적 비대칭은 저렴하고 작은 스마트 무기를 통해 약소국이 강대국의 공격 위협을 억지할 수 있는 수단이 될 수도 있다(Hammes 2019). 아울러 미국이 가진 압도적인 기술 우위는 억지력의 재균형을 하게 될 것이다. 신흥기술의 무기화를 위한 개념이 전력화되는 데 소요되는 시간도 고려할 필요가 있다. 디지털화와 네트워크화가 융합된 4차 산업혁명은 변화와 혁신의 속도를 획기적으로 변화시키고 있다. 그러나 20년 전 전장을 획기적으로 변혁시킬 것으로 예상되었던 기술 중 전력화된 것은 일부에 불과하다(O'Hanlon 2018). 이를 고려하면 공격 우위의 기술에도 불구하고 억지균형을 위한 기술과 전략을 준비할 수 있는 시간이 남아 있다.

둘째, 정보혁신에 따른 정보가 억지균형을 유지하는 심리적인 설득으로 작동할 수 있다. 억지는 기술, 전략, 무기보다 심리적인 효과이다. 억지력을 객관적으로 평가할 수 없는 가운데 공격의 이익과 손실에 대한 합리적인 전망을 제약하는 사회적인 요인이 비극을 반복시켜왔다. 과대 확신과 극단적 낙관은 객관적 정보 부족과 정보 정치화(intelligence politicization)에 의한 알지 못하는 무지의 위험 때문이다. 만일 인공지능 기술의 발전에 따라 기술적 정보(technical intelligence) 능력이 인간의 선입견, 편견, 이익이라는 심리를 보완할 수 있다면 합리적 억지(rational deterrence)를 강화할 수 있다. 실제 편견 없는 정보의 수집과 분석, AI에 기반하는 신속한 의사결정은 오정보, 오판에 따른 선제공격의 위협을 억지하는 수단이 될 수 있다. 센서혁명과 육해공 및 우주, 사이버 공간에서 정보기술 혁신과 광범위한 정보를 가공, 분석하는 인공지능은 정보 능력을 획기적으로 전환시키고 있는 가운데(Vinci 2020; 윤대엽 2020), 완벽한 정보 능력이 정보적 억지의 균형을 유지하는 수단이 될 수 있다.

셋째, 민간 기반 억지(civilian-based deterrence)의 중요성이다. 무력 사용이 감수해야 하는 엄청난 비용은 전쟁에만 그치지 않는다. 전쟁 결정과 수행에 소요되는 정치적, 경제적, 군사적, 사회적 비용은 물론이고 전쟁 이후 국제적, 정치적, 사회적 비용 역시 감당해야 한다. 이라크와 아프가니스탄에서 미국은 전쟁에서 승리했지만 전후 안정화 작전에서 엄청난 경제적, 군사적 비용은 물론 정치적 비용을 감수해야 했다. 점령 목적의 이익이 소멸된 현대 전쟁에서 개전의 이익과 전후 이익에 수반되는 손익을 포괄적으로 고려해야 한다. 샤프(Sharp 1985)가 지적했던 것처럼 포괄적인 이익을 고려해야 하는 전쟁에서 정치적인 의지와 함께 미래전쟁에서 민간 기반 억지가 중요한 요인으로 작동하게 될 것이다. 정치적인 비용은 과거와 현재, 그리고 미래에도 중요한 억지력으로 작동한다. 러시아가 압도적 군사 우위에도 불구하고 우크라이나 전쟁에서 고전하고 있는 것은 시민의 강한 저항을 예상치 못했기 때문이다. 미국과 유럽, 세계 각국의 경제적, 외교적, 사회적 제재에 따라 전후에도 엄청난 비용을 감수해야 한다.

정치적 억지와 함께 시민사회, 특히 4차 산업혁명을 주도하는 빅 테크(big tech) 기업이 기술적 억지력을 행사할 수 있다. 산업혁명 이후 군사기술 혁신은 세 가지 단계를 거쳐왔다. 근대 전쟁의 전력체계는 전적으로 민간 부문의 기술과 자원을 활용했다. 그러나 핵 혁명이 초래한 공포와 생존을 위해 국가는 군사기술, 방위산업, 군사전략을 통합하여 군사혁신을 주도했다. 탈냉전 이후에는 방위산업의 시장화와 규모화에 따라 소위 민군관계가 구조화되었다. 그런데 4차 군사기술 혁신을 주도하는 기업은 전통적 방위산업이나 국가가 아니다. 특히 공간과 시간을 통합하는 미래 전력체계의 디지털 플랫폼(digital platform)인 인공지능, 빅 데이터 등은 빅 테크 산업이 주도하고 있다. 미 국방부가 빅 테크 기업 및 실리콘밸리와 전략적 협력을 심화하고 있는 것은 불가피한 현실이다(Tracy 2021). 군사혁신을 위해 빅 테크 기업을 육성하고 협력(spin-around)해야 하는 구도에서 정부의 일방적인 지배를 단정할 수는 없다. 정보의 민주적인 활용과 감시에 대해서는 논쟁이 있다. 그러나 정보의 민주적인 통제가 체제화된다면 미래 군사기술 혁신에서 민간 부문의 기술적 억지도 가능할 수 있다.

V. 결론 및 함의

러시아가 우크라이나를 침공하면서 유럽에서 전후 체제가 종결되었다. 보다 중요한 것은 역사적, 정치적, 군사적 세력권을 주장하는 러시아의 의도를 단념시키지 못한 억지력의 실패라는 점이다. 이로써 핵무기를 통해 유지되었던 전후 공포의 균형 역시 전환점을 맞았다. 영토, 주권, 발전의 이익이 결부되어 있는 세력권을 둘러싼 미중 경쟁이 심화되고 있는 동아시아 역시 안보

전략의 구조변동이 진행될 것이다. 미국, 중국, 일본은 물론 핵무장한 북한에 대응하는 한국의 군사혁신 경쟁이 강화되고 있는 동북아의 안보 딜레마는 더욱 심화될 것이다. 핵무장한 미중 및 북한의 위협과 함께 4차 군사기술 혁신에 수반되는 분명한 사실은 군사혁신의 목표가 전쟁에서의 승리가 아니라 사전적으로 도발과 분쟁을 단념시키는 억지력 강화를 목표로 해야 한다는 점이다. 과거의 전쟁과 경험은 디지털 플랫폼의 혁신을 핵심 동력으로 미래의 전쟁에 도움이 되지 않는다. 그러나 4차 산업혁명의 군사화가 결과할 전쟁의 미래를 비관적으로 단정할 필요는 없다. 공격 우위의 무기와 전략에도 불구하고 전쟁은 사회적, 경제적, 외교적, 정치적 요인이 결부되어 있는 포괄적인 쟁점이기 때문이다. 공포의 균형에 의존했던 억지균형의 붕괴가 전략적 취약성을 심화시키고 있지만, 위기 안정성을 위한 군사혁신 경쟁이 지속될 것이다. 특히 공격 우위의 딜레마를 해소하기 위한 군비 경쟁이 지속될 것이다.

억지균형을 목표해야 한국의 군사전략에 세 가지 쟁점이 검토될 필요가 있다. 첫째, 기술적 억지를 위한 군사기술 혁신의 문제다. 2류 무기로 1류 무기를 가진 국가와의 경쟁에서 승리할 수 없다. 압도적인 군사기술은 명시적, 잠재적 적대국의 도발과 분쟁을 억지하는 핵심 수단이다. 특히 민간 부문이 주도하고 있는 빅 테크 기술의 군사화를 위한 민군관학의 포괄적 협력체계가 추진될 필요가 있다. 둘째, 억지균형을 위한 동맹협력과 다자안보의 과제다. 군사적 균형의 붕괴는 억지력을 붕괴시키는 구조적인 요인이다. 유럽과 동아시아에서 세력권을 둘러싼 전략적 경쟁과 긴장이 불가피하다면, 억지균형에 기여할 수 있는 군사전략을 명확하게 정립할 필요가 있다. 마지막으로 포괄적 억지를 위한 전략이다. 더 이상 억지력은 군사력에 국한되지 않는다. 경제, 기술, 외교는 물론 정치와 규범, 가치는 군사력 이외 포괄적 억지력을 구성하는 요소다. 시민 기반 억지 또는 비군사적 억지력의 강화를 위해 중간국가(in-between powers)로서의 역할과 위상을 재정립할 필요가 있다.

참고문헌

김경순. 2018. "러시아의 하이브리드전: 우크라이나 사태를 중심으로." 『한국군사』 4: 63-96.
김일규·최준희. 2021. "스텔스 탐지기술 현황 및 발전방향." 『국방과학기술정보』 103: 30-37.
류기현·조홍일·차명환. 2017. "전시억제이론과 한반도 적용." 『국방정책연구』 33(3): 9-29.
신범식. 2020. "지정학적 중간국 우크라이나의 대외전략적 딜레마." 『국제·지역연구』 29(1): 37-69.
신성호. 2018. "21세기 미중 핵 안보 딜레마의 심화: 저비스의 핵억제와 안보 딜레마 이론을 중심으로." 『국가전략』 24(2): 5-29.
윤대엽. 2018. "동북아의 탄도미사일 위협과 BMD 체계 구축 전략을 통한 KAMD 발전방안: 방어적 상쇄전략." <공군본부> 용역과제 보고서.
_____. 2020. "안보위협, 정보능력, 민주주의와 정보개혁: 경쟁적 정보 거버넌스의 과제." 『미래정치연구』 10(2): 5-32.
_____. 2022. "트럼프-시진핑 시기 미중경쟁: 탈동조화 경제안보전략의 한계와 중간국가의 부상." 『국가전략』 28(1): 61-90.
조비연. 2021. 『미국의 저위력 핵무기와 한반도에서의 확장억제전략 연구』. 서울: 국방연구원.

Barger, Deborah C. 2005. *Toward a Revolution in Intelligence Affairs*. Santa Monica, CA: RAND.
Betts, Richard K. 2013. "The Lost Logic of Deterrence: What the Strategy That Won the Cold War Can, and Can't Do Now." *Foreign Affairs* 92(2).
Brantly, Aaron F. ed. 2020. *The Cyber Deterrence Problem*. Rowman & Littlefield.
Brooks, Stephen G. and William C. Wohlforth. 2015. "The Rise and Fall of the Great Powers in the Twenty-first Century: China's Rise and the Fate of America's Global Position." *International Security* 40(3): 7-53.
Brown, Michael E., Owen R. Cote Jr. and Sean M. Lynn-Jones, eds. 2004. *Offense, Defense and War*. Cambridge: The MIT Press.
DoD. 2018. *Nuclear Posture Review*. Washington, DC: Department of Defense.
Fravel. M. Tayler and Evans S. Medeiros. 2010. "China's Search for Assured Retaliation: The Evolution of Chinese Nuclear Strategy and Force Structure." *International Security* 30(4): 48-87.

Freedman, Lawrence. 2021. "Introduction: The Evolution of Deterrence Strategy and Research." Frans Osinga and Tim Sweijs, eds. *Deterrence in the 21st Century: Insights from Theory and Practice*. Berlin: Springer, 1-10.

Glaser, Charles L. 2004. "When are Arms Races Dangers: Rational versus Suboptimal Arming." *International Security* 28(4): 44-84.

Halas, Matus. 2019. "Proving a Negative: Why Deterrence Dose Not Work in the Baltics." *European Security* 28(4): 431-448.

Hammes, T.X. 2019. "Defending Europe: How Converging Technology Strengthens Small Powers." *Scandinavian Journal of Military Studies* 2(1): 20-29.

Huth, Paul K. 1999. "Deterrence and International Conflict: Empirical Findings and Theoretical Debates." *American Review of Political Science* 2: 2-48.

Jervis, Robert. 1979. "Deterrence Theory Revisited." *World Politics* 31(2): 289-324.

Kemp, Herbert C. 2017. "Left of Launch: Countering Theater Ballistic Missiles." *Atlantic Council Issue Brief* (July).

Klare, Michael. 2018. "The Challenge of Emerging Technologies." Ams Control Association (December) https://www.armscontrol.org/act/2018-12/features/ challenges-emerging-technologies (검색일: 2021.10.10.).

Knopf, Jeffrey W. 2010. "The Fourth Wave in Deterrence Research." *Comtemporary Security Policy* 31(1): 1-33.

Krepinevich, Andrew F. Jr. 2019. "The Eroding Balance of Terror: The Decline of Deterrence." *Foreign Affairs* 98(1).

Kroenig, Matthew. 2018. *The Logic of American Nuclear Strategy*. New York: Oxford University Press.

Landry, Carole. 2022. "The Nuclear Option." *The New York Times* (Oct. 5) https://www.nytimes.com/2022/10/05/briefing/russia-ukraine-war-nuclear.html (검색일: 2022.10.5.).

Lieber, Keir A. and Daryl G. Press. 2013. "The New Era of Nuclear Weapons, Deterrence, and Conflict." *Strategic Studies Quarterly* 7(1): 3-14.

Lieber, Keir A. and Daryl G. Press. 2017. "The New Era of Counterforce: Technological Change and the Future of Nuclear Deterrence." *International Security* 41(4): 9-49.

Mazarr, Michael. J. 2018. "Understanding Deterrence" Santa Monica, CA: RAND Corporation. https://www.rand.org/pubs/perspectives/PE295.html. (검색일: 2022.10.11.).

Montgomery, Evan B. 2014. "Contested Primacy in the Western Pacific: China's Rise and the Future of US Power Projection." *International Security* 38(4): 115-149.

Morgan, Patrick M. 1983. *Deterrence: A Conceptual Analysis*. Beverly Hills: Sage Publications.

_____. 1985. "Saving Face for the Sake of Deterrence." Robert Jervis, et al., *Psychology* and *Deterrence*. Baltimore: The Johns Hopkings University Press, 125-152.

Nitze, Paul H. 1976-1977. "Deterring Our Deterrent." *Foreign Poicy* 25: 195-210.

O'Hanlon, Michael. 2018. "Forecasting Change in Military Technology, 2020-2040." https://www.brookings.edu/wp-content/uploads/2018/09/FP_ 20181218_defense_ advances_pt2.pdf (검색일: 2021.8.10.).

Pei, Minxin. 2021. "China and the US Dash toward Another MAD Arms Race." *Nikkei Asia* (May, 16) https://asia.nikkei.com/Opinion/China-and-the-US- dash-toward-another-MAD-arms-race (검색일: 2021.8.10.).

Rosen, Stephen P. 1995. "Military Effectiveness: Why Society Matters." *International Security* 19(4): 5-31.

Sanger, David E. and William J. Broad. 2022. "Russia's Small Nuclear Arms: A Risky Option for Putin and Ukraine Alike." *The New York Times* (Oct. 3) https://www.nytimes.com/2022/10/03/us/politics/russia-tactical-nuclear-weapons.html (검색일: 2022.10.5.).

Sharp, Gene. 1985. *Making Europe Unconquerable: The Potential of Civilian-Based Deterrence and Defense*. Cambridge: Ballinger Publishing.

Tracy, Ryan. 2021. "As Google, Microsoft and Amazon Seek Bigger Defense Role, Some are Leery." *The Wall Street Journal* (Sept 7).

Vinci, Anthony. 2020. "The Coming Revolution in Intelligence Affairs: How Artificial Intelligence and Autonomous System will Transform Espionage." *Foreign Affairs* 99(5).

14

한반도 핵안정성과 사이버 안보

이중구 한국국방연구원

I. 들어가며

　국가가 사이버 위협으로부터의 안보를 고려해야만 한다는 점은 핵무기 분야에서도 예외가 아니다. 핵억제력의 신뢰성에 필요한 핵무기의 지휘통제에 대해서도 사이버 영역으로부터의 불확실성과 위협이 대두되어 왔다. 한국의 관점에서는, 핵무기와 사이버 공격을 연결 지어 주는 사건은 오바마 행정부 말기에 언급되었던 '발사의 왼편(Left of Launch)' 작전이다. 북한의 핵, 미사일 실험이 대대적으로 이루어졌던 2016년 이후의 시점에서, 미국은 이 작전으로 북한의 미사일 발사를 방해했다고 알려져 있다. 한편, 미국도 경쟁국들로부터 사이버 공격을 받고 있다. 2020년 말에는 러시아가 지원했다고 의심되는 조직으로부터 미국의 핵안보국 등 정보기관이 사이버 공격을 받았다고 보도되었다(한국일보 2020).

　미국의 2018년 핵태세 검토보고서(Nuclear Posture Review, NPR)에서도

핵지휘통제에 대한 사이버 공격의 위협을 우려했다는 점에서, 이 글에서는 우리에게는 다소 생소한 핵무기에 대한 사이버 공격이라는 이슈를 다루어보고자 한다(DoD 2018). 2018년 NPR에서는 사이버 공격으로부터 핵지휘통제의 보호를 강화해야 한다고 밝혔다. 북한의 핵개발로 한반도에 대한 미국의 확장억제는 필수적인 한국의 안보 의제가 되었다. 한국은 비핵국가이지만 핵무기 영역과 한국의 안보는 무관하지 않다.

II. 사이버 위협 속의 핵무기

이미 전쟁 영역의 하나로 자리 잡은 사이버 공간과 핵무기 분야의 관련성은 5개의 실질적 유형으로 제시되어 왔다. 셰인 스미스(Shane Smith)는 사이버 무기를 하나의 대량살상무기로 보자는 논의를 포괄하여 사이버 무기와 기존 대량살상무기(화학, 생물, 방사능, 핵) 간의 관계에 대한 논의를 5가지로 언급했다(Smith 2021). 첫째, 사이버 무기는 전략무기라는 논의로부터, 둘째, 원전 및 화학공장에 대한 사이버 공격에 대한 논의, 셋째, 핵지휘통제(Nuclear Command, Control, and Communication, NC3)에 대한 사이버 공격, 넷째, WMD 공격을 위한 사이버 공격, 다섯째, 반확산 도구로서 사이버 무기[1] 등이 그것이었다. 이 가운데 세 번째인 핵지휘통제에 대한 것은 직접적으로 핵무기를 위협하는 것에 해당하였다.

한편, 앤드류 퍼터(Andrew Futter)는 사이버-핵무기 간의 연관성을 이해하는 데 도움이 되는 7가지 범주를 제시했다(Futter 2016, 5-9). 그는 NC2(Nu-

....

1   적대국의 대량살상무기 프로그램을 방해하거나 불능화시키는 사이버 무기를 의미함.

clear Command and Control)는 컴퓨터와 복잡한 체계들로 이루어져 있어서 사이버 위협에 취약하다고 지적했으며, 핵무기만이 아니라 핵무기와 관련된 컴퓨터, 네트워크, 소프트웨어 및 하드웨어/인프라에 대한 사이버 위협을 사이버-핵 연관성이라고 보는 시각에서 그것을 몇 가지 유형으로 개념화해보고자 한 것이다. 그 중 첫 번째는 사이버 공격의 표적이 핵군사력과 관련된 민용 혹은 군용 인프라를 대상으로 한 것으로서 포괄적인가 아니면 핵무기 C2 및 특정 체계에 국한된 것인가라는 구분이며, 두 번째는 공격이 컴퓨터 혹은 인간 중에서 어디에 초점을 두는가, 세 번째로는 핵무기 및 그와 관련된 체계에 대한 공격이 물리적인가 아니면 논리적인가로 꼽았다. 이어서 퍼터는 사이버 공격의 방식에 초점을 두어서, 네 번째로, 공격이 네트워크나 인터넷을 통한 원격의 형태인가 아니면 근접해서 진행된 것인가, 다섯 번째, 핵무기체계에 대한 공격이 직접이었나 아니면 핵무기체계가 의존하는 정보를 공격하는 간접적인 것이었나라는 구분도 제시했다. 사이버-핵무기 간의 연관성에 초점을 두면서, 여섯 번째로, 소프트나 하드웨어의 내부적 오류에 의한 것인가 아니면 의도적으로 수행된 공격의 성격이 더 큰가, 일곱 번째로, 문제가 실제로 발생한 것인가 아니면 최악의 사태에 대한 우려에 기반한 것인가라는 구분을 제시했다.

결국, 셰인 스미스의 시각으로 보면, 퍼터는 핵무기체계에 초점을 맞춰서 사이버-핵 넥서스를 파악하고자 했다고 볼 수 있을 것이다. 앞서 살펴본 것처럼, 셰인 스미스는 사이버 위협을 핵무기, 핵시설, 핵무기 방어체계, 핵개발사업과도 연관 짓고자 했다면, 퍼터는 핵무기 및 그와 관련된 인프라까지에만 초점을 맞추었다. 다만, 퍼터의 7가지 구분이 알려주듯이, 사이버 공격에 위협받는 것으로서 핵무기체계에만 초점을 국한해도 사이버-핵 넥서스를 보는 시각은 다양하게 존재하며, 각각을 이해하기 위해 7가지 구분이 필요한 특징을 지니고 있다.

III. 핵무기체계에 대한 사이버 위협의 가능성

'핵위협방지구상(Nuclear Threat Initiative, NTI)'은 최근 연구에서 핵무기에 대한 사이버 공격 가능성을 구체적인 4가지 시나리오로 제시한 바 있다 (Stoutland and Pitts-Kiefer, 2018). 각각의 시나리오는 조기경보체계, 통신채널, 지휘통제체계, 핵무기 안전장치에 대한 사이버 공격에 대한 것이었다. 첫 번째, 조기경보체계에 대한 사이버 위협이다. 이것은 경보체계가 핵공격이 이루어지고 있다는 잘못된 신호를 발송하게 되는 경우로 구체화될 수 있다. 탈냉전 이후 미러 간의 갈등이 고조된 상황에서, 북미항공우주방위군(NORAD)이 러시아 측에서 발사된 미사일로 보이는 신호를 포착되는 상황을 가상해 본다면, 이러한 사이버 공격의 위험을 현실적으로 생각해볼 수 있다. 이 경우, 미국 측 정책결정자들은 해당 조기경보체계가 사이버 공격(spoofing)을 받은 것일 수도 있다고 여기면서도, 실제 공격을 받는 경우일지도 모르는 상황에서 수분 내에 대응을 결정해야만 한다. 이것은 오판에 따른 국제적 핵위기의 가능성을 증대시킬 것이다. 1980년과 1983년에 미국과 소련의 조기경보체계에서 각각 마이크로칩 이상과 비구름의 영향으로 잘못된 공격 신호를 수신했던 적이 있다는 점에서, 이러한 사태는 충분히 발생 가능하다고 평가된다. 이러한 공격이 비국가 행위자나 제3국에 의해서 이루어질 가능성도 배제하기 어렵다.

둘째, 핵무기 사용 관련 의사결정 및 외교적 대화를 위한 통신채널이 사이버 공격에 노출될 가능성은, 사이버 공격으로 중앙관료, 작전부대, 핵체계 간의 통신이 간섭받는 경우이다. 가상의 예를 들어, 미국과 러시아 간의 정치적 위기 시에 미국만이 아니라 러시아 측도 레이더에 파악된 상대 미사일 신호가 실제인지를 파악하기 위해 미국과의 통신을 시도하고자 하지만, 이때 미러 간의 통신채널이 사이버 공격으로 막힌 상황에 맞닥뜨릴 수 있다. 이러한 통신의 간섭 혹은 단절은 외교적 대화를 위한 통신만이 아니라 정치지도자와 군사지휘부 간, 조작자와 핵무기 간의 통신에 대해서도 발생할 수 있다. 실제로 2010년에 기술적 장애로 핵무기 운용 편대와 통신이 45분간 단절되는 사고도 미국 내에서 발생한 바 있다. 이러한 장애는 기술적 문제만이 아니라 대규모 디도스 공격이나 슬래머 웜(Slammer Worm), 전자기 재밍 등에 의해서 유발될 수도 있다.

셋째로, 핵지휘통제에 대한 사이버 공격이 적대국이 부품 공급망을 통해서나 다른 방식으로 지휘통제 장치에 악성코드를 주입하는 방식으로 일어날 가능성이 있다. 이러한 사이버 공격은 적대 세력이 백도어로 감시망을 피해 핵지휘통제 체계의 부품에 악성코드를 심는 방식의 위협을 의미한다. 공급망의 취약성에 관련된 이러한 우려는 2016년 미 공군의 전자부품 조달과 관련한 우려에서도 예시된 바 있다. 핵지휘통제 시설의 부품 일부는 외부 공급망을 통해 조달되는 만큼 악성코드 혹은 동면코드 감염 가능성으로부터 완전히 자유롭지 않다는 평가이다.[2] 실제로 미국과 러시아 등의 국가들이 주요 상대국의 핵심 인프라에 사이버 무기를 심어놓기 위한 아이디어를 구상하거나 추진했던 것으로도 알려지고 있다(Miller, Nakashima and Entous 2017; Perlroth and Sanger 2018).

....

2 상대적으로 핵무기에 들어가는 전자부품은 보안 파운드리에서 제조되므로, 이러한 형태의 공급망 문제로부터 자유로운 편으로 지적된다(Stoutland and Pitts-Kiefer 2018, 18).

네 번째는 핵무기 자체에 대한 절도나 핵무기 안전장치의 해킹 가능성이다. 이러한 사태의 시나리오는 미국의 핵무기가 배치된 나라에서 정치적 불안정이 확대되어 핵무기가 배치된 기지에 대해 사령관이 통제를 일시적으로 상실하는 것으로부터 시작될 수 있다. 그런 경우에, 핵무기가 탈취될 가능성이 증대된다. 2016년의 터키 쿠데타 시에 이러한 위험이 실질적으로 존재했다고 지적되고 있는데, 당시 미국의 핵무기가 배치된 터키 군사 기지의 사령관이 쿠데타 연루 혐의로 조사를 받으면서, 해당 기지로의 전력 공급이 차단되었던 것이다.

IV. 핵무기체계에 대한 사이버 공격의 억지

이러한 공격 가능성에 따라 핵억제력에 대한 사이버 공격에 대처하는 방안들도 논의되어 왔다. 핵무기를 가진 국가들이 취해야 할 내부적인 조치로 권고되는 것들을 자세히 살펴보면(Stoutland and Pitts-Kiefer 2018, 23-27), 거짓 공격 신호에 대처하기 위해 핵무기 사용권자에게 주어진 결정 시간을 늘려주기 위한 대책이 필요하다는 것과 함께, 핵지휘통제 체계의 복원성 강화, 핵심체계의 보안 강화 및 다양화, 핵무기 현대화 프로그램 추진 시의 사이버 위협 고려, 핵무기 및 운반수단에 대한 보안 강화 등이 나열되고 있다. 이러한 대내적 조치들은 미국, 중국, 러시아 등 핵보유국들의 핵무기 정책에 시사점을 갖는다. 심지어 북한의 핵정책에 대해서도 그러하다. 한편, 대외적 상호작용의 맥락에서는, 핵무기에 대한 사이버 공격을 억지하기 위한 방안으로 사이버 외교, 역해킹(The hack-back), 비대칭 대응 등이 꼽히고 있다(Unal and Afina 2020).

우선, 세 가지 방안 중 '사이버 외교'가 국제적으로 가장 폭넓은 공감대를 이루고 있는 방안이다. 이것은 핵무기에 대한 사이버 공격을 제한하는 다자적인 국제합의를 도출하자는 구상에 관한 것이다. 그러나, UN GGE에서도 관련국들이 이러한 다자합의에 합의할 가능성은 가까운 시일 내에 기대하기 어려운 실정이라고 논의된 바 있다. 심지어 검증도 쉽지 않다는 기술적인 장애도 존재한다. INF 조약 등 기존의 주요한 국제적 군비통제체제도 흔들리는 상황에서, 핵에 대한 사이버 공격 금지는 강제성을 지닌 국제적 합의로서보다는 각국의 자발적인 조치로서 실현되기를 기대하는 것이 보다 빠를 수 있다.

다음으로는, 역해킹 방안도 거론되고 있다. 이것은 해킹에 해킹으로 반격함으로써 적대국의 사이버 공격을 억지하는 방안이다. 미국에서는 선제적인 사이버 작전도 언급된다. 하지만, 국가 간의 분쟁 시에 역해킹이 적절한 억지 방안일지에 대해서는 의문도 제기되고 있다. 일례로, 역해킹을 위해서는 사이버 공격의 주체를 확정해야 하는데, 그 작업에만 수주에서 수개월이 걸릴 수 있기 때문이다. 나아가, 핵위기 속에서 때늦은 역해킹은 오히려 위기를 장기화시키는 부작용을 낳을 수도 있고, 긴장완화를 위한 협상을 방해할 수도 있다는 문제점도 지닌다. 핵무기에 대한 역해킹 대신 비핵 재래식 무기에 대해서 역해킹을 시행하는 방안도 있겠지만, 역해킹된 비핵무기체계가 핵무기와 연결되어 있지 않다고 확신하기도 쉽지 않기 때문에, 이러한 역해킹 역시 국가 간의 오해와 오판을 확대시킬 위험성을 내포하고 있다. 역해킹이 정당화될 수 있는 경우에 대한 국제규범이 마련되기 위해서는 앞으로도 많은 시일이 필요해 보인다. 아직은 역해킹이 국가의 최고이익을 지키기 위한 자위적 행동에 해당하는지, 보복의 비례성 등 국제법 원칙에 부합하는지 판가름하기 곤란하다.

셋째로, 핵 관련 사이버 공격을 억지하기 위해서 비대칭적 대응(assymetrical response)의 필요성도 검토해야 한다는 목소리도 존재한다. 이것은 제한적 핵공격을 포함하는 비대칭적인 조치로 대응할 것이라는 입장을 천명해서 핵무기 체계에 대한 사이버 공격을 억지하자는 주장이다. 다만, 비핵 영역의 행위인 사이버 공격에 대해 핵무기로 보복하는 것은 문제시될 수 있다고 지적되고 있고, 비대칭적 대응이 추가적인 긴장 고조를 유발하는 것은 물론 핵위기까지도 초래할 수 있다는 우려도 있다. 국제법적으로도 문제가 될 수 있다.

V. 한반도 핵무기에 대한 함의

1. 한반도 사이버 위협 속의 핵무기

셰인 스미스의 논의에는 사이버 무기와 핵무기(혹은 전략무기) 간의 관계를 상정하는 논리가 명확하지 않았지만, 그의 논의를 각각 사이버 능력을 통해 광범위한 민간 영역(디지털 인프라), 핵시설, 핵무기, 핵방어체계, 핵개발 프로젝트를 공격하는 것이라고 본다면, 사이버-핵 담론 내의 구조가 보다 명확해질 수 있다. 사이버 무기가 핵공격에 상응하는 피해를 야기하거나 핵의 여러 스펙트럼(핵시설→핵개발 프로젝트→핵무기) 혹은 핵공격에 대한 방어 및 대응체계에 영향을 주는 바에 대한 논의들로 사이버-핵 담론이 구성되어 있다는 것이다. 이 가운데, 아직 다소 논란이 있는 '전략무기로서의 사이버 무기' 논의를 제외하면, 사이버-핵 담론은 핵무기의 개발 및 대응이라는 분야들에 대하여 사이버 무기가 어떻게 부정적인 영향을 미칠 수 있는가에 대한 논의를 의미하게 된다.

한편, 한반도의 맥락에서 사이버와 핵무기를 연결 짓는 담론은 기성 핵강대국 내의 논의보다 조금 더 풍부하다. 한반도의 사이버-핵 담론은 북한의 핵개발 혹은 핵능력 고도화를 하나의 배경으로 하고, 이를 저지하려는 국제사회의 비확산 노력을 또 하나의 배경으로 하기 때문이다. 셰인 스미스의 논의에서 보듯이, 핵무기를 막는 무기체계(미사일 방어 등)에 대한 사이버 공격도 사이버-핵 담론에 포함되고 있다. 따라서 핵개발을 막기 위한 비확산체제에 대한 북한의 사이버 역량에 의한 도전도 한반도의 사이버-핵 담론에 포함될 수 있는 것이다. 실제로 북한의 대량살상무기 개발 자금이 상당 부분 북한 해커들의 암호화폐 해킹에서 조달되고 있다는 분석들도 한반도의 사이버 문제와 핵문제를 연결 짓는 것으로서 사이버와 북핵 두 영역에서 동시에 관심을 받고 있다.[3] 이 때문에, 한반도 맥락의 사이버-핵 담론에는 북핵 저지를 위한 대북 제재를 우회하기 위한 북한의 사이버 범죄도 포함될 수 있다고 볼 수 있다.

표 14.1 한반도 맥락 하의 사이버-핵능력 연계 담론

표적 수단	공공인프라	핵시설	핵개발 사업	핵무기체계	핵공격방어	비확산체제
사이버 무기	전략무기로서의 사이버 무기	원전에 대한 사이버 공격	반확산 목적의 사이버 공격	핵무기체계에 대한 사이버 공격	핵공격 지원을 위한 사이버 공격 중 일부	대북제재 극복을 위한 사이버 해킹 및 절도

2. 북한 핵무기체계에 대한 사이버 위협의 가능성

핵무기체계에 대한 사이버 위협이 조기경보체계, 통신채널, NC3, 사용 승인 장치에 대해서 이루어질 수 있다면, 한반도에서 불법적으로 핵을 개발한

....

3 최근에는 북한의 자금조달을 위한 해킹 활동도 국내외의 관심을 받고 있다(Korn 2022).

북한의 핵무기체계에 대해서는 어떠한 사이버 위협이 존재할까. 우선, 북한은 중층적 조기경보체계를 갖추고 있지는 못하지만, 지상 기반 방공체계에 한해서는 제한적이나마 탐지 능력을 갖추고 있다. 북한이 과연 주변국이 먼저 공격할 때 이를 감지할 수 있는 능력이 있는지에 대해서는, 북한이 1960년대 초에 소련이 개발한 600km 반경의 P-14 Tall King 레이더를 갖추고 있고 비교적 최근에 이란으로부터 위상배열 레이더(phased array radars)도 도입한 것으로 알려져 있다(Roehrig 2017). 또한 북한은 탐지 능력을 강화하기 위해 자동화된 방공 C2 체계를 개발하기 위해 노력해왔다고 알려져 있다. 이러한 조기경보체계를 기반으로 북한은 SA-2, 3, 5, KN-06(번개-5형) 등 방공미사일로 침투하는 전투기를 요격하고자 할 것이다. 물론, 북한은 스텔스 전투기에 대해서는 효과적인 능력을 갖고 있지 못한 것으로 보인다. 북한이 주로 의지하고 있는 지상 기반 레이더들은 전자기 재밍 혹은 사이버 위협에 노출되어 있으며, 이러한 지상 능력이 사이버 및 전자전 수단으로 위협받는 경우 북한 조기경보체계는 크게 교란될 것이다. 미래에 북한이 정찰위성을 발사하여 조기경보 능력을 보강한다고 해도, 그 역시 사이버 위협에 취약한 대상으로 주목받을 수 있을 것이다. 우크라이나 전쟁 중 어나니머스의 러시아 위성 해킹 주장 사건에서도 볼 수 있듯이, 위성을 운용하는 위성관제소 역시 사이버 공격의 대상이 될 수 있다(WAQAS 2016).

또한, 북한의 핵무기 사용과 관련된 통신채널도 유무선상의 사이버 및 전자기 위협에 취약할 수 있다. 북한은 재래식 무기에 대한 지휘통제용과는 별도로 광섬유망을 구축해 핵무기를 위한 NC3 체계를 구축했을 것으로 추정되어 왔다(Cheon 2019; Hayes 2021). 이러한 북한의 NC3는 정찰위성이나 상업위성을 통한 중복성을 구비하고 있지 않기 때문에, 광섬유망에 장애가 발생할 경우 제 기능을 발휘할 수 없는 취약성을 가지고 있다고 봐야 할 것이다.

나아가, 북한이 2021년 8차 당대회에서 밝힌 전술핵능력을 실제로 발휘하기 위한 요건의 하나로서도, 그에 필요한 NC3 체계인 일종의 전술통신체계가 필요하다. 파키스탄도 미국으로부터 팔콘-II(FALCON-II)를 지원받아서, 그러한 능력을 갖추었다(Hayes 2021, 26). 이로부터 미루어볼 때, 북한은 추진 중인 전술핵무기 개발이라는 목표에 비해 NC3 분야에서 현저한 낙후성을 지니고 있다고 하겠다. 중복성이 낮은 광섬유망 통신채널은 사이버, 전자전 위협, 나아가 일반적인 군사 위협에도 취약할 것을 보이지만, 그에 대한 실제 사이버 공격은 고강도 긴장과 확전을 유발할 수 있기 때문에 관련국들은 이 가능성을 이용하는 데 매우 신중할 것으로 판단된다. 그럼에도 불구하고 NC3, 특히 통신채널에 대한 사이버 위협은 북한 사이버-핵 넥서스의 취약성의 하나이다.

아울러, 북한 NC3 체계의 부품공급망을 통한 사이버 위협의 취약성은 상대적으로 낮다고 할 수 있다. 아직 북한은 자동화된 NC3 체계를 최고사령부와 핵심 군단급 제대 간에만 제한적으로 운용하고 있을 것으로 생각되나, 외부 세계와 매우 단절된 공급망을 가지고 있거나 첨단부품의 수입금지 제재를 받고 있다. 이 점에서 북한의 공급망 회사의 내부 인원들이 부품에 악성코드를 심을 가능성은 매우 낮다고 할 수 있다. 물론, 외부 국가들은 의도적으로 북한의 밀수를 허용하면서 악성코드를 유입시키고자 할 수도 있지만, 북한 군수산업의 폐쇄적인 특성상 평양은 NC3 체계 내에 악성코드가 심어져 있을 가능성에 대한 우려는 크게 갖고 있지 않을 것이다. 물론, 그럼에도 불구하고 무선 사이버 위협이나 전자전파 위협에 북한의 NC3 체계는 노출되어 있다고 볼 수 있다.

3. 북한 핵무기체계에 대한 사이버 공격의 억지

우선, 한반도 사이버 외교의 국제적 필요성은 절실하지만, 북한은 외부의 사이버 공격을 억지할 수단으로 사이버 외교를 아직 크게 고려하지 않고 있는 것으로 보인다. 아래에서 설명하겠지만, 주체를 알기 힘든 사이버 공격이 사이버 공간상의 공방이나 핵위기로까지 이어질 가능성은 상당히 높은 상황으로 평가된다. 가상적으로, 북한의 의도와 별개로 북한 NC3체계의 내부적 오류나 사이버상의 긴장 고조가 북한 NC3체계의 마비를 야기한다면, 이 경우 북한의 핵무기 운용 부대의 오판으로 제한적인 핵공격이 이루어질 수도 있다. 최악의 시나리오지만, 그럴 가능성을 배제할 수는 없다. 이 때문에 가능하다면 남북 간의 완충지대를 사이버 공간상으로 확대하는 것이 필요해 보인다. 하지만, 안타깝게도 가까운 시일 내에 북한이 사이버 외교에 동참할 가능성은 낮다. 북한은 2009년 이후 대남 사이버 도발 역량을 적극적으로 구축해왔고, 2018~2019년 사이의 핵·ICBM 모라토리엄 기간에도 대북제재를 우회하는 자금원 확보를 위해 적극적으로 사이버 해킹을 활용해왔다. 뿐만 아니라, 유엔 안보리의 포괄적인 대북제재를 받은 2017년 이후 북한의 해킹 조직들은 가상화폐 거래소에 대한 공격을 개시했다(Klingner 2021, 21-34).

다음으로, 핵무기에 대한 사이버 공격을 억지하는 방법과 관련해, 북한의 방안은 기본적으로 역해킹일 것으로 보여진다. 단적인 예로, 북한 정찰총국의 해킹 조직인 라자루스(Lazarus)에 의해 이루어진 것으로 추정되는 소니픽쳐스사(社) 해킹 보복 사건은 북한이 자신에 대한 정치적 공격으로 인식한 행위에 대해 사이버 공격으로 반격한 사례를 보여준다. 소니픽쳐스가 김정은 위원장을 희화화한 영화를 개봉하자, 북한은 이 영화의 배후에 미국 정부가 있다고 비난하고, 사이버 공격을 포함한 보복을 공언했었다. 이와 때를 같이하여, "평화의 수호자"라고 자처하는 해커들이 소니사 임원의 신상을 공개하고 미공개 영화 정보도 유출시켜 피해를 입혔다(구정은 2014). 나아가, 북한은 트럼프 행정부 초기의 북미 대결 구도를 배경으로 미국이 대규모 사이버 공격을 가한다면 그에 상응하는 대응을 할 수 있다는 입장을 시사한 바 있다. 2018년 초 『로동신문』은 미국이 대규모 사이버 공격을 추진하고 있다면서 그 후과를 경고했고, 이를 통해 "미국은 저들이 사이버로 첫 번째 총알을 날리는 경우 어떤 참혹한 후과가 돌아오겠는가에 대해서도 미리 판단해보는 것이 좋을 것이다. 가질 것은 다 가지고 모든 것에 준비되어 있는 우리는 미국이 원하는 그 어떤 전쟁방식에도 기꺼이 대응해줄 만단의 준비가 되어 있다"라며 북한의 사이버 전쟁 능력을 자신했었다(조선중앙통신 2018). 이러한 논리를 통해 2010년대 말 북한이 사이버 수단을 통한 도발에 최소한 역해킹으로 대응한다는 입장을 갖추고 있었음을 볼 수 있다.

세 번째로, 최근에 들어와서는, 핵무기체계에 대한 사이버 위협을 억지하는 북한식 해법으로 비대칭 대응을 주목할 필요가 확대되고 있다. 북한은 2022년 9월 8일에 발표한 핵무력정책 관련 법령에서 "국가핵무력에 대한 지휘통제체계가 적대세력의 공격으로 위험에 처하는 경우 사전에 결정된 작전방안에 따라 도발원점과 지휘부를 비롯한 적대세력을 괴멸시키기 위한 핵타격이 자동적으로 즉시에 단행된다"고 밝혔는데(조선중앙통신 2022), 그 함의를 생각해볼 필요가 있다. 일반적으로 이 조항은 주로 북한의 최고지도자인 김정은 위원장에 대한 위해나 공격을 억지하기 위한 것으로도 이해되고 있지만(Ward and Ukenye 2022), 동시에 북한의 NC3 체계가 사이버 공격으로 마비되는 경우에도 적용될 수 있기 때문이다. 예를 들어, 북미 간에 긴장이 고조된 상황에서 주체불명의 사이버 공격으로 핵무력 지휘기구와 통신이 두절될 경우, 핵미사일 부대장들은 이를 지휘통제체계가 위험에 처한 경우라고 판단하게 될 것이다. 북한이 김정은 위원장만이 핵무기 발사를 명령할 수 있는 독단형 지휘통제를 유지하는 경우에 사이버 위협에 대응하기 위한 비대칭 대응의 도입은 곤란하다. 사이버 공격으로 북한의 NC3 체계가 마비되는 경우 발사 명령 자체를 핵운용 부대에 내려보낼 수 없기 때문이다. 그에 반해, 위의 조항에 따라서 핵운용 부대장들에게 핵자동 보복 권한이 주어져 있다면, 사이버 공격에 대한 비대칭 대응의 도입은 실현 가능한 것이 된다. 일단 가장 논쟁적인 핵사용 권한 문제가 정리된 이상, 사이버 위협에 취약한 NC3 체계에 대한 사이버 공격으로 인한 핵지휘통제 마비 시에도 제한적 핵공격이 가능하다는 입장을 북한 당국이 정책적으로 채택만 하면 되기 때문이다. 요컨대, 북한 핵무력 관련 법령에는 복합적인 면이 있지만, 이 글의 주제와 관련해서는 북한이 NC3체계에 대한 위협을 억지하기 위해 비대칭 대응을 채택할 가능성을 배제할 수 없게 만들었다.

VI. 나가며: 한반도 핵안정성을 위한 사이버 외교의 필요성

사이버 환경의 중요성이 확대되는 가운데, 핵무기체계의 사이버 안보에 대한 고민도 등장하고 있다. 아직 사이버 시대 군사적 핵안보에 대한 명확한 해법은 존재하지 않는 가운데, 각국은 지휘통제체계에 대한 보호와 보안 노력을 강화해야 할 필요를 느끼고 있다. 핵무기에 대한 사이버 공격을 금지하는 다자적 합의를 이루는 것이 이 문제에 대한 유일한 국제적인 해법으로 보인다.

물론, 향후 사이버 무기의 발전과 신기술의 등장과 더불어, 핵무기에 대한 사이버 위협이 실존적 위협으로 인식될 경우, 사이버 외교를 넘어서는 사이버 억지 방안들에 대한 관심도 확대될 것으로 전망된다. 자국의 핵무기체계가 고도화된 사이버 위협에 노출되는 경우, 관련국들이 역해킹이나 비대칭 대응에도 주목할 수 있다는 의미이다. 이 글에서 검토한 바와 같이, 북한 역시 역해킹을 실시하거나 비대칭 대응의 정책을 추구할 가능성을 보여주고 있다.

또한, 핵무기 영역과 비핵 분야의 공통적인 측면들로부터 한국의 비핵군사 분야에 대한 시사점을 찾아볼 수도 있다. 군사적 대응에 필요한 의사결정 시간의 확보, 지휘통제체계의 복원성 강화, 핵심체계의 보호 강화 및 다양화, 첨단기술 도입 시 사이버 위협 대책 마련 등과 같은, 핵무기 사이버 안보 대책은 비핵무기 분야에 대해서도 적용될 수 있는 내용들이다. 한국의 주요 무기체계가 첨단 재래식 무기로 발전되고 있는 만큼, 우리 무기체계에 대한 사이버 위협 가능성을 검토하고 그로 인한 문제를 해결하기 위한 방안을 개발해 가야 할 필요가 있다.

아울러, 한반도 국제정치에 대해서 사이버-핵 넥서스의 관점에서 찾을 수 있는 함의로서, 핵무기체계에 대한 사이버 위협의 가능성들을 고려할 때 북한의 핵무기체계가 갖는 취약성도 주목된다. 북한의 조기경보체계는 지상레이더들에 주로 의존하고 있고, 정찰위성을 활용할 수도 없어 중복성이 낮다. 그 때문에 지상탐지 레이더들에 집중된 사이버나 전자전 공격만으로 북한의 조기경보 능력은 쉽게 교란받을 것이다. 뿐만 아니라 핵 관련 통신도 최고사령부와 핵무기 운용 부대 간에 구축된 광섬유망만으로 이루어지고 있어, 사이버, 전자전 및 재래식 공격 모두에 취약할 것으로 판단된다. 덧붙여, 북한이 전술핵을 개발한다고 공언하고 있지만, 그에 필요한 발전된 전술통신체계도 갖추지 못하고 있다.

동시에, 바로 그 때문에, 북한은 핵무기체계에 대한 사이버 위협을 억지하기 위한 방안을 고민하지 않을 수 없다. 기본적으로 자신의 사이버전 역량에 자신을 갖고 있는 북한은 사이버 공격을 받을 경우 역해킹의 방식으로 대응하는 구상을 갖고 있을 것이다. 더욱 나아간다면, 북한은 최근의 핵무력 정책의 변화를 바탕으로, 핵무기체계에 대한 사이버 공격에 제한적 핵공격으로도 대응하는 비대칭 대응 방침을 밝힐 수도 있다. 북한이 벌써 비대칭 대응을 도입했다고 보기는 어렵지만, 그러한 변화 가능성을 배제할 수는 없다. 여기에서 우려스러운 것은, 이러한 추세 속에서 한반도 사이버-핵 넥서스의 불안정성이 확대될 가능성이 있으나, 그 문제를 다루는 데 필요한 사이버 외교에는 충분한 관심과 대비가 부족하다는 것이다. 특히, 북한을 사이버 군비통제로 유도하기 위한 방안에 장기적 관심이 필요하다.

참고문헌

구정은. 2014. "'미 소니 해킹사건 배후에 북한 있다' 미, 수사결과 발표 예정." 경향신문, 2014.12. 18.

김보미. 2021. "김정은 시대 북한의 사이버 위협과 주요국 대응." 『INSS 전략보고』 147.

김상배. 2017. "사이버 안보의 주변 4망과 한국: 세력망의 구조와 중견국의 전략." 『국제정치논총』 57(1): 111-154.

김진광. 2020. "북한의 사이버조직 관련 정보 연구(조직 현황 및 공격사례를 중심으로)." 『한국컴퓨터정보학회 하계학술대회 논문집』 28(2): 111-114.

조해진·유지만. 2022. "북한 해킹 그룹 '김수키·라자루스·스카크러프트·안다리엘'." 『시사저널』 1693.

"제2의 조선전쟁은 싸이버전으로 개시하겠다는 것인가—조선중앙통신사 론평." 조선중앙통신, 2018.2.24.

"조선민주주의인민공화국 최고인민회의 법령." 조선중앙통신, 2022.9.8.

"'핵안보국에도 접근'… 광범한 해킹 정황에 美정부 '비상'." 한국일보, 2020.12.18.

Broad, William and David Singer. 2017. "US Strategy to Hobble North Korea Was Hidden in Plain Sight." (March 4) https://www.nytimes.com/2017/03/04/world/asia/left-of-launch-missile-defense.html (검색일 2022.5.29.).

Buchanan, Ben. 2020. *The Hacker and the State: Cyber Attacks and the New Normal of Geopolitics.* Cambridge: Harvard University Press, 2020.

Caesar, Ed. 2021. "The Incredible Rise of North Korea's Hacking Army." *The New Yorker* (April 26 and May 3). https://www.newyorker.com/magazine/2021/04/26/the-incredible-rise-of-north-koreas-hacking-army (검색일: 2022.3.31.).

Cheon, Myeongguk. 2019. "DPRK's NC3 System." *NAPSNet Sepcial Report* (June 6). https://nautilus.org/napsnet/napsnet-special-reports/dprks-nc3-system/ (검색일: 2022.5.24.).

Costello, John and Joe McReynolds. 2018. *China's Strategic Support Force: A Force for a New Era (China Strategic Perspectives 13).* Washington D.C.: National Defense University Press.

Department of Defene. 2018. "Nuclear Posture Review." https://media.defense.gov/2018/Feb/02/2001872886/-1/-1/1/2018-NUCLEAR-POSTURE-REVIEW-FINAL-REPORT.PDF (검색일: 2022.3.7.).

Futter, Andrew. 2016. "Cyber Threats and Nuclear Weapons: New Questions for Command and Control, Security and Strategy." RUSI Occasional Paper, July.

Futter, Andrew. 2019. "Managing the Cyber-Nuclear Nexus." *Policy Brief* (July 2019).

Hayes, Peter. 2021. "Nuclear command, control, and communications(NC3) in Asia Pacific." Seoul: Asia-Pacific Leadership Network. https://cms.apln.network/wp-content/uploads/2021/09/Peter-Hayes_NC3_APLN-Special-Report.pdf (검색일: 2022.5.24.).

Jun, Jenny, Scott LaFoy, and Ethan Sohn. 2015. "North Korea's Cyber Operations: Strategy and Responses." *A Report of the CSIS Korea Chair* (December 2015). http://csis-website-prod.s3.amazonaws.com/s3fs-public/legacy_files/files/publication/151216_Cha_NorthKoreasCyberOperations_Web.pdf (검색일: 2022.3.31.).

Kim, Ji Young. 2019. "The all-purpose sword: north korea's cyber operations and strategies." 2019 11th international conference on cyber conflict.

Klingner, Bruce. 2021. "North Korean Cyberattcks: A Dangerous and Evolving Threat." Special Report No. 247 (September 2). Washington D.C.: The Heritage Foundation.

Kong, Ji Young, Jong In Lim and Kyoung Gon Kim. 2019. "The All-Purpose Sword: North Korea's Cyber Operations and Strategies." (May), 2019 11th International Conference on Cyber Conflict. https://ccdcoe.org/uploads/2019/06/Art_08_The-All-Purpose-Sword.pdf (검색일: 2019.5.20.).

Korn, Jennifer. 2022. "North Korean hackers said to have stolen nearly $400 million in cryptocurrency last year." *CNN* (February 14).

Leyden, John. 2021. "Beyond Lazarus: North Korean cyber-threat groups become top-tier, 'reckless' adversaries." *The Daily Swig* (May 12). https://portswigger.net/daily-swig/beyond-lazarus-north-korean-cyber-threat-groups-become-top-tier-reckless-adversaries (검색일: 2022.3.31.).

Miller, Greg, Ellen Nakashima, and Adam Entous. 2017. "Obama's Secret Struggle to Punish Russia for Putin's Election Assault." *Washington Post* (June 23).

Nichols, Michelle. 2019. "North Korea took $2 billion in cyberattacks to fund weapons program: U.N. report." *Reuters* (August 5).

Office of the Director of National Intelligence, Annual Threat Assessment, April 9, 2021.

Perlroth, Nicole and David E. Sanger. 2018. "Cyberattacks Put Russian Fingers on the Switch at Power Plants, U.S. Says." *New York Times* (March 15).

Roehrig, Terence. 2017. "The abilities—and limits—of North Korean early warning." *Bulletin of the Atomic Scientists* (November 27). https://thebulletin.org/2017/11/the-abilities-and-limits-of-north-korean-early-warning/

Siers, Rhea. 2014. "North Korea: the cyber wild card." *Journal of Law & Cyber Warfare* 4(1): 1-12.

Smith, Shane. 2021. "Cyber Threats and Weapons of Mass Destruction." CSWMD Proceedings (June).

Stoutland, Page O. and Samantha Pitts-Kiefer. 2018. *Nuclear Weapons in the New Cyber Age: Report of the Cyber-Nuclear Weapons Study Group.* Washington, DC: Nuclear Threat Initiative. https://www.nti.org/wp-content/uploads/2018/09/Cyber_report_finalsmall_Zg5TarX.pdf (검색일: 2022.3.7.).

Thomas F. Lynch III ed. 2020. *Strategic Assessment 2020: Into a New Era of Great Power Competition.* Washington D.C.: NDU Press.

Unal, Beyza and Yasmin Afina. 2020. "How to Deter Cyberattacks on Nuclear Weapons Systems." https://www.chathamhouse.org/2020/12/how-deter-cyberattacks-nuclear-weapons-systems (검색일: 2022.3.8.).

U.S. Air Force. 2020. "Air Force Doctrine Publication(AFDP) 3-72 Nuclear Operation." (18 December). https://www.doctrine.af.mil/Portals/61/documents/AFDP_3-72/3-72-D30-NUKE-OPS-NC3.pdf (검색일: 2022.4.1.).

WAQAS. 2016. "Satellite Hacking: Star Wars Could be a Reality in the Near Future." Hackread (Sep. 24). https://www.hackread.com/satellite-hacking-star-wars-reality-near-future/ (검색일: 2022.8.4.).

Ward, Alexander and Lawrence Ukenye. 2022. "North Korea will 'automatically' launch nukes if Kim killed." *Politico* (September 9).

Young, Benjamin R. 2022. "North Korea Knows How Important Its Cyberattacks Are: Pyongyang's tradition of guerrilla warfare keeps its 'all-purpose sword' sharp." *Foreign Policy* (February 9). https://foreignpolicy.com/2022/02/09/north-korea-knows-how-important-its-cyberattacks-are/ (검색일: 2022.3.31.).

15

핵-사이버 넥서스
― 억지 개념의 전환 및 확장

조은정 국가안보전략연구원

I. 머리말

핵과 사이버의 결합은 어제오늘의 일이 아니며 역사적으로 밀접한 발전 과정을 거쳐왔다. 핵-사이버 넥서스에는 역사적으로 세 번의 분수령이 있었다. 첫째, 핵-사이버 넥서스 1.0에서는 유사시(예: 핵공격 등)에도 무기체계 운영이 원활히 작동하도록 종합 컴퓨터망을 구축하는 데 목적이 있었다. 둘째, 핵-사이버 넥서스 2.0에서는 핵개발 저지(핵비확산)를 위한 사이버 공격이 정당화되었다(예: 미국-이스라엘의 대이란 스턱스넷 공격). 셋째, 핵-사이버 넥서스 3.0에서는 넥서스 2.0에 역으로 핵개발을 위해 사이버 공격이 감행되었다는 특징을 띠고 있다(예: 북한의 암호화폐 탈취를 통한 핵개발비 조달). 본고에서는 이와 같은 세 종류의 핵-사이버 결합 과정별 특징을 살펴보고 핵억지 개념을 검토하기로 한다.

II. 핵-사이버 넥서스의 역사적 발전 과정

1. 핵-사이버 넥서스 1.0: 핵위협에 대비한 아르파넷 개발과 핵억지력의 강화

인터넷의 전신인 아르파넷(ARPAnet)은 1969년 미국 국방부 산하 첨단연구프로젝트국(Advanced Research Project Agency, ARPA)에서 전시에 적의 공격으로 컴퓨터 통신망 중 하나가 파괴되더라도 안정적으로 무기체계를 운영할 수 있도록 만들어졌다. 이 같은 구상은 1962년 미국이 쿠바 미사일 위기를 겪고 소련과 팽팽한 핵긴장에 놓이면서 소련의 핵공격 이후 반격에 나서기 위한 대비태세를 준비하는 과정에서 그 필요성이 제기되었다. 당시 핵전쟁 시나리오에 따르면 미소 핵균형 상황에서 미국이 완벽한 반격 능력(retaliatory strike/second-strike capability)을 갖추는 것이야말로 소련의 도발(one massive first strike)을 처음부터 억지할 수 있었다. 완벽한 반격 능력의 중심에는 전시 커뮤니케이션의 보안과 안정성 구축이 있었다. 즉 적국의 핵공격에도 불구하고 어떻게 원활한 지휘·통제체계를 유지할 수 있는가였다. 이 같은 문제를 해결하기 위해 RAND 연구소의 폴 바란(Paul Baran)은 당시 중앙집중화된 군의 지휘체계와 통신체계를 분산화해야 한다고 주장하였다.[1] 아래 표와 같이 분산형 모델에서 각 노드(nod)는 스위치(switch)처럼 정보가 지나갈 길을 열어주기도 하지만 유사시(핵공격 등) 노드가 부분적으로 닫히게 된다 하더라도 남은 노드에 정보를 전달할 수 있도록 설계되었다.

....

[1] RAND, "Paul Baran and the Origins of the Internet" https://www.rand.org/about/history/baran.html (검색일: 2022.10.19.).

표 15.1 기존의 통신 모델과 아르파넷 구축의 기초가 된 폴 바란의 분산형 모델

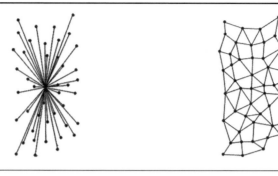

| 중앙집중형 모델 | 분산형 모델 |

출처: RAND, "Paul Baran and the Origins of the Internet"

이처럼 인터넷, 사이버 공간은 미국이 소련과의 핵전쟁에 대비하는 과정에서 탄생하였으며, 이 시기 개발된 아르파넷을 통해 미국의 핵억지력은 강화 효과를 누릴 수 있었다.

2. 핵-사이버 넥서스 2.0: 이란 나탄즈 원전에 대한 스턱스넷 공격

사이버 공격으로 핵능력이 불능화될 수 있다는 것을 보여준 최초의 사례로 2007년과 2012년 사이 미국과 이스라엘에 의해 이란의 나탄즈 핵시설에 행해진 대규모 사이버 공격을 꼽을 수 있다. 2002년 이란의 반정부 단체가 나탄즈(Natanz) 등 이란 내 존재하는 비밀 우라늄 농축시설 2기를 폭로하면서 이란의 핵개발 사실이 국제사회에 알려지게 되었다. 2003년 이란이 중국으로부터 1991년 1.8메트릭톤(metricton) 규모의 우라늄을 수입한 사실 역시 알려지면서 이란의 핵개발 계획은 부정할 수 없는 사실로 굳어졌다.[2] 이란의 핵개발 사실이 알려지자 이스라엘은 더 늦기 전에 이란에 대한 선제공격이 필요

하다는 입장을 취하였다(Sanadijan 2008, 77-78). 2005년 1월 24일 크네셋 외교·국방위원회에 출석한 메이어 다간(Meyer Dagan) 모사드 국장은 이란의 핵개발 프로그램이 "돌아설 수 없는 단계(point of no-return)"에 이르러 불과 2-3년 뒤에는 핵무기 개발에 성공할 수도 있다고 경고하였다(Pedatzur 2010, 51). 이스라엘은 2007년 9월 전폭기로 시리아의 핵시설을 폭파한 뒤(오차드 작전), 이란의 핵시설도 폭격하려다 확전을 우려한 미국에 의해 제지당했다. 아프가니스탄과 이라크 등에서 테러와의 전쟁을 수행하고 있던 미국 부시 행정부는 전력 손실을 최소화하기 위해 2006년부터 비밀리에 개발해 온 사이버 무기인 스턱스넷을 사용하여 이란 나탄즈에 있는 핵농축 시설을 파괴하기로 한다(손영동 2020). 미국과 이스라엘은 2008년 이스라엘 디모나 비밀기지에서 파괴력 검증을 거친 뒤 나탄즈 핵시설에 악성코드를 침투시켰다('올림픽 게임' 작전). 미리 침투시킨 악성코드가 우라늄을 농축하는 원심분리기에 원인 미상의 오작동을 일으켜 수시로 작동을 멈추는 사이, 미 국가안보국(NSA)은 운영 상태가 정상인 것처럼 가짜 신호를 보냄으로써 이란의 핵농축을 지연시켰다(손영동 2020). 그러나 이 비밀 악성코드에서 계속된 변종공격으로 코드 오류가 발생하자 2010년 6월 벨라루스의 한 보안기업이 이를 발견하고 '스턱스넷(Stuxnet)'이라 이름 붙였다. 이와 함께 이란에 대한 정보수집 기능을 목적으로 앞서 심어 놓은 '플레임(Flame)'이라는 악성코드가 정보를 수집·분석하면 스턱스넷이 시스템을 파괴하는 방식으로 이루어졌다(손영동 2020).

사이버 공격으로 핵개발 프로그램에 허를 찔린 이란은 미국에 사이버전을 선포하고, 혁명수비대 여러 곳에 사이버 부대를 창설함과 동시에 유사시 민

....

2 지금까지 알려진 바에 따르면 이란-중국 핵협력은 이란 이스파한 핵연구센터 설립에 중국이 관여한 1985년으로 거슬러 올라갈 수 있다(가버 2011, 266).

간해커로 가장해 공격할 수 있도록 별도의 사이버 전담 조직도 조직하였다. 스틱스넷 공격으로 핵개발이 지연된 후 이란은 핵개발 시설을 재정비하여 지하시설에 분산하고 방공포로 무장하여 보안을 강화하는 한편, 2011년부터 약 2년에 걸쳐 미국의 50여 개 주요 금융기관들을 공격해 거래를 중단시키는 방식으로 반격에 나섰다(손영동 2020). 이란의 사이버 부대와 해커 집단은 2012년 사우디와 카타르 등 친미 성향의 주변국들의 국유 에너지 회사인 아람코(Aramco)와 라스가스(RasGas)에 악성코드를 침투시켜 전산망 가동을 수개월 정지시켰다. 이에 그치지 않고 이란은 해커들을 이용해 2013년 8월 뉴욕 인근의 '보우먼 애비뉴 댐'의 시설통제 시스템에 침입하여 미국의 기반시설 보안 취약성을 들춰내었고, 2014년에는 샌즈코퍼레이션의 카지노를, 이후에는 미국의 군사, 항공, 석유화학 기업과 같은 민감한 영역에까지 사이버 공격을 가하였다(손영동 2020).

이에 미 법무부는 2016년 미국의 은행과 댐 등 주요 국가 기반시설에 대한 해킹을 시도한 이란 해커 7명을 기소하고 인터폴 수배자 명단에 올렸다(손영동 2020). 미 재무부 해외자산통제국(OFAC)도 이란의 대미 사이버 공격에 가담한 개인과 기관의 미국 내 자산을 동결하고 제재 지정함으로써, 이란의 대미 공격 의지를 꺾기 위해 이들의 악의적 사이버 공격 실태를 공개하고 있다(손영동 2020).

3. 핵-사이버 넥서스 3.0: 북핵과 암호화폐 탈취

당초 2020년 4월에 열릴 예정이었던 제10차 핵확산금지조약(NPT) 평가회의(Review Conference)가 코로나19의 세계적 확산으로 수차례 지연된 끝에 2022년 8월 1일 개최되었다.[3] 7년 만에 열린 NPT 평가회의 첫날, 국제사회는 러시아의 핵위협과 우크라이나 자포리자 원전 공격(2022.8.5. 러시아, 실제 포격), 이란의 핵합의안 복귀 지연과 함께 북한의 핵능력 고도화에 대한 우려를 한꺼번에 쏟아내었다. 특히 평가회의 전 미국, 영국, 프랑스, 독일, 유럽연합(EU) 및 국제원자력기구(IAEA), 국제연합(UN) 등은 북핵의 "완전하고 검증 가능하며 불가역적인 폐기(Complete Verifiable Irreversible Dismantling, CVID)"를 재차 촉구하였다(권종기 2022). 토니 블링컨(Tony Blinken) 미 국무장관도 기조연설에서 "한미 당국은 북한이 7차 핵실험 준비를 끝냈으며 결단만을 남겨뒀다고 평가한다"고 밝히며, 북한발 핵위기 고조가 한반도와 주변국들에 위험을 초래할 수 있는 "중대한 시기"로 진단하였다(권종기 2022).

북핵 위협의 심각성은 어제오늘의 일이 아니다. 그럼에도 불구하고 NPT 평가회의를 앞두고 국제사회가 목소리를 다 같이 높인 것은 북한발 핵 긴장에 대한 억지력이 어느 때보다 힘을 발휘하지 못하고 있다는 사실을 잘 알고 있기 때문일 것이다. 북한이 1차에서 6차에 걸쳐 핵실험을 거듭하는 동안 미국과 국제사회는 제재(sanctions)를 거의 유일한 통제 수단으로 사용해 왔지만 결과적으로 북한의 핵무력 완성을 막지 못했다.[4] 이후에도 국제사회가 내놓은 제재와 비난은 북한이 핵무기와 극초음속미사일 등 전략무기를 공세적 용도로 고도화하는 것을 방지하는 데 역부족이었다. 북한은 일관되게 대

....

3 NPT평가회의는 전 세계 핵보유국 및 핵비보유국들이 5년마다 뉴욕 유엔본부에서 NPT 조약 이행 상황 점검을 위해 개최된다. 한 달 일정으로 진행되는 평가회의에서는 NPT 3대 축으로 일컬어지는 1) 핵군축, 2) 핵비확산, 3) 원자력의 평화적 이용이 주요 의제로 다루어진다(외교부 원자력·비확산외교기획관실 2022).
4 대북 제재는 2016년 4차 핵실험을 기점으로 급격히 강경화되었다. 무기 거래 및 우주 협력 관련 개인과 기관의 자산을 동결한 <UN안보리결의 제2270호>, 북한을 표적으로 하는 포괄적인 경제제재안을 담은 미국 국내법 <북한 제재와 정책강화법(H.R. 7570)>, <제재를 통한 미국의 적성국들에 대한 대응법(H.R.3364)> 등이 이 시기 마련되었다. "한 세대 내 가장 강력한 제재"라고 평가받을 정도로 역대 제재 중 가장 강력한 제재로 평가받았으나, 북한은 2016년 가을 신형방사포와 SLBM 발사 및 5차 핵실험을 감행한 데 이어 2017년 6차 핵실험을 통해 핵무력 완성을 선포하였다.

북 제재가 결과적으로 북한을 "강해지게 한 촉매제" 역할을 하였다며 오히려 "제재무용론"을 설파하고 있다(통일의 메아리 2022).

그렇다면 북한은 국제사회의 강력한 대북 제재와 코로나19로 인한 자진 국경 봉쇄에도 불구하고 대체 어떻게 핵무기 등 전략무기 고도화를 지속할 수 있었던 것일까? 지금까지 알려진 정보에 따르면, 경제제재를 회피하여 외화를 수급하고 핵무기 개발을 위해 암호화폐 탈취를 비롯한 악의적 사이버 활동을 전개하고 있다는 가설이 가장 유력시된다. 블록체인 데이터 플랫폼인 체인앨리시스는 2022년 보고서에서 북한이 2017년부터 2021년 사이에 약 15억 달러에 이르는 암호화폐를 절취하였으며 이 가운데 13.3억 달러를 현금화하고 1.7억 달러는 보관하고 있다고 밝혔다(Chainalysis 2022). 2022년 7월 말에도 북한의 대표적인 해킹 그룹 '라자루스'가 미국의 블록체인 기술 기업에서 1억 달러의 암호화폐를 탈취하였다고 알려지고 있다(매일경제 2022). 마찬가지로 유엔 안전보장이사회 산하 대북제재위원회 전문가패널의 2022년 2월 보고서에서도 북한이 암호화폐에 대한 사이버 공격을 통해 핵개발을 위한 재원을 마련하였다는 결론에 도달하였다(김지은 2022). 특히 유엔 전문가패널 조정관은 북한의 핵과 탄도미사일 등 대량살상무기(WMD) 프로그램 개발 재원은 사이버 공격을 통한 암호화폐 절취로 충당되었으며 이는 2017년부터 본격화되었다고 밝혔다(김영교 2022).

이처럼 제재 회피를 위한 핵심적인 수단으로써 북한이 가상공간에서 불법적 행위를 일삼자 미국은 북한의 악의적 사이버 행위에 책임이 있는 인물과 기관들을 추적하기 위해 경제적, 정치적, 사법적 수단 등 가용한 정책 수단들을 동원하고 있다(김당 2022). 미국은 최근 북한 정권이 온라인에서 자행하는 범죄 활동에 대한 정보를 공개하고, 북한의 인터넷상에서 벌이는 불법 대량살상무기 프로그램에 투입되는 재원 마련을 막기 위한 노력을 기울이고 있다(김당 2022). 2018년 민주당 소속의 크리스 밴 홀런 상원의원은 외부 세력의 미 선거 개입 방지를 위해 디터액트(DETER Act)를 발의했으며 이 법안에서 러시아 중국, 이란과 함께 북한을 미 선거에 개입할 잠재적 위협국가로 지목하였다(임미리 2022). 이후 미 의회는 「2019회계연도 국방수권법」에서 잠재적 적국의 사이버 작전을 효과적으로 저지 및 억지하기 위해 방어적 태세에서 '공격적 태세(offensive cyber posture)'로 전환의 필요성에 대해 언급하였다(임미리 2022). 「2020회계연도 국방수권법」에서는 한발 더 나아가 2019년 '해외 악성 영향 대응 센터'를 설립, 적성국들의 미국 국내 정치에 대한 의도적인 악영향을 최소화하고자 하였다(임미리 2022). 「2021회계연도 국방수권법」에서는 북한을 주요 사이버 위협국으로 지목, 백악관에 '국가사이버국장'직 신설을 촉구하였다(임미리 2022). 2022년 3월에는 미국 민주당 중진 상원의원들이 재닛 옐런 재무장관에 암호화폐 악용국가로 북한을 지목, 암호화폐에 대한 사이버 공격을 통한 북한의 제재 회피를 방지할 수 있는 효과적인 대책 마련을 촉구하는 서한을 보냈다(임미리 2022). 이처럼 미국 의회와 행정부는 북한의 핵 고도화와 소위 북한 '친구 국가들'로의 수평적 핵확산을 저지하기 위해 그간의 대북 제재를 보완하기 위해 전력투구하는 모습이다.

III. 핵-사이버 넥서스와 현실-가상공간의 유기적 연계

앞서 설명한 바와 같이 핵-사이버 넥서스는 국제 안보 환경의 변화를 추동하는 데 중요한 동인이 되고 있다. 주요한 변화로는 현실과 가상공간 사이의 경계가 빠른 속도로 허물어지고 있다는 사실을 꼽을 수 있다. 현실과 사이버 공간의 구분이 모호해지는 가운데 사이버 공격은 사이버 공간에 국한되지 않고 현실공간에서 인명과 재산에 직접적으로 피해를 야기하고 있다. 이에 미국과 영국 등 서방 주요국들은 일제히 공격적 조치를 강화함으로써 보복 억지(deterrence by retaliation)로 이동하는 추세이다. 가령 미국의 경우 오바마 행정부는 2003년 전략을 강화하여 2009년 대통령 국가안보지침 제54호(NSPD 54)에 따라 개발된 '국가사이버안보종합이니셔티브(CNCI)'를 발표하였다(The White House 2008; US Government 2009; The White House 2009). CNCI는 미국이 사이버 안보에서 달성할 과제 중 하나로 '지속적인 억지 전략 개발'을 꼽았으며 몇 차례 개정이 있었지만 사이버 공간의 보안과 공격의 억지에 있어 국방부와 미 정보공동체의 역할에 관한 조항은 여전히 유효하게 남아 있다(The White House 2009, 4). 같은 해 오바마 행정부는 국가안보국(NSA)과 함께 미국 사이버사령부(US Cybercom)를 창설하여 억지 목적을 달성하기 위한 공세적 사이버 역량 개발을 강화하였다. 2013년에는 국방부 보고서 '회복적 군사 시스템과 첨단 사이버 위협(Resilient Military Systems and the Advanced Cyber Threat)'에서 국방과학위원회(the Defense Science Board)는 사이버로 인한 확전에 대한 통제력 유지와 관련한 딜레마가 지적되었다. 이 보고서는 2010년 핵태세보고서(2010 National Posture Review, NPR)가 미국의 핵 억지와 사이버 안보와 관련성을 명확하게 명시하지 않은 데에 대해 비판하였다(US DoD Defense Science Board 2013, 41; DoD 2010). 나아가 실존적 위협을 가하는 사이버 공격이 발생하는 경우 국방부가 핵보복까지 포함한 공세적인 역량을 갖추도록 공개적으로 제안하였다(Wilner 2020, 261). 이에 미 국방부는 2015년에 최초로 '국방사이버전략(the DoD Cyber Strategy)'을 발표하였다. 국방사이버전략은 사이버전(cyberwarfare)과 사이버 방어(cyber defence) 전반을 검토함으로써 미 사이버사령부의 공세적 확장 억지 전략, 즉 보복억지를 제안하였다.

2017년 사이버사령관 마이클 로저스(Michael S. Rogers) 해군 제독은 공세적 사이버 무기(offensive cyber)는 핵무기와 함께 대통령에 의해 통제될 필요가 있을 정도로 높은 파괴력을 지니고 있으며 사용에 신중을 기해야 한다고 경고하였다(The White House 2017; Bing 2018). 이러한 입장을 수용하여 트럼프 대통령은 사이버사령부를 연합전투사령부(Unified Combatant Command)로 격상시키고, 2018년 2월 핵태세 검토(NPR)에서 핵 안보와 사이버 안보의 연계성에 대해 언급하였다. 미 국방부가 국방과학위원회의 2013 보고서에서 제안한 것을 언급하면서, 2018년 NPR은 사이버 공격의 결과에 대해 미국이 핵으로 대응할 수 있는 조건의 범위를 사이버 공격을 포함하여 확대하였다. 미국은 핵 보복을 '극단적 상황(extreme circumstances)'으로 국한하여 유보적 태도를 취하고 있지만, 2018 NPR은 핵 보복이 가능한 상황으로 '민간 대중 또는 기반시설'에 대한 '심각한 비(非)핵 전략 공격'까지 포함하였다. 2018년 8월 미 의회는 러시아, 중국, 북한, 이란 등 소위 수정주의 세력들이 사이버 공간에서 미국 선거에 악의적으로 개입하는 경우 군사적 조치로 응수하는 것을 승인하였다.[5] 트럼프 행정부는 한 달 뒤 발표된 '국가사이버안보전략(National Cybersecurity Strategy)'에서 미국에 대한 악의적 사이버 활동의 방지와 대응 및 억지를 위해 물리적 및 사이버 역량을 포함한 국가 권력의 모든 수단을 총동원할 것이라 천명하였다. 2021년 발표된 '잠정국가안보전략지침(Interim National Security Strategic Guidance)'과 '국가사이버안보향상행정명령(Executive Order on Improving the Nation's Cybersecurity)'에 따르면 바이든 행정부도 트럼프 행정부의 선제적 방어(defend forward)에 기반한 공세적 사이버 전략에서 크게 벗어나지 않는 것으로 보인다.

....

5   National Defense Authorization Act for Fiscal Year 2018, §§ 1636, 1642.

이처럼 미국의 안보 전략은 사이버 공격에 대해 사이버 무기로 응수하거나 법적, 경제적 제재를 가하는 데 그치지 않고 핵을 포함한 군사무기로 보복하는 방향으로 진화하고 있다. 핵-사이버 넥서스는 물리적 공간과 가상공간의 경계를 어느 때보다도 빠르게 허물고 있다.

이 같은 경향은 영국의 사이버 안보전략에서도 잘 나타난다. 2011년 「영국 사이버안보전략(The UK Cyber Security Strategy)」에서 영국은 사이버 공간에서 시장과 사회의 개방성이 핵심이나, 개방성이 확대될수록 영국의 주요 데이터와 시스템이 범죄 행위와 사이버 공격 등에 노출될 위험 또한 증가한다는 사실을 인식하기 시작하였다. 영국 정부는 디지털 시대 영국의 사이버 권력(cyber power)은 국가적 목적 달성에 있어 그 어느 때보다 중요한 요소이며, 영국의 사이버 권력을 유지하기 위해서는 사이버에서의 목표와 역량을 모두 고려한 포괄적이고 통합된 전략이 필요하다는 사실을 깨달았다. 사이버 공간을 현실공간 못지않게 국가안보 및 국익과 밀접한 관련을 맺는 핵심적 이익 공간으로 인식 지평이 확대됨에 따라, 영국 정부는 각종 사이버 위협을 식별하고 빠른 회복탄력성을 보유하기 위해 사이버 안보 기술 역량 강화와 유사 입장 국가들과의 연대를 서두르기 시작하였다(Cabinet Office 2011, 7). 이 같은 문제의식 아래, 영국은 사이버 억지력 제고를 위한 종합적인 대책을 마련하기 시작하였다. 2016년 수립된 「국가사이버안보 전략(National Cyber Security Strategy)」에서 사이버 위협과 취약성을 식별하고 정부, 기업, 개인 차원의 책임과 대응 방안을 검토하면서 1) 방위(Defence), 2) 억지(Deterrence), 3) 개발(Development), 4) 국제 활동(International Action)을 주요 방안으로 제시한 바 있다(Cabinet Office 2016). 첫째, 안전한 인터넷 환경을 조성하고 정부 기관 및 기반시설과 주요 영역에 대한 경계를 강화함으로써 영국의 이익을 보호하기 위한 능동적 사이버 안보 태세를 갖춘다. 둘째, 방어적 사이버

태세에서 공격적 사이버(offensive cyber posture)로 전환하고, 암호화 기술 개발 등을 통해 사이버 억지 능력을 강화하도록 한다. 셋째, 효율적인 의사결정 과정 수립을 위해 '디지털 생태계(아키텍처)'를 효율적으로 조직함으로써 사이버 기술 역량을 향상한다(Cabinet Office 2016, 60. 괄호 안은 저자의 해석). 넷째, 자유롭고, 열린 사이버 공간을 보장하기 위해 동맹국들과의 사이버 공간에서 규칙 기반 국제사회 조직을 도모한다(Cabinet Office 2016, 66).

IV. 억지 개념의 재검토 필요성

이처럼 새로운 안보 환경이 등장하고 핵-사이버 넥서스가 가시화됨에 따라 대표적 안보이론인 억지 개념의 재검토가 요구된다. 핵과 사이버 분야에서 공통적으로 억지(deterrence)는 중요한 안보 개념으로 이해된다. 핵 공격과 사이버 공격은 공격자에게 유리한 비대칭 전쟁의 성격을 띠며, 방어를 위해 소요되는 비용을 산정할 수 없거나 산정하는 것이 불가능하다는 공통점이 있다(Keir 2014; Burns and Price 2012; Cornish et al. 2010; Sharma 2010; Hansen and Nissenbuam 2009). 그러나 확연한 차이점으로 말미암아 기존의 핵억지 이론을 사이버 안보에 그대로 적용할 수 없는 한계가 발견된다. 첫째, 핵 공격의 경우 공격자와 피해자를 명확히 식별하고 책임을 귀속(attribution)할 수 있지만, 사이버 공간에서의 악의적 활동을 수행한 공격자를 명확한 증거를 가지고 식별하기 곤란하고 책임을 귀속시키기 어렵다는 한계가 있다. 이는 전통적 억지 이론이 가시적으로 '적'을 특정하고 우위를 점하기 위해 억지력을 상대보다 높여왔던 전략(deterrence escalation dominance)을 재검토해야 함을 뜻한다. 최근 미국은 미중 경쟁이 심화되자 전통적 핵 강국인 러시아에 중국까지 핵 긴장 고조에 가세할 경우에 대비해 삼강구도를 가정한 핵억지 이론을 검토하고 있는데, n의 증가에 따른 핵억지 비용 역시 증가할 것으로 전망된다. 하물며 불특정 상대에 대한 압도적 방어 및 공격 능력을 보유하기 위해서는 막대한 기술적 노력과 전략적 비용이 요구될 것으로 전망된다.

둘째, 만일 압도적 우위를 점하게 된다고 하더라도 사이버 공간에서는 보복의 성공 여부가 모호하거나 확인할 방법이 없어 핵억지와 달리 상호확증파괴(Mutual Assured Destruction, MAD)와 같은 대량보복전략이 사실상 무의미하다. 이 점에서 앞서 소개한 최근 영미의 사이버 전략에서 보듯이 책임 소재만 파악된다면 오히려 물리적 공간에서 재래식 무기 등을 이용한 대량보복전략이 횡행할 가능성이 높다고 보인다. 핵 분야와 달리 사이버 분야에서는 공격을 억지할 국제레짐이 제대로 형성되어 있지 않은 점도 사이버 공격에 대한 물리적 보복 가능성을 높이고 있다. 실제로 피해국들은 개별적으로 사이버 공격에 대해 사이버 방어 대책을 세우거나 경제제재를 부과하는 방식으로 대응해 왔다. 그러나 최근 사이버 공격이 이란의 핵시설과 미국의 댐처럼 국가 기반시설에 접속하여 전국적 단위의 전방위적 위기 상황을 만들 수 있다는 점에서 NATO와 같은 집단방위체제 차원에서 군사적, 물리적 대응도 고려하는 추세이다. 가장 탈근대적인 공간으로 여겨진 사이버 공간이 가장 근대적인 힘의 정치(Realpolitik)의 장이 된 것은 아이러니가 아닐 수 없다.

셋째, 게임이론에 기반한 핵억지 이론은 핵도발을 이성적 행위자가 자신의 이익에 기반한 합리적 선택의 결과로 가정하고 있다. 그러나 익명성이 보장되는 사이버 공간에서 행위자가 얼마나 합리적 판단에 기초하여 사이버 공격을 행하고 있는지 의문이다. 사이버 공간을 적극적으로 활용하고 있는 테러단체와 극단주의자들과 같은 맹목적 믿음에 기반한 행위자들의 경우 더욱 합리적 억지 이론에 기반하여 설명하는 것은 불가능해 보인다. 비이성적 행위자에 의한 악의적 (핵/사이버) 공격을 막기 위해서는 비합리적 선택으로 유인될 수밖에 없는 환경부터 개선이 필요하다. 즉, 이익에 기반한 비용-효과로 접근할 것이 아니라 이들의 특정 가치를 압박함으로써 위반할 수 없도록 '규범'을 통해 억지력을 높이는 것이 오히려 효과적일 수 있다. 그러나 이같은 사이버 공간에서 규범의 필요성에도 불구하고 오늘날 미중 경쟁에 따른 진영화로 규범 기반 억지를 위한 국제적 논의 자체가 불가능해 보인다는 점에서 사실상 규범과 레짐에 의한 사이버 억지는 더더욱 요원해 보인다.

그러나 최근 사이버 공격은 익명성에 기반한 비합리성 문제 이외에도 다양한 행위자의 참여로 섣불리 합리성/비합리성을 판단하기 어려운 문제가 있다. 앞서 상정한 극단주의 단체나 테러리스트 이외에도 국가들이 사이버군을 창설하여 조직적으로 사이버전을 수행하는 사례가 빈번해지고 있기 때문이다. 이 때문에 두 번째 한계에서 설명하였듯이 21세기 사이버전이 탈근대적이기보다는 오히려 현실주의에 입각한 근대적 전쟁 패러다임에 더욱 천착하고 있다고도 보인다.

V. 맺음말

종합하면 핵-사이버 넥서스는 현실-가상공간의 경계를 무너뜨림으로써 국제정치환경을 변화시키고 기존의 안보 패러다임을 추동하는 데 첨병 역할을 수행하고 있다. 핵-사이버 넥서스 1.0이 방어적 차원에서 핵억지력 강화효과를 내었다면 2.0에서는 사이버 공격이 적극적 핵비확산 정책의 도구로 활용되는 특징을 보였다. 3.0은 역으로 사이버 공격이 핵확산에 기여하는 역효과까지 발견되었다. 향후 핵-사이버 넥서스가 어떻게 작동할 것인지 정확히 분석하고 예측하려면 먼저 가상과 현실공간이 결부된 '복합지정학'의 이해가 우선되어야 할 것으로 보인다. 즉 현실과 가상공간이 별개가 아니며 유기적으로 영향을 서로 주고받는 밀접한 관계에 놓여 있다는 점을 인정하는 것이 먼저 필요하다. '복합지정학'의 시대에는 활동 반경과 '주체'도 다변화된다. 근대가 인간이란 동종(同種) 사이에 맺어진 시대였던 데 반해, 탈근대에는 이종(利蹤) 간의 결합이 더욱 자연스러워지고 있기 때문이다(조은정 2020, 407). 로봇으로 지칭되는 무인자율 기기와 첨단 정보통신 장비들, 인터넷 네트워크, 그 아키텍처를 작동시키는 각종 소프트웨어와 심지어 말웨어들까지도 인간이 디지털 공간에서 함께 유영하고 있다는 사실을 환기한다면 말이다. 복합지정학과 복합주체적 인식을 가장 잘 이해하고 적극적으로 활용하고 있는 국가는 역설적이게도 북한이라고 할 수 있다. 해상과 육상, 공해를 봉쇄하자, 북한은 제재를 피해 가상공간에서 전략적 자율성을 확보하는 데 주력했을 뿐만 아니라 가상공간에서 불법적으로 탈취한 암호화폐를 실물경제 혹은 전략/재래식 무기체계 개발에 투입하였다는 점에서 국제사회의 근대적 지정학적 사고의 허를 찔렀다. 이 점에서 NPT 체제가 지속되려면, 그리고 북한 비핵화를 실현하기 위해서는 국제사회의 지정학적 인식 지평부터 확대될 필요가 있다.

참고문헌

권종기. 2022. "7년만의 NPT, '7차 핵실험 준비' 北 비판 봇물." 뉴스 Live, YTN, 2022.8.2. https://www.youtube.com/watch?v=9pmUMR5ra2E (검색일: 2022.8.2.).
김당. 2022. "미 국무부 북한 사이버 공격 추적에 가용한 모든 수단 동원." UPI 뉴스, 2022.7.26. http://www.upinews.kr/newsView/upi202207260014 (검색일: 2022.8.4.).

김영교. 2022. "유엔 전문가패널 조정관 "암호화폐 탈취, 북한 제재 회피의 핵심 부분…WMD 발전 가능케 해"." VOA, 2022.4.21. https://www.voakorea.com/a/6537969.html (검색일: 2022.8.4.).

김지은. 2022. "유엔 "北, 핵능력 발전…암호화폐 거래 해킹이 주요 수익원"." NEWSIS, 2022.2.6. https://mobile.newsis.com/view.html?ar_id=NISX20220206_0001747941 (검색일: 2022.8.4.).

손영동. 2020. "'잠복기간 5년'…이란 핵개발 막으려 은밀한 공격 나선 미국." 중앙일보, 2020.2.11. https://www.joongang.co.kr/article/23703284#home (검색일: 2022.10.18.).

외교부 원자력·비확산외교기획관실. 2022. "제10차 핵비확산조약(NPT)평가회의 개최." https://www.mofa.go.kr/www/brd/m_4080/view.do?seq=372574 (검색일: 2022.8.1.).

임미리. 2022. "미 의회, 북한 사이버 위협 대응 '활발'…암호화폐 이용한 제재 회피 '우려'." 남북경협뉴스, 2022.7.4. http://www.snkpress.kr/news/articleView.html?idxno=626 (검색일: 2022.8.4.).

조은정. 2020. "포스트휴먼시대의 국가주권과 시민권의 문제: 이종 결합과의 열린 공존을 위하여." 김상배 엮음. 『4차 산업혁명과 신흥군사안보: 미래전의 진화와 국제정치의 변환』. 서울: 한울.

존 W. 가버. 2011. 『중국과 이란: 무기수출과 석유에 대한 진실』. 박민희 역. 서울: 알마.

통일의 메아리. 2022. "제재무용론의 의미를 되새겨보라."(2022.7.2).

"北 해킹조직 라자루스, 美기업서 1억달러 암호화폐 또 해킹: 블록체인 포렌식 기업분석 "수법 비슷"…라자루스, 3월에도 6억 달러 해킹." 매일경제, 2022.6.30. https://www.mk.co.kr/news/society/view/2022/06/571816/ (검색일: 2022.8.10.).

Bing, Chris. 2018. "White House Official: Paul Nakasone Nominated for NSA Director." *CyberScoop* (13 Feb.).

Burns, Nicholas and Jonathon Price. 2012. *Securing Cyberspace: A New Domain for National Security*. Aspen, CO: Aspen Institute.

Cabinet Office. 2011. The UK Cyber Security Strategy. https://assets.publishing.service.gov.uk/government/uploads/system/uploads/attachment_data/file/60961/uk-cyber-security-strategy-final.pdf (검색일: 2022.7.27.).

Cabinet Office. 2016. National Cyber Security Strategy. https://assets.publishing.service.gov.uk/government/uploads/system/uploads/attachment_data/file/567242/national_cyber_security_strategy_2016.pdf (검색일: 2022.7.27.).

Chainalysis. 2022. "North Korean Hackers Have Prolific Year as Their Unlaundered Cryptocurrency Holdings Reach All-time High." https://blog.chainalysis.com/reports/north-korean-hackers-have-prolific-year-as-their-total-unlaundered-cryptocurrency-holdings-reach-all-time-high/ (검색일: 2022.8.4.).

Cornish, Paul, David Livingston, Dave Clemente, and Claire Yorke. 2010. *On Cyberwarfare*. Chantham House Report (Nov. 2010).

DoD. 2010. Nuclear Posture Review.

Hansen, Lene and Helen Nissenbuam. 2009. "Digital Disaster, Cyber Security, and the Copenhagen School." *International Studies Quarterly* 53(4): 1155-1175.

Keir, Lieber. 2014. "The Offense-Defense Balance and Cyber Warfare." In Cyber Analogies, edited by Emily O. Goldman and John Arquilla. *Monterey: Naval Postgraduate School and U.S. Cyber Command*. pp. 96-107.

Pedatzur, Reuven. 2010. "A Nuclear Iran: To Strike or Not to Strike, That is the Question." in Reuven Pedatzur (ed), *Iran's Ambitious for Regional Hegemony*. Tel Aviv: The S. Daniel Abraham Center for Strategic Dialogue. pp. 48-58.

RAND. "Paul Baran and the Origins of the Internet." https://www.rand.org/about/history/baran.html (검색일: 2022.10.19.).

Sanadijan, Manuchehr. 2008. "Nuclear Fetishism, the Fear of Islamic Bomb and National Identify in Iran." *Social Identities* 14(1): 77-100.

Sharma, Amit. 2010. "Cyber Wars: A Paradigm Shift from Means to Ends." *Strategic Analysis* 34(1): 62-73.

The White House. 2008. National Security Presidential Directive No. 54, Cybersecurity Policy

The White House. 2009. Comprehensive National Cybersecurity Initiative(CNCI).

The White House. 2017. Statement by President Donald J. Trump on the Elevation of Cyber Command. (18 Aug.)

US DoD Defense Science Board. 2013. Resilient Military Systems and the Advanced Cyber Threat.

US Government. 2009. Cyber Space Policy Review.

Wilner, Alex S. 2020. "US cyber deterrence: Practice guiding theory." *Journal of Strategic Studies* 42(2): 245-280.

5부

신흥기술 안보의 외교와 동맹

16

미중 전략경쟁과 과학기술외교의 부상

차정미 국회미래연구원

I. 서론

오늘날 기술경제와 국제질서의 변화가 급격히 진행되는 가운데, 세계는 국가전략과 외교정책에 있어 그 어느 때보다 과학기술 이슈에 주목하고 있다. 2022년 미국의 국가안보전략(National Security Strategy)은 신흥기술을 지정학 경쟁과 미래 국가안보의 핵심요소로 규정하고 동맹국 협력을 강조하고 있다(The White House 2022a). 중국공산당 20차 당대회 보고 또한 중화민족의 위대한 부흥 실현을 위한 '과기흥국전략(科教兴国战略)'을 강조하였다(新华社 2022). 이렇듯 미중 전략경쟁은 기술주도 경쟁을 중심으로 전개되면서 자국의 기술우위 유지 혹은 제고를 위해 외교정책을 활용하기도 하고, 글로벌 지지그룹 확대와 영향력 제고를 위해 과학기술을 외교적 자원으로 활용하

....

* 이 글은 『국제정치논총』 62(4)의 일부 내용을 포함하고 있음.

기도 하는 등 과학기술과 외교정책은 그 어느 때보다 긴밀하게 연계되고 있다. 국제관계와 외교에서 과학기술이 차지하는 중요성과 비중이 점점 더 높아지면서 '과학기술외교(science diplomacy)'에 대한 논의가 확대되고 있다.

신흥기술의 부상과 기술패권을 둘러싼 강대국 경쟁의 부상 속에서 세계 주요국들은 과학기술외교 강화의 조치들을 지속 확대하고 있다. 미국은 바이든 정부 출범 이후 외교 현대화를 강조하면서 국무부에 신흥기술 특사를 신설하고, 일본은 2015년부터 외교부에 과학기술 자문을 두고 있으며, 2017년 덴마크를 시작으로 다수의 국가들이 기술대사 직위를 신설하는 등 과학기술과 외교의 전략적 연대를 강화해 가고 있다. 2016년 미 국무부 주도로 각국 외교부의 과학기술 자문가들을 초청하여 만든 '외교부 과학기술자문네트워크(Foreign Ministries Science & Technology Advice Network, FMSTAN)'는 과학기술외교의 강화를 보여주는 대표적인 사례라고 할 수 있다.[1] 신흥기술의 부상과 전략경쟁의 심화 속에서 기술우위와 외교우위를 목표로 한 강대국들의 과학기술외교는 향후 미중 패권경쟁 시대 핵심 외교전략으로 지속 활용될 것으로 전망된다.

이렇듯 기술혁신 경쟁 시대에 전개되는 강대국 경쟁과 전쟁으로 외교와 과학기술 간의 상호 영향이 심화되고, 정부의 외교정책과 과학기술정책은 긴밀한 소통과 연계의 필요성이 더욱 높아지고 있다. 이에 본 연구는 이러한 국제질서의 변화 속에서 부상하고 있는 과학기술외교와 미중 양국의 과학기술외교 경쟁을 분석한다. 그리고 결론에서 한국외교에의 함의와 과제를 제시한다.

....
1   이 네트워크에는 미국, 일본, 뉴질랜드, 영국으로 시작되어 현재 20여 개국이 회원국으로 참여하고 있다.

II. 과학기술외교의 개념과 진화

1. 과학기술외교와 기술외교

과학기술외교(science diplomacy)는 명확하게 규정하기 어려울 뿐만 아니라, 논쟁적이기도 하고 다양한 정치적 현실에 좌우되기도 한다(Kuhlmann and Aukes 2020). 2000년대 초 공공담론의 한 부분으로 부상한 과학기술외교 담론 의욕과 낙관, 개념의 급격한 확장으로 오히려 불명확성과 모호성을 심화시켰다고 비판받기도 한다(Flink 2020, 360-361). 그러나, 최근 미중 전략경쟁이 기술을 중심으로 전개되고, 우크라이나 전쟁으로 인한 과학기술협력 단절과 제재 등이 부상하면서 다시금 과학기술의 국제정치와 과학기술의 외교전략적 측면이 새롭게 조명되고 연구의 필요성 또한 부상하고 있다.

과학기술외교는 국제환경에 따라 다양한 관점에서 조명되고 해석될 수 있는 개념이다. 과학기술외교는 2010년 왕립학회 보고서에 제시된 세 가지 유형으로 이해할 수 있다. 첫째, 외교정책에 과학적 조언을 하는 〈외교에서의 과학(science in diplomacy)〉, 둘째, 글로벌 과학기술협력을 촉진하는 〈과학을 위한 외교(diplomacy for science)〉, 셋째, 국가 간 관계를 발전시키기 위해 과학협력을 활용하는 〈외교를 위한 과학(science for diplomacy)〉이 과학기술외교의 3가지 측면이다(The Royal Society 2010, ⅴ-ⅵ). 3가지 유형이 〈과학에서의 외교(diplomacy in science)〉를 간과했다는 점과 과학기술외교의 다목적성과 세 유형의 경계가 모호하다는 점에서 비판이 제기되기도 한다(Adamson and Lalli 2021, 3). 기후환경외교와 같이 3가지 측면을 모두 포괄하는 경우도 있어 명확한 구분에 제약이 존재한다. 대안적 접근으로 글럭만(Peter Gluckman) 등은 왜 국가가 과학기술외교를 활용하는 지에 중점을 두고 첫째, 자국의 필요에 의한 과학기술외교, 둘째, 국경을 넘는 이익을 실현하기 위한 과학기술외교, 셋째, 글로벌 도전과 필요에 의한 과학기술외교 등 3가지 유형으로 구분하였다(Gluckman et al. 2017, 2).

국제환경에 따라 과학기술외교의 다양한 측면 중 어느 특정한 개념이 부각되기도 한다. 과학기술 분야의 강대국 경쟁이 심화되고 전쟁으로 인한 지정학적 불안정성이 높아지는 오늘날의 국제환경 속에서 과학기술외교는 각국의 전략과 외교정책 제언에 과학기술이 적극 활용되는 '외교를 위한 과학'이라는 협의의 개념이 집중 조명되고 있다. 이러한 관점에서 최근 발간된 EU의 InSciDE(Inventing a shared Science Diplomacy for Europe) 과학기술외교 전략 보고서는 '외교를 위한 과학'이라는 협의의 개념에 집중한다고 밝히고 있다(Fägersten 2022, 5).

기술변화와 시대환경에 따라 과학기술외교의 관점도 다양화된다. 첨단기술과 디지털기술기업의 부상에 따라 전통적 과학외교를 넘어 기술외교(tech-plomacy, technological diplomacy)의 개념이 주목받고 있다. 기술외교는 2017년 덴마크 정부가 최초로 '기술대사(tech ambassador)'를 실리콘밸리에 파견하면서 부상한 개념으로, 정부와 기술기업들을 연결하는 외교라고 할 수 있다. 기술대사는 외국정부가 아닌 기술기업을 대상으로 한 외교에 중점을 두며, 디지털 외교, 사이버 외교 등을 포괄하기도 한다(Norkunas 2022). 2022년 3월 현재까지 19개국이 기술대사를 임명하는 등 외교와 기술의 연계가 지속 강화되고 있다(Erzse and Garson 2022). 이렇듯 과학기술외교의 개념은 기술과 국제환경의 변화에 따라 진화하고 확장되고 있으며, 다양한 요소들을 통합하고 융합하는 방향으로 지속적 혁신이 요구되고 있다.

2. 과학기술외교의 양면성: '협력'과 '경쟁'

과학기술외교는 국제환경의 변화에 따라 그 방향과 중점이 변화할 수 있다. 과학기술외교 담론이 국제협력과 공공이익에 집중되면서, 국가 간 경쟁의 측면은 주목받지 못해왔으나, 과학기술외교는 실제 '협력'과 '경쟁'의 양면성을 그 본질로 한다(Ruffini 2020, 371). 즉, 글로벌 협력, 우호 촉진의 과학이라는 측면과 외교적 경쟁과 적대의 수단으로서의 과학이라는 측면이 공존한다는 것이다.

과학기술외교의 협력적 측면은 글로벌 과학 협력을 촉진하고, 국가 간 관계 발전과 우호 협력을 견인하는 역할을 강조한다. 2000년에 신설된 미 국무부 과학기술자문이었던 페데로트(Federott)는 "과학기술외교는 인류가 직면한 공동의 문제를 해결하고 글로벌 파트너십에 토대한 지식을 구축하는 데 국가 간 과학 교류를 활용하는 것"이라고 강조하였다(The Royal Society 2010). 국가 간 인재 교류와 연구 협력 외교를 통해 과학기술 발전이 가속화되기도 하고, 기후변화와 같은 글로벌 위기에 대한 공동 연구를 촉진하기도 한다. 냉전기 미소 양국 과학자들의 교류가 주요한 연결고리가 되었고, 1970년대 미중 간 과학기술 교류가 양국 관계 개선을 촉진하였고, 2000년대 초 미국이 인도, 이집트 등과 관계를 발전시키는 데 과학기술 지원이 주요한 역할을 한 바 있다(Lord and Turekian 2007). 외교정책과 과학기술은 이렇듯 상호 강화의 관계에 주목받아 왔고, 과학기술외교에 대한 대부분의 연구 또한 이러한 국가 간 협력 제고와 기후환경과 같은 문제에 대한 글로벌 협력의 차원에서 과학기술외교를 다루어 왔다.

그러나 과학기술외교는 초국적 협력이나 국가 관계 개선, 공공외교의 측면에서만 작동하는 것은 아니다. 강대국 영향력 확대의 자원이면서, 국가 간 경쟁과 진영 경쟁의 외교적 수단으로 활용되기도 한다. 쿤켈(Sonke Kunkel)은 국가의 야망을 중심으로 과학기술외교의 변화를 다루었다. 1890년대 말부터 1920년까지는 독일과 일본이 과학기술을 활용해 글로벌 확장을 시도하였고, 냉전 시대 과학기술은 외교관계를 조정하는 중요한 자산일 뿐만 아니라 특정 규범, 아이디어, 이해관계 및 기술을 탈식민지 세계로 확장하는 방법이기도 했다는 것이다(Kunkel 2021).

강대국 경쟁 속에서 과학기술외교는 자국의 기술우위를 확보하거나 경쟁국의 기술우위를 억지하기 위한 수단으로 활용되기도 하고, 자국의 외교력 우위를 위해 동원되기도 한다. 강대국 경쟁이 글로벌 질서의 진영화와 양극화로 이어질 경우, 과학기술외교는 진영 내 결속과 진영 간 경쟁의 핵심수단이 될 수 있다는 것이다. 과학기술외교의 유형, 과학기술외교의 양면성을 종합할 때 아래 〈표 16.1〉과 같이 과학기술외교의 내용을 정리할 수 있다.

표 16.1 과학기술외교의 4가지 측면과 양면성

구분	내용
외교에서의 과학 Science in Diplomacy	외교정책에 대한 과학적 자문, 조언
과학을 위한 외교 Diplomacy for Science	과학기술 발전을 위한 외교 - 협력: 기후환경 등 초국적 과제 공동연구 협력 - 경쟁: 과학기술 경쟁 우위 확보 위한 외교(연대, 제재)
외교를 위한 과학 Science for Diplomacy	외교전략적 목표를 위한 과학기술의 활용 - 협력: 국가 관계 발전과 우호를 위한 과학기술협력 - 경쟁: 영향력 확대, 외교 제재 수단으로서의 과학기술 진영 결속 혹은 세력 경쟁 자원으로서의 과학기술
과학에서의 외교 Diplomacy in Science	과학기술정책에 대한 외교적 자문, 조언

출처: The Royal Society(2010)와 Adamson & Lalli(2021)의 연구를 토대로 저자 작성.

미중 전략경쟁의 심화, 특히 미래 기술패권을 둘러싼 경쟁 속에서 과학기술외교는 그 경쟁적 측면이 더욱 부각되고 있다. 최근 미중 양국이 전개하는 개발도상국 디지털 협력 외교가 한편으로는 개발도상국과의 우호관계 촉진을 위한 과학기술의 활용이면서, 또 한편으로는 미중 양국의 영향력 경쟁이라는 점에서 과학기술협력 외교에 존재하는 경쟁의 측면을 볼 수 있다.

III. 냉전의 과학기술외교와 신냉전의 과학기술외교

1. 냉전의 과학기술외교 경쟁

냉전 시기 미소 양국 간의 경쟁이 군비 경쟁뿐만 아니라 과학기술 경쟁을 핵심으로 하고 있었다는 것은 강대국 경쟁에서의 과학기술외교의 측면을 보여주는 대표적 사례라고 할 수 있다. 울프(Audra Wolfe)는 2차 세계대전 직후 미소 양국 지도자들의 공통된 인식은 과학기술 역량을 대대적으로 보여주는 것이 패권경쟁에서 세계의 지지와 마음을 얻는 결정적 무기라고 인식한 것이라고 강조한 바 있다(Wolfe 2013, 1-5). 2차대전 이후 미국이 유럽을 미국의 영향권으로 통합하는 과정 또한 단순히 경제력뿐만 아니라 과학기술력 우위를 활용하는 것이었다. 크리게(John Krige)는 유럽의 과학 재건 과정은 미국의 과학기술이 어떻게 서유럽을 미국으로 통합하고, 유럽의 과학기술 어젠다를 지휘하였는지를 보여주는 것이라고 설명하였다(Krige 2006).

소련의 과학기술력 또한 사회주의권 영향력 강화에 주요한 자원으로 활용되었다. 1957년 소련의 스푸트니크 발사는 사회주의 국가들의 소련과 사회주의 기술력에 대한 신망을 강화하였다(Richards 1998, 8). 이후 소련은 1963년

코메콘 과학기술연구협력위원회(Comecon's Permanent Commission for the Coordination of Scientific and Technical Research)를 신설하였고, 사회주의 블록의 과학기술협력을 모색하였다. 이러한 과학기술외교는 서구에 대응해 사회주의 블록을 통합하는 토대로 기술을 활용하는 것과 협력을 통해 사회주의권의 기술 수준을 제고하고자 하는 소련의 전략적 목표가 있었다(Kochetkova 2021).

1949년 미국은 나토의 수출입통제체제인 COCOM(Coordinating Committee for Multilateral Export Controls)을 창설하고, 소련과 사회주의 블록의 국가들이 군사 관련 기술에 접근하지 못하도록 회원국 간의 수출통제정책을 조율하였다. 미국은 또한 한국전쟁 발발 이후인 1952년 대중국 수출통제를 위한 별도 위원회인 CHINCOM(China Committee for Export Controls)을 신설했다. CHINCOM은 소비에트블록에 대한 수출통제인 COCOM보다 훨씬 더 광범위했다(Jones 2021). CHINCOM은 1957년에 COCOM에 통합되고 COCOM은 탈냉전과 함께 해체되었다.

2. 미중 전략경쟁 시대 과학기술외교 경쟁

냉전 시기의 미소 간 기술우위와 외교우위를 목표로 한 과학기술협력의 진영화와 진영 간 경쟁은 오늘날 미중 전략경쟁의 심화와 함께 새롭게 부상하고 있다. 미중 양국은 과학기술 주도를 미래 질서 리더십 경쟁의 핵심요소로 인식하고 기술우위 확보를 위한 외교를 강화하고 있으며, 외교적 영향력 확대의 주요한 수단으로 과학기술외교를 활용하고 있다. 미중 양국이 진영 확대 경쟁과 진영 결속 경쟁의 주요한 자원으로 과학기술외교를 활용하고, 자국 주도의 과학기술 네트워크를 적극 강화하고 있다는 점에서 과학기술협력의 재편과 진영화의 가능성이 더욱 높아지고 있다. 미중 양국은 미래 리더십 경쟁과 글로벌 영향력 확대를 위해 과학기술과 외교를 밀접히 연계해 가고 있다. 과학기술은 외교의 핵심 전장이면서 외교는 과학기술 경쟁력 우위를 뒷받침하기 위한 핵심 전략이 되고 있다.

미국은 과학기술 우위가 패권적 지위를 뒷받침해 온 핵심요소로 강조하고 있다. 아미티지(Richard Armitage)와 나이(Joseph Nye)는 냉전기 미국의 영향력은 인간을 달에 보내고 천연두를 박멸하는 등 미국이 보여준 광대한 기술 영향력 때문이었다고 강조하면서 기술과 혁신에 더 많은 투자를 해야 한다고 강조한 바 있다(Armitage and Nye 2007). 이러한 인식은 최근 중국의 기술적 부상과 함께 미국의 글로벌 패권이 상실될 수 있다는 위기 인식에 연결되고 있다. 이러한 위기 인식이 반도체법(Chips and Science Act) 등 기술 투자를 강화하면서 동시에 핵심기술 수출입통제를 확대하는 배경이 되고 있다. 미국은 동맹국과 기술 수출입통제 협력을 강화하는 방향으로 진영 내 과학기술외교 협력을 강화하고 있다. 전략경쟁법(Strategic Competition Act 2021)에는 미국과 EU 간에 민감한 기술의 대중국 수출을 조율하기 위해 냉전 시기의 CoCOM과 유사한 제도를 설립할 필요성이 제기되기도 하였다.[2] 현재의 바세나르 체제를 보완할 새로운 다자적 접근으로 동맹국과의 기술 수출입통제 협력을 하는 방안도 제시되고 있다(Jones 2021).

미국은 또한 동맹국, 우호국들과의 연대 강화와 진영 결속에 신흥기술, 핵심기술 협력을 적극 활용하고 있다. 미국은 US-EU 무역기술위원회, 인도태평양경제프레임워크, 쿼드 핵심 신흥기술워킹그룹 등을 통해 진영 내 과학기술협력을 강화하고 있다. 미국은 중국의 개발도상국 영향력 확대에 대응하기

....

2   117th Congress 1st Session, "Strategic Competition Act of 2021."

위한 개발도상국 지원 과학기술외교도 확대하고 있다. 2022년 6월 G7정상회의는 개발도상국에 대한 연구지원 확대를 발표하고, 세네갈 백신 제조부터 앙골라의 태양광 그리드, 루마니아의 모듈형 원자로에 이르기까지 모든 자금을 지원할 것이라고 밝혔다(Matthews 2022). 미국은 G7이 합의한 '글로벌인프라투자파트너십(PGII)'이 향후 5년간 6000억 달러 규모의 개발도상국 인프라 투자를 목표로 하고 있으며, 글로벌 공급망 등 미국의 국가안보를 제고하는 게임체인저가 될 것이라고 강조하였다(The White House 2022b).

중국 또한 21세기 중엽 세계 일류 강국화, 중화민족의 위대한 부흥이라는 중국몽 실현을 위해 과학기술외교를 적극 활용하고 있다. 2018년 전국과학기술업무회의에서 완강(万钢) 중국과기부장관은 "과학기술외교가 국가 전체 외교전략에서 중요한 부분을 차지한다"고 강조한 바 있다(科技部门户网站 2018). 중국의 외교전략에서 과학기술을 주요한 자원으로 인식하고 있는 것이다. 2021년 12월 24일 중국 전인대 상무위원회에서 통과된 '중화인민공화국과학기술진보법(中华人民共和国科学技术进步法)' 개정안 또한 과학기술외교에 대한 중국의 인식 변화를 보여주는 중요한 사례라고 할 수 있다(人民网 2021). 1993년 제정된 과학기술진보법은 2007년 최초 개정 이후 14년 만에 개정된 것으로, 가장 큰 특징은 국제과학기술협력(国际科学技术合作)을 별도의 장으로 신설하였다는 것이다. 이 장은 국제과학기술협력과 교류를 촉진하여 인류운명공동체 구축을 뒷받침하는 것을 목표로 강조하고 있다(人民网 2021). 중국 특색 대국외교의 주요 비전인 인류운명공동체 실현에 과학기술외교가 주요한 자원으로 간주되고 있음을 볼 수 있다.

중국은 글로벌 영향력 확대와 우호적 국제질서 구축이라는 외교적 목표를 위해 과학기술외교를 적극 확대해 가고 있다. 중국은 2020년 9월 현재 161개 국가 및 지역과 과학기술협력 관계를 수립했으며 114개 과학기술협력 협정과 약 200개 해외 과학기술협력 부처와 협정을 체결했다(新京报快讯 2020). 2017년 현재 47개 국가, 지역 등 70개 공관에 과학기술처를 설치하고, 146명의 과학기술 외교관을 배치하여 효율적인 정부 간 협력네트워크를 구축하였다(新华社 2017).

중국의 일대일로는 중국 과학기술외교 확산의 주요한 플랫폼이 되고 있다. 2015년 창립된 '일대일로대학연맹(丝绸之路大学联盟)'은 2018년 12월까지 37개국과 지역의 150개 대학이 회원으로 가입하였다.[3] 중국과학원이 주도하여 창설한 '일대일로 국제과학조직연맹("一带一路"国际科学组织联盟)'은 개발도상국에 대한 과학기술적 관여의 주요한 플랫폼이라고 할 수 있다. 중국은 개발도상국에 대한 영향력 확대의 핵심자원으로 과학기술외교를 적극 활용하고 있다. 아프리카 질병통제예방센터가 새로운 본부와 연구실을 짓도록 지원하고 있으며, 농업기술 이전을 위한 시범센터 네트워크를 구축했다. 특히 북아프리카에서 중국은 자국 백신인 Sinovac 제조를 지원하고 있다(Matthews 2022). 이 외에도 중국은 아프리카, 중남미, 서남아시아지역 국가들과 데이터센터 구축, 우주과학, 보건, 기후환경 등 과학기술공동연구센터를 구축해 가고 있다.

IV. 결론: 미중 과학기술외교 경쟁 시대 한국의 외교전략

과학은 초국적 특징에도 불구하고, 지정학 경쟁과 밀접히 연계되어 국가의 전략적 방향을 따르는 경향이 있다. 역사적으로 1차대전은 유럽의 과학을

....

3   丝绸之路大学联盟(University Alliance of the Silk Road) 웹페이지.

두 개의 진영으로 갈라 놓았고, 영국과 프랑스 대 독일과 오스트리아 간의 진영화를 초래한 바 있다(Gaind et al. 2022). 미소 양극 질서 속에서도 과학기술은 진영화와 진영내 결속의 주요한 자원으로 활용되었다. 미중 전략경쟁에 더해 우크라이나 전쟁의 발발은 오늘날 미중 전략경쟁 하의 과학기술외교 경쟁을 확대시키고 있다. 미중 전략경쟁과 우크라이나 전쟁으로 글로벌 과학기술협력의 진영화, 이원화의 구조가 심화되고 있다. 과학기술외교는 강대국 경쟁 속에서 글로벌 영향력 확대, 자국의 진영 구축과 진영 결속의 주요한 수단이면서 상대 진영에 대한 경쟁우위를 확보하기 위한 주요한 요소로 인식되고 있다.

미중 과학기술외교 경쟁 시대, 과학기술외교는 중견국에게도 혁신경쟁력 확보와 전략적 자율성, 외교적 위상과 영향력을 갖추는 데 무엇보다 중요한 과제라고 할 수 있다. 높은 기술혁신 역량을 갖추기 위한 외교의 활용, 글로벌 영향력과 외교안보적 역량을 갖추기 위한 과학기술의 활용이라는 측면에서 한국 또한 독자적인 과학기술외교의 비전과 역량을 갖추어갈 필요가 있다. 국제질서의 변화 속에서 글로벌 중추국가의 비전을 내세우고 있는 한국은 더 많은 기술혁신 투자와 더 많은 외교적 투자를 해야 한다. 기술혁신을 주도하면서 혁신을 기반으로 외교력을 강화해 가는 것은 미래 글로벌 리더십 확보와 전략적 자율성 확보의 핵심일 수 있다. 한국의 국익을 세계의 열망과 필요에 연계시키고, 과학기술 환경과 외교적 목표를 연계하는 통합된 외교전략을 수립해야 한다. 세계는 지금 디지털화 전환, 탈탄소와 에너지 안보, 팬데믹 대응과 건강보건, 농경기술혁신과 식량안보 등 지정학 경쟁과 기술혁신경쟁 시대에 직면하고 있는 다양한 도전을 해결하는 데 골몰하고 있다. 한국은 이러한 다양한 글로벌 위기를 대응하고 해소하는 데 역량과 리더십을 발휘하기 위한 종합적 과학기술외교 전략을 고민해야 할 때이다.

참고문헌

Adamson, Matthew and Roberto Lalli. 2021. "Global perspectives on science diploma-cy." *Centaurus* 63 (1).

Armitage, Richard L. and Joseph S. Nye Jr. 2007. "Stop Getting Mad, America. Get Smart." *Washington Post* (2007.12.9.).

Erzse, Akos and Melanie Garson. 2022. "A Leaders' Guide to Building a Tech-Forward Foreign Policy." *Tony Blair Institute for Global Change* (2022.3.25.).

Fägersten, Björn. 2022. *Leveraging Science Diplomacy in an Era of Geo-Economic Rivalry Towards a European strategy*, The Swedish Institute of International Affairs.

Flink, Tim. 2020. "The Sensationalist Discourse of Science Diplomacy: A Critical Re-flection." *The Hague Journal of Diplomacy* 15(3): 359-370.

Gaind, Nisha, Alison Abbott, Alexandra Witze, Elizabeth Gibney, Jeff Tollefson, Aisling Irwin & Richard Van Noorden. 2022. "Seven ways the war in Ukraine is changing global science." *Nature* 607(7919): 440-443.

Gluckman, Peter. D., Vaughan C. Turekian, Robin. W. Grimes, and Teruo Kishi. 2017. "Science Diplomacy: A Pragmatic Perspective from the Inside." *Science & Diploma-cy* 6(4).

Jones, Scott. 2021. "Think twice before bringing back the COCOM export control re-gime." *Defense News* (2021.4.10.).

Kochetkova, Elena. 2021. "Technological inequalities and motivation of Soviet in-stitutions in the scientific-technological cooperation of Comecon in Europe, 1950s-80s." *European Review of History* 28(3): 355-373.

Krige, John. 2006. *American Hegemony and the Postwar Reconstruction of Science in Europe*. MIT Press.

Kuhlmann, Stefan and Ewert Aukes. 2020. "Science Diplomacy in the Making." S4D4C online lecture (2020.6.29.).

Kunkel, Sonke. 2021. "Science Diplomacy in the Twentieth Century: Introduction." *Journal of Contemporary History* 56(3): 473-484.

Lord, Kristin M. and Vaughan C. Turekian. 2007. "Time for a New Era of Science Diplo-macy." *Science* 315(5813): 769-770.

Matthews, David. 2022. "G7 attempts R&D diplomacy to rival China's reach." *Science Business* (2022.6.28.).

Norkunas, Aurelijus. 2022. "What Is Techplomacy-And Is It Actually Needed?" *Forbes* (2022.2.2.).

Richards, Pamela Spence. 1998. "The Reconfiguration of International Information Infrastructure Assistance since 1991." *Bulletin of American Society for Information*

Science.

Ruffini, Pierre-Bruno. 2020. "Collaboration and Competition: The Twofold Logic of Science Diplomacy." *The Hague Journal of Diplomacy* 15(3): 371-382.

The Royal Society. 2010. *New Frontiers in Science Diplomacy.*

The White House. 2022a. "National Security Strategy."

_____. 2022b. "FACT SHEET: President Biden and G7 Leaders Formally Launch the Partnership for Global Infrastructure and Investment."

Wolfe, Audra J. 2013. *Competing with the Soviets: Science, Technology, and the State in Cold War America.* Johns Hopkins University Press.

新华社, "中国共产党第二十次全国代表大会在京开幕 习近平代表第十九届中央委员会向大会作报告." 2022.10.17.

科技部门户网站. "科技部部长：科技外交成为国家总体外交战略的重要组成." 2018.1.10.

人民网. "中华人民共和国科学技术进步法." 2021.12.27.

新京报快讯, "中国已与161个国家和地区建立科技合作关系," 2020.9.19.

新华社. "我国与158个国家和地区建立科技合作关系." 2017.1.12.

丝绸之路大学联盟(University Alliance of the Silk Road) 웹페이지

17

경제안보동맹과 한미 사이버 안보 강화

정태진 평택대학교 피어선칼리지

I. 머리말

최근에는 국가 간의 신흥기술/첨단기술 경쟁이 치열한 가운데 '경제안보동맹'이라는 용어까지 생겨났다. 특히, 미국과 중국의 기술패권 경쟁이 치열한 가운데 동맹국 간의 과학기술 교류와 공급망 확보를 위한 긴밀한 협력을 강조하고 경쟁국에 대한 과학기술 교류 제재와 경쟁국 내에서의 4차산업 핵심기술 제품의 생산을 제재하고 있다. 주요 제재 대상은 AI, 드론, 이동통신기술, 배터리, 반도체 기술 등이다. 그런데 우리가 사는 초연결사회에서는 모든 사물들이 네트워크(Internet of Thing, IoT)로 연결되어 있으므로 이들에 대한 연구개발 과정이나 생산라인 등이 항상 위협에 노출되어 있다. 대다수의 연구기술 유출 사고는 내부자에 의한 USB 불법 유출과 해킹을 통해서 발생한다. 최근 들어 해킹 수법이 첨단 해킹소프트웨어를 이용하여 더욱더 정교해졌다. 그러므로 이러한 첨단 해킹에 대비하기 위해서는 경제안보동맹과 함께 사이버 안보 강화가 동시에 이루어져야 한다. 지난 5월 20일 미국 대통령 조바이든이 취임 후 처음으로 아시아 국가 방문길에 우방국인 한국을 가장 먼저 방문하였고, 방한 기간 동안에는 과거 미국 대통령 방한 때와는 달리 DMZ 방문 대신 삼성전자와 현대자동차 방문을 통해 윤석열 대통령과 여러 차례 경제안보와 기술동맹 중요성을 강조하였다. 그리고 한미 양국 정상은 공동선언문에서 세 가지 주제로 양국 협력을 강조했는데 첫째, 평화와 번영의 핵심축, 둘째, 전략적 경제 기술 파트너십, 셋째, 글로벌 포괄적 전략동맹이다. 바이든 대통령은 이 세 가지 주제를 말하면서 사이버 안보 중요성에 대해 여러 차례 강조하였다(News1 2022.6.3). 즉, 사이버 안보 강화가 경제안보와 기술동맹에 밀접한 관계가 있다고 해도 과언이 아니다. 물리적인 전쟁이 발생하지 않는다는 가정 하에 사이버 안보와 관련된 사고는 대부분 경제적인 이득을 취하기 위해 발생한다. 그 배후에는 개인, 해커 집단, 테러단체, 국가주체가 있다. 주요 사이버 공격 대상은 반도체, 우주항공, 로봇 등 첨단 4차 산업기술에 많이 집중되어 있고 탈취하는 방법도 해킹, 인터셉트, 피싱, 신분도용, 웹드라이브 등을 이용한다.

II. 미국 경제안보 이슈

미국은 오래전부터 자국 내 중국 산업스파이 활동에 촉각을 세우고 있다. 예전에는 주로 첨단무기체계나 핵기술 유출을 방지하기 위한 방첩활동에 초점을 두었는데 최근에는 반도체, 우주항공, 바이오, 신에너지 소재 등 모든 첨단산업 분야에서 미국의 기술이 중국에 온라인과 오프라인으로 유출되고 있음을 확인했다. 특히나 미국에 유학 온 중국 유학생들과 주재원들이 용의자로 지목되었다. 2020년 미국연방수사국(FBI)은 미국 기술을 중국으로 유출한 사건을 1,000건 이상 수사하였다. 2021년에는 중국 정부와 연계된 2,000건 이상의 사건을 수사하였다(한국경제 2021.4.15.). 미국 정부는 국내 산업스파이 방첩활동과 함께 2021년 11월에는 인텔에게 더 이상 중국 내에서 반도체를 생산하지 말도록 제지하였다. 그리고 2021년 가을, 미국중앙정보국(CIA)은 해외 산업스파이 방첩활동을 위해 T2MC(Transnational and Technology Mission Center)를 설립했다. 이 센터의 주요 임무는 외국의 기술발전 동향 감시와 기후변화이다. 그리고 미국중앙정보국은 Technology Follows Program을 운영하기 시작했다. 이 프로그램으로 기술전문가들을 정보기관에서 1-2년씩 일하게 하면서 신흥기술안보 활동의 초석을 다지고 있다.

2022년 2월 15일자 미국 *Foreign Policy*에 실린 에릭세이어(Eric sayers: Beacon strategies, Vice President)와 이반 카나페시(Ivan Kanapathy: CSIS)의 "Amercia is showering China with the new restrictions"에 의하면, 미국의 대중국 정책은 정보통신, 반도체, 데이터 보안, 금융서비스 분야까지 급속도로 확대되었다. 새로운 제재에는 수출, 수입, 투자, 주식이 포함되었다. 지난 2년 동안 코로나로 인해 중단되었던 미중 여행은 예전과 같은 수준으로 돌아갈 것 같지 않다. 그만큼 미국 정부의 중국에 대한 경계가 최고조 달한다. 미국 연방의회는 대중국 경제안보 강화 차원에서 기술, 제조업, 방산 분야에 대한 자금 지원을 늘리고 있다. 또한 미국은 경제안보를 굳건히 하기 위해 자국산 제품 구매 확대 및 인프라 투자 확대를 위한 법안을 발의하고, 인태경제프레임워크(IPEF) 발족을 통해 대내외 경제안보를 추구하고 있다. 그리고 대내적으로는 자국산 물품의 구매 의무를 강화하는 내용의 바이 아메리칸 행정명령과 미국의 공공인프라 개선을 위한 인프라법(Infrastructure Investment and Jobs Act)을 통해 내생적 경제성장 기반을 구축하였다. 이와 더불어 대외적으로는 아태지역 경제통합을 위한 인태경제프레임워크를 2022년 5월 출범하고, 중국 대응 경제안보 전략을 미국혁신경쟁법(USICA, 2021)과 미국경쟁법(ACA, 2022) 법안으로 구체화하였다. 지난 7월 28일 미국 정부는 반도체 산업 부흥을 위한 542억 달러 규모의 반도체 및 과학법(CHIPS and Science Act of 2022) 을 통과시켰으며 외국 자본의 미국 내 투자에 대해서도 미국외국인투자위원회(The Committee on Foreign Investment in the United States, CFIUS)가 투자 심사 시(법률신문 2019.2.28.), 아주 엄격하게 심사하고 있으며 외국인 투자자는 National Security Threat Assessment(NSTA: 국가안보위협평가) 작성하게 한다. CFIUS는 1950년 제정한 미국방산법 721조와 2007년 수정한 외국투자 및 국가보안법(Foreign Investment and National Security Act of 2007, FINSA)에 따라 세부적인 지침을 마련해서 외국인 투자에 대한 심사를 한다. CFIUS는 재무부, 법무부, 국토안보부, 상무부, 국방부, 국무부, 에너지부, 무역대표부, 과학기술정책부 같은 부처들로 구성이 된다. 위원회의 수장은 재무부의 투자안전국(the director of the Office of Investment Security) 국장이 한다(Moran 2009).

III. 한미 정보기관 경제안보 협력 및 미국의 기술동맹 전략

미국 정보기관들을 총괄하는 국가정보국(Office of the Director of National Intelligence, ODNI)은 민간기업과 여러 프로그램을 통해 경제안보에 나서고 있다. 미국 국가정보국은 민간 부문과 광범위하게 연계되어 활동하는데 다음을 포함한다. 취득, 분석, 위협 브리핑, 사고대응, 협력과 개발 등이다.[1] 지난 10월 윌리엄 번스 미국 중앙정보국(CIA) 국장과 애브릴 헤인스 미국 국가정보국(DNI) 국장 방한 당시, 한국 정부에 경제안보를 협의할 파트너 조직을 만들어 줄 것을 요구하여(매일경제 2021.12.9.), 마침내 2022년 초 국정원은 경제안보국을 신설하였다. 기존의 산업기밀보호센터의 업무가 산업스파이 방첩활동 위주의 활동이었다면 새로 신설된 국정원 경제안보국은 좀 더 거시적인 측면에서 국가의 정책적인 면을 고려하면서 전략적으로 문제를 해결하는 데 중점을 둘 것으로 알려졌다. 특히나 글로벌 공급망 문제를 해결하기 위해 조직개편을 했다. 제2의 요소수 사태 같은 것을 예방하기 위한 것이다(매일경제 2021.12.10.). 지난 5월 한미 정상회담을 통해 한국과 미국은 글로벌 공급망 회복을 위한 양국 간 대화채널을 강화하고 미국이 주도하는 인태경제프레임워크 가입을 공식화하기로 했다(이춘재 2022).

최근 미국은 중국을 견제하기 위해 반도체 공급망 동맹, 일명 '칩4'를 가동했다. 미국이 원천기술, 한국의 메모리 반도체, 대만의 반도체 위탁생산, 일본의 소재와 장비를 묶어서 경제안보동맹을 결성하는 데 목적이 있다. 이로 인해, AI, 전기차, 우주항공 그리고 첨단무기 생산에 필요한 반도체산업을 견제하려고 한다. 미국의 동맹국은 미국의 경쟁국이나 적성국에 첨단기술을 공유할 수 없고, 첨단기술이 접목된 장비, 첨단기술로 만들어진 완제품을 수출할 수 없다. 많은 반도체 부품을 중국에 의지하고 있는 기업의 입장에서는 여러 가지 어려움이 있지만 국가안보와 국익을 위해 일시적인 손해가 있더라도 따를 수밖에 없는 상황이다. 반도체동맹이 얼마나 중요한지는 우크라이나와 전쟁을 벌이고 있는 러시아 상황을 보면 쉽게 이해할 수 있다. 러시아는 전쟁에 필요한 미사일을 완성하기 위해서 반도체가 반드시 필요한데 미국이나 서

....

1 https://www.odni.gov/index.php/nctc-who-we-are/organization/314-about/organization/national-security-partnerships/ps-engagement/odni-private-sector-programs

방국가에서 반도체 수입이 어렵게 되자 기존에 수입된 냉장고나 세탁기를 해체하여 반도체를 추출하여 무기 제작에 사용하고 있다(한겨레 2022.9.29.).

바이든 정부는 미국의 가치를 공유하는 동맹국 및 파트너 국가들과 협력하여 국제사회에서 중국을 배제하는 방식으로 기술경쟁과 글로벌 공급망 이슈에 대응하고 있다. 그 일환으로 아래와 같은 법률과 안보협력체를 구성하여 중국을 견제하고 있다(민정훈 2022).

1. 아시아 안심법안(Asia Reassurance Initiative Act of 2018, ARIA) USICA/ACA 법안은 인태 지역의 중요성을 인식하고, 역내 중국의 위협행위에 대응하기 위해 「아시아안심법」을 연장했다. ARIA법은 인태 지역 국가들과의 경제·안보 협력 강화를 골자로 하며, 대만에 대한 무기 판매와 같은 대중국 전략을 담고 있다(주타이베이 대한민국 대표부 2018.12.18.).

2. 미국은 인태 지역에서의 리더십 유지 및 대중국 견제를 위해 미국-ASEAN 동맹을 강조하고 있다. USICA/ACA 법안은 코로나 대응, 경제, 해양, 영토 분쟁 등 분야에서 아세안과의 협력을 강화하고 대중국 견제를 목적으로 중국의 전략기술 및 인프라에 대한 과잉 의존, 중국의 해외투자 동향 및 인태 지역 안보에 대한 영향력 등에 대한 분석·정보 수집·모니터링 등에 있어서 미국-ASEAN 협력을 강조한다(백서인 외 2022).

3. 쿼드(QUAD)는 2007년 미국, 일본, 호주, 인도의 4개국으로 구성된 안보협의체이다. 발족된 후 초반에는 유명무실한 상태였으나, 2017년 미 트럼프 정부가 인도-태평양전략을 추진하면서 중국 견제에 공동 대응하고자 활성화되었다(VOA 2021.4.23.).

4. 파이브아이즈(Five Eyes)는 미국, 영국, 캐나다, 호주, 뉴질랜드로 구성된 영미권 기밀정보 동맹체로 중국 화웨이 제재에 협력하고 있다. 그 중 영국, 호주는

적극적으로 대중 제재에 동참하고 있으며, 캐나다와 뉴질랜드는 아직 유보적 입장을 취하고 있다. 미국 하원 군사위가 2021년 9월 2일 국방수권법을 통과시켰는데 파이브아이즈에 한국과 일본을 포함시킬 필요가 있다는 내용이 담겼다(연합뉴스 2021.9.3.).

5. 오커스(AUKUS)는 2021년 9월 미국, 영국, 호주로 구성된 새로운 군사안보 동맹이다. 사이버 역량, 인공지능, 퀀텀 등 기술 분야에서의 혈맹같이 활동하기로 했다. 그 결실의 하나로 2021년 9월 미국, 영국은 호주에 핵잠수함 기술을 전수하기로 결정하고 2030년까지 호주에 미국이 건조하는 버지니아급 핵잠수함 2척이 도입된다(조선일보 2022.6.14.).

6. 미국 정부는 대만과 기술무역 투자협력 프레임워크(TTIC)를 출범하여 무역과 과학기술·첨단산업 협력 강화를 추진하고 있으며 상하원 모두 지원에 나섰다. 최근 대만은 중국의 노골적인 군사적 위협을 받고 있어서 미국 정부는 군사적 지원 외에 경제적인 지원과 과학기술 협력에 적극적으로 나서고 있다(한국무역협회 2021.12.8.).

IV. 사이버 안보와 경제안보

사이버 안보의 범주에는 국가 기반시설 및 국가 주요 망에 대한 보호를 비롯하여 정부나 군 그리고 민간기업에 대한 사이버 공격과 사이버 범죄행위, 가상화폐 탈취, 자금세탁 등이 포함되는데 이들은 경제안보와 밀접한 관계가 있다. 현실세계에서 모든 중요한 정보가 컴퓨터 서버나 클라우드에 저장되어 있고 모든 정보의 처리나 이동이 인트라넷과 인터넷을 통해 행해지고 있는 만큼 사이버 안보 문제를 제외하고는 산업보안 방첩활동이나 경제안보는 논할 수 없다. 그리고 대부분의 사이버 범죄나 보안 사고가 민간 영역에서 발생하고 있다. 국가 핵심기술이나 금전적 자산 역시 민간 영역이 더 많이 보유하고 있다. 그러므로 민간 영역에서의 사이버 공격으로 인한 피해가 공공 영역보다 훨씬 더 크다. 예를 들어, 구글, 메타버스 같은 빅테크에 대한 공격과 이로 인한 장애는 그 파급효과가 전 세계로 확산된다. 그리고 피해 금액도 웬만한 나라의 1년 예산보다 클 수 있다. 이러한 맥락에서 국정원이 민간 영역의 사이버 공간까지도 국내외 해커나 해커 집단, 테러리스트 집단, 외국 정부나 군대 또는 정부의 지원을 받는 세력으로부터 보호하기 위해서 2020년 조태용 의원이 발의한 '사이버기본법안'이나 2021년 김병기 의원이 발의한 '국가사이버 안보법안' 같은 법률 제정이 시급하다. 그러나 가칭 '사이버 안보법'은 2006년 처음으로 발의되었으나 국내 정치 사정으로 16년이 지났지만 국회의 문을 넘지 못하고 있다. 그 법안이 아직까지 표류 중인 이유는 정보감시, 정치사찰, 인권탄압, 사생활침해 등의 프레임에서 벗어나고 있지 못하고 있기 때문이다. 민주주의가 발전하고 사회가 많이 변하였지만 국민들의 상대적으로 낮은 사이버 안보의식과 정부 불신이 맞물려서 이를 허용하지 않고 있다.

최근 우크라이나 전쟁 등으로 글로벌 안보 상황이 그 어느 때보다 위중한 때에 사이버 안보의 중요성이 더욱더 주목받고 있다. 왜냐하면 모든 산업이 네트워크로 연결이 되어 있기 때문이다. 불순세력이나 적성국 해커들이 네트워크를 통해 국가통신망에 침투하여 국가나 기업의 핵심기술을 빼가려고 시도할 때, 그 시도를 사전에 감지하여 막아내는 것은 사이버 안보 활동 영역이다. 반면, 내부에 침투한 스파이가 서버나 클라우드에서 정보를 다운받아 USB 등에 저장 후 다시 외부에서 이메일이나 웹하드를 이용하여 정보를 적에게 건네주는 행위 등을 적발하여 검거하는 것은 산업보안 방첩활동 및 경제안보 영역이다. 그러므로 온라인 감시활동과 오프라인 산업스파이 감시활동이 동시에 이루어져야 완벽한 경제안보를 위한 방첩활동을 전개할 수 있다. 2020년 3월부터 러시아 해커들은 미국의 네트워크 감시 소프트웨어 회사 '솔라윈즈'를 해킹하여 업데이트 소프트웨어 패치에 악성코드를 심어 미국연방정부기관 9개, 민간기업 100개 이상 그리고 민간인 18,000여 명을 해킹했다. 솔라윈즈 해커들은 미국연방검찰청 15개주 27개 사무소 직원들 이메일 계정에도 접근하여 약 80퍼센트 정도의 이메일을 해킹하였다. 바이든 정부는 2020년 대선 개입 의혹과 이 사건을 계기로 러시아 외교관을 추방했다(NEWSIS 2021.7.31.). 미국 정부와 의회에서는 이런 규모의 사이버 공격에 대해서는 전쟁에 준하는 물리적 보복을 가해야 한다는 주장이 나왔다(DigitalToday, 2021.4.23.). 솔라윈즈 사이버 공격으로 인한 피해는 돈으로 환산할 수 없을 만큼 컸다. 이 사건으로 미국 정부는 사이버 안보 강화를 위해 더 많은 지원을 했다. 2021년 5월 미국 송유관회사 콜로니얼 파이프라인 공격은 러시아 연계 해커 조직 '다크사이드'에 의해 발생하여 미국 남동부 지역 석유 공급에 큰 차질을 주었다. 이런 사이버 공격은 사이버 안보와 경제안보의 중요성을 동시에 일깨워준다. 최근 발생하는 국제적 차원의 사이버 범죄는 온라인과 오프라인에서 동시에 피해를 준다. 그러나 미국 연방수사국은 콜로니얼 그룹이 해커 그룹 '다크사이드'에게 몸값으로 지불한 비트코인 90퍼센트를 해커들의 가상지갑에서 회수했다(글로벌이코노믹 2021.6.8.). 산업보안 방첩활동과 경제안보를 위해서는 사이버 안보를 담당하는 부서에서 기술적인 지원을 해주지 않으면 해커들의 위치를 정확하게 파악하기 어렵고 검거는 거의 불가능하다.

V. 맺음말

사이버 안보의 강화는 경제안보동맹과 직결된다. 왜냐하면 사이버 안보가 모든 안보활동의 근간이 되기 때문이다. 사이버 안보 활동은 디지털 감청이나 감시활동을 통해 불법적인 행위를 사전에 감지하여 차단하거나 대응할 수 있다. 그리고 수집한 정보를 필요한 부서나 기관에 제공하여 적절한 조치를 취하도록 한다. 미국의 NSA나 영국의 GCHQ는 경제안보와 방첩 지원업무를 담당한 지 오래되었다. 특히 정보기관의 다원화 차원에서도 이런 안보 수사나 경제 방첩 지원활동이 효율적으로 행해지고 있다. 미국 NSA는 자국 내 여러 수사/정보기관(CIA, FBI, DEA, ATF, DIA 등)에 수집된 정보를 제공하여 그들의 안보 수사와 경제 방첩활동을 지원한다. 영국의 GCHQ 역시 자국 내 여러 수사/정보기관(MI5, MI6. NCA, HM Custom 등)에 수집된 정보를 제공하여 그들의 안보 수사와 경제 방첩활동을 지원한다. 즉, 사이버 안보 기능과 역할은 국가의 눈과 귀이다. 그래서 사이버 안보와 경제안보 영역을 이분법으로 나눠 생각할 수 없고 함께 협력하는 종합안보(comprehensive security)[2] 모델로 이해해야 한다. 종합안보는 적국의 군사적인 침략뿐 아니라 경제, 환경, 의료 등에 대한 안전보장이 필요하다는 것을 강조하는 모델이다. 종합안보 프레임 안에서 사이버 안보와 경제안보를 수평선 위에 같이 놓고 보면 서로 어떻게 협력해야 하는지 알 수 있다. 우리나라의 경우, 사이버 안보 기본법이 제정된다면 국정원이 국가 사이버 안보 컨트롤타워가 되어 민간 영역까지

....

2   한 국가의 안전보장을 생각하는 경우 그 목표로서도 또한 수단으로서도 군사력에만 한정하지 않고 종합적, 포괄적으로 생각하는 것. 예를 들면 안전보장의 목적으로서 타국에 의한 군사적인 침략뿐만 아니라 경제적인 생존(경제 안전보장), 환경보전, 더 나아가 국내의 정치적인 안정, 경제발전 등을 생각한다. 『21세기 정치학 대사전』.

도 포함하여 사이버 공간에서 모니터하게 되는데 이를 민간사찰 또는 정보감시라고 반대하는 사람들이 많다. 그리고 다른 정부 부처들도 반대한다(이데일리 2022.2.3.). 그만큼 국정원이 사이버 안보법 제정을 위해서는 넘어야 할 장애물들이 많다. 미국에서 발생한 솔라윈즈나 콜로니얼 파이프라인 같은 대규모의 사이버 공격이 한국 민간 영역에서 발생하지 않으려면 국정원이 사이버 공간에서 민간 영역까지도 보호할 수 있는 '사이버 안보법' 제정이 시급하다. 궁극적으로 국가 사이버 안보의 강화는 경제안보동맹을 발전시키는 데 크게 기여할 것이다. 사이버 안보와 경제안보는 상호 공유하는 요소가 많아서 법정책적으로 항상 같이 연계되어 다루어지는 것이 더 효과적이다. 마지막으로 사이버 안보는 최후의 보루가 아니고 최초의 보루여야 한다.

참고문헌

민정훈. 2022. "한국 신(新)정부의 출범과 한반도 정세 전망." IFANS FOCUS. 외교안보연구소. https://www.ifans.go.kr/knda/ifans/kor/pblct/PblctView.do?pblctD-taSn=13994&menuCl=P07&clCode=P07&koreanEngSe=KOR
백서인·윤여진·성경모·양승우. 2022. 『미중 EU의 국가 경제 기술안보 전략과 시사점』 과학기술정책(Stepi Insight) 300호. 과학기술정책연구원.
이춘재. 2022. "'안보동맹'+'경제·기술 동맹'." K-공감누리집, 2022.5.29. https://gonggam.ko-rea.kr/newsView.do?newsId=GAJn8VsQDDGJM000&pageIndex=1

Moran, Theodore H. 2009. *Three Threats: An Analytical Framework for the CFIUS Process.* Peterson Institute for International Economics. https://www.piie.com/publi-cations/chapters_preview/4297/01iie4297.pdf

"(대내외정세) 美상하원의 「아시아안심법안(ARIA)」 가결 관련(대만 외교부 입장)." 주타이베이 대한민국 대표부, 2018.12.18. https://overseas.mofa.go.kr/tw-ko/brd/m_1456/view.do?seq=1346836

"[뉴스 따라잡기] 4자 안보 협의체 '쿼드(Quad)'." VOA, 2021.4.23. https://www.voakorea.com/a/world_behind-news_quad-china/6058122.html

"[단독] 국정원 경제안보국…이르면 연내 신설." 매일경제, 2021.12.9. https://www.mk.co.kr/news/politics/view/2021/12/1124571/

"[단독]사이버안보법, 靑 관계부처회의서 국정원 빼고 모두 반대." 이데일리, 2022.2.3. https://www.edaily.co.kr/news/read?newsId=02978246632226912&mediaCodeNo=257

"[사설] 제2 요소수 사태 막을 국정원 경제안보국 신설을 환영한다." 매일경제, 2021.12.10. https://www.mk.co.kr/opinion/editorial/view/2021/12/1127221/

"[後스토리]한미 '10번' 넘게 힘줘 말한 '사이버 보안'…숙원사업 풀리나." News1 2022.6.3. https://www.news1.kr/articles/?4691893

""솔라윈즈 해커들, 美 연방 검찰청 20여 곳 접근" 美법무부." NEWSIS, 2021.7.31. https://newsis.com/view/?id=NISX20210731_0001533255&cID=10101&pID=10100

"EU, 러시아 원유 가격 상한제 제안…세탁기·냉장고 수출금지 왜?" 한겨레, 2022.9.29. https://www.hani.co.kr/arti/international/international_general/1060665.html

"러시아 솔라윈즈 해킹 사건發 무력도발 논쟁 확산." DigitalToday, 2021.4.23. http://www.digitaltoday.co.kr/news/articleView.html?idxno=272054

"미 FBI, 콜로니얼 파이프라인이 해킹조직에 지불한 비트코인 몸값 90% 가까이 회수." 글로벌이코노믹, 2021.6.8. https://news.g-enews.com/ko-kr/news/article/news_all/2021060810061916949ecba8d8b8_1/article.html?md=20210608102047_S

"美 정보당국 수장들 "中, 미국이 직면한 최대 위협"." 한국경제, 2021.4.15. https://www.hankyung.com/international/article/202104156159i

"미국 외국인투자심의위원회(CFIUS) 개정법 FIRRMA 발효." 법률신문, 2019.2.28. https://m.lawtimes.co.kr/Content/Article?serial=151166

"미국-대만, 기술무역 프레임워크 통한 공급망 강화 합의." 한국무역협회, 2021.12.8. https://www.kita.net/cmmrcInfo/cmmrcNews/cmercNews/cmercNewsDetail.do?pageIndex=1&nIndex=1817475

"美정보동맹 '파이브 아이즈' 한국으로 확대…하원서 처리(종합)." 연합뉴스, 2021.9.3. https://www.yna.co.kr/view/AKR20210902004751071

"호주, 2030년 핵잠수함 도입… 美와 함께 中견제망 구축." 조선일보, 2022.6.14. https://www.chosun.com/international/international_general/2022/06/14/4FPIUZAIF5FMLG-SWPIWXSBIQA4/

18

미국의 인·태 지역
정보네트워크 구축과 쿼드(플러스)

박재적 연세대학교 국제학대학원

I. 머리말

신흥안보 위협 증대로 국제질서의 불확실성이 증대되는 가운데, 5G/6G, 인공지능, 자동주행 시스템, 극초음속(hypersonic) 장비 등 첨단기술을 둘러싼 미국과 중국의 기술 패권경쟁이 날로 심화하고 있다. 미중이 첨단기술을 강조하는 이면에는 첨단기술에서 우위를 점해야 미래 전쟁에서 상대국에 승리할 수 있다는 판단이 있다. 미국 행정부가 최근 게시하고 있는 각종 보고서와 미국 의회가 발의하고 있는 법안을 검토해 볼 때, 미국은 첨단기술 패권경쟁의 맥락에서 자국이 주도하는 안보 네트워크를 관통하는 운영 기제로 정보네트워크 구축을 강조할 것으로 전망된다. 아래에서는 미국이 미사일 방어 체제 구축, 첨단 민군 겸용 기술과 관련된 정보 공유, 해양상황인지(Maritime Domain Awareness, MDA)를 위한 '정보·감시·정찰(ISR)' 자산 제공 및 관련

소프트웨어 개발을 매개로 자국이 주도하는 정보네트워크를 구축해가고 있음을 살펴본다. 이어, 미국 주도 정보네트워크에서 '쿼드(Quad, 미일·호주·인도 안보협의체)'와 '쿼드 플러스(Quad+)'가 전면에 부상하고 있음을 기술한다. 쿼드가 주요한 틀로 부각하고 있는 이유는 무엇보다 미국, 일본, 호주, 인도가 모두 인·태 지역 기술 선진국이고, 양자 또는 소다자의 형태로 정보협력의 경험과 신뢰를 구축해왔기 때문이다. 또한, 미국 등 서구 국가들이 미중 기술 패권경쟁을 민주주의 대 전제주의 경쟁으로 프레이밍하고 있는데, 민주주의 국가 연합인 쿼드가 이러한 프레임을 확산시키는 데 가장 적합하기 때문이다.

II. 미국 주도 정보네트워크 구축의 기제

1. 미사일 방어를 위한 정보 공유

미국은 나날이 고도화되어 가고 있는 중국과 북한의 미사일 위협에 대항하여, 인·태 지역에서 미사일 방어체제 구축에 주력해 왔다. 일례로 미국 국방성이 의회에 제출한 944조 원의 2023년 국방 예산 곳곳에 괌 미사일 방어기지 관리, 차세대 요격 미사일, 고고도 미사일 방어체계(THAAD), 패트리어트(PAC-3) 등 미사일 방어 관련 예산이 배정되어 있다(박형수 2022).

동북아에서는 북한이 핵실험을 재개하고 대륙간 탄도미사일 실험을 지속한다면, 바이든 행정부가 미사일 방어를 매개로 한미동맹과 미일동맹의 연계를 추진할 것으로 전망된다. 현재는 한미일 삼각 동맹체제 구축에 대한 중국의 부정적 시각과 한일 관계 경색으로 삼국 미사일 방어 협력이 적극적으로 작동하지 않고 있다. 그러나 미국의 관점에서, 한국과 일본 양국 국민의 서로에 대한 부정적 정서를 고려할 때, 북한 핵·미사일 위협에 대한 공동 대응 외에 한미동맹과 미일동맹의 군사협력을 추동할 연계 고리를 찾기가 어려운 실정이다.

미사일 방어 공조에는 정보 공유가 필수적이다. 2020년 6월 당시 정경두 국방부 장관이 한미 군 당국이 '미사일 방어체계 통합 연동훈련'을 했다고 밝히면서, 미국 미사일 방어체계 편입 논란이 재발되었었다. 당시 한국은 북한 미사일이 발사됐을 때를 가정해 한미 간 미사일 정보를 공유하는 훈련일 뿐 한국이 미국의 미사일 방어체제에 편입하는 것은 아니라는 견해를 밝혔다. 하지만, 양국은 한국군의 탄도탄 작전통제소와 주한미군의 미사일 방어 작전통제소 사이에 연동된 시스템으로 미사일 정보를 공유하고 있고, 주한미군의 작전통제소는 미국의 인·태 사령부를 통해 주일미군 미사일 방어체계와도 연동되어 있다. 따라서, 사실상 한미일의 미사일 방어 정보 공유가 이미 상당 수준 연동되어 있다(김귀은 2020).

인·태 지역으로 확장하면, 미국 주도 안보 네트워크의 북방축과 남방축으로 부상한 일본과 호주가 미국 주도 미사일 방어 시스템 구축에 적극적이다. 향후 미국이 주도하는 미일호 미사일 방어 정보 연계가 추동되고 나아가 인도 및 한국과의 공조로까지 이어진다면, 이는 인·태 지역에서 미사일 방어를 매개로 미국 주도 정보 공유 네트워크의 토대가 구축되는 것이다.

2. 민군 겸용 첨단기술 공동 개발 및 정보 공유

5G, 인공지능, 자동주행 시스템, 극초음속 기술 등이 발전하면서, 첨단기술 발전이 미중 전략 관계 및 전반적인 국제질서에 미칠 영향을 전망하는 논의가 활발하다. 사이버 안보, 디지털 안보, 드론이나 극초음속 무기 사용 규

범, 5G를 활용한 정보 수집, 첨단기술을 활용한 보건 안보 등 신흥안보 위협이 증대하고 있는데, 미국은 신흥안보 영역에서 규범, 원칙, 기구의 생성을 선점하고자 한다. 그런데 인·태 지역에는 미국과 중국뿐만 아니라 일본, 인도, 호주, 한국 등도 최첨단 기술개발을 이끌어가고 있으므로, 미국은 이들 기술 중견국들과 연대하여 세력을 구축하고자 한다.

첨단기술 협력에서는 특히 민감 정보 공유가 매우 중요하다. 2021년 9월 미국, 영국, 호주가 오커스(AUKUS) 안보 협력을 출범시켰는데 AUKUS 3개국은 사이버·인능지능·양자 컴퓨팅·수중 시스템 같은 핵심 기술 협력 강화와 안보·정보 및 기술 공유에 합의했다. 이처럼 미국은 민주주의 국가들의 기술력을 결집하여 경쟁력을 높이고, 연대로 데이터 표본 규모를 확대하면서 다양한 환경의 실험·실습 환경을 만들어 갈 것으로 전망된다.

이러한 맥락에서 미국, 영국, 캐나다, 뉴질랜드와의 정보협의체인 '파이브 아이즈(Five Eyes)'의 확대 가능성이 제기되고 있다. '신호 정보(signal intelligence)' 공유를 위해 1946년에 체결된 '영미 안보 협정(UK-USA Security Agreement, UKUSA)'에 캐나다가 1948년에, 호주와 뉴질랜드가 1956년에 가입하여 '파이브 아이즈'가 형성되었는데, 5국은 상당히 높은 수준의 군사정보를 공유하고 있다. 5국은 서구 민주주의 제도를 채택하고 있는 앵글로–색슨 전통의 국가로 문화적·정치적·언어적 정체성을 공유한다. 그런데, '파이브 아이즈' 확대가 논의되고 있고, 프랑스와 일본이 대상 국가로 주목받고 있다. 최근 인·태 지역에서 적극적으로 안보 활동을 증가시키고 있는 프랑스는 브렉시트(Brexit)로 '파이브 아이즈' 중 하나인 영국이 EU에서 탈퇴한바 EU를 대표하여 '파이브 아이즈'의 일원이 되어야 한다는 주장을 펼친다. 한편, 2020년 12월에 발간된 아미티지–나이 보고서는 '파이브 아이즈'에 일본이 참여하는 방안을 미일 양국이 모색해야 한다고 적시하였고, 패트릭 크로닌

허드슨연구소 아시아·태평양 안보석좌는 "일본은 '파이브 아이즈'의 사실상 6번째 회원이 되는데 근접하고 있으며 바이든 행정부는 이를 장려해야 한다"고 주장하였다(정은혜 2021). 비영어권 국가인 프랑스, 일본이 '파이브 아이즈'에 가입하게 될지는 신뢰 축적의 정도와 미국 주도 안보 네트워크에서 두 국가의 위상에 따라 결정될 것으로 보인다. 그럼에도 '파이브 아이즈' 확대 논의 전개는 미국이 민군 양면 첨단기술 공동 개발, 정보 공유 등에 있어 핵심 연대 대상 그룹의 폭을 넓혀가고 있는 맥락에서 이해될 수 있다.

3. '해양 상황인지'를 위한 ISR 자산 공여 및 정보 제공

미국은 역내 주요 거점 국가에 중고 비행기, 선박 등을 공여하고 군대, 해양경찰, 세관 등에 교육 프로그램을 제공하면서 인·태 지역 '해양능력 배양(Maritime Capacity Building)'과 '해양 상황인지' 능력 제고에 기여해 왔다(이정훈·박재적 2020). 미국은 특히 동남아 주요 국가의 해양 정보획득 능력 배양에 적극적이다. 필리핀의 '연안감시 시스템(Coastal Watch System, CWS)'과 말레이시아의 '해안경비 레이다 기지국(Coastal Surveillance Radar Stations)' 설치에 도움을 주었고, 인도네시아가 해양 정찰과 레이더 능력을 배양시키는 것에도 기여하였다. 그런데 최근에는 공여의 질을 무인 정찰기, 감시 레이더 등 ISR 자산으로까지 넓히고 있다. ISR 장비 공여와 정보 제공이 주목받는 이유는 다수의 역내 국가가 중국의 공세적 해양활동에 대항하기 위한 최첨단 장비를 구매하거나 사이버 보안 기술을 확보하는 데 천문학적인 비용을 투자할 재정적 여력이 없기 때문이다. 따라서 미국은 주요 거점 국가에 ISR 장비와 정보를 제공하고, 이를 통해 주요 거점 국가들을 궁극적으로 미국 주도 안보 네트워크로 유인하려고 한다.

4. 정보 공유 소프트웨어 개발, 배포, 운영[1]

정보 공유 네트워크에서 어떤 기술 프로그램과 소프트웨어를 사용할지는 정보 취합 및 융합을 어느 국가가 주도할지와 깊게 연관된 이슈이다. 싱가포르와 인도네시아는 2005년부터 웹에 기반을 둔 정보 공유 프로그램인 '수르픽(Surface Picture, SURPIC)'을 사용하여 싱가포르 해협에서 해적 퇴치를 위해 선박을 감시하고 있다. 싱가포르는 또한 2019년에 '정보융합센터(Information Fusion Center, IFC)' 창설 10주년을 기념하여, 웹 기반의 '신속 정보 교환 시스템(Real-Time Information-Sharing System, IRIS)'을 전략화하였다. 인도양 도서 국가들에 있는 정보 공유 센터들은 EU가 개발한 '인도양 지역 정보 공유 플랫폼(Indian Ocean Regional Information Sharing(IORIS) platform)'을 사용하고 있다. 이러한 상황에서 미국은 기술 프로그램과 소프트웨어를 개발·배포·운영하는 데 적극적이다. 이는 정보 취합을 기술적으로 통제하고, 미국 중심으로 정보 보안이 이루어지게 하기 위해서다. 미국은 기밀 정보 수준에서는 '범세계연합지휘통제체계(CENTRIXS)'를 사용하여 동맹국 및 파트너 국가와 정보를 공유하고, '공통 상황인지 영상(Common Situational Awareness Display)'을 제공한다. 기밀이 아닌 정보를 공유할 때는 미군의 '인터넷 기반 정보 공유체계(All Partners Access Network, APAN)'를 활용하는데, APAN은 타 국가가 미 국방성의 네트워크나 하드웨어에 접근하지 않아도 웹에 기반을 두고 대화 채널을 유지하거나 정보를 전달하는 것이 가능하다. 따라서, APAN은 긴급상황에서 '비정부기구(NGO)'와 정보를 공유하거나, 동맹국이나 안보

....

1   이정훈·박재적(2020, 18-20); Jackson et al.(2016, 20, 24, 37); Sousa and Minter(2019, 7); Bueger(2019).

우호국과 군사훈련 시 유용하게 사용되고 있다. 또한, 미국은 실시간에 가까운 정보 접근과 정보 교환이 가능한 '시비전(SeaVision)'을 개발하여 공급하고 있는데, 동남아 국가들과의 '동남아시아 협력 및 훈련(Southeast Asia Cooperation and Training, SEACAT)'과 '해상협력 준비 훈련(Cooperation Afloat Readiness and Training, CARAT)' 때 사용하고 있다.

III. 미국 주도 정보네트워크 강화: 일본, 호주, 인도의 기여

현재, 인·태 지역에서 취합된 정보를 융합 및 공유하고 있는 주요한 다자 메커니즘은 다음과 같다(이정훈·박재적 2020, 10-12). 첫째, '아시아 해적 퇴치 협정(Regional Cooperation Agreement on Combating Piracy and Armed Robbery against Ships in Asia, ReCAAP)'이 '정보 공유센터(Information Sharing Center, ISC)'를 운영하고 있다. 2006년에 문을 연 국제기구로 현재 동남아 국가뿐만 아니라 유럽, 호주, 일본 미국 등 20개국이 ReCAAP-ISC를 통해 자국에서 발생한 해적 행위에 관한 정보를 공유하고 있다. 둘째, 싱가포르가 2009년부터 '정보융합센터(Information Fusion Center, IFC)'를 운용하고 있다. 24개국이 IFC에 해군 연락장교를 파견하여 불법 어업, 해상테러 등 다양한 해양안보 분야에서의 정보를 교환한다. 인도는 2018년에 인도양 지역을 대상으로 '정보 관리 및 분석 센터(Information Management and Analysis Centre, IMAC)'와 인도 IFC-IOR를 설립하여 운영하고 있는데, 아세안 지역 정보융합센터와의 협력을 추진 중이다. 호주는 '태평양 포럼(Pacific Forum)' 국가들의 해양안보 정보를 융합하기 위한 센터를 2년간 임시 운영하였고, 동 센터가 2021년 12월 바누아투로 이전하였지만 여전히 재정을 지원하고 있다(톰 아브케 2022). 셋째, 민간 차원에서도 정보를 융합하고 공유하는데, '국제해사국 (International Maritime Bureau, IMB)'이 1991년에 말레이시아에 설치한 '해적신고센터(Piracy Reporting Centre, PRC)'가 대표적인 예이다. 넷째, 소다자 형태의 정보 공유 메커니즘도 존재한다. 싱가포르, 말레이시아, 인도네시아 가 2004년 '말라카해협 순찰(Malacca Strait Sea Patrol)'을 창설하였는데, 3국 은 2008년에 가입한 태국과 함께 초계함 및 해상초계기를 투입해 말라카해협 에서 해적 감시를 수행하고 있다. 싱가포르가 주도하여 개발한 '말라카해협 순찰 시스템(Malacca Strait Patrols Information System)'을 통해 정보를 공유하 고 수시로 화상회의를 개최한다. 인도네시아, 말레이시아, 필리핀은 2017년 에 '삼자협력 의정서(Trilateral Cooperative Agreement, TCA)'를 체결하고 '술 라해 삼국 순찰(Trilateral Patrols in the Sulu Sea)'을 수행하고 있다. 아세안 국 가들이 인도네시아를 중심으로 아세안 차원의 정보 공유를 위한 '우리의 눈 (Our Eyes)'을 출범시키기 위해 협의 중이기도 하다.

그러나, 쿼드 국가를 제외한 역내 국가가 미국 주도 정보네트워크의 중점 파트너가 되는 데에는 일정한 한계가 있다. 이들의 해군력과 공군력은 열악 하다. 중국에 대항하여 영토 주권을 지키고 다양한 해양안보 이슈에 대응하 기 위해 정보력을 증강해야 하지만, 현실적인 제약이 많다. 무엇보다도 천문 학적인 비용이 들어가는 최신 정보자산을 구매하는 것은 여의치 않다. 또한, 미국과 EU가 인권탄압을 이유로 역내 다수의 권위주의 국가로의 방산 수출 에 제한을 두고 있다. 결국, 국가의 경제 규모 및 보유하고 있는 정보 자산의 수준을 고려할 때, 미국의 중점 파트너가 될 수 있는 국가는 쿼드 국가이다. 의지의 측면에서도 인도와 호주는 각각 인도양과 남태평양 지역에서 지도적 국가로서의 위상을 확고히 하기 위해 해양 정보 융합에 적극적이다. 중국과 의 해양 영토분쟁 등으로 '해양상황인지' 능력을 배양해야 할 긴급한 실익이 있는 일본은 매년 개최되는 미국과의 장관급 2+2회담에서 사이버, 우주 영역에서의 협력을 강조한다. 실제로 일본은 2020년 1월 '우주작전대'를 창설하고 미국의 '우주사령부'와 협력하고 있다.

1. 호주

미국의 입장에서 볼 때, 미국이 민군 겸용 첨단기술 및 정보를 공유하는데 있어, 호주가 인·태 지역 국가 중 가장 신뢰할 수 있는 연대 대상이다. 이는 호주가 '파이브 아이즈'의 일원으로서 가지고 있는 정체성뿐만 아니라 미국 정부와 중국 화웨이 사이에서 확실히 미국 편에 서는 '위치 선정(positioning)' 때문이다. 호주는 미국의 2018년 화웨이 제재 때 미국의 주요 동맹국 중 정부 차원에서 가장 발 빠르게 제재에 동참하였고, 정부 보고서와 '호주 정책 연구소(ASPI)' 등 정책 연구원 보고서를 통해 중국의 사이버 위협을 지속해서 지적하는 등 미중 첨단기술 경쟁에서 확실하게 미국 편에 서고 있다.

그런데 호주가 '파이브 아이즈'의 일원이라는 것만으로는 호주가 화웨이 배제에 있어 미국에 밀접하게 동조하고 있는 것을 설명하기에 불충분하다. 다른 '파이브 아이즈' 국가인 영국, 캐나다, 뉴질랜드가 호주만큼은 적극적이지 않기 때문이다. 호주가 다른 '파이브 아이즈' 국가보다 더 미국에 밀접하게 동조하는 있는 데는 호주가 '파이브 아이즈'에 더해 미국·호주 동맹의 맥락에서 미국의 최고급 군사정보 및 자산에 어느 국가보다도 높은 수준으로 접근해 왔기 때문으로 판단된다. 양국은 냉전 기간 공동으로 위성 정보수집 기지를 호주의 노스웨스트 케이프(Northwest Cape, 1963년), 파인갭(Pine Gap, 1966년), 누룽가(Nurrungar, 1969년)에 설치·운영하였다. 동 기지들을 통해 미국은 아시아·태평양 지역에서 군사력을 투사하는 데 필수적인 주요한 정보를 수집할 수 있었다. 미국과 호주 관계의 핵심에 양국의 동맹이 있으며, 동맹의 중심에 양국이 공동으로 운영하는 위성 정보 수집 기지가 있다는 평가가 지배적이었다. 냉전 후 누룽가 기지는 1999년에 폐쇄되었고, 노스웨스트 케이프 기지는 호주가 단독으로 운영하게 되었는데, 파인갭 기지는 아직도 양국이 공동으로 운영하면서 통신정보 감청 시스템인 에셜론(ECHELON)을 통해 통신과 인터넷을 감청하고 있다.

호주가 지나치게 미국의 정보 자산에 의존하게 됨으로써, 미국이 의식적으로 또는 무의식적으로 생산하는 잘못된 정보에 호주가 무방비하게 노출될 수도 있다는 우려도 있다. 예를 들자면, 혹자는 미국이 2003년 이라크와의 전쟁 개시 전 이라크가 대량살상무기를 보유하고 있다는 잘못된 정보를 양산하였고, 호주가 미국이 제공한 정보에 바탕을 두고 전쟁 초기부터 미국을 도와 참전하게 되었다고 비판한다. 그러나 이러한 시각은 소수이고, 호주가 미국과의 정보 협력을 통해 막대한 이익을 받고 있다는 것이 주류적 시각이다(O'Neil 2017). 호주로서는 군사 인공위성 등 ISR 자산에 대한 막대한 투자비용을 상대적으로 절감하면서 미국을 통해 중요한 전략 정보를 획득하고 있다. 그런데 호주 내에서 '파이브 아이즈' 및 미국과의 정보 협력을 위해 호주가 운영하는 위성 정보수집 시설의 중요성이 향후 경감될 수 있다는 우려가 대두되고 있다(Schaefer 2018). 호주는 냉전 기간에 위에서 언급했던 호주·미국 공동시설 3곳을 포함 약 20개의 지상 위성 정보수집 시설을 운영했으나, 현재는 호주·미국 공동시설 1곳(파인갭 기지)을 포함하여 3개로 축소되었다. 호주의 위성 정보수집 시설은 남반구에 위치한 호주의 지리적 이점을 가지고 라디오 신호를 수신(Intercept)하고 있는데, 레이저를 이용한 광학 통신 기술이 더욱 발전하고 안전한 통신을 가능하게 하는 암호체계인 '양자 키 분배(Quantum Key Distribution)'가 실용화된다면 호주 위성 정보수집 시설의 중요성이 경감될 것이다. 또한, 다수의 소형 저궤도 위성을 그물망처럼 연결하여 정보를 획득하는 시대가 오면, 호주 내 위성 정보수집 시설의 중요성은 더욱 감소하게 된다. 이 경우 미국이 호주 내 위성 정보수집 시설을 핵전쟁 등에 대비하는 보충시설이나 예비시설 정도로 간주할 가능성이 있다. '파이브 아이즈' 내에서 호주의 위상이나 미국·호주 동맹에서 호주의 전략적 가치가 상대적으로 감소한다. 따라서 호주는 '파이브 아이즈'나 미국·호주 동맹의 정보 공유에 있어 새로운 역할을 찾아야 할 장기적 숙제가 있는데, 현재는 일단 미국 정부와 화웨이(그리고 중국 정부)가 벌이는 실랑이에 미국 편에 확실히 서면서 새로운 역할에 대해 고민하고 있는 것으로 보인다. 종합하자면, 호주는 한편으로는 '파이브 아이즈'에 더해 미국·호주 동맹의 틀 안에서 미국으로부터 받는 고급 정보 때문에 미국의 화웨이 배제에 적극적으로 동참하고 있다. 다른 한편으로는 향후 호주의 위성 정보 수집 시설의 중요성 감소로 서구 정보 공동체에서 호주의 위상이 흔들릴 수 있다는 위기감에 미국의 화웨이 배제에 동조하면서 서구 정보공동체 내에서 자국의 정체성을 공고히 다지고 있다.

2. 일본

일본은 한동안 동남아시아 국가들에 차관 형식으로 경비함을 지원해 왔지만, 무상으로 지원할 수 있도록 법을 정비하면서 군사 장비 공여에 나서고 있다(연합뉴스 2017.1.19.). 2014년 방위 장비 이전 3원칙을 정해 사실상 무기수출금지 조치를 폐지했고, 2017년에는 자위대의 중고 장비를 무상 또는 저렴한 비용으로 외국에 제공할 수 있도록 '재정법'을 개정하였다. 이후, 공적 개발원조 형태로 말레이시아, 베트남, 필리핀, 인도네시아 등에 정찰선, 해양감시 레이다 등을 제공하고, 운영을 위한 지원팀을 파견하고 있다. 2020년 8월에는 일본 미쓰비시사가 필리핀에 4기의 레이다를 판매하는 계약을 체결하기도 하였다. 한편, 일본은 우주에 기반을 둔 해양안보에 관심이 많은 베트남의 위성 발사를 돕고 있다. 일본전기주식회사(NEC)는 2023년까지 베트남에 지구관측 위성인 LOTUSat-1을 수출하고 지상 기지국을 세워주는 총 1억 8600만 달러 규모의 프로젝트를 진행 중이다(이희상 2020). 동 사업은 일본국제협력단(JICA)이 인공위성 개발에 공적개발원조(ODA)를 지원하는 첫 번째 사업이기도 하다.

일본은 미국 인·태 전략에 대한 적극적인 협조로 미국 주도 안보 네트워크의 북방축으로 부상하였고, 미일동맹과 미호동맹이 연계된 '미일호 삼자 전략대화'의 틀에서 일호의 안보 협력도 급진전하였다. 2016년에 체결된 '미국, 호주, 일본 간 삼자 정보 공유 협정'으로 삼국은 높은 수준에서 민감한 군사정보를 공유하고 있다.

3. 인도

인도는 싱가포르, 베트남, 미얀마, 필리핀 등에 방산을 수출하고 있으며 군사 기술을 전수하고 있다. 인도는 해양상황인지 능력의 배양에 관심이 많은데, 인도양이 광활하여서 정보, 감시, 정찰 능력을 종합적으로 갖추는 것이 중요하기 때문이다. 특히, 역내에서 중국 어선이 불법 어업을 일삼는데 이에 대응하기 위해서는 복잡한 해양환경에 대한 산발적인 정보들을 통합할 수 있는 능력 배양이 중요하다. 60년 역사의 우주 프로그램을 가진 인도는 우주개발을 가속하고 있다. 2016년에 인도가 베트남에 '위성 트래킹 및 위성사진 감시탑(satellite tracking and imaging centre)'을 설치하였는데, 인도는 베트남이 인도의 허가 없이도 인도의 위성으로부터 영상 사진을 직접 송신 받을 수 있도록 해주고 있다(로이터 2016.2.11.). 베트남이 지구관측 위성으로 농업, 과학, 환경용 영상을 받고 있는데, 이미징 기술 강화로 위성사진을 군사용으로도 사용할 수 있다.

미국과 인도는 2018년에 '통신 상호운용성 및 보안 협정(Communications Compatibility and Security Agreement, COMCASA)', 2020년에는 군사지리정보 공유를 위한 '기본 교류협력 협정(Basic Exchange and Cooperation Agreement, BECA)'을 체결하였다. 이로써 미국의 군사지리 정보를 활용해 인도가 순항 및 탄도 미사일의 목표물을 추적할 수 있게 되었다. 인도는 일본과의 정보 공유 협력도 증진시키고 있다. 일례로, 안다만 니코바르제도의 주도인 포트블레어(Port Blair)와 첸나이(Chennai)를 연결하는 해저케이블 건설에 일본 전기주식회사가 참여하고 있다. 니코바르제도에는 인도의 주요 군대가 배치되어 있어 원활한 통신 접속이 군사적으로 중요한데, 민감한 군사 통신 시설의 건설을 NEC가 맡은 것이다.

IV. 인·태 지역 미국 주도 정보네트워크의 핵심축―쿼드

미국, 일본, 호주, 인도가 각각 양자 또는 소다자의 형태로 증진해온 정보 협력의 경험과 축적된 신뢰에 바탕을 두고, 쿼드가 미국 주도 정보네트워크의 핵심으로 자리매김하게 될 것으로 전망된다. 그 이유는 다음과 같다.

첫째, 미중 사이버 안보 갈등이 "중국 해커 위협론'에서 '중국산 IT보안제품 위협론으로" 진화하고(김상배 2019a), 더 나아가 기술 패권경쟁으로 심화하면서(김상배 2019b), '쿼드와 쿼드를 확장하는 쿼드 플러스가 미국 주도 사이버 연대의 주요한 플랫폼으로 주목받고 있다. 쿼드가 사이버 안보, 첨단기술뿐만 아니라 이와 직·간접으로 연결된 인프라 투자, 해양안보, 공급망 다각화 등을 협의하고 있기 때문이다. 일례로, 2021년 7월에는 외교·안보 관계자가 만났던 기존의 쿼드 공식 회의들과는 달리 미국 주도로 화상으로 쿼드 과학기술담당 장관급 회의가 개최되었다. 이는 미국이 향후 미중 기술 패권경쟁에 대비하는 데 있어 쿼드(플러스)를 중시할 것임을 보여주는 대목이었다(박재적 2021, 3).

둘째, 쿼드의 틀에서 해양안보 이슈가 논의되고 있다. 미국, 일본, 호주, 인도가 개별적으로 인·태 지역 해양안보에 기여해 왔는데, 최근 쿼드 국가 간 양자, 삼자 협력을 점증적으로 늘려가고 있다. 특히, 4국은 역내 국가의 '해양능력 배양'과 '해양상황인지' 능력 배양을 위한 장비 지원에 적극적으로 앞장서고 있다. 정찰기, 훈련기, 정찰선, 경비함, 감시 레이다 등의 장비를 공적 개발 원조의 형식으로 제공하고 있는데, 대다수 인·태 지역 국가가 필요한 ISR 자산보다 갖추고 있는 ISR 자산이 턱없이 부족한 'ISR 공백' 상황에 있음을 고려할 때 장비 지원은 역내 해양안보에 공헌하는 바가 크다. 2021년 제2차 쿼드 정상회의에서는 괴선박 탐지 등에 활용되는 '해양상황인지' 능력 강화에 협력하기로 협의하였고, 2022년 제3차 정상회의에서는 '해양상황인식을 위한 인도·태평양 파트너십(IPMDA)'을 발족시키기로 합의하였다.

셋째, 쿼드 4국은 미중 첨단기술 패권경쟁 국면에서 미·일·호·인도의 쿼드 협력을 강화한다는 기조를 명확히 하고 있다. 2021년 제1차 쿼드 정상회의에서 4국은 "국제표준 및 미래의 혁신적 기술에 대한 협력 촉진을 위해 핵심적 신기술 워킹그룹을 마련"하기로 합의하였다(황준범 2021). 2021년 7월에는 미국 주도로 화상으로 쿼드 과학기술담당 장관급 회의가 개최되었는데 4국은 인공지능, 양자기술 연구 협력, 반도체의 안정 공급 등에 공동으로 노력하기로 합의하였다. 이어 2021년 제2차 쿼드 정상회의에서는 AI, 5G 등 선진기술 중심으로 연계하고, 우주개발에 함께하기로 하였다. 2022년 제3차 정상회의에서는 '쿼드 사이버 안보 파트너십(Quad Cybersecurity Partnership)', '5G 공급자 다양화 및 개방형 무선접속망(Open RAN) 협력각서' 등을 체결하기도 하였다.

미중 간 사이버 안보를 둘러싼 경합이 첨단기술 경합으로 확전되는 가운데, 미국이 향후 쿼드 국가와의 연대를 더욱 강화하면서 쿼드 국가와 함께 역내 국가의 조기경보체제, 해양순찰 및 정찰 시스템, 항공 정찰 시스템을 구축해나갈 것으로 전망된다. 일례로, 우주 사이버 공간에서의 미중 경합이 더욱 치열해지는 가운데, 우주 공간에서의 쿼드 사이버 연대도 강화될 것이다. 2021년 제2차 쿼드 정상회의에서 4국 정상은 우주개발 협력을 강조하였고, 2022년 제3차 쿼드 정상회의에서는 '쿼드 위성자료 포털(Quad Satellite Data Portal)'을 구축하는 것을 논의하였다.

중국은 '일대일로(BRI)' 프로젝트의 최종 단계인 '우주 실크로드(Space Silk Road)' 구축을 통해 BRI 인프라 투자 혜택을 받은 국가들이 미국의 GPS가 아닌 중국의 BeiDou를 주요한 위성항법시스템(GNSS)으로 활용하기를 희망하고 있다. 미국이 타 쿼드 국가와 함께 인·태 지역에서 중국의 Beidou 영향력 확장을 미리 차단하고, 역내 국가와 인공위성/우주 협력을 강화해 나갈 것으로 보인다. 전 세계에 서비스를 제공할 수 있는 글로벌 차원의 GNSS를 운영하는 국가는 미국(GPS), 중국(BeiDou), 유럽(Galileo), 러시아(GLONASS)뿐이며, 일본(QZSS)과 인도(IRNSS)는 지역 차원의 시스템을 운영 중이다. 미국과 쿼드 국가인 인도, 일본이 협력하여 동남아, 서남아 등에서 중국의 Beidou 영향력 확장을 미리 차단하려 할 것이다.

V. 결론: 우리의 고려 사항

미국 상원위원회가 제출한 2022회계연도 국방수권법(NDAA) 개정안에서 한국의 평택 미군기지에 인·태 지역 거점 정보융합센터를 설치할 것을 권고했었는데(장용석 2021), 동 건은 2021년 12월에 통과된 최종안에 포함되었다. 한편, 미 하원 군사위원회가 2022회계연도 국방수권법 개정안에서 한국, 일본, 인도, 독일을 '파이브 아이즈'에 포함시키는 것을 검토하도록 행정부에 권고했었는데, 미국 의회가 2021년 12월에 통과시킨 최종안에는 포함되지 않았다. 위 두 건의 향배가 주는 시사점은 아래와 같다. 첫째, 미국은 인·태 지역 미국 주도 정보네트워크를 촘촘히 엮어가기 위해 동북아에서도 북한 핵 및 미사일 정보 공유 등을 목표로 지역 차원의 정보융합센터를 설치할 것이다. 나아가, 동북아, 동남아, 남태평양, 인도양 등 인·태 지역 각 지역에 있는 정보융합센터 간 협업과 연계를 추구해 나갈 것으로 보인다.

둘째, 미국이 주도하는 정보네트워크에서 우리가 핵심 그룹에 위치하는 것이 쉽지는 않아 보인다. 미국 하원의 2022회계연도 국방수권법 개정안이 한국, 일본, 인도, 독일을 '파이브 아이즈'에 포함시키는 것을 검토하도록 행정부에 권고했을 때, 한국에서는 우리의 '파이브 아이즈' 참여 여부에 대한 논란이 있었다. 그러한 논란은 실제로 미국을 포함한 '파이브 아이즈' 국가가 우리를 참여시킬 가능성이 적다는 것을 간과한 것이었다. AUKUS의 예처럼, 정보 공유에 있어서 '앵글로 색슨' 유대는 강력하며, 매우 배타적이다. 또한, 최근 미중 첨단기술 및 정보 경쟁에서 한국은 일본, 인도, 독일보다 적극적으로 미국을 지원하고 있지는 않다.

이러한 상황에서 우리가 미국 주도 정보네트워크에서 일정한 위상을 정립하기 위해서는 우리의 독자적인 정보 획득 능력을 하나하나씩 키워나가는 것이 필요하다. 특히, 우리의 정보 획득 능력을 키우기 위해 지역 차원의 '위성 항법시스템(GNSS)'을 구축할 필요가 있다. 2020년 8월에 발표된 국방부 국방 중기계획(2021~2025년)에서 한국군 단독의 GPS 추진을 표명한 이상, 좀 더 적극적으로 추진할 필요가 있다. 또한, 미국 주도 정보네트워크에서 우리의 위상을 높이기 위해, 지구 관측 위성 및 통신 위성 분야에서 발전된 기술을 보유하고 있는 우리의 장점을 살려 역내 국가와의 위성 협력을 강화해야 한다. 아울러, 정보 획득 및 융합에 필요한 소프트웨어 개발에도 적극적으로 뛰어들어야 한다.

셋째, 동북아에서 한미일 미사일 방어 협력을 북한의 미사일 위협에 대한 대응의 측면에서 접근하는 것도 필요하지만, 미국 주도 정보네크워크의 관점에서 좀 더 적극적으로 접근하는 것도 필요하다. 또한, 앞서 살펴본 대로 쿼드가 미국 주도 정보네트워크의 핵심으로 등장하고 있는바, 정보 공유를 위한 쿼드 플러스가 가동된다면 우리의 참여를 긍정적으로 검토할 필요가 있다. 특히, 해양상황인지 능력 배양을 위한 쿼드 플러스가 추진된다면 우리는 적극적으로 참여해야 한다. 비전통안보에 대한 기여라는 명분이 있는 한 중국도 우리의 참여를 비난하기는 어려울 것으로 보인다.

참고문헌

김귀은. 2020. "한미, 미사일방어체계 통합 훈련했다…MD망 편입 관련성 주목." 연합뉴스, 2020.6.10. https://www.yna.co.kr/view/AKR20200610079300504.
김상배. 2019a. "[EAI 논평] <미중 경쟁과 세계 정치 경제 질서의 변환-기술 편> 사이버 안보와 미중 기술 패권경쟁: 그 진화의 복합지정학." 동아시아연구원, 2019.8.27.
_____. 2019b. "화웨이 사태와 미중 기술 패권경쟁: 선도부문과 사이버 안보의 복합지정학." 『국제지역연구』 28(3): 125-156.

로이터. 2016. "인도, 중국을 감시하기 위한 인공위성 추적 시스템을 베트남에 설치하기로." *Indo·Pacific Defense Forum*. 2016.2.11. https://ipdefenseforum.com/ko/

박재적. 2021. "미국·영국·호주 삼자 파트너십의 전략적 목표와 우리의 고려사항." 『정세와 정책』 344. 세종연구소.

박형수. 2022. "美 "본토 방어 최대 위협은 중국"…역대급 국방예산 944조원." 중앙일보, 2022.3.29. https://www.joongang.co.kr/article/25059225#home

이정훈·박재적. 2020. "인도·태평양 지역 '해양상황인지' 현황과 '쿼드(Quad)' 국가의 기여: 쟁점 및 전망." 『국가안보와 전략』 20(1): 1-40.

이희상. 2020. "베트남, 일본 NEC와 기상관측위성 구매계약 최종 합의." 인사이드비나, 2020.4.23. http://www.insidevina.com/news/articleView.html?idxno=13228

장용석. 2021. "[단독] 주한미군기지에 '중국 견제' 동북아 정보 거점 만든다." 뉴스1, 2021.9.24.

정은혜. 2021. "[알지RG] 백신 얻은 日…영어권 동맹 '파이브아이즈'까지 가입?" 중앙일보, 2021,4,24. https://www.joongang.co.kr/article/24042540#home

톰 아브케. 2022. "인도 태평양 융합 센터, 해양 위협에 대비한 전열 구축." *Indo Pacific Defense Forum*. 2022.4.13. https://ipdefenseforum.com/2022/04/indo-pacific-fusion-centers-a-bulwark-against-maritime-threats/

황준범. 2021. "쿼드 정상들, '중국' 표현 없이 중국 견제 뜻 모아." 한겨레, 2021.3.13. https://www.hani.co.kr/arti/international/international_general/986632.html#csidx2154a28211d227f8fd5089001b8003c

"日, 중고 군사장비 동남아에 무상제공 추진…"무기 확산 논란"." 연합뉴스, 2017.1.19. https://news.v.daum.net/v/20170119090655969

Bueger, Christian. 2019. "The IFC at ten: Attending the MARISX Information Sharing Exercise in Singapore." http://bueger.info/the-ifc-at-ten-attending-the-marisx-information-sharing-exercise-in-singapore/

Jackson, Van, Mira Rapp-Hooper, Paul Scharre, Harry Krejsa and Jeff Chism. 2016. *Networked Transparency*. Washington D.C.: Center for a New American Security.

O'Neil, Andrew. 2017. "Australia and the 'Five Eyes' intelligence network: the perils of an asymmetric alliance." *Australian Journal of International Affairs* 71(5): 529-543.

Schaefer, David. 2018. "Intelligence cooperation and new trends in space technology: do the ties still bind?" *Australian Journal of International Affairs* 72(4): 364-370.

Sousa, Kristopher and Daniel Minter. 2019. Unclassified Maritime Domain Awareness: Results of At Sea Experimentation during SEACAT 18. Monterey: Naval Postgraduate School.

19

미중 전략 경쟁 속
글로벌 인터넷 거버넌스와 국가전략

유인태 단국대학교 정치외교학과

미국과 중국의 전략 경쟁이 치열한 양상으로 발전하면서, 게다가 러시아의 우크라이나 침공까지 발발하며, 강대국 간 긴장은 점증하고 있다. 그 긴장을 경험하는 영역도 인터넷, 사이버, 그리고 디지털로 확대하며, 많은 연구들이 패권경쟁의 틀로 강대국 간 갈등을 바라보고 있을 정도이다. 본 연구는 이러한 경향성과는 다른 성격을 보이는 글로벌 인터넷 거버넌스의 측면을 조명한다. 본문에서 제시하는 사례들 중 두 사례들은, 미중 혹은 미러 갈등의 한가운데서, 인터넷 거버넌스 참여자들이, 강대국 갈등의 양상과는 다른 거버넌스 관련 결정들을 내리는 과정을 보인다. 나머지 한 사례는 최근 국내에서 개정된 〈인터넷주소자원법〉의 글로벌 인터넷 거버넌스의 맥락에서의 함의를 논한다.

....

* 이 글은 유인태(2022a; 2022b)의 일부 내용을 수정 및 발전시킨 것임.

I. 미국의 ICANN 설립, Post-IANA 체제 수립, 그리고 강대국 전략 경쟁

글로벌 인터넷 거버넌스의 대표격인 국제인터넷주소관리기구(Internet Corporation for Assigned Names and Numbers, ICANN)는, 비록 설립 초기부터 다중이해당사자주의를 대변하는 기구로 널리 인식되었으나(유인태 외 2017), 사실 그 태생부터 다중이해당사자주의를 구현해내기에 한계가 존재했다. 이러한 한계에 대한 불만에 대응하기 위해, 그리고 에드워드 스노든(Edward Snowden) 사태와 같은 미국의 감시 행태의 폭로에서 비롯된 미국의 인터넷 거버넌스 방식에 대한 비판의 방향을 돌리기 위해서라도, 미국 정부는 2016년 9월 'IANA 관리권한 이양(the IANA stewardship transition)'을 이행하였다. 그 이후, 비록 책임성(accountability)을 향상시킬 방안에 대한 논의는 지속적으로 있으나, ICANN 자체에 대한 이전과 같은 비판은 사그라들었다. 즉, 다중이해당사자주의를 보다 더 반영하는 방향으로 거버넌스 변환을 이루었다는 것에는 많은 이가 합의하고 있다(Radu 2019).

ICANN의 기원은 1998년의 설립이다. 그런데 설립 과정과 그 결과는 반드시 여러 이해당사자들이 만족할 만한 것은 아니었다. ICANN 설립 이전에는 기술자들을 중심으로 한 '인터넷 커뮤니티(Internet community)'가 있었다. 그리고 당시 이들을 대표할 만한, 소위 인터넷의 '아버지'라 불리던 빈트 서프(Vint Cerf)는, 인터넷의 주소자원을 관리할 수 있는 '루트 권위(root authority)'를 미 상무부와 계약 하에 있던 네트워크 솔루션(Network Solutions Inc.)으로부터 인터넷 커뮤니티에게 되돌리기 위해 '인터넷 사회(the Internet Society, ISOC)'를 1991년 6월에 창립하였다. 그리고, 미국 국방부, 더 넓게는 미 정부와 독립적으로 운영될 인터넷 거버넌스 구조를 만들기 위해, ISOC를 중심으로 상표권 소유자들, 지적재산권 관련자들을 불러 모았다. 이러한 일련의 과정은, 미 상무부와 계약 하에 있던 네트워크 솔루션의 루트서버 관리 권한이, 그 계약이 끝나는 1998년 1월에 ISOC으로 이양될 것으로 예상케 했다.

그러나 당시 미국 클린턴 대통령의 정책개발 수석고문 아이라 매거지너(Ira Magaziner)는 그러한 움직임이 성공하지 못하도록 하였다. 이에 '인터넷의 신'이라고 불린(The Economist 1997.2.8.) 존 포스텔(Jon Postel)은 1998년 1월 28일에 움직임을 취한다. 12개의 인터넷 지역 루트 서버 중 8개의 조작자들에게, 미 정부가 소유하고 '네트워크 솔루션'이 작동시키고 있던 마스터 루트 서버인 '루트 서버 A'와 일상적으로 행하는 동기화를 중지하고, 남가주대학 캠퍼스에 있는 자신의 서버를 진정한(authoritative) 루트 서버로 인식해 달라는 요청 메일을 보낸다. 이에 8개의 지역 서버는 순응한다. 그러나 나머지 4개의 지역 서버, 즉, 미항공우주국(NASA), 미군(the U.S. military), 발리스틱 연구소(Ballistics Research Lab), 그리고 네트워크 솔루션은 기존의 서버를 루트 권위로 인정하면서, 인터넷은 두 개의 거대한 네트워크로 양분된다.

이 상황에 미 정부는 즉각적으로 반응한다. 무엇보다, 미 정부는 포스텔에게, 그러한 행동의 대가는 남가주대학의 파산과 개인에 대한 법적 소송을 불사할 것이라는 위협을 가한다. 위협의 결과로 포스텔은 원래 상태로 되돌려 놓았고(Goldsmith and Wu 2006), 미 정부는 이 계기를 통해 '녹색 보고서(Green Paper)'를 발간하게 되며, 인터넷 루트에 대한 미국 정부의 완전한 권위를 주장한다. 이 녹색 보고서의 발간은 인터넷 거버넌스가 기존의 모델과 결별하며, 강력한 정부의 존재가 부상하는 새로운 거버넌스 시대가 열리는 신호탄이 된다.

다른 한편, 미국 정부는 같은 해 1998년 '백색 보고서(White Paper)'에서 ICANN 수립 계획을 발표한다. '백색 보고서'에서 밝힌 ICANN 수립 계획은,

사적 영역에게 DNS 관리의 주도권을 갖도록 한다는 것이었고, 이는 어떤 면에서 기술자들과 다른 이해당사자들이 갖고 있던 인터넷 거버넌스에 대한 이상을 실현하는 것처럼 보였다. 그러나 실상은 여전히 ICANN은 미국 상무부와의 계약 하에 놓이게 되었고, 루트 존 파일을 담고 있는 컴퓨터는 여전히 미국 정부의 통제와 소유권 하에 있는 것이었다. 미국 정부에 의한 ICANN 수립의 진정한 이유는, 미국 정부가 주소자원의 일상적 운영을 수행할 수 있는 어떤 지식도 갖지 못했기 때문이며, ICANN을 통해 그러한 운영을 하기 원했기 때문이다. 또한, 단 하나의 국가가 루트를 통제할 권리는 없다는 비판을 회피하기 위해서이기도 했다. 따라서 ICANN 수립에는 민영화, 국제화, 자기 규제라는 수식어가 동반되어 사용되었다. 타국에 의한 주소자원 규제의 움직임을 막아내고, 미국 정부가 일상의 루트 서버의 운영을 관리하며, 동시에 궁극적으로는 미국 정부가 공식적 통제권을 유지하기 위해서 ICANN이라는 조직이 고안되었고, 또한 그 목적을 달성하기 위해 적합했었다.

그런데 미 정부 주도의 다중이해당사자주의를 구현하던 ICANN은 점차 그 정당성에 도전을 받게 된다. 글로벌 인터넷 거버넌스에 있어 ICANN의 정당성에 대한 글로벌 도전이 현현한 사건이 2001년 유엔 총회 결의로 2003년 정보사회세계정상회의(World Summit on the Information Society, WSIS) 개최가 결정된 것이다. 이 결정은 진작부터 미국 정부의 감시와 통제를 받는 ICANN에 의한 글로벌 인터넷 거버넌스에 의구심과 회의감이 팽배했다는 것을 단적으로 보인다. 더욱이 ICANN 수립 당시에 미 상무부는 미국이 가지고 있는 루트 권위를 2006년 가을까지는 축소할 것이라고 약속했었는데, 이 약속을 2005년 6월 미국 정부가 뒤집는다. 이에 더욱 반발한 국제사회는 튀니스에서 열린 2차 WSIS는 인터넷 거버넌스에서 다중이해당사자주의 구현을 위해 인터넷 거버넌스 포럼(Internet Governance Forum, IGF)을 설립하기로 한다(유인태 외 2017; Goldsmith and Wu 2006; Mueller 2010).

IGF의 다중이해당사자 모델에 대해서는 후술하기로 하고, ICANN의 거버 넌스 모델에 대해 우선 논한다. ICANN 설립 초기부터 제기되어 왔던 국내외 이해당사자들의 비판에 대해, 미국의 궁극적 대응은 미 상무부의 통신정보관 리청(National Telecommunications and Information Administration, NTIA)에 의한 2014년 3월 14일의 'IANA 관리 권한 이양(the IANA stewardship transi- tion)' 발표였다. 그리고 2016년 9월 30일의 실제적 이행으로 기존의 국내외 비판은 대부분 종식되었다. 이로써 계약 관계를 통해 IANA 기능에 최종적 관 리 권한을 가지고 있었던 미국 정부의 기존 권한이, '이양 후 IANA(Post-Tran- sition IANA)' 법인이 수립되고, 그후 개칭되어 '공공기술식별자(Public Tech- nical Identifier, PTI)'라는 법인에게 이전된다. 이 PTI를 통해 IANA 기능을 수 행케 함으로써, 기존과 다른 다중이해당사자 모델이 글로벌 인터넷 거버넌스 에 정착하게 된다(Hofmann 2016; Radu 2019).

상기한 바와 같이 기존에는 NTIA가 계약을 통해 IANA의 최종 관리 권한 을 가지고 있었으나, 이양 후에는 ICANN 이사회(Board)와 PTI 이사회가 법 률적으로 분리되어 이 사이에 계약이 이루어지게 된다(유인태 외 2017의 〈그림 1〉 참조). 그리고 ICANN 이사회에 인터넷 프로토콜(IP) 주소 할당 기구, 인터 넷 서비스 제공자(Internet Service Provide, ISP)와 같은 도메인 네임 관련 기구 들, 그리고 후보추천위원회가 투표권을 가지고 참여하고, 그 외에도 일반 이 용자 그룹(ALAC), 정부자문기구(GAC) 그리고 기술 표준 및 보안과 관련된 그 룹들이 논의에 참여할 수 있게 되었다(그림 19.1 참조).[1]

....

1   더 자세한 참가자 정보는 다음의 링크를 참조하라. https://www.icann.org/resources/pages/groups-
    2012-02-06-en

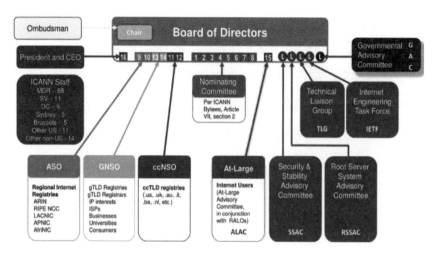

그림 19.1 ICANN의 다중이해당사자 모델

출처: https://www.icann.org/

　　이러한 변화는 기존의 정부 행위자가 최종행위자로 존재하는 수직적 구조에서 탈피하게 하였다. 그리고 이사회 내의 정부 및 비정부 행위자가 동등하게 논의하며 인터넷 정책을 논의 및 결정하는 수평적인 구조를 갖는다. 이는 자발적인 네트워크로 연결되고 동시에 수평적으로 분산된 거버넌스 형태로 더욱 이동하였음을 의미한다(유인태 외 2017). 또한 '글로벌 다중이해당사자 공동체(global multistakeholder community)'라는 용어에 기반해,[2] ICANN 내에서 '권한 강화된 공동체(empowered community)'의 설립이 가능케 되었고, 그 결과 ICANN 내의 모든 지원 조직들, 정부자문위원회(GAC), 사용자자문위원회(At-Large Advisory Committee)는 주요 선언 전에 자문을 하거나, ICANN 이사회의 결정들에 대해 거부권을 행사할 수 있게 되었다. 물론 이러한 거버

....

2　　이 용어는 NTIA가 2014년 3월 IANA 관리 이양을 언급하며 사용하였으며, 그것이 무엇을 뜻하고, 누구를 포함하며, 어떤 역할을 하는지에 대해서는 정의된 바 없이, 열려 있었다. 따라서 이러한 공백은 '권한 강화된 공동체' 설립으로 이어졌다.

넌스로의 전환 후에도 책임성(accountability)에 관련한 비판이 없는 것은 아니나, 이전과 같은 인터넷 공공정책 관련 결정을 내리는 정당성(legitimacy)에 대한 비판은 불식되었다고 할 수 있다(Radu 2019, 175, 178).

거버넌스 양식(modality) 차원에서 요약하자면, ICANN의 최초 설립의 경우, 정부가 주도하는 다중이해당사자주의의 모습을 띠었다. ICANN의 설립을 통해, 비록 IANA 기능은 민간 기구가 담당하게 되지만, 미국 정부와의 계약 관계에 있는 한, 최종적인 통제권이 미국 정부에 있다는 점에서, 정부가 궁극적 통제 권한을 가지는 정부 주도의 인터넷 거버넌스의 양상으로 바꾸고자 한 것이다.

그런데 2016년 9월 30일의 'IANA 관리 권한 이양' 이행 이후, 기존 인터넷 거버넌스 양상에는 변화가 생겼다. PTI의 계약 당사자가 미국 내의 ICANN이라는 점에서는 여전히 미국 정부의 영향력이 없다고는 할 수 없는 상태이다. 하지만 이사회 내에 다양한 이해당사자들이 참여하고 또 그들에게 심의뿐 아니라 의결권을 부여했다는 면에서 넓게 분산된 다중이해당사자 거버넌스 모델의 방향으로 거버넌스 양식이 이동했다.

흥미로운 점은 이러한 거버넌스 모델로의 이동이 가지는 국제정치적 함의이다. 강대국 간에, 특히 미국과 중국 그리고 미국과 러시아 간의 전략 경쟁은 최근 더욱 격화되고 있다. 2017년 미국의 도널드 트럼프 정부의 출범 이후, 현시된 미국과 중국 간의 전략 경쟁 혹은 2022년 러시아와 우크라이나 간 전쟁 발발 이후, 더 심해진 미국과 러시아 간의 전략 경쟁이 심해지는 가운데, 인터넷 거버넌스와 관련하여 대두된 우려 중 하나는 스플린터넷(splinternet)이다.[3]

....

3   https://www.wired.com/story/russia-splinternet-censorship/

이러한 전반적인 경향성에도 불구하고, 수평적으로 분산된 인터넷 거버넌스 모델은, 주요(critical) 인터넷 자원 거버넌스와 관련한 사안 영역에서, 강대국 갈등과 대립의 방향으로의 해당 자원의 사용에 제동을 걸고 있다. 예를 들어, 2022년 2월 28일 ICANN 정부자문위원회(Governmental Advisory Committee, GAC)의 우크라이나 대표가 '.ru', '.рф', '.su'을 DNS 루트존(root zone)에서 삭제할 것을 요구한 바가 있다. 게다가 러시아에 있는 DNS 루트 서버의 셧다운도 요구하였다.[4] 같은 달 24일에 있었던 러시아의 우크라이나 침공에 대응하여, 프로파간다와 허위정보의 확산을 막기 위해서, DNS 규제 영역에서 러시아의 인터넷 접근에 대한 제재를 요구한 것이다. 우크라이나 대표의 요청에는 디지털 전환 장관(Minister of Digital Transformation)의 서명도 첨부되었었다.

그러나 2022년 3월 2일 ICANN의 CEO는 우크라이나의 디지털 전환부 부장관에게 보내는 응답에서 강력한 어조로 해당 요청을 거절했다.[5] 그 근거로서 ICANN의 목적이 단 하나의, 전 지구적, 상호 작동 가능한 인터넷이라고 언급하고 있다. 동시에 ICANN은 기술전문가, 비즈니스, 학계, 시민사회 그리고 정부로 구성된 탈중앙화된 다중이해당사자 공동체라는 것을 밝히며, 한 국가의 요청에 의해서는 ccTLDs를 무능화할 수 없다는 점을 명확히 하였다. 경제 제재로 인해 금융이나 제품, 생산과 관련한 영역에서 중국과 러시아가 서방과는 한층 더 갈라지는 와중에, 인터넷 주소자원이라는 인터넷 거버넌스 논리 층의 핵심 자원은 스플린터넷의 방향으로 가고 있지 않으며, 그 중심에는 '글로벌 다중이해당사자 공동체'가 있었다.

....

4 https://pastebin.com/DLbmYahS

5 https://www.icann.org/en/system/files/correspondence/marby-to-fedorov-02mar22-en.pdf

우리나라가 글로벌 인터넷 거버넌스 무대에서 다중이해당사자주의를 현명하게 추진해야 하는 이유는 바로 여기에서 찾아볼 수 있다. 글로벌 다중이해당사자 공동체의 강화는 강대국 간 경쟁으로 전 지구적 공공재가 분열되는 것을 막을 수 있고, 지구적 공공재로부터 이득을 얻고 있는 국가들에게는 중요한 가치이자 자산이기 때문이다.

II. 인터넷 거버넌스 포럼(IGF)과 미국 디지털 외교 전략

WSIS에서 비롯된 인터넷 거버넌스 포럼(IGF)이 출범한 맥락을 보면, 상기한 바와 같은 미국 정부가 통제권을 갖는 PTI 이전의 인터넷 거버넌스 모델에 대한 글로벌 차원에서의 비판이 있었다. 따라서 IGF는 인터넷 거버넌스라는 용어에서 거버넌스가 의미하는 바가 무엇인지 그리고 어떤 인터넷 거버넌스를 지향해야 하는지에 대한 논의를 태생적으로 하지 않을 수 없었다. 그리고 그 과정에서, 현재 인터넷 거버넌스에서 사용되고 있는 많은 개념들이 나오게 되었는데, 이는 IGF가 그만큼 이런 용어들을 가장 이상적으로 반영하는 기구임을 시사하고 있다.

예를 들어, '인터넷 거버넌스'라는 용어 그 자체는 이전에는 사용되고 있지 않았다. 그러다가, 2003년의 제네바에서의 첫 단계 WSIS 개최를 위한 협상 과정인 2월의 서아시아 지역 모임에서 처음으로 도입되었다(Kurbalija 2014, 8). 그 전에 '인터넷 거버넌스'라는 용어의 개념 정의는 수많은 이해당사자들 간에 합의를 이루고 있지 못했었지만, 많은 논란 끝에 2005년의 WSIS의 결과물인 '튀니스 어젠다(Tunis Agenda for the Information Society)'에서, 인터넷 거버넌스란 "정부, 사적 영역, 시민사회에 의한; 각자의 역할 가운데;

인터넷의 진화와 사용을 형성하는; 공유된 원칙, 규범, 규칙, 의사결정 절차 그리고 프로그램의 개발과 적용"이라는 정의에 합의(혹자에 따라서는 타협)를 이루었다. 물론 이러한 정의에 대한 비판이 없었던 것은 아니다. 예를 들어, 해당 정의에서 행위자들을 3개의 범주로 나누는 것에 대해 반대하는 비판도 있었다. 비록 한계는 있었지만 합의를 이룰 수 있었던 것과, 그 이후에 계속해서 인터넷 거버넌스와 관련한 다양한 이해당사자들이 모여서 논의를 교환하고 합의를 이루어내는 장으로서 IGF는 현재까지 기능해 오고 있다.

'다중이해당사자(multistakeholder)'라는 용어 또한 인터넷 거버넌스 도메인에 들어온 것은 2005년이며, 이때 WSIS의 인터넷 거버넌스 작업반(Working Group on Internet Governance, WGIG)이 그 용어를 사용하기 시작했다. WGIG는 인터넷의 공공 그리고 민간 규제라는 구분이 WSIS 협상의 많은 부분을 마비시키고 있기 때문에, 제3의 대안적 개념으로서 해당 용어를 제안하였다(Hofmann 2016, 35). WSIS 이후에는 다중이해당사자 개념이 널리 퍼지게 되어 인터넷 거버넌스 기구들에서 사용되고 있다.

IGF는 디지털 영역에서 다중이해당사자주의를 보이는 전형적 기구가 된다(유인태 외 2017; Hofmann 2016; Mueller et al. 2007). 다양한 행위자들 간의 상호작용에 있어, 위계적 권위 체계 없이 인터넷 정책들을 논의하며, 행위자들의 수나 발언의 절차나 무게도 합의 형성 과정에서 균등하게 간주된다. 비록 실질적인 정책 결정을 하지 못하기 때문에 단순한 '토크샵(talk shop)'이라는 비판도 존재하지만(Mueller 2010), 합의를 형성하기 위해 행위자들 간에 논의를 하는 장을 IGF는 제공하고 있으며, 참여하는 행위자들은 그러한 논의에 기반하여 각자의 영역에서 정책이나 행위를 취하고자 한다. 따라서 IGF는 거버넌스 양식 구분에 따르면 넓게 분산된 다중이해당사자 모델을 잘 반영하고 있다.

이러한 IGF가 실제로 논의 과정을 통해, 미국이라는 초강대국의 외교 정책에, 더욱이 점증하는 미중 전략 경쟁의 맥락에서 갖는 국제정치적 함의가 존재하는가. 글로벌 인터넷 거버넌스에서 토크샵(talk-shop)이라고까지 비판받고 있는 IGF가 어떻게 영향을 미치고 있는가를 2022년 4월 28일 미국 정부가 내놓은 '인터넷의 미래를 위한 선언(A Declaration for the Future of the Internet)'을 통해 엿볼 수 있다.[6]

무려 60여 개국이 인정한 이 '인터넷의 미래를 위한 선언'은, 인터넷 거버넌스에 대한 미국의 비전을 제시하고, 미국 주도의 인터넷 거버넌스를 재점화하기 위한 시도이다. 그 선언의 서두가 기술하고 있는 가치들은, 미국이 생각하는 디지털 기술들의 목적을 명확히 나타내고 있다. 그것은 연결성, 민주주의, 평화, 법에 의한 지배, 지속가능한 개발 그리고 인권과 근본적 자유의 향유를 증진하는 것이다. 또한 미국 정부가 견지해온 인터넷이 지향해야 할 가치들, 즉 인터넷은 개방적이고, 자유로우며, 글로벌하고, 상호작동성을 담지하고 있으며, 신뢰할 수 있고, 안전해야 함을 언급하고 있다.

선언문의 이러한 가치 지향성은 '인터넷의 약속을 되찾기(Reclaiming the Promise of the Internet)'라는 절에서 상술된다. 선언문에는, 안정적이고 안전한 인터넷의 고유 식별 시스템의 작동은, 인터넷 분열(Internet fragmentation)을 피하기 위해 애초부터 다중이해당사자 접근으로 관리되어 왔으며, 이 접근은 선언문이 지향하는 비전의 근본적인 부분을 차지하고 있음을 진술하고 있다. 인터넷 분열을 반대하는 맥락에서 해당 절은 온라인 플랫폼이나 디지털 기술을 활용하는 권위주의 정부에 의한 표현의 자유에 대한 억압이나, 다

....

6   White House. 2022. "A Declaration for the Future of the Internet." (https://www.whitehouse.
     gov/wp-content/uploads/2022/04/Declaration-for-the-Future-for-the-Internet_Launch-Event-
     Signing-Version_FINAL.pdf). 2023년 4월 한미 정상회담에서, 한국은 이 선언에 대한 지지를 표명했다.

른 인권과 근본적 자유들의 부인에 대한 우려를 강력히 나타내고 있다. 나아가, 그런 정부들에 의한 개인 데이터의 수집과 저장에 대한 우려 및 그들이 퍼뜨리는 거짓 정보로 인해 위협받는 인권과 민주주의 제도들에 대해서도 언급하고 있다.

선언문은 크게 다섯 가지 원칙을 제안하고 있다. 이 원칙들은 국가의 정책이나 행동으로 변환되기 위한 비구속적인 성격의 것들이지만, 흥미로운 점은 다중이해당사자 체계를 인터넷 거버넌스의 원칙적 모드로서 제안하고 있다는 것이고, 이를 보편적인 원칙이자, 유엔, G7, G20, OECD, WTO, ICANN, IGF, Freedom Online Coalition에서 적용 가능한 원칙으로 포함시키고 있는 점이다.

선언에 참여하는 자들은 특정 환경을 조성하기 위해 노력해야 하는데, 그 환경이란 우리들의 민주주의적 시스템을 강화하고, 모든 시민들의 민주적 과정에의 적극적 참여를 증진해야 하며, 개인의 프라이버시를 보호해야 하며, 글로벌 인터넷의 분열(splinter)하려는 노력들에 저항하고, 자유롭고 경쟁적인 글로벌 경제를 증진하는 환경을 의미한다. 물론, 이런 지향성은 모든 지구상의 정부들이 동의하지 않는 것이며, 특히 권위주의 정부를 갖는 국가들, 대표적으로 러시아나 중국은 서구와 마찬가지 수준에서 찬동하지는 않을 것이다. 그러나 이 선언에 대한 참여는 권위주의 국가를 포함해 모두에게 열려 있을 뿐 아니라, 권위주의 국가들도 정도의 차이는 있을지언정, 혹은 적어도 레토릭상으로는 유사한 원칙을 내걸고 있는 경우가 많다.

사실 '인터넷의 미래를 위한 선언'은 그 전에 바이든 정부에 의해 기안된 '인터넷의 미래를 위한 동맹(The Alliance for the Future of the Internet)'[7]의 수

....

7 https://www.politico.com/f/?id=0000017c-e71b-d8e1-a57c-efffa3810004

정판이다. 그리고 해당 선언의 이전 판은, '선언'에서 보인 어조와 상당히 다르다. 이전 판에서는 다중이해당사자적 접근보다도 훨씬 더 정부 간 다자주의를 지향했으며, 자유주의적 가치보다는 중국에 대한 미국의 국가 안보적 우려가 지배적으로 나타났다.[8]

'인터넷의 미래를 위한 동맹'에는 핵심 정보와 의사소통 기술 네트워크 인프라에 오직 신뢰할 만한 제공자만을 사용하기로 하는 책무(a commitment to use only trustworthy providers for core information and communications technologies network infrastructure)를 언급하고 있다. 이는 트럼프 정부 때의 '청정네트워크(Clean Networks)' 이니셔티브를 연상시킬 뿐 아니라, 인터넷의 분할, 사이버 공간의 안보화, 그리고 디지털 기술과 제품 공급망의 디커플링의 맥락과 같다. 그리고 해당 문서에서 여러 번 사용하는 '배반(defection)'이라는 용어는 적대적 그룹을 상정한 용어이며, 이에 속하는 자에게 불이익과 자국의 그룹에 속한 자에게 이익을 제공한다는 표현을 쓰고 있다. 이러한 지향성은 스플린터넷에 더욱 힘을 싣는 꼴이었으며, 인터넷 커뮤니티의 관점에선 미국의 이익과는 정반대가 될 수 있는 행보였다. 그리고 이 문건은 2021년 12월에 있었던 민주주의 정상회의(The Summit for Democracy)에서 발표될 예정이었다.

하지만, '인터넷의 미래를 위한 선언'에서 보이듯이, '동맹'이라는 용어는 '선언'이라는 용어로 대체되었다. 즉, 배제적인 집단 형성에 의한 노골적인 편 가르기는 없어졌으며, 중국 통신 장비 업체나 서비스 제공자를 배제하거나 겨냥하는 내용도 없어졌다. 미국의 우방국들을 포함하는 수많은 국가들

....

8   다음의 웨비나를 통해서도 이를 볼 수 있다. https://www.ustelecom.org/event/transatlantic-tech-partnerships/

이 중국제 디지털 제품들을 사용하는 현 상황에서, 만일 노골적인 편 가르기를 한다면, 자국 그룹에 속하는 국가들과 그렇지 않은 국가들을 구분하는 어려움이 생겼을 것이다. 그뿐 아니라, 인터넷 거버넌스상에서 진영 가르기를 명확히 할 경우, 자신의 진영에 속하는 국가들에게 어떤 유인책을 제공하고, 또 배반하는 국가들에게 어떤 불이익을 줘야하는지에 대한 매우 어려운 문제도 있었다. 나아가 징벌적 차원에서 배제를 한다는 것은 곧 스플린터넷을 의미했었기 때문에, 통합된 인터넷을 지향하는 인터넷 거버넌스 커뮤니티의 입장에서는 받아들일 수 없는 것이었다.

이러한 '인터넷의 미래를 위한 동맹'에서 '인터넷의 미래를 위한 선언'으로의 내용 변화는 미국 국제 전략의 방향성에 있어서의 큰 변화이기도 하다. 그리고 이러한 변화에는 시민사회와의 상호작용이 존재했다. 선언문 작성에 큰 영향력을 가지고 있었던 백악관의 기술·경쟁 정책을 위한 특별보좌관 팀 우(Tim Wu)는 새로운 인터넷 거버넌스 '동맹' 문헌이 유출되고, UN의 IGF 패널에 참여한 바 있었다. 그리고 그 참석 이후에 '선언' 문헌이 나오게 된다. 그 IGF 패널은 위키미디어 재단(Wikimedia Foundation)의 메키넌(Rebecca MacKinnon)이 사회를 보던 패널이었다. 이는 팀 우가 인권이나 인터넷 거버넌스 관련 시민사회 단체와의 연결성을 유지하고 있음을 의미하고, 정책 형성 과정에서 글로벌 다중이해당사자들의 목소리가 반영될 수 있었다는 것을 보인다.[9]

이와 같이 미국 정부가 가지고 있는 인터넷 거버넌스 관련 시민사회와의 연결은, 다중이해당사자주의가 국가의 인터넷 거버넌스 정책에 영향을 미칠

....

9 https://www.internetgovernance.org/2021/12/09/can-the-us-lead-a-new-internet-alliance/. 물론 다른 영향력의 존재도 배제하지 않으나, 당시 패널의 열기와 상호작용을 보았을 때, 참가했던 자들의 후기와 관찰은 충분한 타당성을 갖는다.

수 있다는 것을 보인다. (중견)국가들은, 강대국 경쟁 속에서 어느 한쪽 편에 서게 될 경우의 비용을 치러야 하는 상황에 종종 처할 수 있다. 하지만, 상기한 바와 같이, 다중이해당사자주의는 강대국 간 경쟁으로 인한 분열을 막을 수 있는 가능성을 보여준다.

III. 한국의 글로벌 인터넷 거버넌스를 위한 국내 기반과 인터넷주소자원법

한국에서 인터넷 거버넌스 관련 제도화가 처음으로 이루어진 것은 2004년 '인터넷주소자원에 관한 법률(인주법)' 제정이라고 볼 수 있다.[10] 2004년 인주법이 제정된 배경에는, 당시 급속히 이루어지던 인터넷의 보급 확산과, 직전 연도인 2003년도에 발생한 '1.25인터넷침해사고'와 같은 사고들의 발발이 있었고, 이에 따라 인터넷의 안정적 운영의 필요가 대두되었다.[11] 이에 2004년의 인주법에는 인터넷 주소자원에 관한 시책을 효율적으로 추진하기 위한 '한국인터넷진흥원(National Internet Developmetn Agency of Korea, NIDA; 현 KISA)'의 출범이 포함되었다.[12] 2004년 인주법에 따라, 원래 1999년 인터넷 주소자원 관리를 위해 비영리 민간기구로 출범한 NIDA는 정부 산하 공공기관으로 확대 개편되었다.[13] 그리고 NIDA는 국제인터넷주소관리기구

....

10 한국 인터넷 역사에 대해서는 다음 사이트를 참조하라. https://sites.google.com/site/koreainterneth-istory/year-table?authuser=0

11 https://koreascience.kr/article/JAKO200548816815197.pdf

12 참고로, 현재의 한국인터넷진흥원(KISA)은, 한국정보보호진흥원(KISA), 한국인터넷진흥원(NIDA), 정보통신국제협력진흥원(KIICA)을 통합하여, 2009년 7월 23일 공식적으로 출범했다.

13 https://www.etnews.com/200706220022

(IANA), 아시아태평양 인터넷 정보센터(APNIC) 등의 다양한 인터넷 거버넌스 국제기구와의 협력을 위한 국내 컨택 포인트가 되면서 국제사회에서 한국의 인터넷 거버넌스 모델을 대표하는 기구가 되었다.

2004년 인주법 제정은 국내 인터넷 거버넌스가 민간 중심에서 정부 중심으로 전환되었던 변곡점이 되었다. 그전에는 한국인터넷정보센터(Korea Network Information Center, KRNIC)가, 그리고 그보다 더 전에는 전길남 박사와 같은 학계와 기술계의 이해당사자가 중심이 되어, 민간의 적극적 참여를 통해 인터넷 주소자원을 관장(govern)하고 있었다. 즉, 2004년 인주법은 인터넷 거버넌스가 민간에서 정부 주도로 전환되고, 특히 인터넷 주소자원 관련 정책 결정에 있어 정부의 역할이 큰 비중을 차지하게 되는 전환점이 된 것이다. 이러한 변화에는 상기한 바와 같은 인터넷 보급성과 그 자원의 중요성이 커짐에 따라, 주소자원 관리의 공공성을 강화하려는 취지가 있었던 것도 사실이다.

그러나 정부 주도의 거버넌스로의 변화는 다양한 이해당사자들의 자발적인 참여를 제약하는 것이기도 하였다. 예를 들어, 신설된 NIDA는 주소정책심의위원회를 설치했는데, 이 위원회는 법안을 심의 혹은 법안에 대한 자문을 제공할 수 있었으나, 실질적인 영향력을 미칠 수 있는, 가결권이나 거부권을 가지고 있지 못했다. 더욱이 주소정책심의위원회는 인원수가 10명으로 제한되어 있었으며, 그리고 위원회에 속하기 위한 자격도 상당히 국한된 것이었다. 위원회의 구성도 반드시 다양한 이해당사자들을 대변할 수 있는 것도 아니었다(개정 전 인주법 제6조 ④항).

이러한 국내의 인터넷 거버넌스 모델은 국제정치적 함의를 가지기도 했다. 이를 보여주는 단적인 예가 2012년 12월에 개최된 국제전기통신세계회의(World Conference on International Telecommunications, WCIT-12)이다. 당시 WCIT-12 개최는 유례없을 정도로 큰 미디어의 주목을 받았었는데, 이는 국제전기통신규칙(International Telecoomunications Regulations, ITRs)의 수정 여부를 국가들 간에 논의하는 장이었기 때문이다. ITRs의 개정은 ITRs에 인터넷이 어느 정도 포함되는 것인가 그리고 ITU의 인터넷 거버넌스에 있어서의 역할 규정을 하는 것이었기 때문에 국가 간에 큰 논쟁이 되었다. 이미 당시에 국제정치는 상향식 인터넷 거버넌스를 지향하는 다중이해당사자주의를 지지하는 국가들과, 정부 주도의 하향식 의사결정을 지향하며 국제전기통신연합(International Telecommunication Union, ITU)의 핵심 역할을 주창하는 다자간주의를 지지하는 국가들의 지형으로 나누어져 대립하고 있었다(김상배 2017; 유인태 2017).

WCIT-12의 ITRs 개정은 89개국의 찬성과 55개국의 반대라는 결과를 맞게 된다. 그런데 WCIT-12의 ITRs 개정에 대해서 경제협력기구(Organization for Economic Cooperation and Development, OECD)의 34개국 중에서, 한국의 전통적 우방국들을 포함한 대부분의 선진 국가들이 반대하였는데, 오직 3개국만이 찬성을 하게 된다. 그 3개국에 멕시코, 터키와 더불어 한국이 포함되었다. 이러한 예상외의 충격적인 3개국의 입장 표명은 학자들로 하여금 한국을 포함한 이들 국가들을 '스윙국가'로 분류하며 그 이유를 분석할 정도였다 (Maurer and Morgus 2014).

그런데 그러한 분석은 종종 국내 인터넷 거버넌스 모델의 영향력을 간과하고 있었다(유인태 2019a). 한국이 WCIT-12에서 ITRs에 대해 보인 입장은, 정부 주도의 국내 인터넷 거버넌스, 즉 방송통신위원회가 국내 인터넷 거버넌스에 있어 상대적으로 비중 있는 역할을 맡고 있으며, 다양한 이해당사자들의 목소리가 반영되기 어려웠던 거버넌스 모델에서 비롯되었다고도 볼 수 있다.

이러한 정부 주도의 국내 인터넷 거버넌스 모델은 2022년 시행된 인주법 개정에 의해 다시 한 번 변한다. 해당법은 2021년 3월 22일에 인터넷주소자원법 개정안이 발의되면서 시작된다. 발의된 개정안은 2021년 12월 9일 국회 본회의를 통과하며 '인터넷주소자원에 관한 법률'(이하 '인주법')로서 2022년 1월 11일에 정부로 이송되어 공포되었다. 그리고 7월 12일부터 제도 시행이 이루어졌다. 조승래 의원의 대표 발의로 이루어진 이 개정안은 세계 인터넷 거버넌스의 운영 원리인 다중이해당사자 원칙을 기존 제도보다 더 반영하고 있다.

다중이해당사자주의는 정부뿐 아니라, 기업, 시민사회, 학계 등 다양한 이해당사자들이 해당 자원의 관리(governance)에 참여하는 것을 지향하는데, 2022년 '인주법'의 핵심은 거버닝(governing) 모델의 변화, 즉 결정을 내리는 통치 구조에, 제한적이기는 하지만 변화를 가져왔다. 기존의 '인터넷주소정책심의위원회'가 '인터넷주소정책위원회'로 변경되었다. 이로 인해 기존의 10명이라는 제한적 참여 규모도 20명으로 증폭되며, 다중이해당사자들을 더 폭넓게 포함시킬 수 있게 되었다. 그리고 기존 법에서는 정보통신 관련 기업의 임원 또는 정보통신 관련 단체의 대표자가 위촉할 수 있었던 것이, 개정을 통해서, 정보통신 관련 기업의 임직원뿐 아니라, 비영리 민간단체의 구성원도 참여할 수 있게 되었다. 그리고 심의위원회의 위원을 과학기술정보통신부 장관이 위촉 또는 지명하는 것은 기존과 동일하지만, 개병된 법에서는 이해당사자들이 고루 포함되어야 함을 규정하고 있다(제6조 ④항 1~6호). 또한 기존의 심의위원회가 국내 인터넷주소자원 거버넌스에서 단순 심의라는 권한에 국한되었지만, 개정을 통해서 심의뿐 아니라 의결의 권한도 얻게 되어서(제6조 ①항), 민간의 의견이 적극적으로 반영된 정책 결정이 더 용이하게 되었다. 마지막으로 개정안에는 기존의 인터넷주소자원의 개발, 이용 촉진 및 관리가 체계적이지 않았던 점을 보완하기 위해, 한국인터넷정보센터를 한국인터넷진흥원 아래에 설치하는 것으로 하였다.

개정안의 마련 과정 또한 상향식 민관 협치를 보였다. 과학기술정보통신부와 KISA가 2022년 1월 12일에, 다자간인터넷거버넌스협의회(Korea Internet Governance Alliance, KIGA)와 KISA가 1월 14일에 회동하여 시행령 초안을 마련하였다. 그 후 2월에는 IP관리대행자, 등록대행자, 학계, 법조계, 이용자 그리고 시민단체로 구성된 이해관계자 작업반에서 의견수렴 및 공론화 과정을 거쳤으며, KIGA와 기존 '인터넷주소정책심의위원회'에서 초안을 검토하였다. 나아가 3월 공청회를 거쳐, 개정안을 마련한 후에, 4월 규제 심사, 5월 법제처 심사 그리고 6월 차관회의를 거쳐, 7월 법 시행으로 이어졌다. 2022년 인주법의 도입은 다중이해당사자 모델이 반영된 최초의 입법 사례이자, 글로벌 무대에서 목소리를 낼 수 있는 국내 다중이해당사자 원칙의 인터넷 거버넌스 기반이 생긴 것으로 평가할 수 있다.[14]

IV. 결론

강대국 간 전략 경쟁으로, 특히 미국 주도의 서방과 중국과 러시아가 대표하는 권위주의 국가들 간의 대립으로, 긴장과 대립이 점증하고 있으며, 이익의 대립과 연결망의 분열의 양상이 대두되고 있다. 글로벌 인터넷, 사이버 그리고 디지털 거버넌스 영역 또한 점차 그러한 양상을 나타내며, 이를 지적하는 연구들 또한 많아지고 있다. 본 연구는 그러한 경향성과는 다른 양상을 보

....

14 2022년 2월 24일에 열린 인터넷거버넌스연구협의회에서의 이원태 KISA 원장의 발언을 인용하였다.

이고자 했다.

글로벌 인터넷 거버넌스에서도 핵심 자원인 인터넷 주소자원에 대한 글로벌 거버넌스는 다중이해당사자 원칙을 구현해 오는 방향으로 발전되어 왔다. 이러한 발전은, 다중이해당사자 원칙을 지지하는 행위자들을 강화시켰고, 강대국 간 전략 경쟁과는 다른 방향으로의 동력 기반이 되었다. 본고에서 보이듯이, 러시아의 우크라이나 침공 이후의 상황에서 보인 ICANN의 결정이나, 미국의 '인터넷의 미래를 위한 선언'은, 글로벌 다중이해당사자주의가 가지는 독자적인 국제정치적 영향력을 나타내고 있다. 한국의 2022년 인주법 개정을 같은 다중이해당사자주의 발전의 맥락에서 볼 수 있다면, 강대국 대결 정치에 휘말리지 않고, 글로벌 공공재 유지에 기여할 수 있는 한국의 외교를 위한 하나의 국내 제도적 기반이 생겼다고 할 수 있을 것이다. 앞으로, 국내 인터넷 거버넌스에 있어 어떻게 다중이해당사자주의를 발전시켜 나갈 것인지가 중요한 이유이다. 그리고 한국 외교는 이러한 국내 발전을 원동력 삼아, 국제 무대에서 국익을 증진시킬 어젠다 및 방향 제시를 적극적으로 해 나갈 필요가 있다.

참고문헌

김상배. 2017. "사이버 안보 국제규범의 세계정치: 글로벌 질서변환의 프레임 경쟁." 『국가전략』 23(3): 153-180.

유인태. 2019a. "글로벌 인터넷 거버넌스에서의 스윙국가 중견국 외교: 브라질, 인도, 한국의 사례." 『국가전략』 25(4): 39-65.

_____. 2019b. "사이버 안보에서의 다중이해당사자주의 담론의 확산." 『담론201』 22(1): 45-80.

_____. 2022a. "강대국 전략 경쟁 속 글로벌 인터넷 거버넌스의 다중이해당사자주의의와 외교 전략." 『글로벌정치연구』 15(2): 31-56.

_____. 2022b. "인터넷 거버넌스에서의 다중이해당사자자주의 모델과 영향력." JPI정책포럼 2022-07.

유인태·백정호·안정배. 2017. "글로벌 인터넷 주소자원 거버넌스의 변천: IANA 관리체제 전환을 통한 다중이해당사자 원칙의 재확립." 『국제정치논총』 57(1): 41-74.

DeNardis, Laura. 2014. *The Global War for Internet Governance*. New Haven, CT: Yale University Press.

Goldsmith, Jack, and Tim Wu. 2006. *Who Controls the Internet? Illusions of a Borderless World*. New York: Oxford University Press.

Hofmann, Jeanette. 2016. "Multi-Stakeholderism in Internet Governance: Putting a Fiction into Practice." *Journal of Cyber Policy* 1(1): 29-49.

Kurbalija, Jovan. 2014. *An Introduction to Internet Governance*. 6th ed. Geneva, Switzerland: DiploFoundation.

Mueller, Milton L. 2010. *Networks and States: The Global Politics of Internet Governance*. Cambridge, MA: The MIT Press.

Mueller, Milton, John Mathiason, and Hans Klein. 2007. "The Internet and Global Governance: Principles and Norms for a New Regime." *Global Governance: A Review of Multilateralism and International Organizations* 13(2): 237-254.

Radu, Roxana. 2019. *Negotiating Internet Governance*. Oxford, UK: Oxford University Press.

"Postel Disputes." *The Economist*, February 8, 1997.

6부
신흥기술 안보규범과 사이버 평화

신기술의 군사적 활용에 대한 국제규범 형성 동향과 시사점

유준구 국립외교원 국제법센터

I. 머리말

최근 신기술의 군사안보적 활용이 증대되는 상황에서 사이버, 우주, AI 등 신기술의 군사적 활용 규제를 위한 국제규범 창설 움직임이 본격적으로 전개되고 있다. 상기 이슈는 국제안보 및 군축비확산 차원에서 유엔 및 관련 국제기구들이 법적 문서(legal instruments)인 보고서 채택의 형태로 논의되고 있는데 최근 논의 방식과 의제에 있어 변화가 일어나고 있다. 이는 신기술의 발전이 급속히 진행되는 상황에서 기존 유엔 및 다자협의체 논의 방식이 보다 개방적인 운영이 필요하고 관련 의제도 포괄적·융합적인 접근이 필요한 데 기인한다. 특히, 동 이슈는 미중 기술패권 경쟁이 심화되는 가운데 국가, 진영

....

* 이 글은 유준구, 『신기술의 군사적 활용 규제에 대한 국제규범 형성 동향과 시사점』(주요국제문제분석 2021-43, 외교안보연구소)을 수정·보완한 것임.

간 대립이 첨예한바, 신기술의 군사안보 관련 규제 및 규범 논의의 이면에는 국가들의 기술 경쟁과 경제안보적 전략이 있다. 즉, 신기술의 군사적 활용 규제 이슈는 4차 산업혁명 시대의 각국이 사활적으로 추진하고 있는 신기술 개발·획득 전략과 필연적으로 연계되어 있다.

신기술의 군사안보 관련 규범 논의는 △규제의 구체적인 대상 및 범위, △법적 구속력 있는 조약 창설 여부, △국제법의 적용, △자발적 규범 등이 핵심 쟁점인바, 이에 대한 국가, 진영 간 대립이 견고하게 유지되고 있다. 특히 최근에는 국가, 진영 간 대립이 구체적인 위협 행위와 특정 기술의 개발·적용·이전 통제를 중심으로 전개되고 있다. 다만, 신기술 자체가 발전하고 있는 상황에서 주요 기술강국들의 국가전략 역시 변화하고 있는데 이에 따라 관련 논의 형식 및 의제가 진화·확장되고 있다. 문제는 규범적 관점에서 보면, 신기술의 교차·융합적 성격에 따라 동일한 기술의 활용임에도 불구하고 군사적 활용 규제의 규범 논의가 개별 기술 분야에서 달리 해석·적용되고 있다.

신기술 분야에 따라 군사적 활용 규제 규범 창설 논의의 강도·속도에 차이가 있지만, 현재 원칙적 차원의 논의에서 점차 구체적인 세부 규범을 설정하는 논의로 확장될 가능성이 높다. 또한, 신기술 분야의 특성으로 인해 평시와 전시 구분이 모호한 상황에서 군사적 활용 규제 규범은 보다 복잡해지고 확대될 가능성이 있다. 같은 맥락에서, 상업 및 군사적 활동의 구분이 중첩되고 불분명해짐에 따라 이를 규제하는 규범 논의에서 비국가 행위자의 규제는 더욱 중요한 이슈로 부상하고 있다.

유엔 등 국제사회의 관련 논의가 점차 전문적·융합적으로 진행됨에 따라 관련 논의에 적극적으로 참여하기 위해서는 다수 전문가의 참여가 요구되고 있어서 우리나라도 이에 대한 준비가 필요한 시점이다. 주요 기술 선진국들 역시 신기술 활용에 관한 규범 논의를 포괄적 안보전략의 관점에서 접근하고 있다. 따라서, 우리나라도 신기술을 포함한 신안보 전략의 수립을 통해 관련 법제 정비와 인력 양성이 시급하다. 이에 본고에서는 상기 현안에 대한 국제사회의 논의 동향과 쟁점 분석을 통한 전망 및 시사점을 검토하여 국가적 차원의 거버넌스 정책에 관한 고려 사항을 제시해 보고자 한다.

II. 논의 배경과 특성

1. 신기술의 군사안보 활용 증대

신기술의 발전이 급속히 진행됨에 따라 신기술이 군사안보에 미치는 영향력에 대한 국제사회의 관심이 부상하고 있다. 이른바 4차 산업혁명의 기반이되는 제반 신기술의 광범위한 응용 단계가 도래함에 따라 신기술의 상업적 가치는 물론 군사안보 분야의 중요성이 급속히 확대되고 있다. 특히, 군사안보 분야에서는 국가 차원의 대응 문제 역시 강조되고 있는바, 국가 전략·정책은 신기술 영역에서의 기술적 우위를 확보하는 것이 중요한 이슈이다. 또한, 과거에는 신기술의 군사안보적 적용·활용에 있어 일정한 시간적 격차가 있었으나, 최근에는 이러한 시간적 격차가 상당히 단축되고 있는 추세이다.[1] 특히, 기술의 융합적 성격과 AI, IoT, 컴퓨팅 등 응용 기술 개발의 발달은 신기술의 군사안보적 활용을 확대하고 있다.

이러한 상황에서 신기술의 군사안보적 활용을 규제하기 위한 국제규범 창

....

1　신기술의 상업적 활용과 군사적 활용의 '파급효과(spin-off)'에 대한 대표적 초기 저술로는 Alice et al.(1992)를 참조.

설 논의가 부상하고 있다. 신기술의 군사적 활용 규제에 대한 국가, 진영 간 대립 역시 첨예한바, 개별 신기술 분야에 따라 대립 양상의 차이가 존재한다. 즉, 사이버, 우주의 경우 미·서방과 중·러의 진영 간 대립이 첨예한 상황인 반면, AI의 군사적 활용에 있어서는 기술 선진국과 비동맹 진영(NAM)의 대립이 기본적 구도이다.[2] 특히, △적용 가능한 구체적인 국제법 및 규범, △법적 구속력 있는 국제법 창설 여부, △군사적 활용 규제를 위한 공급망 및 수출통제, △새로운 형태의 협의체 신설 등 주요 핵심 쟁점에 있어 국가, 진영 간 대립이 첨예하다.

2. 주요 논의 영역과 기조

신기술은 진화·발전 중에 있으며 범용기술과 세부기술 간 구별이 불분명하여 그 정의와 범주를 규정하는 것이 어렵다. 따라서 정보통신기술(ICT),[3] 인공지능(AI), 우주 등 군사적 활용과 관련한 해당 기술 영역을 중심으로 검토하는 것이 용이하다. 상기 기술 영역은 그 자체가 상호 융합적이고 연계·호환이 가능한바, 최근 논의 동향은 사이버, 우주, AI 등 해당 영역을 중심으로 논의가 이루어지면서도 여타 기술을 포함하여 융합적·포괄적으로 접근하는 추세이다. 문제는 기술의 융합적·포괄적 성격에도 불구하고 개별 영역의 논의가 분절적이어서 규제를 위한 구체적인 규범 역시 일관성이 결여되어 있다는 점이다. 또한 국가, 진영 간 신기술 위협 및 국제법에 대한 인식의 괴리가 상당하여 관련 국제규범을 창설하는 것이 쉽지 않은 상황이다.

....

2   국가·진영 간 입장 차이에 대해서는 UNIDIR 홈페이지 참조.

3   일반적으로 ICT가 영역이나 공간으로 대상화될 때는 '사이버(cyber)', 정보의 유통 및 통제와 관련해서는 '디지털화(digitalization)'로 표현된다.

사이버 분야의 경우 기술의 오남용과 위협에 대한 논의가 비교적 오래전부터 논의되었으며, 최근에는 이를 구체화하는 규범 논의가 주요 쟁점 중 하나이다. 다만, 사이버 공간의 특성상 평시와 전시를 구별하는 것이 용이하지 않고 하이브리드 작전이 증가하는 상황에서 군사적 활용을 특정하여 규제하는 것에 국가, 진영 간 이견이 상존한다. 즉, 미·서방 진영은 전시의 경우 국제인도법 등 전시국제법이 적용되고 현재 평시 국제규범이 결여되어 있어 이에 대한 국제규범 정립이 필요하다는 입장이다, 반면, 중·러는 사이버 위협이 증대되는 상황에서 전시 및 평시를 포괄하는 국제법 및 규범 창설을 주장하고 있다.[4]

우주공간의 무기화·전장화를 규제하려는 시도는 1967년 '외기권조약'에서 규정되었지만, 재래식 무기의 포함 여부, 군사적 위협의 구체적 유형, 적용되는 우주공간의 범위 등이 여전히 법적 진공상태에 있는 상황이다. 더욱이 우주공간의 군사안보적 활용이 점증하는 가운데 주요 우주 강국들은 우주공간에서 군사안보적 전략과 능력을 강화하고 있다. 우주공간의 군사안보적 활용 규제 논의는 진영 간 대립이 가장 첨예한 분야인데, 중·러 주도의 PPWT(무기불배치조약)와 미서방 주도의 TCBMs(우주에서의 군사활동의 투명성 신뢰조치)이 대립되어 왔다. 다만, 최근 이러한 기조에 변화가 보이는바, 진영 간 이견이 좁혀지지 않던 상황에서 2021년 새로운 개방형 방식의 OEWG 설립이 채택되었다.[5]

AI의 활용에 대한 규제 논의는 AI 활용에 따른 윤리적 문제에서 논의가 시작되어 점차 상업적 활용과 군사적 활용 규제 논의로 구분되어 진행되고 있

....

4 이에 대한 진영 간 대립은 제6차 및 제1차 OEWG 회의에서 미국과 중국의 공식 입장 표명이 있었다.
5 '우주 위협 경감을 위한 책임 있는 행동에 관한 규범, 규칙 및 원칙'(A/C.1/76/L.52) 총회 결의안 참조.

다. 즉, OECD를 중심으로 AI 기술의 윤리적 가이드라인을 제시하는 권고안이 제안되었고 군사안보적 활용에 관한 국제법 및 규범에 대해서는 CCW(특정재래식금지협약)에서 LAWS(자율살상무기) GGE가 설립·운영되고 있다.[6] AI 군사안보적 활용 규제 논의는 신기술 활용에 따른 안보적 위협 및 부작용과 관련한 소위 '기술적 중립성' 논의와 관련되어 있다. 즉, 기술 선진국의 경우 기술 자체는 중립적이며 기술의 구체적 활용이 문제될 수 있다는 관점인 반면, 비동맹그룹이나 NGO 등은 기술 자체도 유해할 수 있으며 따라서 AI 기술의 활용을 사전에 인류의 '공공선'을 고려하여 규제해야 한다는 입장이다.

3. 주요 협의체의 특성

신기술의 군사안보적 차원의 논의는 유엔 총회 제1위원회(군축국제안보), CD(군축회의), CCW(특정재래식금지협약)가 주요 협의체인데, 최근 각 협의체의 적실성 및 규범 적용의 일관성이 문제되고 있다. 이러한 배경에는 기존 협의체의 성과가 미흡하다는 인식과 함께 각 진영이 유리한 협의체를 선정하려는 의도에서 기인한다. 또한, 유엔 시스템 자체가 상당히 방대하며 중첩적임은 물론 최근 관련 이슈의 융합적 특성으로 인해 중복적인 한계가 내재되어 있다. 따라서, 관련 보고서 채택 시 항상 기존 협의체의 정당성을 강조하면서도 새로운 협의체 창설 논의가 동시에 진행되는 상황이다.

그럼에도 불구하고 여전히 유엔의 권위와 유엔 이외의 대안을 찾을 수 없다는 현실적 이유에서 향후에도 유엔의 기존 협의체에서 논의는 불가피할 것으로 보인다. 다만, 사이버 안보 논의가 기존 제1위원회와 동시에 제3위원회

....

6   이에 관해서는 유준구(2019) 참조.

에서도 중복되어 진행되는 등 유엔 내 포럼 선정·이전 문제는 지속적으로 제기될 것으로 전망된다. 또한, 유엔 내 기존 협의체 논의가 유지되더라도 협의체의 구조 및 운영방식은 다양한 방식으로 변화되고 있는바, 협의체 내 법 정책, 군사, 기술 등 세부 워킹그룹을 설치하여 전문적인 논의를 주도하는 것이 최근 추세이다.

신기술의 군사적 활용 관련 협의체 논의의 또 다른 특성은 국가 중심 논의에서 점차 다양한 이해관계자들을 참여시키는 방향이다. 이는 협의체 운영이 개방성, 포용성, 투명성의 기조하에 민주적으로 운영되어야 한다는 명분을 반영한 것은 물론 신기술의 군사안보 논의에서 비국가 행위자의 중요성이 증대한 것에 기인한다. 다만, 다중이해관계자의 참여가 확대되고 있지만, 여전히 국가에 비해 옵저버 성격이 강하고 대표성에 대한 국가 간 이견으로 인해 참여에 제약이 있는 상황이다. 또한, 국가 간 역량 격차 및 재정적 한계가 상당한 상황에서 다중이해관계자의 참여도 일부 선진국들에 국한되어 있다.[7]

III. 주요 현안 및 쟁점

1. 군사적 활용의 규제 범위

신기술의 군사적 활용 규제가 필요하다는 점에는 공감대가 형성되어 있지만 구체적 범위와 강도에 있어서는 국가, 진영 간 견해가 대립한다. 즉, 포괄

....

7   제2차 OEWG 회의에서는 다중이해관계자 선정에 대한 modality를 둘러싸고 미국과 러시아가 강력히 대립하였다.

적·원칙적 차원에서 군사적 활용에 대한 위험을 규제하려는 견해와 특정한 군사적 활용의 유형을 설정하여 규제 규범을 설정하려는 입장이 있다. 또한, 군사적 활용 규제를 전시로 국한하여 논의하려는 입장과 전시와 평시를 구분하지 않고 군사적 활용을 위한 연구개발 단계에서 실제 배치사용에 이르기까지 무기체계 전 단계를 규제하려는 입장이 대립한다.

사이버 기술의 경우 평시와 전시의 구분이 어렵고 물리적 공격·피해가 존재하지 않을 수 있어 군사적 활용 유형을 특정하기가 용이하지 않다. 따라서 사이버 분야는 기술의 군사적 활용의 행위 유형을 구체화하여 규제하기보다는 금지되는 공격 대상을 설정하려는 방향으로 논의되고 있다. 또한, 기존 유엔 GGE 및 OEWG의 관련 논의와 관련 미·서방은 평시에 적용되는 규범 차원에서 군사안보적 활용을 규제하고 전시의 경우 국제인도법의 적용을 통해 해결하려는 입장이다. 반면, 중·러는 평시와 전시의 구분 없이 포괄적인 군사안보적 활용을 규제하려는 입장이다.[8]

우주공간의 전장화가 본격화되고 있는 상황에서 관련 신기술의 군사안보적 활용 규제 역시 최근 활발히 논의되고 있다. 중·러의 경우 우주공간의 무기화·전장화를 포괄적으로 금지하는 조약을 창설하자는 입장이다. 반면, 미·서방은 우주의 평화적 이용을 위한 TCBMs의 이행을 중시하면서, 기본적으로 우주공간의 위협을 제거하는 자발적 행동규범을 강조하고 있다. 또한 미·서방 진영은 중·러의 사이버 기술을 이용한 해킹, 교란, 우주위협, 전자파 등 지향성 무기(DEW), 위성요격미사일(ASAT), 근접위성활동(RPO) 등 급성장한 '반우주' 능력을 규제해야 한다는 입장이다.

....

8   2019년 9월 한국을 포함한 28개 유사입장그룹 국가들은 이에 대해 사이버 공간에 적용되는 평시규범 정립에 대한 공동성명을 제안하였다.

신기술의 군사적 활용을 규제하는 논의가 가장 활발히 진행되는 분야는 AI인데, 이는 CCW LAWS GGE(자율살상무기 정부전문가그룹)에서 진행되고 있다. AI의 군사적 활용 규제는 처음부터 협약 당사국이 참여하는 군축비확산 차원에서 논의되어서 AI 무기에 활용될 수 있는 기술 자체의 통제를 전제하고 있다. 또한, AI 기술 무기에 대한 인간 통제의 규범적 가이드라인을 설정하는 것이 협의체의 의무 사항인바, 논의의 쟁점이 통제 수준의 강도 및 범위, 국제법의 적용, 조약의 성안 등이다. 다만, 법적 구속력 있는 조약의 성안 여부, 구체적인 통제 수준, AI 무기 기술의 위험 및 혜택 등에 대해 기술 선진국과 비동맹그룹 간의 대립이 첨예한바, 사이버, 우주 기술과 달리 미·서방과 중·러가 공히 상기 쟁점에 소극적이다.[9]

2. 법적 문서의 성격

유엔 등 국제협의체에서 채택된 보고서의 성격은 기본적으로 가이드라인의 권고적 성격의 문서이지만 광의의 법적 문서라 할 수 있다. 따라서 법적 구속력 있는 조약을 창설하거나 유엔 차원의 정치적 선언을 채택하자는 의견이 지속적으로 제기되고 있다. 이에 대한 국가, 진영 간 견해는 중·러 및 개도국은 조약 창설에 적극적인 반면, 미국과 일부 서방 진영은 조약 창설을 반대하고 있는 상황에서 서방 일부 국가들이 우선 정치적 선언이라도 채택하자는 입장이다. 다만, 신기술이 여전히 발전중에 있는 상황에서 신기술의 군사안보적 활용에 대한 규제 규범을 창설하는 것은 여러 현실적 한계가 있다.

....

9 주요 AI 기술 강국들은 현재 AI 기술이 발전 과정에 있는바, 기술발전 속도를 감안하면 현재 관련 규범을 정립하는 것이 적절하지 않다는 입장이다.

특정 신기술 분야에 따라서도 △법적 구속력 있는 조약 창설, △정치적 선언의 채택, △구체적 이행 조치 강화를 위한 규범 설정 등에 대해 국가, 진영 간 입장이 상이하다. 사이버 분야의 경우, 조약 창설과 규범 설정의 선택지 사이에서 국가, 진영 간 대립이 첨예한 상황이며, 현재는 진영 및 지역적 차원의 규범 및 조약 창설이 추진되고 있다.[10] 우주 분야에서는 조약 창설에 대한 국가, 진영 간 대립이 있지만, 미·서방의 입장이 사이버 분야보다는 정치적 선언 및 조약 창설에 있어 다소 유연하게 변화하고 있는 상황이다. AI 기술의 군사적 활용 규제 규범 논의와 관련해서는 관련 협의체의 성격상 조약 창설 가능성이 높지만, 현재 미·중·러 등 기술 선진국들이 완강히 반대하고 있다.

3. 국제법의 적용

신기술의 군사적 활용 규제 논의는 필연적으로 국제법 적용 문제와 연관되는 문제인바, △국제법의 주요 원칙은 주권 및 관할권, △자위권 및 대응조치, △국가책임, △국제인도법 및 인권의 적용이 쟁점이다. 비록, 현재 해당 기술의 활용 규제에 대한 조약 창설 가능성이 낮지만 국제법 주요 원칙이 보고서 채택의 핵심 의제이다. 이는 실질적으로 국가 간 컨센서스에 의한 합의에 기초한바, 신기술의 군사적 활용 규제에 있어 연성법적 기능이 있고 국제관습법 형성에 필수적인 국가관행 형성의 기초가 된다.[11]

상기 주요 국제법 원칙의 적용과 관련, 해당 신기술의 특성, 국가의 기술적 역량 수준에 따라 국가, 진영 간 입장이 상이하다. 사이버, 우주 분야에서

....
10 현재 사이버 안보 관련 규범력 있는 조약의 경우 지역적 조약이 대부분이다.
11 국제적 차원의 조약 창설이 난망한 가운데 국가관행 확립을 위한 일련의 시도가 탈린매뉴얼(사이버), MI-LAMOS(우주) 매뉴얼 작업으로 구체화되고 있다.

는 자위권 및 대응조치와 국제인도법 적용에 있어 국가, 진영 간 대립이 첨예한 상황인데, 미·서방은 동 원칙 적용에 적극적이며, 중·러 및 비동맹그룹은 사이버, 우주 공간의 전장화를 촉진한다는 이유로 완강히 반대하고 있는 상황이다. 특히, 사이버, 우주 활동의 대부분이 평시에 이루어지는바, 미국은 특히 자위권 및 대응조치의 발동 기준을 완화하는 입장을 견지하고 있다.[12] AI 기술의 군사적 활용에 적용되는 국제법의 경우 핵심적 사안은 국제인도법의 적용 여부인데, 모순적이지만 사이버, 우주와 달리 중·러 역시 국제인도법의 적용에 반대하지 않고 있다. 다만, 국제인도법의 세부 원칙 중 사전주의(precaution) 원칙의 경우 사이버 분야는 그 기술적 특성으로 인해 적용이 쉽지 않은 것이 현실이다.

IV. 향후 전망과 시사점

1. 신규 협의체에서 규제 논의 심화

신기술 개발과 규제 논의는 동전의 양면 관계로 신기술 개발이 급속히 진행되는 것은 동시에 이에 대한 규제 논의를 가속화할 것이다. 특히, 미국, 중국, EU, 러시아 등이 국가안보 차원에서 신기술 개발 전략을 수립·발표하고 있는 상황에서 이를 규제하는 국제사회의 규범 창설 시도 역시 증대될 것이다. 사이버, 우주, AI의 경우 국제법 및 규범 논의의 주요 쟁점이 군사적 활

....

12 대응조치와 관련 주요 쟁점은 집단적 대응조치의 허용 여부와 대응조치가 분쟁의 평화적 수단에 포함되는
    지에 대해 국가 간 입장 차이가 현저하다.

용 규제인바, 사이버, 우주는 새로운 협의체인 OEWG에서 논의될 것이다. OEWG 협의체의 특성상 기법, NGO, 연구기관들이 다수 참여하는데, 이들이 군사적 활용 규제 규범 창설 필요성을 강하게 제기하고 있으며, 중·러 및 비동맹그룹 또한 군사적 활용 규제 규범 논의의 적극적인 상황이다. 특히, 우주 분야는 2021년 11월 일련의 총회 결의안이 채택되었다. 그중 유사입장그룹 주도 결의안인 군비경쟁과 군사적 충돌 방지를 위한 '우주 위협 경감을 위한 책임 있는 행동에 관한 규범, 규칙 및 원칙'(A/C.1/76/L.52)을 통해 2022년부터 개방형 GGE를 설치하여 진행할 계획이다. AI의 경우 기존 LAWS GGE에서 AI 기술의 군사적 활용 시 제기되는 잠재적인 위험 및 혜택이 주요 이슈인데, 양 측면을 공히 감안해야 한다는 기술 선진국과 위험을 위주로 규제해야 한다는 비동맹그룹 간 이견이 있다.

향후 사이버, 우주, AI 기술 분야는 공히 다중이해관계자가 참여하는 개방형 협의체를 지향하고 있는바, 논의 과정 역시 새로운 방식으로 진행되는 것이다. 즉, 규범, 군사, 기술 세 분야의 하위 작업반을 신설하여 보다 전문적인 논의를 진행하고 이를 외교적 협상을 통해 채택하는 방식으로 진행될 것이다.[13] 이러한 논의 과정 변화는 신기술의 규제는 전문적이며 융합적인 특성을 감안하여 논의해야 한다는 점을 반영한 것으로, 향후에도 일반적 기조로 운영될 것이다.

....

13 세부 주제별 워킹그룹을 중심으로 논의될 경우 국가 간 역량 격차가 명확히 드러나고 선진국 및 기술 강국 중심으로 논의가 전개될 가능성이 현저하다.

2. 기술통제 및 공급망 안전성 확보 논의 대립

신기술의 군사안보적 활용 규제는 결국 행위 유형과 활용 기술의 규제라는 두 방향으로 진행될 것이다. 활용 기술의 규제는 기술통제 및 공급망 안전성 확보 논의와 연계되어 있다. 상기 의제는 현재 각 협의체에서 신규 의제로 논의되고 있는데, 국가, 진영 간 대립이 첨예한 이슈이다.[14] 즉, 미·서방은 기본적으로 동 이슈를 기존 협의체에서 논의하는 것이 부적절하다는 입장인 반면, 중·러 및 신흥국들은 신기술의 군사적 활용에 따른 위협을 경감하기 위해서는 군사적 활용이 가능한 신기술의 이전·확산을 통제해야 한다고 주장하고 있다. 공급망 안정성 이슈는 5G 논쟁과 관련이 있는바, 미·서방은 일부 국가가 군사안보에 위협이 되는 신기술을 거래·확산한다고 주장하고 있으며 중·러는 미·서방이 군사안보를 이유로 자의적으로 공급망 안전성을 훼손한다는 입장이다.

미·서방 진영은 기본적으로 상기 이슈가 수출통제 협의체에서 논의되어야 할 의제라는 입장인 반면, 중·러 및 개도국들은 동 이슈가 군사안보와 관련이 있는 의제로 포괄적인 논의를 지향하는 기존 협의체에서 논의되어야 한다는 견해이다. 즉, 기존 사이버, 우주, AI OEWG/GGE에서 상기 이슈의 채택 여부에 있어 국가, 진영 간 대립이 심화되고 있는 가운데 중국과 일부 신흥국들은 동 이슈의 의제화를 강력히 주장하고 있다. 또한, 중국은 '글로벌 데이터 안보 구상'의 지지·확산을 위해 데이터 안보 이슈도 신기술의 군사안보적 활용 차원에서도 논의를 유도할 것으로 전망된다.[15] 이는 경제안보와 군사안

_____

14 공급망 안전성 의제는 BRICS 국가 및 개도국이 신기술안보 관련 협의체에서 강력히 주장하는 신규 의제이다.

15 데이터 안보 논의에 관해서는 유준구(2021b) 참조.

보 논의가 중첩되는 현상을 반영하는 것으로 군사안보 협의체 논의에서도 신기술의 개발·획득 문제는 중요한 현안으로 부상하고 있다.

3. 비국가 행위자 규제

주지하다시피 신기술의 개발과 운영의 상당 부분이 개인 및 기업에 의해 수행됨은 물론 비국가 행위자의 위협이 증대되고 있는 상황에서 이에 대한 규제 논의 역시 확대되고 있다. 기존 협의체의 비국가 행위자 규제 논의는 개별 신기술 분야에 따라 논의 강도의 차이가 있으나 추세는 확대될 것으로 전망된다. 비국가 행위자 규제 논의의 경우도 특정 위협 행위를 규제하는 것과 신기술의 개발·이전·확산을 방지하는 두 방향으로 진행될 것이다. 기존 협의체의 관련 논의의 경우 이중적인 특성이 있는데, 이는 '국가 중심의 비국가 행위자 규제'라는 논의 구조의 특성은 물론 국가, 진영 간 민간 분야에 대한 국가 통제의 관점의 차이에서 기인한다. 즉, 사이버 분야는 책임 있는 국가 행위의 규범을 강조하면서 비국가 행위자의 위협 행위를 규제하는 목적이어서, 비국가 행위자의 위협 행위는 상대적으로 제한적으로 논의되고 있다. 반면, 우주는 국가, 비국가를 구분하지 않고 책임 있는 행위의 규범적 기준을 강조하고 있어서 상대적으로 포괄적으로 접근하고 있다. 다만, 현재까지 대부분의 우주활동은 국가에 의해 강력히 통제되는 상황이지만 점차 기업 등 비국가 행위자의 우주활동이 급증하여 국가 통제의 한계가 노출될 경우 비국가 행위자의 규제가 논의가 부상할 것이다.

AI 기술의 경우 행위 주체에 따른 규제보다는 상업적 활용과 군사적 활용을 명확히 구분하여 해당 기술과 기술의 활용을 중심으로 접근하고 있다. 다만, 이러한 구분도 점차 불분명해지고 있는데, 향후 테러리스트 등 비국가 행위자에 의한 AI 기술의 군사적 활용을 규제하려는 논의가 제기될 가능성이 있다. 현재, 상기 논의는 개별 국가 및 지역안보기구에서 안보전략 차원으로 논의되고 있지만, 향후 국제안보 관점에서 비국가 행위자의 규제 규범을 형성하는 논의로 확대될 것이다. AI의 기술 활용의 상업 및 군사용도 구분 역시 점차 모호해질 수 있는바, 2021년 채택된 EU의 AI 협정도 원칙적으로 군사안보 분야 적용은 배제하고 있으나 금지·위험 기술 자체가 이중용도인 것이 다수이다.

V. 맺음말

대부분의 기술 선진국들은 신기술의 개발·획득을 위한 국가전략을 수립하고 있지만, 이를 단순히 경제 및 R&D 정책이 아닌 포괄적인 국가안보 전략 차원에서 수립·추진하고 있다. 현재 우리나라는 신기술의 포괄적 안보전략이 부재한 상황에서 개별 신기술 정책이 추진되고 있는 관계로 빠르게 변화하고 있는 국제정치 현실을 반영하지 못한 채 분절적인 국제협력이 추진되고 있다. 같은 맥락에서, 신기술 안보를 포함한 신안보 전략정책과 경제안보 전략정책을 분리하지 않고 통합적으로 수립해야 할 것이다. 이는 군사안보, 경제, 과학기술을 융합적으로 접근하여 포괄적인 국가이익을 추구하는 최근 추세를 반영하는 것인바, 국제사회에서 글로벌 이슈 논의 역시 이러한 기조로 수렴되고 있다.

앞서 설명한 바와 같이 포괄적·융합적 대응이 요구되는 경우 국내 법제도 개선 및 거버넌스 구축이 정책적 대안으로 고려되었지만, 그 유효성에 대해서는 의문이 지속적으로 제기되고 있다. 조직의 비대화, 부처 간 장벽, 일회적·의례적 운영 등 여러 한계가 상존하고 있는 현실에서 컨트롤 역할 기구(청와대 조직 개편 및 위원회 설치), 주무부처 중심 운영, 부처 간 조정협의체(메타버스형) 등 각각의 장점과 단점을 반영한 조직 정비가 요구되는 상황이다. 부처의 정책 수립과 집행 기능이 강한 우리나라의 현실에서는 통합적 조정기구와 실질적인 이행을 위한 실무급 부처 간 조정협의체를 병행하여 운영하는 것이 필요하다. 특히, 실무급 부처 간 협의체가 통합조정기구와 병행하여 설립·운영되는 경우에도 일회적이고 형식적인 논의 기구가 아닌 상시·정례적인 논의가 진행되어야 할 것이다. 부처 간 실무급 협의체 운영을 위해서는 부처 내에도 관련 부서 간 실무급 TF 구성이 필요하며 이에 따른 인력강화가 요구되고 있다.

국가 신기술 안보 전략정책 수립과 조직정비를 바탕으로 군사안보 차원의 신기술 규제와 관련한 국제규범 형성 논의의 적극적 참여가 필요하다. 신기술 규제 규범 논의는 필연적으로 주요국의 신기술 개발획득 전략과 연계되어 있음은 물론 전략정책 이행의 수단인 규범 논의가 핵심인 것을 고려해야 한다. 또한, 신기술 규범을 논의하는 기존 협의체 참여는 물론 미국 등 유사입장국들이 주도하는 협의체인 QUAD, Five Eyes, DTA, MAST 등의 논의 동향 분석을 바탕으로 사전적인 입장 정립이 필요하다. 관련하여 상대적으로 다수 국가가 참여하는 유사입장그룹 협의체의 경우 적극적으로 참여하여 우리나라의 실익을 반영할 필요가 있다.

신기술 통제 규범 논의는 전문가 중심으로 포괄적·융합적으로 진행될 경우 국가 간 역량 격차가 극명하게 드러나게 할 것인바, 이에 대비하기 위해서는 국내 전문가 양성을 통한 네트워크 구축과 연구기관 간 공동연구를 위한 컨소시엄 구축이 시급하다. 현재, 관련 부처가 이에 대한 필요성을 인식하고 있지만, 개별 부처가 독립적·분절적으로 전문가 네트워크를 구축하여 운영하고 있는 상황이다. 전문가 네트워크의 효율적 운영 및 개별 부처의 전문가 네트워크를 연결하고 시너지 효과를 내기 위해서는 학계, 연구기관 간 연구 컨소시엄 설립이 요구되고 있다. 실제, 제한적이지만 상기 전문가 네크워크와 연구 컨소시엄의 모범사례가 있는바, 개별 운영 사례의 경험을 참조하여 모범사례의 매뉴얼 작업이 필요하다.

참고문헌

유준구. 2019. 『자율살상무기(LAWS)체계 규범 창설 논의의 쟁점과 시사점』. 주요국제문제분석 2019-54. 국립외교원 외교안보연구소.
_____. 2021a. 『신기술의 군사적 활용 규제에 대한 국제규범 형성 동향과 시사점』. 주요국제문제분석 2021-43. 국립외교원 외교안보연구소.
_____. 2021b. "국제안보 차원의 데이터 주권 논의의 이중성과 시사점." 『국가전략』 27(2): 115-136.

Alice, John A., Lewis M. Branscomb, Harvey Brooks, Ashton B. Carter, and Gerald Epstein. 1992. *Beyond Spinoff: Military and Commercial Technologies in a Changing World*. Boston, MA: Harvard Business Publishing.

사이버 위협에 대응하는
사이버 글로벌 평화체제 구축

홍석훈 창원대학교 국제관계학과

I. 들어가며

4차 산업혁명은 진화하고 있으며, 이에 따라 사이버 공간의 평화로운 활용과 안전의 중요성은 날로 강조되고 있다. 정보통신의 급속한 발전으로 인류는 초연결사회(hyper-connected society)를 맞이하고 있다. 초연결사회로 발전한 세계는 사이버 공간을 중심으로 국가·사회·개인의 사이버 영역에서 상호 이익을 창출하면서도 국가의 안보 위협과 개인의 재산권 침해 및 정보 유출과 같은 광범위한 위협에 직면했다. 21세기 사이버 공간은 국가를 중심으로 국제적 수준의 위협으로 인식되면서 국가안보의 관점에서 새로운 수준의 대응 방안이 요구되고 있다. 한반도는 한국전쟁 이후 1953년 7월 정전협정 체제가 지속되고 있으며 이러한 분단체제는 정보통신 분야 중심의 사이버안보가 신안보위협으로 부각되고 있다. 최근 북한의 비대칭 전력인 사이버전 능력 향상은 국가안보에 커다란 위협으로 나타나고 있다.

또한, 21세기 정보통신의 발전으로 인한 초연결사회는 안보의 위협이 단지 군사적 위협에만 머무르지 않고 정치와 경제, 사회 환경의 변화를 포함하는 확장된 위협으로 인식되고 있다. 이에 따라 인간안보 개념이 논의되고 있는데, 인간안보의 궁극적 목표는 주권국가는 국민에게 기본적 생존권과 개인의 인간 존엄성을 보장하고 삶의 질을 향상시키는 것이 되어야 한다. 물론, 인간안보 개념의 등장으로 안보위협 유형이 지나치게 광범위해져 이론적 분석 틀로 적합하지 않다는 비판이 제기되기도 했다(Buzan 2004). 그러나 인간안보 개념의 등장은 전통적 안보 개념이 포괄적 안보(comprehensive security) 개념으로 확대되고 있다는 것을 말해 주고 있다.

궁극적으로 사이버 공간에 대한 국민의 평화로운 활용과 사이버 공간에서의 위협과 피해를 줄이기 위해 국가 차원의 법적·제도적, 기술적 방안을 고민해야만 한다. 한국은 사이버 공간에서 고도의 정보통신 기술력을 갖추고 높은 국제 경쟁력을 가지고 있으나 다양한 사이버 위협에 대한 적극적 대응체계와 방안이 필요한 실정이다. 또한, 최근 4차 산업혁명 시대의 AI 디지털 기술의 핵심인 반도체 기술을 바탕으로 향후 한국이 글로벌 중추 국가로 자리매김할 수 있도록, 사이버 공간의 평화적 활용 방안과 적극적 글로벌 사이버 평화체제 수립 방안이 논의될 필요성이 제기된다.

II. 최근 사이버 공간의 위협과 국제사회의 인식

21세기 사이버 공간에서의 위협은 주체와 공격의 방법이 다양화되고 있다. 실례로 2003년 중국으로 의심되는 침입자가 록히드 마틴사, NASA 등을 공격한 타이탄 레인(Titan Rain) 사건, 2009년 북한으로 의심되는 세력이 미국의 독립기념일에 미국의 연방정부 사이트 및 민간기업 사이트에 대한 디도스 공격을 감행한 인디펜던스 사건, 2014년 북한이 주도하는 세력에 의한 공격이 의심되는 소니픽쳐스 해킹 사건, 2015년 중국 정보기관에 의해 미국 정부 인사관리청의 컴퓨터가 해킹됨에 따라 2,100만여 명의 인사 정보가 유출된 사건, 2016년 미국 대통령 선거 당시, 러시아 해커집단으로 추정되는 사건으로 당시 미국 민주당 지도부 인사 100명의 이메일이 유출된 해킹 사건 등이 있다. 특히, 국가 차원의 사이버 양상을 띤 사례로는 2007년 에스토니아, 2008년 조지아, 2010년 이란의 사건도 발생하였다. 또한, 국내 정부, 언론, 금융기관의 해킹사건과 디도스(Distributed Denial of Service, DDos) 공격 피해 등은 국가 차원의 안보적 위협이 가시화된 사건이었다.

러시아가 2008년 조지아, 2014년 크림반도 공격에 이어 우크라이나 침공에서도 사이버전을 감행했다. 이번 러시아의 우크라이나 공격은 국제질서의 불확실성을 증대시키고 있으며 국제적 사이버전 위협도 커지고 있다. 사이버전 양상은 물리적 전쟁에 앞서 전초전 양상과 동시에 물리적 전쟁과 병행하는 하이브리드 공격 형태로 발전되고 있다. 즉 우크라이나 침공 전에 러시아는 우크라이나 주요 정부 부처와 주요 국영은행(프리밧은행, 오샤드은행) 등의 시스템을 대상으로 디도스 공격과 자료소거형 악성코드 공격을 감행하였다. 또한, 러시아는 침공 이후 우크라이나 정부 기관의 사이버 공격과 폭격을 병행하였다는 점은 사이버전이 군사 공격과 병행되고 있음을 말해 준다.

한반도 안보와 관련하여 북한은 사이버 공간을 활용하여 비대칭적 전력으로 발전시키고 있으며, 지난 2017년 5월에는 워너크라이(WannaCry) 랜섬웨어 공격 등 대외적 공격성을 드러내고 있다. 미국은 지난 2014년, 소니픽쳐스 해킹의 배후로 북한을 지목했으며, 이후 미국의 주요 사이버 위협국으로 북한이 떠오르기 시작했다. 북한은 사이버 전력을 인민군대의 핵심 수단으로 강력하게 추진해 왔으며, 중국·러시아·이란 등과 연계하여 국제적 수준의 위협적 사이버전 능력을 키워오고 있다. 실례로, 지난 2016년 북한 정찰총국에 의해 한국군의 내부망이 해킹당하는 사건이 발생하였다.

북한의 사이버 공격 사례를 살펴보면 북한의 사이버 전력에 대한 특징을 파악할 수 있다. 기술적인 측면의 사이버 공격과 보안의 세대별 특징을 담은 보고서[1]에 따르면, 기술적 측면에서의 공격과 방어가 끊임없이 이뤄지며 진화하고 있다. 5세대 보안의 경우에는 통합 보안시스템(consolidate)을 구축하여 위협 정보를 실시간 공유 및 진화 공격을 원천 차단하는(patient-zero) 다양한 네트워크 환경에 대한 모니터링과 즉각적인 대응이 필요함을 보여주고 있다. 북한의 사이버 공격 형태는 1세대부터 5세대를 아우르는 다각적인 공격 기법을 활용하고 있다(홍석훈·정영애 2020, 12-13).

인공지능 알고리즘인 머신러닝과 딥러닝을 활용한 새로운 형태의 사이버 공격과 방어 사례도 등장하고 있다. 취약점 탐색에 사용하는 인공지능 퍼징(AI Fuzzing, AIF), 머신러닝에 의한 이상 행위 탐지 기술을 탑재한 보안제품에 대해 특정 공격을 놓치지 않도록 하는 공격 기법인 머신러닝 조작(Machine Learning Poisoning), 인공지능 기술을 기반으로 한 가짜 이미지, 오디오, 비디오 등을 의미하는 딥페이크(Deepfake) 등이 있다. 기존 사이버 공격 기법과 인공지능의 결합에 주목할 필요가 있다. 이처럼, 사이버 공간의 위협은 국가 안보 차원에서 논의되고 있으며 그 행위자도 확대되고 있다.

·······

1   5th GENERATION CYBER ATTACKS ARE HERE AND MOST BUSINESSES ARE BEHINDA New Model For Assessing and Planning Security, (Check Point Software Technologies Ltd., San Carlos, 2018), 3-8. Accessed October 20, 2021. https://www.checkpoint.com/downloads/productrelated/whitepapers/preventing-the-next-mega-cyber-attack.pdf

사이버 공간에 대한 인식을 살펴보자면, 미국을 중심으로 서구적 시각과 중국과 러시아를 중심으로 형성된 비서구적 시각으로 대비된다. 미국적 시각은 사이버 안보의 국제규범화 문제를 국내 정보 자유화와 경제적 사이버 범죄와 같은 경제적 이슈에 집중한다. 그러나 비서구적 입장인 중국과 러시아 경우에는 국제안보 차원에서 사이버 위협을 통제·억지해야 할 대상으로 인식하고 있다. 즉 서구적 입장은 자발적인 사이버 공간의 협력을 통해 정보의 자유로운 소통과 경제적 이익을 추구하지만, 비서구적 그룹의 방식은 사이버 공간을 정부의 철저한 정보 통제 대상으로 삼고 있으며, 외부의 이념적 공격으로부터 차단하기 위한 영역으로 인식하고 있다(홍석훈 2019, 53).

먼저, 사이버 공간에 대한 국제규범 논의가 국가 간 거버넌스 체제로 발전하고 있다. 사이버 거버넌스 논의는 UN GGE(Group of Governmental Experts on Developments in the Field of Information and Telecommunications in the context of International Security, GGE)가 대표적이다. 소다자적 차원에서 유럽안보협력기구(Organization for Security and Co-operation in Europe, OSCE)의 신뢰구축조치 프로세스가 있다. 이와 대비되는 국제 거버넌스는 상하이협력기구(Shanghai Cooperation Organization, SCO)가 대표적이다(김소정·김규동 2017, 90).

사이버 안보 규범을 만들기 위한 노력들은 사이버 범죄에 대한 국가 간 공조체제를 만들기 위해 1990년대부터 2000년 초반까지 집중하게 된다. 이와 같은 노력들로 유럽평의회(Council of Europe) 주도로 사이버범죄협약이 2001년 채택되었으며 2004년에 발효되었다. 상기 협약에 비유럽권인 미국, 호주, 도미니카, 일본, 등 타 지역의 국가가 자발적으로 참여하였다는 것은 국제적 차원의 협력이 작동되었다는 실례를 보여준다. 2011년 5월 G8 도빌 정상회의에서는 사이버 공간의 평화적 활용을 위한 행동규범 개발(Norms of

Behavior)과 사이버 공간의 규범 체계 수립 등을 추진해야 함을 강조하였다.

최근 미국 바이든 행정부는 연방 인공지능 혁신 노력에 대한 접근의 폭을 넓히고 미래의 혁신자들을 격려하는 것을 목표로 한 AI.gov을 출범시켰다. 2021년 5월, 백악관 과학기술 정책실은 신뢰할 수 있는 인공지능(AI)의 설계, 개발 및 책임 있는 사용을 진전시키고 국내 연방정부 활동에 대한 정보를 공유하기 위해 전용 웹사이트인 새로운 AI.gov을 출범시킴을 공표하고,[2] 린 파커 박사는(Lynne Parker) "AI는 사회의 거의 모든 분야에서 기회와 도전을 모두 제공하면서 21세기의 가장 영향력 있는 기술 중 하나가 되었다"라고 설명하고 있다.[3] 여기에 AI.gov은 AI 연구와 발전, 확산, 거버넌스 구축을 위한 서비스를 제공할 것임을 표명하고 있다. 이러한 연방 인공지능 혁신은 사이버 공간의 거버넌스 구축과도 매우 밀접한 관계가 있다.

이는 바이든 행정부가 AI.gov 통해 미국의 인공지능 정책이 가치 중심의 국제협력을 추진할 것을 시사하고 있어 사이버 공간의 인식과도 연계되어 있음을 알 수 있다. 미국은 사이버 공간에 대한 인식의 확장 선상에서 민주주의 가치와 이익에 부합하는 방식으로 AI 연구개발을 지원하고, 미국 AI 산업의 판로를 개척할 것임을 밝히고 있다. 미국적 가치를 기반으로 AI 국제협력 및 파트너십을 지원할 것임을 강조하고 있다(홍석훈 2021, 219-220). 미국은 인공지능 관련 대외정책에도 글로벌 동맹국들과의 협력을 강조하고 있는데, 미국

....

2　https://www.whitehouse.gov/ostp/news-updates/2021/05/05/the-biden-administra-tion-launches-ai-gov-aimed-at-broadening-access-to-federal-artificial-intelligence-innova-tion-efforts-encouraging-innovators-of-tomorrow/ (검색일: 2022.9.15.).

3　린 파커 박사(Dr. Lynne Parker: Director of the National Artificial Intelligence Initiative Office)의 발언 내용임. https://www.whitehouse.gov/ostp/news-updates/2021/05/05/the-biden-adminis-tration-launches-ai-gov-aimed-at-broadening-access-to-federal-artificial-intelligence-innova-tion-efforts-encouraging-innovators-of-tomorrow/ (검색일: 2021.5.15.).

과 영국은 2020년 9월에 AI에 AI R&D 협력에 관한 영국 선언문에 서명했으며, 양국 간 협력 방안에는 향후 R&D 협력 우선순위 권고, AI 기술의 상업적 기회 창출, 연구자 및 학생 협력 증진, 민관 협력 강화 등이 포함되어 있다. 또한, 2019년 미국은 OECD 국가들과 공동 개발한 인간 중심의 'AI 권고안'을 통해 AI의 보편적인 원칙 추구를 주장하고 있다.

이에 반하여 2001년 중국을 중심으로 러시아, 카자흐스탄 등 미국과 입장을 달리하는 국가들이 참여하여 만들어진 상하이협력기구(SCO)는 협력 국가 간 에너지, 경제, 문화 영역 분야를 중심으로 추진되었다. 중국이 주도하는 상하이협력기구는 국가 주권이 작용하는 곳으로 사이버 공간을 인식하고 있으며, 국가 주도의 사이버 공간 발전을 도모하고 있다. 최근 미중 간 패권경쟁이 가열되는 가운데, 시진핑 중국 주석은 지난 9월 16일 우즈베키스탄에서 열린 상하이협력기구 회의에서 러시아의 우크라이나 공격으로 강화된 미국의 대러시아 금융 제재와 향후 대중국 금융 제재 가능성을 감안하여 "달러나 유로화가 아닌 위안화, 루블 등 지역 통화로 SCO 회원국 간에 결제를 할 수 있게 하자"는 방안도 제시했다(조준형 2022). 더불어 시진핑 주석은 그의 연설에서 향후 5년간 SCO 회원국 법집행 인력 2천 명 양성 구상과 중국-SCO 대테러 전문 인재 양성 기지 건설 방안도 제안하였는데, 이는 중국이 미국에 맞서 회원국가 경제체제 시스템 구축과 사이버 공간의 활용을 협력국가 간 도모함으로써 향후 사이버 공간의 독자성을 강조한 것으로 풀이된다.

사이버 공간에 대한 상이한 인식은 전통적 안보 개념에만 매몰되어 사이버 안보에만 집중될 수 있으며 자칫 개인의 정보활동 자유와 경제적 이익 창출을 가로막는 제재 요인으로 작용하기 쉽다는 지적도 나온다. 전통적 안보관으로 인해 새롭게 발전하는 사이버 공간의 사회, 문화 교류를 막고 국가의 통제와 패권국가 간의 경쟁만을 양산한다는 점도 부각되고 있다. 하지만 새롭게 진행되고 있는 사이버 공간의 위협을 방지하고 개인의 사이버 공간의 자유로운 향유와 경제적 이익을 창출하기 위한 국가 차원의 대응 전략 마련도 요구된다. 그러므로, 개인과 국가 차원의 행위자 모두 사이버 공격에 대한 대비책이 필요하며, 국가 차원에서 안보적 차원의 사이버 능력 배양과 모든 국가가 합의할 수 있는 사이버 규범 체계 수립도 시급한 상황이다(홍석훈 2019, 53).

III. 사이버 평화를 위한 한국의 대응 방안

한국은 정보통신기술(ICT)의 발달로 세계 최초로 5G기술을 상용화하는 등 자타가 공인하는 ICT 선진국으로 등장하고 있다. 하지만, 사이버 보안 기술은 사이버 선진국으로 인식되는 미국, 일본, 서유럽 국가 등에 상대적으로 뒤쳐져 있다는 평가를 받고 있다. 또한, 남북분단으로 인해 북한으로부터 지속적인 사이버 위협에 처해 있다. 북한은 사이버 공간을 비대칭 전력의 주요 수단으로 인식하는 것으로 파악된다. 북한은 인민군대의 3대 수단으로 사이버 테러, 핵, 미사일 등을 제시하고 있으며 사이버 전력의 저비용, 고효율성에 주목하고 있는 것으로 분석된다.

북한의 사이버 위협에 대한 대비가 중요한데, 사이버 전략에 있어 명확한 목표 설정과 사이버 보복 능력, 경제-정치적 제재 등 다양한 방법과 수단을 통해 적극적으로 대응해야 한다는 점이다. 북한의 사이버 능력의 강화와 사이버전 배양은 한국 안보에 최우선 고려 사항으로 여겨질 필요가 있다. 따라서, 한국의 대북한 사이버 대처 능력과 사이버전 수행 능력 배양 등 사이버 공간의 능력과 체계를 갖추어야 한다.

표 21.1 김정일, 김정은의 사이버 관련 교시 내용

구분		교시 내용
김정일	사이버 공간의 중요성 강조	• 인터넷은 국가보안법이 무력화되는 특별한 공간이다. • 남한당국이 통제할 수 없는 공간이다(2003. 7.). • 남한 내 인터넷을 적극 활용하라.
	사이버 공격의 중요성 강조	• 사이버 공격은 원자탄이고 인터넷은 총이다. • 21세기 전쟁은 정보전쟁이다. 현대전은 전자전이다. • 전자전에 따라 현대전의 승패가 좌우된다.
	사이버 전력의 강화 강조	• 더 많은 정보전사를 양성하라. • 사이버 부대는 나의 별동대이자 작전 예비전력이다.
김정은	사이버 공격의 중요성 강조	• 사이버전은 핵, 미사일과 함께 인민군대의 무자비한 타격능력을 담보하는 만능의 보검이다(김정은 2013년 8월 정찰총국 군간부들에게).
	사이버 전력의 중요성 강조	• 강력한 정보통신기술, 정찰총국과 같은 용맹한 (사이버) 전사들만 있으면 그 어떤 제재도 뚫을 수 있고, 강성국가 건설도 문제없다(김정은 2013년 4월 7일 정찰총국 해커부대 방문 시).
	사이버 거점 장악과 무력화 지시	• 적들의 사이버 거점들을 일순에 장악하고 무력화할 수 있는 만반의 준비를 갖추라(김정은 2014년 6월 28일 정찰총국 사이버 부대인 121국 비공개 방문 시).
	전략사이버사령부 창설 지시	• 김정은 2012년 북한군 총참모부 정찰총국 산하기구 110호 연구소를 방문해 '전략사이버사령부 창설' 지시

출처: 채재병 외(2019, 67).

지난 우리 정부는 사이버 안보가 국가안보에 있어 필수 영역으로 인식되어야 한다는 점을 거듭 강조하고 있다. 한국 정부는 2018년 12월 국가안보와 관련한 한국 정부의 최상위 전략 문서라 할 수 있는「국가안보전략」을 발표하였다. 그리고 이듬해인 2019년 4월에는 사이버 안보 관련 기본 방침을 제시한「국가사이버 안보전략」을 발표하였고, 같은 해 9월에는 중앙 관계부처 합동으로 보다 구체적인 내용들을 담은「국가 사이버 안보 기본계획」을 발표하였다(관계부처 합동, 2019.9.3.). 이처럼 사이버 안보 분야에 관한 관심이 중요

한 이슈로 부각되고 있다. 무엇보다 21세기 진화하는 4차 산업혁명 시대에 사이버 공간의 평화적 활용을 위해서는 기존의 사이버 위협 대응체계를 뛰어넘는 포괄적 대응 방안이 논의되어야 할 것이다.

즉, 사이버 안보가 포괄적 안보 개념으로 확장되고 있다는 인식에서 전술한 인간안보의 중요성과 결부되어 고려되어야 한다. 즉, 최첨단 정보통신과 AI 등 첨단기술의 발전 환경은 4차 산업혁명 시대로 이끌었으며 새로운 안보 위기를 조성하고 있다는 점이다. 이제 국가 차원에서의 사이버 안보 강화 전략은 보다 치밀하게 마련되어야 할 시점이다. 코로나19 팬데믹으로 인해 세계경제의 저성장이 일반화하고 신자유주의적 경제질서가 와해되는 뉴노멀 시대가 정착될 가능성이 커지고 있다. 이러한 세계질서 변화가 인간의 이동의 자유와 시민사회의 접촉 범위를 제한하게 만든다면, 사이버 공간은 보다 고도화되고 확장될 가능성은 더욱 커질 수 있다. 또한, 4차 산업혁명 시대에 사이버 공간은 개인의 자유와 경제적 이익을 확대시킬 수 있는 미래 공간이라는 점을 새롭게 인식해야 한다. 즉, 전통적 안보에 매몰된 사이버 안보 정책 추진은 새롭게 발전하는 사이버 공간의 개인의 가치 창출, 경제적 이익 확대, 시민사회의 교류확대를 막을 수 있다. 국가 중심의 사이버 통제 강화는 패권국가 중심의 보편화된 규범을 만들 수 없으며, 패권국가 간의 전략적 경쟁만을 양상할 수 있다. 전통적 안보적 접근은 4차 산업혁명 시대에 개인의 경제적 이익 확대와 정보자유권을 막는 제재 요인으로 작용할 수 있다는 것에 유의하여야 할 대목이다.

사이버 공간의 평화적 활용법은 향후 모든 국가, 개인이 고민해야 할 사안이며 4차 산업혁명 시대에는 사이버 공간이 새로운 경제적 이익과 권익을 보장하는 적극적 평화체제로 만들어 나가야 할 필요성이 제고되어야 한다. 국가 간 사이버 공격과 테러 문제, 개인 간 사이버 범죄 등 사이버 공간의 부정적 요소를 줄여나가면서 사이버 공간의 평화적 활용 방안에 대한 적극적 논의가 필요한 시점이다.

기술적 고려 사항으로 디지털, 적응형 보안 및 사물인터넷, 클라우드의 신종 위협 등에 대응하기 위해 하드웨어를 내장한 융합 보안기술이 필요하다. 특히, 국가 차원에서 내·외부망 분리 규정에만 매몰되지 않고 보다 세부적인 구분을 통해 적합한 보안기술과 정책을 수립해야 할 것이다. 기존의 사이버 안보가 정보통신기술 산업의 보안에 치중한 데 반해 CPS 안보 문제로 확대·변화하고 있으며 기존의 일괄적인 사이버 안보 대책에서 특성에 따른 안보 대상과 패러다임, 안보시스템 구축 등의 기술적·법적·제도적 변화가 요구된다.

또한, 개인적 차원의 사이버 범죄와 테러에 대한 노출에도 주목해야 한다. 사이버 범죄는 해킹 기법이나 프로그램 등을 손쉽게 구하거나 거래할 수 있어 문제의 심각성 갈수록 증가하고 있으며 그 파장도 커지고 있다. 최근 사이버 범죄와 테러는 경제·정치적 목적으로 확대되고 있다. 이에 대한 방어와 피해 확산을 막기 위해 조직체제 정비와 제도적, 기술적 대응 능력을 점차 향상시켜 왔으나, 현실적 취약점들이 비판받아 왔다.

한국은 이미 공공기관과 국방망 해킹까지 다양한 사이버 테러와 위협을 경험하였기에, 사이버 안보 역시 전통적 안보와 비전통 안보의 통합적 접근법을 통해 사이버 위협, 재난과 테러, 질병과 같은 초국가, 비군사적 안보위협에 포괄적으로 대응해야 하며 정부가 적극적으로 추진하면서 글로벌 사이버 평화체제를 구축해야 할 것이다.

물론 지난 우리 정부는 사이버 공간의 안전을 위해 국가적 차원의 대응체계 구축에 힘써 왔다. 하지만 여전히 사이버 안보 대응체계의 통합화와 법률 부재 및 분권화 문제가 거론되고 있다. 따라서, 국가 차원에서 사이버 공간의 평화적 활용을 위해 적극적 사이버 평화체제 구축을 지향해야 할 것이다. 다만, 전통안보적 관점에서 군사 분야에서의 사이버전 공격에 대비한 우리 군의 사이버전 방어·공격 능력 확대는 필수적이다. 하지만 사이버 평화체제 구축을 위해서는 정부와 민간과의 정보 공유가 필요하고 사이버 전문가 그룹이 참여하는 사이버 안보 거버넌스 구축이 요구된다.

미국은 사이버 안보 분야에서는 사이버 안보 문제를 국내 문제로 다루면서도 동맹국과 우호국과의 공동 대응과 국제사회와의 협력과 공조체계의 거버넌스를 구축하는 방식으로 다루고 있다. 이러한 거버넌스는 실제 공격적으로 이루어진 사이버 공간의 무차별적이고 복합적인 안보위협에 대응하여 보다 효과적으로 대응할 수 있는 시스템으로 작동할 수 있었다는 점은 주목해야 할 것이다. 즉 다양한 국가 및 행위자들 간의 정보 공유를 통해 공격자의 신원을 특정할 수 있었고, 민간 전문가의 역량을 통해 실질적으로 랜섬웨어의 확산 경로를 차단할 수 있었으며 그 거버넌스의 가운데 미국 정부가 중심축으로 역할하였다. 사이버 공격에 대응하기 위해 국내적으로는 민간과 공공이 함께 하는 집단 방어체계뿐만 아니라, 국제적 파트너십을 통한 공동 대응 체계 구축의 필요성을 강조했다. 지난 워너크라이 사건에서 미국은 IT 기업과의 협력을 바탕으로 국내적 네트워크를 기반으로 대응하면서도 공격 대상 국가들과의 정보 공유를 통해 국제적 협력을 도모했으며, 이러한 거버넌스적 대응을 실제로 적용함으로써 국제사회의 협력적 사이버 안보 실현을 확인하는 계기가 되었다는 점은 그 사사점이 크다(홍건식 2021, 208).

이러한 사이버 공간의 평화를 위해서는 국가정책의 기조 마련과 실천 방안이 요구될 것이다. 지난 2022년 5월 출범한 윤석열 정부는 최정예 사이버 보안 인력 10만 명을 양성하고, 디지털 강국을 만들겠다고 밝혔고, 질적인 성장을 위해 특성화 대학과 융합보안대학원을 확대하는 한편 실무 능력을 강화하기 위한 사이버 훈련장도 확대한다고 발표했다(이상우 2022). 즉, 정부는 사이버 보안 분야 국정과제로 민·관·군의 유기적 협력을 통한 안보 대응 능력 강화, 국가 기간시설과 일상 관련 보안 강화, 국가 전략방위산업으로서 사이버 보안 육성 등을 제시했다. 특히 이를 위한 인력을 오는 2026년까지 최대 10만 명을 키워낸다는 계획이다. 또한, 지난 대통령직인수위원회에서 대통령 직속으로 과학기술정보통신부·국가정보원·국방부 등으로 분산된 사이버 보안 지휘 체계를 통합하는 컨트롤타워인 '사이버 안보위원회' 신설을 약속하기도 하였다.

IV. 나가며

사이버 공간의 적극적 평화체제 구축은 국내·국제적으로 연계하여 추진되어야 한다. 전통적 안보 차원에서 '사이버 안보' 대응체계를 갖추고, 포괄적 안보 차원에서 국민의 인권과 번영이 보장되는 '적극적 사이버 평화체제' 수립이 동시에 요구된다. 글로벌 차원에서 진화하는 4차 산업혁명 시대에 사이버 공간의 평화적 활용과 인류 보편적 가치 규범 확립은 매우 중요한 사안이다. 사이버 공간의 안전은 국가 및 개인적 차원에서 동시에 다루어야 한다. 국가적 차원의 사이버 안보 보장책과 인간안보적 차원에서의 개인의 자유성과 경제성을 보장되는 '사이버 공간의 구조적 평화체제' 구축이 실현되어야 한다. 앞서 기술한 바와 같이 사이버 안보 문제는 정보통신기술 발전과 인터넷망의 확충으로 인해 공공·민간 부문이 상호 연결되어 있어 전통안보의 군사 분야를 초월하고 있기 때문이다.

먼저, 국가 차원의 사이버 안보체계 구축을 통한 사이버전 대응 방안을 논의해야 한다. 즉, 우리 정부는 국가전략 차원에서 사이버 공간과 사이버전에 대한 분명한 목표와 방법, 수단을 마련해야 할 것이다. 따라서, 사이버전을 대비한 군사 분야의 사이버 역량 강화도 추진해야 한다. 사이버 공격은 지능화되고 조직적인 방법으로 발생하고 있다. 북한의 사이버 위협뿐만 아니라 국제적 수준의 사이버 위협은 증대되고 있어 국가안보 차원에서 사이버 공격에 대한 안보 무기체계와 기술력 확보가 요구된다. 종합적인 사이버 안보 무기와 사이버 방호체계 구축이 필요한 것이다.

국가 차원의 사이버 안보 전략을 발전시키기 위해 동맹국인 미국의 사이버 안보와 대북한 사이버 위협 대응책이 한국에 주는 시사점을 다시 한번 상기할 필요가 있다. 북한의 사이버 공격에 대해 미국은 대북 사이버 보복공격과 함께 경제·정치적 대북제재 방식으로 적극적 대처를 추진하였다는 점이다. 즉, 미국은 사이버 안보 전략에 있어 명확한 목표 설정과 사이버 보복 능력, 경제·정치적 제재 등 다양한 방법과 수단을 통해서 북한과 같은 사이버 위협국에 적극적으로 대응했다(홍석훈 2022, 151). 따라서, 한국은 북한의 사이버 능력의 강화와 사이버전 배양을 국가안보의 최우선 고려 사항으로 인식해야 할 필요가 있다. 한국의 대북한 사이버 대처 능력과 사이버전 수행 능력 배양 등 사이버전에 대비한 기술력과 체계를 갖추어야 한다.

둘째, 사이버 공간의 평화를 위해 가치 규범 확립이 필요하다. 사이버 안보에 대한 글로벌 규범 창출도 같이 고려되어야 한다. 사이버 공간의 평화는 국가 간 협력과 공조 없이는 궁극적인 개인의 안전과 국가의 안보를 방어할 수 없다는 인식에서 출발하기 때문이다. 이러한 사이버 공간의 적극적 평화 인식은 국가·사회·개인 차원의 포괄적 평화체제 추진으로 연결되어야 한다. 한국도 사이버 공간에 대한 '글로벌 공공재(global goods)' 창출을 위해 보편적 가치를 마련해야 한다. 인권과 민주적 가치의 보편적 가치를 중심에 두고 글로벌 협력과 규범 창출을 통해 사이버 공간의 적극적 평화체제를 만들어야 한다.

셋째, 사이버 평화를 위해 국내적으로 사이버 안보 체계를 민관 정보 공유 기반 모델로 정립하고, 민관 협력적 입법을 통한 사이버 안보 거버넌스의 제도적 장치를 마련해야 한다. 이를 위해 국회 차원의 합의를 통한 민·관·군의 제도적 사이버 안보 대응체계를 구축해야 할 것이다. 국제적으로 기존 한미 동맹을 활용하여 사이버 미래전을 대비하고 국제사회와의 공조와 협조 시스템을 갖추어야 한다. 특히, 북한의 사이버 위협에 한미 간 공동 대응이 필요하고 이는 양국의 공동의 이익에도 도움이 된다는 점을 강조할 필요성이 있다. 이러한 사이버 안보 거버넌스 구축과 국제적 협력체계를 확대해 나갈 때 사이버 공간의 평화는 확대되고 확립될 수 있을 것으로 기대된다.

마지막으로 사이버 공간의 평화를 위해 한국의 글로벌 중추 국가로서의 역할이 기대된다. 지난 5월 한미정상회담에서 양 정상은 한미동맹의 '포괄적 글로벌 전략동맹'으로의 발전을 확인하였다. 반도체 산업을 중심으로 전략적 경제·기술 파트너십을 통한 글로벌 동맹 강화가 주요 사안으로 논의되었다. 이는 발전된 반도체 기술을 바탕으로 향후 진화할 사이버 공간에서 인류 보편적 가치 중심의 국제질서를 한국이 주도할 가능성이 크다는 것을 내포하고 있다. 미래 사회는 고성능·저전력·초소형·초경량의 반도체 기술 보유국이 향후 AI 디지털 시대의 국제질서를 재편하게 될 것이다. 한국은 민주화와 산업화를 동시에 달성한 국가로서 4차 산업혁명 시대에 반도체 중심의 미래 산업을 주도하면서 글로벌 공공재를 창출할 수 있는 가치를 갖고 있다고 생각된다.

여기에 미래 산업을 주도할 인공지능, 반도체 산업 등 국가 차원의 대응과 준비가 필요한 시점이다. 전술한 바와 같은 의미에서 우리 정부는 포괄적인 거버넌스와 컨트롤타워 구축을 통해 효과적인 미래산업 정책을 마련하고 각 부처 및 민관이 협력할 수 있도록 노력해야 한다. 또한, 미래 사회를 준비하고 대처하기 위해 AI 기술의 고도화를 추진하면서 인공지능의 사회적 규범과 적용에 일어날 수 있는 문제점들에 대한 선제적 대응이 필요하다. 동시에 반도체 산업 및 AI 혁신과 반도체 산업 등의 미래 산업 발전을 위한 규제 완화 정책과 미래 산업에 대비한 사회 인프라 구축 및 인재 양성 방안도 요구된다.

참고문헌

김소정·김규동. 2017. "UN 사이버 안보 정부전문가그룹 논의의 국가안보 정책상 함의." 『정치·정보연구』 20(2): 87-122.

이상우. 2022. "사이버 보안 인재 10만명 양성." 아주경제, 2022.7.13. https://www.ajunews.com/view/20220713171109272 (검색일: 2022.7.25.).

조준형. 2022. "시진핑, 달러 패권에 맞설 SCO 독자 결제시스템 제안." 연합뉴스, 2022.9.17. https://www.yna.co.kr/view/AKR20220917000300083?input=1195m (검색일: 2022.10.10.).

채재병·이상현·김일기·김상규. 2019. 『주변국의 사이버 환경과 한반도 평화체제 구축』. 통일연구원.

홍건식. 2021. "미국의 사이버 안보 거버넌스 구축과 대응: '워너크라이(WannaCry)'를 중심으로." 『동서연구』 33(2): 191-217.

홍석훈. 2019. "국제정치학적 관점에서의 사이버 안보 논의와 국가차원의 대응전략." 『국가안보와 전략』 19(2): 37-75.

_____. 2021. "인공지능 기반 사회를 대비한 미국의 AI 전략과 정책: AI R&D 분야를 중심으로." 『한국과 국제사회』 5(4): 203-224.

_____. 2022. "미국의 사이버 안보와 대북한 대응." 『미래융합연구』 1(1).

홍석훈·정영애. 2020. "북한의 사이버 공격 역량의 진화: 사이버 공격 사례 분석을 중심으로." 『평화학연구』 21(2): 125-143.

Buzan, Barry. 2004. "A Reductionist, Idealistc Notion that Adds Little Analytical Value." *Security Dialogue* 35(3): 369-370.

5th GENERATION CYBER ATTACKS ARE HERE AND MOST BUSINESSES ARE BEHINDA New Model For Assessing and Planning Security, (Check Point Software Tech-

nologies Ltd., San Carlos, 2018), 3-8. Accessed October 20, 2021. https://www.
checkpoint.com/downloads/productrelated/whitepapers/preventing-the-next-me-
ga-cyber-attack.pdf

https://www.whitehouse.gov/ostp/news-updates/2021/05/05/the-biden-adminis-
tration-launches-ai-gov-aimed-at-broadening-access-to-federal-artificial-in-
telligence-innovation-efforts-encouraging-innovators-of-tomorrow/ (검색일:
2022.9.15.).

https://www.whitehouse.gov/ostp/news-updates/2021/05/05/the-biden-adminis-
tration-launches-ai-gov-aimed-at-broadening-access-to-federal-artificial-in-
telligence-innovation-efforts-encouraging-innovators-of-tomorrow/ (검색일:
2021.5.15.).

남북 사이버 공간의 특성과
한반도 사이버 데탕트를 위한 과제

나용우 통일연구원

I. 한반도 사이버 공간의 의미와 특성

정보통신기술(ICT)의 발전에 따라 인류는 사이버 공간을 새롭게 탄생시켰다. 세계가 초연결사회로 전환되면서 사이버 공간은 물리적 현실과 유리되어 존재하는 가상공간이 아닌 시공간적 차원에서 현실세계와 밀접하게 결합되고 있다. 이러한 초연결사회는 이제 가상공간과 현실세계가 융합된 '가상공존세계'인 메타버스(Metaverse) 시대로까지 발전하고 있다. 이러한 급격한 변화 속에서 인간의 삶은 발전된 기술의 혜택으로 편리해지는 동시에, 기술의 진보로부터 발생하는 위협들이 새롭게 등장하면서 개인, 사회 및 공동체에 엄청난 피해를 끼칠 수 있다. 개인 차원의 해킹, 보안 침해 수준에서 시작된 사이버 공격은 이제 국가의 공공기관 혹은 사회기반시설까지 그 대상을 확대시키며 사회 전반에 상당한 피해를 끼치고 있다. 다시 말해서 사이버 공간에서 제기되는 위협이 이제 안보의 영역에서 심각한 위협이 되고 있다.

새로운 전략 영역인 사이버 공간은 기존의 육지, 바다, 하늘, 우주 등 물리적 공간과는 근본적인 차별성을 갖는다(나용우 2017, 32-33). 첫째, 사이버 공간은 지리적 특성을 초월함으로써 무정부적 속성을 갖는다. 둘째, 고도의 익명성이 보장되며, 다양한 주체들이 은밀하게 활동할 수 있다. 셋째, 행위자의 능력을 결정하는 전통적인 물리적 자원들과 달리 낮은 진입 비용으로도 상당히 큰 효과를 낼 수 있다.

문제는 사이버 공간이 지리적 한계에 제약되지 않기 때문에 국가의 관할권 혹은 주권의 영역에 포함되어야 하는지 국가성에 대한 근본적인 의문을 제기한다는 것이다. 사이버 공간은 배타적 관할권이 존재하지 않기 때문에 사이버 공간은 사실상 무정부적 상황에 놓여 있게 된다. 익명성과 다양성이라는 속성에 의해 사이버 공간에서 인간, 기업, 국가 등 기존의 행위자들이 자신들의 위치나 존재를 분명하게 특정짓기 어렵게 만든다. 이러한 상황에서 공격이나 침해행위의 가해자는 심리적으로 안전하고 편안하게 은밀한 공격을 감행할 수 있다. 또한 사이버 공간은 물리적 공간보다 진입 비용이 낮지만, 그것이 효율성이 오히려 높다. 이러한 낮은 진입 비용은 '기술발전의 역설(a paradox of technological development)'을 야기한다. 초연결사회가 고도화될수록, 즉 사회가 고도의 네트워크로 연결되어 상호 의존이 심화될수록 소규모의 오류와 저강도의 공격에 의해 충격을 받을 가능성이 오히려 높아진다(Jabbour and Ratazzi 2013, 41-42; 민병원 2015, 88). 다시 말해, 사이버 영역에서 보다 혁신적이고 최첨단의 시스템을 보유 및 운영하고 있는 국가가 오히려 빈약한 시스템을 운영하고 있는 경쟁국의 사이버 공격 또는 위협에 쉽게 노출되는 취약성을 갖는다(유호근·설규상 2017, 246). 이처럼 사이버 공격은 기존의 물리적 공격(재래식 혹은 핵 공격)보다 상당히 낮은 비용으로 수행할 수 있는 반면, 사이버 방어는 기술이나 비용의 측면에서 훨씬 큰 부담을 갖게 된다. 이런 점에서 사이버 능력은 재래식 군사력의 불균형을 역전시킬 수 있는 효율적인 비대칭전략으로 기능할 수 있다(민병원 2015, 92; 장노순·한인택 2013, 604).

이러한 속성을 지니는 사이버 공간이 강력한 군사안보적 대치로 연결된 한반도에서 어떠한 양상으로 나타나고 있는지 살펴볼 필요가 있다. 사이버 위협의 관점에서 한국은 세계 다른 국가들과는 상이한 환경에 직면해 있다. 군사안보적으로 대립하고 있는 북한이 강력한 사이버 전력을 갖추고 있기 때문이다. 2021년 2월 네드 프라이스(Ned Price) 미 국무부 대변인은 북한의 핵·탄도미사일 프로그램 못지않게 사이버 활동을 심각한 위협으로 간주할 것임을 언급했으며, 미국의 국가정보국(Office of the Director of National Intelligence, DNI)의 2022년 연례위협평가(Annual Threat Assessment) 보고서에서 중국, 러시아, 이란과 함께 북한 역시 주요 사이버 위협을 제기하는 국가로 명시하고 있다(DNI 2022, 4). 이스라엘의 사이버 보안기업 체크포인트(Check Point)는 북한의 해킹 능력을 세계 5위 수준이라고 평가한 바 있으며(박은주 2020, 19), 미국과 러시아 다음으로 북한이 세계 3위 수준의 사이버 능력을 갖고 있다고 평가되기도 하고 세계 6위의 종합 사이버 전력을 보유하고 있다는 의견도 있다(배달형 2014, 153-154; 나용우 2017, 42).

이렇듯 고도화되고 있는 북한의 사이버 위협 혹은 공격은 단지 발생 가능성의 차원을 넘어 실제 한국의 안보를 위협하는 현실이 되고 있다. 북한은 사이버 공간을 전략적으로 중요한 전장으로 인식하고 있으며, 사이버 역량을 전통적인 군사전략에 결합해 활용하는 중요한 전력으로 활용하고 있다. 결국 남북한 간 전통적 안보 영역이 사이버 공간으로 그대로 투영되고 있다. 남북한 정보화 수준의 격차로 인해 북한은 공격자로서, 한국은 방어자로서의 위치가 계속되고 있다. 또한 남북관계의 방향에 따라 협력과 갈등이 반복되어 온 이슈 영역들과 달리 사이버 공간은 한반도 정세와 크게 커플링되지 않고 있다는 특징도 있다.

II. 북한의 사이버 역량과 실제 위협들

북한의 사이버 공간은 철저히 국가의 중앙통제 하에서 폐쇄적인 방식으로 운영되고 있다. 대다수 국가들과 달리 북한은 대내적으로 인트라넷, 대외적으로 인터넷을 사용하는 공간의 분리를 통해 사이버 위협에 대응하고 있다. 이러한 인터넷-인트라넷 분리 정책은 국가안보에 중점을 둔 독특한 방식의 방어적 사이버 전략에 기인한 것이다.[1] 북한은 사이버 공간을 새로운 전략 공간으로 간주하고, 사이버 전략을 북한 군사전략의 핵심 요소로 활용하고 있다. 김정일이 "20세기 전쟁은 기름전쟁이고 알탄 전쟁이라 한다면, 21세기 전쟁은 정보전쟁"이라 언급하면서 핵무력과 함께 사이버전 등 비대칭능력 강화를 강조했던 것에서도 잘 드러난다(윤민우 2014, 118). 사이버 테러, 핵, 미사일을 인민군대의 3대 핵심수단으로 제시하고, 사이버 전력을 3대 비대칭 전력 중 하나로 간주하고 있다(임종인 외 2013, 15). 저비용-고효율이라는 사이버 전력이 갖는 효율성, 편리한 활용과 신속한 확산, 익명성 보장으로 인한 제재와 보복의 어려움 등 사이버 공격의 특성을 잘 인식해 전략무기로 적극적으로 활용하고 있다(이상호 2009). 김정은 시대 들어서며 북한은 사이버 능력을 더욱

....

1   사이버 공간의 발전과 체제 위협 그리고 인터넷 개방과 통제라는 딜레마 상황을 극복하는 전략으로 '선(先) 통제 후(後) 활용'이라는 방어적 전략을 선택한 것으로 분석되기도 한다(고경민·이희진·장승권 2007).

강화하고 있다. 그는 사이버전을 "핵미사일과 함께 우리 인민군대의 무자비한 타격능력을 담보하는 만능의 보검"으로 언급하였으며, 그에 따라 사이버 전사의 육성에도 힘쓰고 있다. 특히 그는 사이버 역량이 사이버전에 대한 대비, 과학 및 군사기술의 탈취, 대남 공작, 외화 획득 등의 전략적 목적을 달성하기 효과적인 수단임을 잘 인식하고 있는 것이다.

동시에 북한의 사이버 공격은 전통적인 안보에도 큰 영향을 미칠 수 있는 전략적 수단이기도 하다. 적대국인 한국과 미국의 군사계획을 저지시키거나 교란시키는 방식으로 정보 또는 지휘통제 시스템을 해킹할 수 있으며, 핵무기 및 대량살상무기의 지속적 개발과 재래식 전력의 현대화를 위해 충분한 자금을 확보할 수 있고, 정보수집과 수익창출 목적의 해킹을 통해 적대국의 전반적인 경제에 직접적 피해를 끼칠 수 있다(베넷 외 2022, 57-58).

최근 북한의 사이버 능력 강화 추세는 몇 가지 모습에서 확인할 수 있다. 첫째, 가상화폐 기술을 확보하기 위해 노력하고 있다(동아일보 2022.4.26.). 유럽 친북단체 조선친선협회 창립자 알레한드로 카오 데 베노스와 가상화폐 사업가 크리스토퍼 엠스는 2019년 4월 평양에서 가상화폐 컨퍼런스를 개최하고, 돈세탁과 국제사회 제재 회피를 위한 블록체인 및 가상화폐 기술 사용법을 교육하였다. 또한 가상화폐 전문가 버질 그리피스를 컨퍼런스에 섭외하였으며, 이들은 컨퍼런스 이후에도 가상화폐 추가 기술을 북한에 제공하고 다른 전문가들을 북한에 소개하였다. 둘째, 사이버 공격 조직이 더욱 다양화되고 있다. 북한의 사이버 공격 조직은 당·정·군 산하에 산재하고 있으며, 총참모부, 정찰총국, 통일전선부와 문화교류국에 소속되어 있는 것으로 알려지고 있다(김일기·김호홍 2020, 94). 김정은 시대 들어서며 대남·해외 정보활동을 선진화·고급화하기 위한 노력을 기울여 왔으며, 정찰총국의 기술정찰국을 중심으로 사이버 역량을 강화하고 있다(김일기·김호홍 2020, 91). 최근 미국의 사이버 보안업체 맨디언트(Mandiant)가 파악한 북한 사이버 공격 조직은 〈그림 22.1〉과 같다.

　마지막으로 사이버 범죄 집단을 연계해 사이버 공격을 감행하고 있다는 것이다. 북한과 연계된 사이버 범죄 집단은 중국, 러시아, 인도 등지에서 활동하고 있는 것으로 파악되며, 이들은 해당 국가들로부터 기술 공유, 교육 연수, 관리자의 묵인 등의 혜택을 받고 있다(Bartlett 2020). 미국 외교협회(Council on Foreign Relations)에 따르면, 2005년 이후로 34개국이 사이버 공격을 후원한 것으로 추정되며, 중국, 러시아, 이란, 북한이 의심되는 모든 공격의 77%를 후원했다고 한다(김소정 2022, 1).

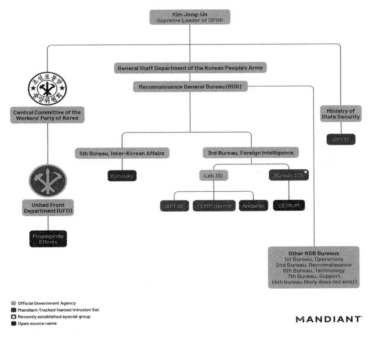

그림 22.1 북한의 사이버 프로그램 조직

출처: Barnhart et al.(2022).

북한의 사이버 전력 체계에서 가장 핵심적 기관은 정찰총국 산하의 121국이며, 그 규모도 약 3,000~6,000명 수준으로 알려져 있다. 라자루스, 블루노르프, 안다리엘, APT37, APT38, 김수키, 탈륨 등이 북한과 연결된 대표적 해킹 조직들이며, 이들 그룹들은 대부분 정찰총국의 지휘를 받고 있는 것으로 추정되고 있다(그림 22.2 참조). 한편, 북한에서 사이버 인재를 양성하기 위한 교육기관으로는 김일성종합대학, 김책공업대학, 평양콤퓨터기술대학, 지휘자동화대(미림대학) 등이 있으며, 2019년 37개 대학에 정보보안학과, 나노재료공학과, 로봇공학과 등 정보화와 첨단과학 분야의 학과를 신설하고, 4월부터 교육과정을 시행하고 있다(로동신문 2019.9.3.).

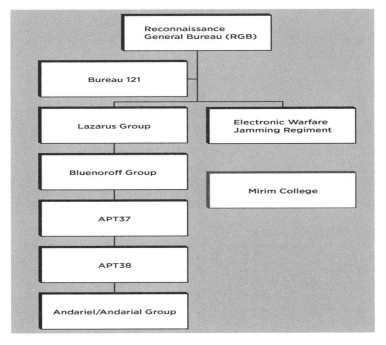

그림 22.2 북한 정부 주도의 사이버 조직 체계

출처: Barnhart(2020).

문제는 이러한 북한의 사이버 역량 강화가 한국 또는 국제사회에 대한 실질적인 위협으로 전개되고 있다는 것이다. 2009년 7월 7일 DDos 공격을 시작으로 2013년 3월 20일 방송·금융전산망 해킹 사건, 2014년 한수원 문서유출 사건, 2016년 9월 국방망 해킹 사건 등 북한에 의한 사이버 공격은 계속되고 있다. 국정원은 국회 정보위 업무보고를 통해 2022년 들어 국내 사이버 공격 시도가 하루 158만 건으로 전년 대비 32% 증가했으며, 대부분의 해킹 시도는 북한에 의해 이루어진 것으로 보고한 바 있다(중앙일보 2021.2.17.).

최근 북한의 사이버 공격은 크게 1) 금전 탈취, 2) 정부의 주요 정보 절취, 3) 첨단기술정보 절취, 4) 주요 시설 및 인프라 공격 등의 형태로 이루어지고 있다. 먼저 코로나19로 인한 국경봉쇄와 대북제재의 장기화로 외화 조달에 차질이 생기면서 이를 대체하기 위한 수단으로 사이버 금전 탈취에 나서고 있다. 특히 북한은 가상자산에 대한 사이버 공격을 통해 금전 탈취를 시도하고 있으며, 특히 금융기관, 가상화폐 기업, 가상화폐거래소 등이 주요 대상이 되고 있다.

UN 대북제재위원회 전문가패널 보고서에 따르면, 북한이 지난 2020년부터 2021년 중반까지 북아메리카, 유럽, 아시아 등 최소 3곳의 가상화폐거래소에서 모두 5천만 달러(약 607억 원) 이상 절취했다고 밝혔다(연합뉴스 2022.4.2.). 북한 정찰총국과 연계되어 있다고 알려진 라자루스가 지난 3월 23일 대체불가능토큰(NFT) 게임 '액시 인피니티'에서 6억 2,400만 달러(한화 7,676억 원)의 가상화폐를 탈취했다고 추정되고 있다. 이는 역대 암호화폐 해킹 중 최대 규모의 사건이었으며, 미국 재무부는 지난 4월 라자루스와 연결된 가상화폐 이더리움 지갑을 제재리스트에 추가하기도 했다(아주경제 2022.4.15.). 지난 2월 발표된 블록체인 데이터 플랫폼 기업 체이널리시스의 '2022 가상자산 범죄 보고서'에 따르면, 2019년 이후 북한과 연루된 해킹과 자금 탈취가 꾸준히 증가했고, 2017년~2021년 49차례 해킹을 통해 탈취한 자산 중 아직 세탁되지 않은 가상자산이 1억 7,000만 달러에 이를 것으로 추정하고 있다(김소정 2022, 3).

또한 북한은 2021년 5월 한미 정상회담을 전후로 '스피어피싱(spear phishing)'을 대대적으로 감행하였다. 통일부 이메일을 사칭하여 '월간 북한 동향'과 통일연구원의 '조선노동당 제8차 대회' 분석 자료처럼 보이는 URL을 링크해 공격하기도 했다(보안뉴스 2021.2.24.). 북한은 당시 문재인 정부의 핵심 안보·외교 라인은 물론 정계, 학계, 언론계 등을 대상으로 전방위적인 해킹 공격을 시도한 바 있다(시사저널 2021.6.18.).

또한 코로나19 팬더믹 상황 속에서 백신 및 치료제 등 바이오 산업에 대한 기술 탈취도 시도하고 있다. 월스트리트저널(WSJ)은 코로나19 백신 및 치료제 기술 절취를 위해 북한이 제넥신과 신풍제약, 셀트리온 등 한국 제약회사 3곳과 미국의 존슨앤드존슨, 노바백스, 영국의 아스트라제네카를 목표로 삼았다고 보도하기도 했다(연합뉴스 2020.12.2.). 실제 국가정보원 국회 정보위원회 보고에 따르면, 북한이 화이자에 대한 해킹 시도, 국내 코로나19 백신·치료제 원천기술에 대한 탈취 시도가 발생했다고 하였다(연합뉴스 2021.2.16.). 북한은 방위산업을 포함한 첨단 산업기술의 절취를 지속적으로 시도하고 있으며, 2021년 6월 신형 잠수함 등 각종 함정을 건조하는 대우조선해양과 같은 해 7월 원자력 추진 잠수함에 필요한 소형 원자로 개발 중인 한국원자력연구원에 대해서도 해킹하였다.

하버드대 케네디스쿨 과학국제문제벨퍼센터가 발표한 '국가사이버 역량 지표(NCPI) 2022'에 따르면, 8가지 기준에 따라 세계 30개국의 사이버 역량을 비교해 발표하였다.[2] 앞서 살펴본 것처럼, 해커 양성 및 사이버 공격에서 북한의 사이버 역량이 상당할 것이라는 평가가 많았지만, 종합적인 사이버

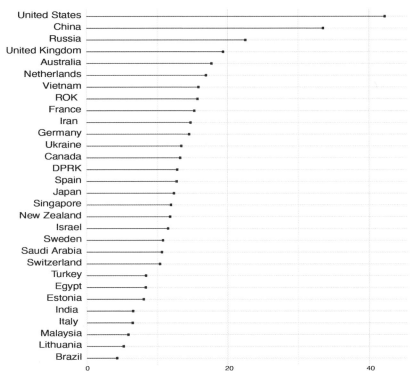

그림 22.3 2022 국가사이버 역량지수

출처: Voo, Hemani & Cassidy(2022, 10).

역량은 세계 14위(한국은 7위)로 종합역량은 낮은 편이다. 북한은 금융 분야에서만 1위를 차지했는데, 이는 해외 금융기관의 정보통신 기반을 공격하거나, 해킹으로 정보를 빼내는 등 사이버 위협을 수행할수록 이 부문의 수치가높게 나온다는 점에서 북한의 최근 금전 탈취행위가 많아졌음을 보여주고있다.

....

2   국가사이버 역량지수(NCPI)는 지난 2020년부터 발표하고 있는 지표로, 사이버 방어능력, 공격능력, 인터넷 정보 통제력, 해외정보 수집력, 금융 등 8개 분야에 점수를 매겨 수치를 종합해 순위를 평가하고 있다(Voo, Hemani & Cassidy 2022, 10).

III. 한국의 대응과 한반도 사이버 데탕트를 위한 과제

이렇듯 북한의 사이버 역량 강화 추세와 대남 공세 속에서 우리 정부는 어떻게 대응해야 할 것인가? 국내 정책적, 국제적, 기술적 차원에서 대응체계를 구축할 것을 제시한다. 우선 「국가사이버안보전략」에 기반해 대응할 필요가 있다. 2019년 4월 발표된 「국가사이버안보전략」에 따르면, △국가 핵심 인프라 안전성 제고, △사이버 공격 대응 역량 고도화, △신뢰와 협력기반 거버넌스 정립, △사이버보안 산업 성장기반 구축, △사이버보안 문화 정착, △사이버안보국제협력 선도 등 6대 전략과제를 제시하고 있다. 최근 「국가정보원법」 개정으로 국가정보원이 국제 및 국가 배후 해킹조직 등 사이버 안보에 관한 정보의 수집·작성·배포의 직무를 수행하는 법적 근거를 확립하였다.[3] 청와대 국가안보실이 컨트롤타워의 기능을 수행하고 있으며, 국가안보실 1차장 산하 '신기술-사이버 안보비서관'이 담당하고 있다. 그러나 사이버와 신기술을 함께 묶어 대응하는 것은 사이버와 신기술 각각에 대한 중요성을 간과했었다. 윤석열 정부는 사이버안보비서관을 신설해 국가안보실 2차장 산하로 배치함으로써, 중요성이 더해지는 사이버 전략 및 공격에 보다 효과적으로 대응하려는 의지를 보이고 있다.

국내적 대응체계의 안정화와 함께 한미동맹에 기반한 대응체계도 마련해야 한다. 문재인 대통령과 바이든 대통령은 지난 2021년 5월 한미 정상회담에서 랜섬웨어 공격에 대처하기 위해 법집행 및 국토안보기관 간의 협력을 강화하는 사이버워킹그룹을 신설하기로 합의한 바 있다. 또한 윤석열 대통령은 한미 정상회담에서 북한으로부터의 다양한 사이버 위협에 대응하기 위한

....

3　「국가정보원법」 제4조 제1항 제1호 마목.

협력 확대에도 합의했다(전자신문 2022.5.16.). 이렇듯 북한, 그리고 글로벌 차원의 사이버 공격에 대해 한미 사이버워킹그룹을 중심으로 한미동맹 차원에서 대응하는 것이 중요하다. 마지막으로 기술적 차원의 대응체계도 준비해야 한다. 북한의 사이버 위협에 대한 취약성을 감소시키기 위해서는 사이버 공격에 대한 모니터링과 조기경보체계, 취약성 평가, 신속한 위기대응 체계 가동 및 복구 등을 통해 위협, 취약성 및 결과 발생을 감소시키도록 유도함으로써 북한발 사이버 위협에 효과적으로 대응하는 자세가 필요할 것이다(김보미·오일석 2021, 25).

이렇듯 전통적 안보구조가 사이버 공간에까지 확장되고 있는 한반도의 상황에서 남북 간 사이버 협력, 나아가 사이버 데탕트가 이루어지기 위한 조건은 무엇인가? 2018년 평양에서 9.19 군사 분야 합의서 체결로 남북 간 군사적 신뢰조치가 시작되기도 하였지만, 당국 간 회담 또는 민간 차원의 협력에서 사이버 분야가 의제로 상정된 적은 아직까지 없었다.

한반도 사이버 데탕트를 추진하기 위해서 북한이 사이버 공격 혹은 위협으로부터 얻게 되는 이익을 최소화하거나, 사이버 협력을 통해 얻는 이익을 확대하는 것이 필요하다. 한국이 ICT, 사물인터넷(IoT) 등 첨단 정보통신기술의 노하우를 북한과 협력하는 것이다. 과거 김대중 정부 시절 남북 간 정보통신협력을 했던 경험을 활용할 수 있다. 북한의 개방이 현실화될 경우 지금과 같은 폐쇄, 단절된 사이버 공간이 유지될 수 없으며 제한적인 수준에서라도 외부 사이버 공간과 연계될 수밖에 없다. 따라서 북한 역시 외부 익명의 세력들로부터 사이버 공격을 받을 수밖에 없어 사이버 안보에 대한 한국 또는 국제사회의 협력이 필요하게 될 것이다. 호주 전략연구소(Australian Strategic Policy Institute)가 2017년 발표한 사이버 성숙도(Cyber Maturity)에 따르면, 북한은 사이버 공간에서의 군의 역할은 한국의 수준에 비견되지만, 거버넌스,

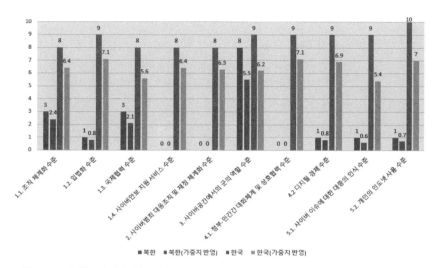

그림 22.4 남북한 사이버성숙도 비교(2017)

출처: ASPI(2017, 57-59, 75-77)를 참조해 필자 정리.

디지털경제, 사회적 참여 등 다른 지표에서는 크게 뒤떨어지고 있는 것으로 확인된다. 북한이 사이버 공격 차원에서만 역량을 강화하고 있다는 점은 우려되는 부분이나, 다른 지표들의 역량 부족은 한국과의 협력 분야가 그만큼 많다는 의미가 된다. 결국 북한은 사이버 분야의 발전에 있어 남북 간 사이버 협력을 통해 수요(needs)를 충족할 수 있을 것이다.

그러나 문제는 전통적 안보 영역에서처럼 사이버 공간에서도 상호 간 불신이 여전하고 저비용-고효율의 특성으로 인해 북한의 사이버 공격 유인이 크다는 것이다. 따라서 남북 간 사이버 협력은 제도적 차원과 이익적 차원에서 동시에 진행될 필요가 있다. 우선 제도적 차원에서 사이버 공간에서 상호 적대행위를 중지하는 협약(가칭 '남북 사이버평화협정')을 체결하는 것이다. 2018년 9.19 군사 분야 합의서를 통해 남북 간 화해협력의 가능성을 보았듯이, 남북 사이버평화협정이 체결된다면 한반도 사이버 공간에서 북한의 사이버 공격은 최소화되거나 억제할 수 있을 것이다. 남북 간 공유이익의 차원에서는 남북 간 사이버 안보 기술의 공동연구 및 개발을 고려할 수 있다. 사이버 안보와 관련된 기술의 공동연구 및 개발이 이루어진다면 사이버 공간에서의 남북협력이 이루어지는 효과를 가져올 것이며, 남북 사이버 공간의 안전과 한반도 사이버 데탕트를 통해 한반도 평화에 기여할 수 있을 것이다.

참고문헌

고경민·이희진·장승권. 2007. "북한의 IT 딜레마와 이중전략: 인터넷 정책과 소프트웨어 산업정책을 중심으로." 『정보화정책』 14(4): 139-158.

김보미·오일석. 2021. "김정은 시대 북한의 사이버 위협과 주요국 대응." 『INSS 전략보고』 147.

김소정. 2022. "북한의 가상자산 탈취 대응을 위한 한·미 협력 고려사항." 『이슈브리프』 395. 서울: 국가안보전략연구원.

김일기·김호홍. 2020. 『김정은 시대 북한의 정보기구』. 서울: 국가안보전략연구원.

나용우. 2017. "초연결융합시대와 사이버안보: 사이버 공간의 안보화와 한국의 사이버안보 강화방안." *Journal of North Korea Studies* 3(2): 29-51.

민병원. 2015. "사이버억지의 새로운 패러다임: 안보와 국제정치 차원의 함의." 『국방연구』 58(3): 85-110.

박은주. 2020. "북한 사이버안보 위협의 증가와 한국의 대응." 『한국보훈논총』 19(4): 9-30.

배달형. 2014. "한반도 전구 4세대전쟁 및 비대칭 위협 관점의 사이버전/사이버심리전 발전방향." KRIS 정책토의회 발표자료.

베넷, 브루스 W. 외. 2022. 『북한의 화생무기, 전자기펄스(EMP), 사이버 위협: 특성과 대응방안』. 랜드연구소·아산정책연구원.

유호근·설규상. 2017. "사이버안보 체계: 거버넌스 형성의 문제와 한국." 『한국정치외교사논총』 38(2): 237-270.

윤민우. 2014. "사이버 안보위협의 문제와 전략적 의미, 그리고 대응방안에 대한 연구." 『국제문제연구』 14(4): 111-147.

이상호. 2009. "사이버전 실체와 미래 사이버 공격 대응방안: 7.7 사이버 공격의 교훈과 대책." 『시대정신』 가을호.

임종인 외. 2013. "북한의 사이버전력 현황과 한국의 국가적 대응전략." 『국방정책연구』 29(4): 9-45.

장노순·한인택. 2013. "사이버안보의 쟁점과 연구경향." 『국제정치논총』 53(3): 579-618.

ASPI. 2017. *Cyber Maturity In the Asia-Pacific Region 2017*.

Barnhart, Michael et. al. 2022. "Blog, Not So Lazarus: Mapping DPRK Cyber Threat Groups to Government Organizations." https://www.mandiant.com/resources/blog/mapping-dprk-groups-to-government (검색일: 2022.4.29.).

Bartlett, Jason. 2020. "Exposing the Financial Footprints of North Korea's Hackers." (Center for New American Security, 2020). https://www.cnas.org/publications/reports/exposing-the-financial-footprints-of-north-koreas-hackers (검색일: 2022.4.30.).

Jabbour, Kamal and E. Paul Ratazzi. 2013. "Deterrence in Cyberspace." Adam Lowther, ed. *Thinking about Deterrence*. Maxwell Air Base: Air University Press.

Office of the Director of National Intelligence. 2022. "Annual Threat Assessment of The U.S. Intelligence Community."

Voo, Julia, Irfan Hemani & Daniel Cassidy. 2022. *National Cyber Power Index 2022*. Cambridge, MA: Belfer Center for Science and International Affairs.

「국가정보원법」

『로동신문』, 2019년 9월 3일.

"국정원 "北, 코로나 백신·치료제 원천기술 해킹시도"(종합)." 연합뉴스, 2021.2.16. https://www.yna.co.kr/view/AKR20210216144252001 (검색일: 2022.5.10.).

"[단독]북한, 안보·외교라인 전방위 해킹...윤건영·박선원·최종건." 시사저널, 1697호 http://www.sisajournal.com/news/articleView.html?idxno=219122 (검색일: 2022.5.16.).

"[美 바이든 방한][전문]한미정상회담 공동성명." 전자신문, 2022.5.16. https://www.etnews.com/20220516000052# (검색일: 2022.6.20.).

"美, 北에 가상화폐 기술 불법 전수한 유럽인 2명 기소." 동아일보, 2022.4.26. https://www.donga.com/news/article/all/20220426/113086559/1 (검색일: 2022.5.16.).

""북, 작년에 가상화폐 4천800억원 훔쳐…중국에 석탄 불법 수출"(종합)." 연합뉴스, 2022.4.2. https://www.yna.co.kr/view/AKR20220401003951072?section=nk/news/all (검색일: 2022.5.16.).

"북한, 셀트리온 등 코로나19 관련 제약사 해킹 시도." 연합뉴스, 2020.12.2. https://www.yna.co.kr/view/AKR20201202177200072 (검색일: 2022.5.10.).

"북한, 화이자 해킹…국내 코로나 백신 기술도 탈취 시도." 2021.2.17. https://www.joongang.co.kr/article/23993570#home (검색일: 2022.5.16.).

"액시 인피니티 해킹은 北 '라자루스' 소행…美 재무부, 북한 암호화폐 지갑 제재." 아주경제, 2022.4.15. https://www.ajunews.com/view/20220415090138346 (검색일: 2022.10.10.).

"통일부 사칭 공격 지속하는 北 탈륨 조직, 이번에는 이메일 계정 탈취 시도." 보안뉴스, 2021.2. 24. https://www.boannews.com/media/view.asp?idx=95162 (검색일: 2022.5.16.).

저자 소개

서론 김상배

서울대학교 정치외교학부 교수이다. 서울대학교 외교학과를 졸업하고 동 대학에서 석사학위를 받은 뒤 미국 인디애나대학교에서 정치학 박사학위를 받았다. 2022년 한국국제정치학회 회장을 역임하였다. 현재는 한국사이버안보학회 회장을 맡고 있다. 대표 저서로는『아라크네의 국제정치학: 네트워크 세계정치이론의 도전』,『버추얼 창과 그물망 방패: 사이버 안보의 세계정치와 한국』,『미중 디지털 패권경쟁: 기술·안보·권력의 복합지정학』등이 있다.

1장 윤민우

가천대학교 경찰안보학과 교수이다. 성균관대학교 정치외교학과를 졸업하고 미국 인디애나 주립대학교에서 석사학위를 받은 뒤 미국 샘 휴스턴 주립대학교 형사사법대학에서 범죄학 박사를 그리고 서울대학교 외교학과에서 국제정치학 박사학위를 받았다. 대표 저서로는『폭력의 시대 국가안보의 실존적 변화와 테러리즘』,『모든전쟁: 인지전, 정보전, 사이버전, 그리고 미래전쟁에 대한 전략 이야기』등이 있다.

2장 박보라

국가안보전략연구원(INSS) 연구위원이다. 동국대학교 경찰행정학과에서 범죄학 박사학위를 받았으며 군 대테러협의회 정책자문위원을 역임하였다. 현재 국가정보원 테러정보통합센터·국방부 정책자문위원과 경찰청·유엔대테러실(UNOCT) 대테러 전문가 그룹, 국방기관업무평가위원으로 활동하고 있다. 폭력적 극단주의 예방과 대응(P/CVE), 사이버·신기술 악용 테러 및 사이버범죄, 마약·인신매매 등 대테러·초국가적 범죄 분야에 관심을 가지고 연구를 진행 중이다. 주요 연구 성과로는 *Good Practices in the Area of Border Security and Management in the Context of Counter-terrorism: The Republic of Korea Model*(2022), "G7 국가 테러동향에 따른 국내 국가중요시설의 테러위험도 분석"(2022), "폭력적 극단주의 예방과 대응을 위한 한국 사례 모색: 아프간 특별기여자 국내 정착 과정을 중심으로"(2022) 등이 있다.

3장 김보미

국가안보전략연구원(INSS) 부연구위원으로 재직 중이다. 핵미사일 프로그램을 비롯하여 당군관계, 군사외교 등 북한 군사 분야 전반을 연구하고 있다. 현재 한국원자력통제기술원 비상임 이사, 통일부 정책자문위원과 합동참모본부 정책자문위원, 민주평화통일자문회의 자문위원 등으로 활동하고 있다. 북한대학원대학교에서 박사학위를 취득하였으며 미시건대학교에서 정치학을 전공하여 학사학위를 받았다.

4장 송태은

국립외교원 안보통일연구부 조교수이다. 서울대학교에서 외교학 박사학위를, 미국 캘리포니아대학교 샌디에고(UCSD)에서 국제관계학 석사학위를, 성균관대학교 정치외교학과에서 학사학위를 취득했다. 현재 정보세계정치학회 총무이사, 한국사이버안보학회 편집위원장, 한국정치정보학회 연구이사, 국회도서관 의회정보자문위원(외교분과)이며, 주요 연구 분야는 신기술, 사이버 안보, 정보전·심리전·인지전, 하이브리드전 등 신흥안보 및 전략커뮤니케이션(SC) 분야를 연구하고 있다. 주요 논문과 보고서로는 "북한의 사이버 위협 실태와 우리의 대응"(2023), "연합 사이버 전력의 역할과 한미 사이버 안보협력의 과제"(2023), "현대 전면전에서의 사이버전의 역할과 전개양상"(2022) "러시아-우크라이나 전쟁의 정보심리전"(2022) 등이 있다.

5장 손한별

국방대학교 군사전략학과 부교수이다. 국가안전보장문제연구소 군사전략연구센터장을 겸직하고 있다. 서울대학교에서 학사 및 석사 학위를, 국방대학교에서 군사학 박사학위를 취득했다. 합동참모본부 전략기획부 실무자로 근무하였다. 국가안보론, 전략기획론, 전쟁론, 핵전략 등을 강의하고 있으며, 주요 관심 분야는 국방전략, 북핵대응전략 및 비확산정책, 한미동맹 이슈 등이다. 주요 논문으로 "핵무기 개발과 국가행위의 변화"(2022), "한국의 군사우주전략"(2022), "포괄적 위험평가의 시론적 검토"(2022), "국방전략서 작성의 이론과 실제"(공저, 2021) 등이 있다.

6장 오일석

국가안보전략연구원(INSS) 연구위원이다. 고려대학교에서 법학 박사학위를 받았다. 주요 연구 분야는 사이버 안보, 신기술과 안보 법제, 에너지 및 보건안보, 신흥안보 분야 남북협력, 계약법과 불법행위법, 국가정보 등이다. 주요 저서와 논문으로는 『입법과정의 이론과 실제』(2016), *Current Legal Issues in South Korea*(공저), *Securing Cyberspace*(공저), "미국과 러시아의 '랜섬웨어' 대응: 갈등과 협력"(공저, 2022), "코로나19 디지털 접촉 추적과 개인정보 보호"(2021), "코로나19 이후 신안보 위협과 대응전략"(공저, 2020), "미국 정보기관 제로데이 취약성 대응 활동의 법정책적 시사점"(2019), "가짜뉴스에 대한 법적 고찰"(공저, 2018) 등이 있다.

7장 김소정

국가안보전략연구원(INSS) 책임연구위원으로 신흥안보연구실장에 재직 중이다. 현재 외교부 장관 과학기술 분야 자문위원, 한-미 사이버안보 워킹그룹 자문위원으로 활동하고 있다. 2004년부터

국가보안기술연구소 정책연구실에서 재직했으며 2015년부터 정책연구실장을 역임했고 한국정보
보호학회 편집위원 및 이사로 활동했다. 2019년 국가 사이버안보 전략 수립 시 자문, 제4차, 제5차
UN 정보안보 정부전문가그룹(GGE) 한국대표단 자문, 주요기반시설 보호를 위한 국제프로세스인
MERIDIAN 프로세스 자문 및 2018 한국 개최 참여, 2013년 서울 스페이스 총회 자문 및 개최에 참
여했다. 주요 관심은 사이버 안보 전략, 정보보호정책, 기반보호정책 등이다. 주요 연구로 "주요국
공급망 정책 검토 및 국내 정책 과제"(2021), "한국 사이버공격 심각도 평가방법론 및 국가대응 매
트릭스"(2021), [탈린매뉴얼 2.0] 한국어판 번역 발간(2018), "UN 사이버안보 정부전문가그룹 논
의의 국가안보 정책상 함의"(2017) 등이 있다.

8장 성기은

육군사관학교 정치사회학과 교수이다. 육군사관학교를 졸업하고 연세대학교에서 석사학위를 받은
뒤 미국 아이오와 주립대학교에서 박사학위를 받았다. 현재는 육군사관학교 정치사회학과장을 역
임하고 있다. 주요 연구 분야는 국제분쟁, 자연어 분석, 통계적 방법론, 미래전이다. 주요 논문으로
는 "한국의 군사혁신(RMA) 담론연구"(2022), "한국 육군 개혁 담론의 구성에 관한 연구"(2022) 등
이 있다.

9장 임경한

해군사관학교 군사전략학과 교수이다. 해군사관학교를 졸업하고, 한국개발연구원 국제정책대학
원(KDI School)에서 석사학위를 받았으며, 서울대학교 국제대학원에서 박사학위를 취득하였다.
연구 분야는 강대국의 안보 경쟁과 주요 국가들의 군사전략 및 해양전략이다. 최근 주요 저서로는
"Impacts of Russia-Ukraine War on East Asian Regional Order"(2022), "미국의 파트너십 확대
를 통한 대(對)중국 견제 전략과 함의"(2022), 『우주 전장시대 해양 우주력』(2022) 등이다.

10장 조관행

공군사관학교 군사전략학과 부교수로 재직 중이며, 공군사관학교 학술정보원장을 역임했다. 공군
사관학교를 졸업하고, 고려대학교 정치외교학과에서 석사학위, 국방대학교 군사전략학과에서 박사
학위를 취득했다. 주요 연구 분야는 공군력, 주한미군, 전작권, 군사전략, 항공전략 등이다. 주요 논
문으로는 "카터 행정부의 주한미군 철수정책과 한국의 대응"(2021), "북한의 군사적 위협에 대비한
한국공군의 적정 전투기규모 도출 방법에 관한 연구: 공세작전에 필요한 소요를 중심으로"(1저자,
2019) 등이 있다.

11장 박용한

한국국방연구원(KIDA) 선임연구원이다. 고려대학교에서 북한학 박사학위를 받았다. 중앙일보 국

제외교안보팀 기자를 지낸 바 있다. 현재 한국사이버안보학회 연구위원, 서울대학교 국제문제연구소 연구위원, 한국해로연구회 집행·연구위원, 한국세계지역학회 이사 등을 맡고 있다. 주요 연구 분야는 북한 체제 안정성 평가, 북한 군사 및 핵 전략, 동북아 안보 평가, 해양안보, 신흥안보 등이다. 주요 논문으로 "북한 제8차 당대회 규약 개정과 김정은 정권 안정성 평가"(2022), "김정은 정권 안정성 평가와 북한 체제 지속 가능성 전망"(2020), "9.19 군사합의 이후 남북한 군비통제 평가와 전망"(2020) 등이 있다.

12장 윤정현

국가안보전략연구원(INSS) 부연구위원으로 재직 중이며 외교부 경제안보외교센터 자문위원으로 활동하고 있다. 전 과학기술정책연구원(STEPI) 선임연구원, 전 국가과학기술자문회의 전문위원을 역임하였다. 서울대학교에서 외교학 박사학위를 취득했으며 전문 분야는 신기술과 기술지정학, 메타버스, 신흥안보 및 미래리스크 연구이다. 주요 논저로 "반도체 공급망 안보의 국제정치"(2023), "메타버스 시대 남북 교류·협력의 가능성과 숙제"(2022), "디지털 안전사회의 의미"(2022), "국방 분야의 인공지능 기술도입의 주요 쟁점과 활용 제고 방안"(2021), "신흥안보 위험과 메타거버넌스"(2020) 등이 있으며, 과학기술과 인문사회를 아우르는 학제간 융합 연구에 많은 관심을 갖고 있다.

13장 윤대엽

대전대학교 군사학과 및 PPE(정치·경제·철학)전공 부교수이다. 연세대학교 정치외교학과를 졸업하고 동 대학원에서 비교정치경제 전공으로 박사학위를 취득했다. 일본 게이오대(2010), 대만국립정치대(2011), 북경대 국제관계학원(2014-2015)에서 방문학자로 연구하고 서울대학교 미래전연구센터, 연세대학교 중국연구원의 객원연구원으로 활동하고 있다. 정치경제 시각에서 동아시아의 경제협력, 분단체제, 군사혁신, 군사정보, 방위산업 문제를 연구·강의하고 있다. 최근 연구로는 "경쟁적 상호의존의 제도화: 일중의 경제안보전략과 상호의존의 패러독스"(2022), "트럼프-바이든 시기 미중경쟁: 탈동조화의 경제안보전략과 중간국가의 부상"(2022) 등이 있다.

14장 이중구

한국국방연구원(KIDA) 연구위원이다. 서울대학교 외교학과를 졸업하고, 동 대학에서 석사 및 박사학위를 받았다. 미국 국방대학교 방문학자, 고려대학교 정책대학원 겸임교수, 중국인민대 방문학자 등을 지냈다. 북한 핵담론, 북한 외교정책이 중심적인 연구 분야이며, 미중관계 및 사이버, AI로도 연구를 확대하고 있다. 『디지털 안보의 세계정치』(2021), 『4차 산업혁명과 신흥 군사안보』(2020) 등을 공저했으며, 최근 주요 논문으로는 "A South China Sea Conflict and the ROK's Cooperation with the United States"(2022), "The Taiwan Strait and the ROK-U.S. alliance"(2023) 등이 있다.

15장 조은정

국가안보전략연구원(INSS) 연구위원이다. 영국 워릭대학에서 정치학 박사학위를 받았다. 전통안보를 비판적 시각에서 검토하는 것이 주요 연구 분야이다. 관련 연구로『영국의 인도·태평양 전략: 역사적 배경과 전략적 의도』(2021), "포스트휴먼 시대의 국가주권과 시민권의 문제"(2020), "South Korean views on Japan's Constitutional Reform under the Abe government"(2018), "'북한 위협론'의 비판적 검토: 인식론적 전환의 필요성"(2018), "Nation branding for survival in North Korea: The Arirang Festival and nuclear weapons tests"(2017), "국제안보 개념의 21세기적 변용"(2017)", "원자력 협력은 핵확산을 부추기는가?: 미국양자원자력협정의 국제 핵 통제적 성격"(2016), "핵·미사일 체제의 '구조적 공백'과 북한의 핵·미사일 동맹 네트워크"(2014) 등이 있다.

16장 차정미

국회미래연구원 국제전략연구센터장이다. 연세대학교에서 정치학 박사학위를 받았다. 현재 연세대학교 통일연구원 객원교수, 한국국제정치학회 중국연구분과위원장, 한국사이버안보학회 지역안보연구실장을 맡고 있다. 주요 연구 분야는 중국외교안보, 미중 기술경쟁, 중국군사혁신, 과학기술외교 등이다. 대표 연구로 *The Future of the World Order in 2050: Probable vs. Preferred*(2022), *The Future of US-China Tech Competition: Global Perceptions, Prospects and Strategies*(2021), "미중 전략경쟁과 과학기술외교(Science Diplomacy)의 부상"(2022), "국제질서 리더십 변화의 장주기론과 중국의 강대국화 전략"(2021), "시진핑 시대 중국의 군사혁신 연구: 육군의 군사혁신전략을 중심으로"(2021) 등이 있다.

17장 정태진

평택대학교 피어선칼리지 교수이다. 미국 미시간주립대 정보통신학과 학사, 동 대학원 형사사법대학원에서 석사를 마쳤다. 그리고 영국 리즈대학교에서 법학 박사학위를 받았다. 주요 연구 분야는 '국가안보를 위협하는 사이버범죄'이다. 주요 저서로는 *Policing Internet Fraud*(2009), 역서로는『사이버범죄』(2013)가 있다. 최근 논문으로는 "정보기관 다원화를 통한 사이버안보법 제정방안"(2020), "경제안보동맹과 한미사이버안보강화"(2022), "사이버평화 구축을 위한 사이버범죄 대응방안"(2022) 등이 있다.

18장 박재적

연세대학교 국제학대학원 부교수이다. 연세대학교 정치외교학과를 졸업하고 국제학대학원에서 석사학위를 받은 뒤, 미국 노스웨스턴 대학교에서 석사, 호주국립대학교에서 박사학위를 받았다. 외교안보연구원 객원교수, 통일연구원 부연구원, 한국외국어대학교 부교수를 역임하였다. 인도태평양 지역 국제정치, 미국 동맹정책 등을 연구하고 있다. 주요 논저로 "The US-led Security Network in the Indo-Pacific in International Order Transition: A South Korean Perspective"(2023) 등이 있다.

19장 유인태

단국대학교 정치외교학과 조교수이다. 연세대학교 정치외교학과를 졸업하고, 미국 사우스캐롤라이나대학에서 정치학 박사학위를 받았다. 주요 연구 분야는 인터넷 거버넌스, 사이버 안보와 경제안보의 교차점, 디지털 무역의 국제정치경제이다. 최근 논문으로 "Emergence of Indo-Pacific Economic Order: US Strategy and Economic Statecraft toward China"(2022), "Cybersecurity Crisscrossing International Development Cooperation"(2022), "Bilateral Cyber Confidence Building Measures in Northeast Asia"(2022) 등이 있다.

20장 유준구

국립외교원 연구교수이다. 성균관대학교 법과대학에서 국제법 박사학위를 받았다. 외교부, 산업통상자원부, 국방부 정책자문위원을 수행하고 있다. 주요 연구 분야는 신기술안보 규범, 거버넌스 및 수출통제 등이다. 주요 논문으로 "사이버작전 시 유엔 해양법 원칙 적용의 현안과 과제"(2023), "바이든 행정부 신기술 수출통제 정책 동향과 시사점"(2021), "우주 국제규범의 세계정치: 우주경쟁의 제도화"(2021), "자율살상무기체계(LAWS) 규범 창설 논의의 쟁점과 시사점"(2019) 등이 있다.

21장 홍석훈

창원대학교 국제관계학과 부교수이다. 미국 조지아대학교에서 정치학 박사학위를 받았다. 통일연구원에서 기획조정실장 및 연구위원으로 재직하였으며, 동북아 국제관계, 북한정치, 사이버 안보, 지방 공공외교 등 다양한 분야에서 연구를 수행하고 있다. 주요 저서로는 *STRATEGIES OF SURVIVAL: North Korean Foreign Policy under Kim Jong-un*(2023), 『12개 주제로 생각하는 통일과 평화, 그리고 북한』(2022), 『인공지능 기반 사회의 도래, 각국의 전략과 대응정책』(2021) 등이 있다.

22장 나용우

통일연구원 인도협력연구실 연구위원으로 재직 중이며, 통일부 정책자문위원 및 통일교육위원으로 활동하고 있다. 성균관대학교 좋은민주주의연구센터 선임연구원, 미국 조지타운대학교 평화안보연구소 방문연구원을 역임했다. 성균관대학교 정치외교학과를 졸업하고 동 대학에서 정치학 석사 및 박사 학위를 받았다. 주요 연구 분야는 남북관계, 기후변화 및 그린데탕트이다. 주요 저서로는 『해외사례를 통해 본 남북 접경협력의 추진 방향과 전략』(2022), 『탄소중립과 그린뉴딜』(2021) 등이 있으며, 논문으로는 "초연결융합시대와 사이버안보: 사이버공간의 안보화와 한국의 사이버안보 강화 방안"(2017) 등이 있다.

찾아보기